中国近代開港場とキリスト教

洪仁玕がみた「洋」社会

倉田明子

東京大学出版会

Treaty Ports and Christianity in Modern China:
"Western" Society through the Eyes of Hong Ren-gan

Akiko KURATA

University of Tokyo Press, 2014
ISBN 978-4-13-026150-0

目次

序章　開港場の誕生――中国の中の「洋」社会……1
第一節　西洋知識の伝播と「開港場知識人」　1
第二節　開港場知識人としての洪仁玕　9
第三節　本書の課題と構成　13
第一章　プロテスタント布教の開始と展開……21
第一節　アヘン戦争以前の中国布教　21
（一）プロテスタント布教開始の背景　21
（二）広州・マカオにおけるモリソンの布教活動　23
（三）新たな宣教師の派遣と内地布教への布石　26
第二節　アヘン戦争とその後のプロテスタント布教の展開　33
（一）アヘン戦争と宣教師　33
（二）香港・広州における布教の展開　35
（三）上海における布教の展開　43
第三節　宣教師と中国社会　45
（一）モリソンとブリッジマンの「信徒観」　46

（二）メドハーストと聖書改訂をめぐる議論　54
（三）ギュツラフと福漢会　58

第二章　洪仁玕とキリスト教……77

第一節　太平天国運動とキリスト教　78
（一）洪秀全と『観世良言』　78
（二）上帝教とキリスト教　83

第二節　洪仁玕とバーゼル伝道会　88
（一）洪仁玕のキリスト教受容　88
（二）最初の南京合流への試み　93

第三節　洪仁玕とロンドン伝道会　100
（一）ロンドン伝道会助手としての活躍　100
（二）南京への旅立ち　108

第三章　開港場知識人の誕生……127

第一節　王韜と墨海書館　128
（一）王韜のキリスト教受容　128
（二）墨海書館の信徒コミュニティ　132
（三）王韜とキリスト教　139

第二節　『遐邇貫珍』と『六合叢談』　144
（一）英華書院、墨海書館の印刷事業の発展　144

（二）『遐邇貫珍』と開港場知識人　145
（三）『六合叢談』と開港場知識人　152
第三節　墨海書館における西洋知識の発信　155
（一）自然科学書、医書、地理書の刊行　155
（二）墨海書館における知識人ネットワークの広がり　157
（三）墨海書館をめぐる環境の変化　160

第四章　『資政新篇』とキリスト教……175
第一節　洪仁玕と『資政新篇』　175
（一）「干王」の誕生と『資政新篇』　175
（二）もうひとつの『資政新篇』の存在　176
第二節　『資政新篇』の修正と改変　180
（一）抄本『資政新篇』における修正　180
（二）『資政新篇』刊行にともなう改変　184
第三節　洪仁玕の上海・香港体験の反映　193
（一）「用人察失類」　196
（二）「風風類」　196
（三）「法法類」　199
（四）「刑刑類」　211

第五章　洪仁玕と太平天国……219
第一節　後期太平天国における対外関係と洪仁玕　219

（一）外交面における改革と限界　219
（二）欧米人社会の太平天国批判　226
（三）欧米人社会における洪仁玕像の変遷　227
第二節　後期太平天国の宣教師の活動と洪仁玕　232
（一）ロバーツの南京移住　233
（二）ロンドン伝道会宣教師の往来　235
（三）ロバーツの南京脱出　244
第三節　洪仁玕の宗教改革への試み　246
（一）洪仁玕の南京到来がもたらしたもの　246
（二）『資政新篇』以後の宗教改革への努力　250
（三）洪仁玕と上帝教　256
第六章　開港場知識人の台頭……271
第一節　一八六〇年代前半の社会変容と開港場知識人　271
（一）王韜と太平天国　271
（二）曾国藩の幕僚たち　276
（三）香港における中国人教会の発展　279
第二節　開港場における新たな情報発信　284
（一）江南製造局の翻訳事業と格致書院　285
（二）香港における華字紙の発行　290
（三）『教会新報』『万国公報』と知識人信徒　296
第三節　香港クリスチャン・エリートの台頭　305

（一）　香港の官立学校改革と教会学校　305
（二）　中国人非官職議員の誕生　307
（三）　孫文と香港のクリスチャン・コミュニティ　310

終章　開港場と近代——中国への入口、西洋への窓口……327

第一節　プロテスタント布教とその受容　327
第二節　開港場知識人と中国の近代化　330
第三節　洪仁玕と太平天国の位置づけをめぐって　336

参考文献　343
あとがき　359

開港場人物関係図
別　表
索　引

序章　開港場の誕生——中国の中の「洋」社会

本書の主な登場人物となる洪仁玕という人物は、十九世紀中頃、清朝を揺るがす大反乱を起こした太平天国の指導者洪秀全の一族に連なる人物である。洪秀全とは幼少の頃から親しかったものの初期の太平天国運動とはほとんど関わりを持たず、洪秀全らの挙兵後、故郷を追われて香港と上海で逃亡生活を送る。後に南京の太平軍に合流して後期太平天国の指導者となり、西洋の諸制度の導入による「近代化」を提唱した人物として注目を集めてきた。洪仁玕は後年自らの香港・上海での滞在経験を「各洋を遍歴した」という言葉で表現している(1)。彼にとって香港や上海は、「洋」として認識される場所であった。

本書は、この「洋」社会とも目された香港や上海という場所、そしてそこに生きた人々に光を当てようとするものである。

第一節　西洋知識の伝播と「開港場知識人」

香港にせよ、上海にせよ、これらの場所が「洋」と呼ばれる契機となったのはアヘン戦争の結果一八四二年に締結された南京条約である。この条約によって香港島はイギリスに植民地として割譲され、上海、寧波、福州、廈門、広州の五港が西洋諸国との通商のために開かれた。五港にはそれぞれ外国人居留地が設けられ、香港も含めてこれらの町は中国と西洋諸国との交易の場となり、そして、そこに暮らす外国人と中国人との日常的な交流が見られるようになった。本書では、こうした中国と西洋との交流の場としての機能に着目しつつ、南京条約によって誕生した香港および上海をはじめとする貿易港を「開港場」と呼ぶことにしたい。特に本書で取りあげる香港と上海は、中国と西洋の双方の人や物資、情報の集積地として相対的に速やかに発展した「開港場」であった。なお、植民地と貿易港の間にはもちろん法的、制度的差異が存在するのであるが、筆者としては両者を共通の性格を持つ「場」としてとらえることに重点を置くため、本書では香港の「植民地性」については論じないことをあらかじめ付言しておく。

さて、このような開港場という場において発生したことがらの中で筆者が注目してゆきたいのが、「西洋知識」の伝播である。ここで言う「知識」とは、例えば自然科学や地理学といった学問知識はもちろん、その国家や社会に根ざす制度や思想、そして宗教なども含むものとして筆者はとらえている。したがって「西洋知識」は、西洋の歴史的文脈の中で発展してきた学問体系や制度、思想、宗教等を指す。そして本書の場合は特に、十七世紀以降十九世紀にかけて近代化を遂げつつあった「西洋知識」がどのように中国にもたらされたのか、ということに関心が向けられる。

そしてこの問題を考える上で重要なのが宗教——この場合キリスト教であり、とりわけ、中国では十九世紀初頭に始まったプロテスタントの布教活動——であると筆者は考える。中国を含むアジアの近代を、「欧米的な市民社会原理の一種の「普遍性」が非欧米世界をもまきこんで、新たな国際秩序を形づくる動きの一環としてとらえる」ならば(2)、中国をまきこむその西洋的「普遍性」の伝播に大きな役割を果たしたのがプロテスタントの宣教師だったからである。当時中国との交渉の先頭に立っていたイギリスが、「自らを最高の文明国と見なしつつ、自余の世界を「未開」・「野蛮」と断じ、それ故にそこに自らの高度な文明を分け与えることが義務だとする」、いわゆる「文明化の使命」の観念に強く支配されていたことはすでに指摘されてきたことであるが(3)、この使命感はキリスト教、特にプロテスタントの「福音主義的な信念」、すなわち、彼らが「野蛮人」と見なす「海外の異教徒」たちの「後進性を正当化するとともに、「神に選ばれた国家」としてのプロテスタント・イングランドが進歩と救済へと向かう道を示す」という宗教的な信念とも密接に結びついていた。[4] そしてプロテスタントの信仰・思想が「西ヨーロッパ・アメリカ合衆国等々に於ける近代社会・近代文明の発展とともに展開し、一面その精神的な基礎付けをも形作ってきた」ことを考えてみれば、[5] これはイギリス人宣教師だけに限った話ではなく、欧米の宣教師たちのうちに大なり小なり「文明化の使命」的な観念が宿っていたであろうことは想像に難くない。ここで宣教師たちの「文明化の使命」の意識それ自体を検討することは筆者の手に余るが、少なくとも、十九世紀に中国にやってきた宣教師たちが単なるキリスト教の布教者としてだけでなく、西洋の近代科学や技術などを中国に紹介する上でも先駆的かつ中心的な役割を果たしてきたことは事実である。同時に、これもすでに指摘されていることであるが、宣教師たちが翻訳した科学書には逆に「キリスト教の教えが意識的に折り込まれて」いくことにもなるが、[6] いずれにせよ十九世紀にはじまる西洋近代の諸知識の中国への伝播は、プロテスタント布教と密接に結びついた形で開始されたのである。

なおプロテスタントと西洋知識の伝播というと、これまで注目されてきたのは、広学会に代表される主に十九世紀末から二十世紀前半にかけての宣教師による出版活動である。確かに出版物の量やその影響力という点でこの時期の宣教師の活動はめざましいものであった。しかしプロテスタント宣教師による西洋知識の伝播は、彼らが中国にやって来たときから始まっており、徐々にその受容者層を広げてきた。本書ではこうした西洋知識の伝播の連続性に留意しつつ、その出発点となる時代に目を向けてゆきたいと考えている。

そのためにはまず、十九世紀の中国プロテスタント史そのものについて把握しておく必要がある。十九世紀中国のキリスト教史研究は、二十世紀以降を扱う研究に比べると非常に少ない。そうした中でも、特に注目されてきたのは十九世紀後半に多発した反キリスト教運動（教案）に関わる分野である。教案というとカトリックに関わるものが圧倒的に多いのであるが、プロテスタントが関係した教案も発生しており、近年日本においても渡辺祐子氏や佐藤公彦氏によってこうしたプロテスタント関連の教案に新たな光が当てられている。(7)これらの研究は、中国におけるキリスト教史を「受容」と「反発」の概念でとらえ、「反発」の代表として、義和団事件まで連なる十九世紀後半の教案に着目する。その際、教案の原因を当時の複雑な対外関係と関連づけて論じつつ、地域社会が内包していた固有の背景や問題点に即して各事案をとらえ直している点が特徴的である。本書における筆者の関心に引きつけて言えば、本書はキリスト教をめぐる国際関係というよりはむしろ、後者の中国社会の中に入り込んでいったキリスト教をその地域社会の文脈の中でとらえるという視点に共鳴するものである。なお、この中国地域社会への関心も近年高まりを見せており、その中でキリスト教関係の史料（ミッション史料やキリスト教系雑誌など）に注目し、キリスト教を介して中国社会にアプローチする研究も現れている。(8)筆者も広い意味では「南中国」の社会とキリスト教の関わりに関心を持ち、研究を進めてきたと言える。ただし本書における筆者の主な関心は、キリスト教が自由に中国社会の中に出ていけるようになる以前の時代に、開港場という土着の地域社会からはやや切り離される形で作り出された、より狭い空間の中に持ち込まれたキリスト教の姿に向けられる。したがって研究の主要な対象となる時期がまずかなり初期に設定され、さらに言えば、「地域社会」の文脈というよりはむしろ個々人のレベルでのキリスト教との接触に目が向けられてゆくことになる。しかし個人レベルでの接触を通して生じた摩擦、或いはそれを乗り越えたところにある理解や受容のあり方は、後にキリスト教が開港場の外に広がっていった時に経験したそれらと大きく異なっていたわけではない。すなわち開港場での経験の延長線上にその後の中国社会とキリスト教の出会いがあったのであり、その意味では本書は、キリスト教と中国社会の接触をより長いスパンでとらえようとするものでもある。

他方、本書が中心的に扱うことになる十九世紀初頭から中期にかけての初期プロテスタント史に関する研究状況を振り返ってみるならば、日本においては吉田寅氏のキリスト教布教文書についての研究や、宣教師によって発行された月刊紙に関わる研究など、書誌学の分野での成果があり、(9)また先にも言及した渡辺、佐藤両氏は「受容」と「反発」論における「受容」の代表として太平天国とキリスト教の関わりについて、欧米での研究成果に拠りつつ論じている。(10)このほか個別の宣教師についての伝記的な研究も散見されるが、(11)現状としては、この時代をメインとしてミッション史料などの一次史料を用いた歴史学的な研究が深められてきたとは言えない状況である。こうした状況は中国国内においてもあまり変わらず、この時代の中国プロテスタント史研究としては宣教師の列伝や概論的なものが多い。(12)一方香港では李志剛氏による一連の初期キリスト教史研究があり、基本的な事実関係を明らかにするとともに、キリスト教が近代中国において果たした役割を積極的に評価する立場から、教育や出版など個別のトピックについて論じている。(13)また欧米では宣教師や伝道会について多くの優れた研究があり、個人や個々の伝道会の状況を詳細に明らかにしている。(14)ただしそれは、言い換えれば、個別の事例研究が積み重ねられている段階であり、個人や伝道会を横断的にとらえ、総体的にこの時期のキリスト教史を論ずるには到っていないとも言えよう。本書ではこれらの先行研究の成果を踏まえつつも、上海や香港などの開港場という「場」のほうに注目し、そこで展開されたプロテスタント布教の歴史を、個々の人間関係や開港場間のつながりなどの要素も含めてできる限り俯瞰的にとらえていきたいと考えている。

ただしその中でも、西洋知識の授受という筆者の関心から言えば、宣教師たちが中国の人々や文化をどのようにとらえ、どのように応対したのか、ということは注意深く見てゆく必要があるだろう。宣教師による西洋知識の伝播が主に西洋書（キリスト教の布教書を含む）の翻訳によってなされたことを考えれば、特に翻訳をめぐる宣教師の意識は重要である。キリスト教と翻訳をめぐる議論はすでに蓄積があるが、(15)本書においてもこうした翻訳論を含む宣教師の中国認識に留意しつつ、宣教師が担った西洋知識の伝達者としての役割について、その実態を明らかにしてゆきたい。

なお、中国への西洋知識の伝播という点では、明代に始まるカトリックの中国布教も大きな役割を果たしてきた。しかし清代に入り、キリスト教の布教を禁じる禁教政策（一七二三年）と、外国との貿易を厳しく制限する海禁政策

（一七五七年）が実施されると、カトリックの布教活動は大幅に縮小し、宣教師による西洋知識の伝播は見られなくなった。[16] その間にイギリスを先頭に西洋諸国は産業革命を経て新たな段階に踏み出したが、その情報を中国にもたらしたのは、先にも述べたように十九世紀に入ってから新たにやってきたプロテスタントの宣教師たちが主であった。筆者の関心は、中国の近代化に直結する諸知識の伝播とキリスト教との関わりにあるため、本書ではカトリックの布教活動、及びカトリックの中国布教の拠点であったポルトガル領マカオについては議論しないこととする。またその結果として、本書においては「キリスト教」は基本的に「プロテスタント・キリスト教」を指すものとなることをご理解いただきたい。

一方、西洋知識の伝達者となった宣教師たち以上に筆者が注目したいと思うのは、それを受け止めた側の中国人たちである。先に挙げたプロテスタント史に関する先行研究においても、ほとんどの場合叙述の中心は宣教師にあり、彼らと日常的に接していたはずの中国人信徒たちですらほとんど言及されてこなかった。ただ、この十数年の研究動向として、宣教師が本国の伝道会本部に宛てて書いた報告書など個別の伝道会に保存されている史料を用い、丹念にその内容を読み解くことで、宣教師だけでなくそのもとにいた中国人信徒についても明らかにするような研究成果が現れてきている。[17] もちろんこれらの史料は宣教師が書いた報告書であるため、そこに書かれた中国人信徒の姿はあくまで宣教師の目に映った像でしかなく、また、本部に報告すべきこと、場合によっては報告しても良いことしか述べられていない、といった問題点も存在する。それでも、しばしば中国人信徒の書いた報告書や手紙が翻訳されて宣教師の報告書に付されることもあり、やはり、このような日常的に書きつづられた史料を読み解くことによって、これまで以上に具体的に中国人信徒側の状況を知ることが可能となる。本書においてもミッション史料は欠かせない情報源となろう。

とはいえ、ミッション史料を注意深く読んでゆくとき、また、同時代のさまざまな史料も併せて読み解いてゆくとき、宣教師と関わりを持った中国人はキリスト教を受容した信徒だけではなかったことも明らかになってくる。キリスト教だけの問題としてではなく、キリスト教布教と密接に結びついた、より広い範囲の「西洋知識」がどのように中国人に受け止められたかを考えてゆく場合、信徒とはならなくとも宣教師との関わりの中で新しい知識を吸収した中国人知識人たちの存在も無視することはできない。彼らの一部はその後洋務運動の実務を支える人材ともなっており、そうした知識人は「条約港知識人」という枠組みの中でとらえられることもあった。佐藤慎一氏によれば、「条約港知識人」とは「幼少時に科挙受験をめざして学問に励んだ」が、「科挙受験から脱落」し、「上海等の開港場都市に移り、企業経営者やジャーナリスト等の新職業に従事した」人々とされ、具体的には王韜や鄭観応といった人々を指している。[18] また、彼らとも重なるのであるが、清末の一連の改革運動の担い手たちを、「沿海部（Littoral）の改革者」——すなわち容閎、何啓、唐廷枢、伍廷芳など——と「内陸部（Chinese hinterland）の改革者」——すなわち馮桂芬、薛福成、黄遵憲など——、そしてその中間に属する改革者——すなわち王韜、鄭観応、馬建忠など——とに分類する考え方も提起されたことがある。[19] また直近の研究では、手代木有児氏が洋務運動期における宣教師経由の西洋情報の急増によって知識人の世界認識が変容したとする観点から、この時期に活躍した中国人知識人を取り上げ、彼らの世界認識の変遷を跡づけている。[20] 本書に登場することになる中国人知識人たちも多分に「条約港知識人」や「沿海部の改革者」ないし沿海と内陸の中間的存在と位置づけられた人々と重なる。しかしこうした人々は基本的には一八七〇年代、八〇年代以降の中国においてどのように活躍したのか、あるいはどのような改革を志したか、という点において注目されているように思われる。だが、宣教師を介した西洋知識の伝播とその受容という意味では、洋務運動以前からの連続性の中でこれらの知識人を捉えてゆくことも可能なのではないだろうか。

一方、曾国藩や李鴻章の幕僚として洋務運動を支えた中国人知識人たちについては、近年中国においても研究が進められ、また中国語で「開港場」を表す「口岸」という語を用い、彼らを「口岸知識分子」として注目する研究も現れており、彼らが宣教師との交流や宣教師が書いた書物を通して西洋の科学知識などを身につけていたことが明らかにされている。[21] ただし、中国国内の資料が幅広く用いられている一方で、中国国内では依然として閲覧が難しい海外の欧文資料にはあまり目が向けられていない。また、上海が主な研究地域であって、実際には香港・広東で西洋知識を受容し、洋務運動にも関わった知識人も多かったにも関わらず、そうした人々にはあまり言及されていないのが現状である。

また、香港においては香港史研究の枠組みの中でクリスチャン・エリートに関わる研究が進められてきた。その中で、香港の中国人プロテスタント信徒の中から中国人社会のエリート層の一角を占めるような人物が輩出されてきたことが指摘されている。[22] 実はこの香港中国人社会のエリートの中には少なからず洋務運動と密接に関わった人々も含まれているが、香港プロテスタント史の枠組みの中では、香港外におけるこれらの人々の活動についてはあまり体系的に触れられてきていない。

これらのことを踏まえ、本書では、「条約港知識人」や「沿海部の改革者」と呼ばれてきた人々を視野に入れながら、そして洋務運動研究と香港のクリスチャン・エリート研究の溝を埋めることを念頭に置きながら、彼らと西洋知識との出会いにまでさかのぼり、西洋知識の受容のあり方のひとつとして彼らの「開港場」での経験に注目してゆくこととする。また、彼らのことを本書では「開港場知識人」と呼ぶこととしたい。具体的に言うならば、「開港場知識人」とは、西洋近代と中国の交流が始まって間もない時期——一八五〇年代から六〇年代——に、西洋知識の伝播の最初の担い手となった宣教師との交流の中で新たな知識に出会った人々、ということになろう。やがて洋務運動の実務官僚となり、あるいは「条約港知識人」となり、あるいはクリスチャン・エリートとなる人々を含む一群の知識人たちが共有した開港場という場を軸に、彼らがどのようにして西洋知識と出会い、受容していったのかを明らかにしてゆくことが本書の大きなテーマのひとつとなる。

第二節　開港場知識人としての洪仁玕

本書では開港場知識人たちの誕生に重点を置きつつも、その台頭についても視野に入れてゆきたいと考えている。その際の彼らの活躍の場は、先に述べたような洋務運動の実務官僚や条約港知識人としてだけ、あるいは香港の中国人社会のエリートとしてだけ存在したわけではなく、それと並行して、伝道者や教師としてキリスト教会の指導者となることも開港場知識人たちの中に現れた方向性のひとつであった。そのため開港場におけるプロテスタント教会の成長や発展も本書における重要な研究課題となるが、さらにもうひとつ想定できるのではないかと筆者が考えるのが、太平天国へと向かう方向性である。そのキーパーソンとなるのが、冒頭にも登場した洪仁玕という人物である。

中国の近代とは欧米的な「普遍性」にまきこまれながら新たな国際秩序を形づくることであった、と先に述べたが、そのような中国にとって「近代化」とは、具体的には科学技術、そして欧米の資本主義社会、市民社会を成り立たせている制度や思想などを「普遍」的なものとみなして摂取しつつ、近代的な主権国家を作り出してゆくことを意味した。しかしその過程は二つの要因から多大な困難を伴うものとなった。すなわち欧米列強からの、またのちには隣国日本からの半植民地化の脅威に対抗しなければならず、また一方で中国の王朝を中心とする朝貢・冊封体制という伝統的な地域秩序が揺るがされる事態にも直面しなければならなかったからである。しかし中国では、例えば日本が近代化を「文明開化」として肯定的にとらえ、いわば近代化＝西洋化という形で社会変革を推し進めたのとは大きく異なり、伝統的な価値観や秩序観念が容易に捨て去られることはなかった。むしろ中国ではそれらを変える必要のない「本」として保持し、変更を加えてもよい「末」の部分として西洋の学問の成果、すなわち武器や蒸気船などの機器のみを導入しようとする、後に「中体西用」と言い習わされる発想に基づいて、「近代化」への第一歩が踏み出された。具体的にはアヘン戦争直後から出現した「洋務論」が第二次アヘン戦争・太平天国運動の経験を経て、軍事産業を主とする改革運動である「洋務運動」として実践された、という流れになるわけであるが、筆者はこれまで、このような流れの中で太平天国運動をどのようにとらえうるか、ということにも興味を抱いてきた。

従来、太平天国運動は主に「農民運動」、または「民族運動」として位置づけられてきたが、一方でこの運動の中に「近代化」の萌芽を見いだそうとする視角も途絶えることはなかった。その最大の根拠となったのが洪仁玕の著書『資政新篇』である。欧米諸国について詳しく紹介し、鉄道や郵便制度、銀行などの導入を提唱したこの書物は、その内容の「先進性」から「後期太平天国の近代化綱領」として高い評価を与えられてきた。しかし、太平天国運動という枠組みの中でとらえる限り、『資政新篇』の提言が実際に行われなかったのもまた事実であり、結局のところは未熟な、あるいは不運な「綱領」であった、というのが従来の研究がたどりつく最終的な結論であった。つまり、従来の『資政新篇』の位置づけというのは、それを通して太平天国運動に「近代化の萌芽」を見いだすことは可能であるが、「農民運動」としての太平天国運動の性格を揺るがすほどの大きな影響力を持つことはなく、改革の試みとしては失敗に終わり、そして太平天国の滅亡に伴って後世に何ら影響を及ぼすことなく消滅していった、というものであった。

なお太平天国研究そのものは現在、「革命の先駆」として称揚されていたころの隆盛ぶりに比べれば、量的には大幅に減少したままである。しかし日本においては菊池秀明氏による、現地調査に基づく太平天国前夜の広西の移民社会に関する研究や、台湾や中国に保存された膨大な未公刊の檔案に基づく太平天国史の再構成に向けた一連の研究があり(23)、中国においても後述するように夏春濤氏による洪仁玕研究および太平天国の宗教研究が進められ、さらに周偉馳氏によるキリスト教神学の観点から太平天国の宗教を捉えなおそうとする研究も登場している(24)。菊池氏は太平天国史や民衆反乱史を「「中国革命の正当性を根拠づける」ための研究から解き放ち、客観的に再構成していく努力」が必要であると述べているが、[25] 筆者もまた同じ問題意識のもとで太平天国とキリスト教の関わりに関心を抱き、『資政新篇』の位置づけをめぐる問題にたどり着いた。本書における筆者の根本的な問題意識は、この太平天国と『資政新篇』への関心に端を発すると言ってよい。

だが筆者は、『資政新篇』について考察してゆく際には一端太平天国の枠組みを離れることも必要であると考えている。なぜなら、『資政新篇』の著者である洪仁玕個人に注目するならば、先に述べたような、太平天国内において孤立した、未熟な「綱領」という位置づけとは違う見方をすることも可能だからである。洪仁玕は洪秀全が提唱した上帝崇拝〔上帝教〕に最初に従ったひとりではあるものの、その後の上帝教の布教活動や反乱準備には直接関わっておらず、洪秀全らの蜂起後に合流を試みるが失敗、逃亡先の香港でキリスト教の洗礼を受け、宣教師のもとで助手となった人物である。一八五八年になって再び太平天国に身を投じることを決意し、翌年の春、太平天国の首都南京に到着し、ほどなくして政治の一切を統轄する地位を与えられた。『資政新篇』は、洪仁玕が太平天国の政治を司るに当たって、自らが「見聞したことを逐次申しのべ」、「それが聖主〔洪秀全〕の知見をさらに広くし、ご聖断を下すときの参考となり、国政の助けとなる」ことを願って著した書物であった。[26] つまり、洪仁玕の経歴に照らせば、『資政新篇』は太平天国運動本体とはほとんど関わりのない、洪仁玕個人の体験に根ざした書物であったことが分かるのである。洪仁玕が『資政新篇』に反映させた経験は、彼の周囲の人々のような太平軍の武将としての経験ではなく、むしろ、筆者が先に述べてきたような「開港場知識人」と共通する経験であった。

太平天国研究の枠組みの中での洪仁玕研究は、一九九九年の夏春濤氏の研究によりようやく洪仁玕の南京合流以前の経歴にも注意が向けられるようになった。夏氏はその後太平天国の宗教についての研究も発表し、上帝教の教義や活動内容、キリスト教との関係などを詳細に論じている。これらの研究ではキリスト教や太平天国の上帝教など宗教の問題も正面から扱われているのであるが、洪仁玕とキリスト教との関係ということで言えば、香港教会史における研究成果が援用されるのみであったため、なお史料面で不十分さを残すものとなった。また筆者も太平天国研究の枠組みの中で、キリスト教と洪仁玕の関わりに注目し、修士論文においてロンドン伝道会史料を用いて洪仁玕の香港滞在時期の状況を明らかにしようとした。ただしそこでも、上海滞在時期の状況やバーゼル伝道会と洪仁玕との関係については、なお検討は不十分であった。洪仁玕個人に関する研究そのものも、まだ多くの課題を残しているのである。(27)

一方、中国の近代化を語る際、その「先駆」として洪仁玕と『資政新篇』が取り上げられることも少なくはない。先にも挙げた「沿海部」と「内陸部」の改革者の議論においても、王韜や容閎との個人的なつながりがあったという側面から洪仁玕のことも言及されている。だがこうした議論の場合、やはり重点は一八七〇年代以降の改革の実態や成果にあるのであって、結局のところ『資政新篇』については、それよりも若干早い時期に太平天国に突如現れた改革案である、ということ以上に分析が深められることはなかった。しかし、洪仁玕が西洋知識を吸収した時期、すなわち一八五〇年代にまでさかのぼれば、洪仁玕を先にも述べてきた「開港場知識人」として他の中国人知識人たちと共通の土台で論じることができるのではないかと考える。なぜなら、洪仁玕もまたその時代に宣教師と深い関わりを持った人物であり、クリスチャン・エリートや洋務運動の実務を支えた知識人たちの一部と全く同じ場を共有していた人物だからである。むしろ、彼はキリスト教を受容し深い理解を示したのみならず、その他のさまざまな西洋情報の吸収にも積極的であり、それらを実際の社会改革に生かそうと考えた、ある種典型的な「開港場知識人」のひとりであったと言うことすらできる。洪仁玕を「開港場知識人」としてとらえることによって、洪仁玕や『資政新篇』を、アヘン戦争前後から始まった一部の知識人や官僚による西洋への関心の高まりから洋務運動へ、という十九世紀中期以降の大きな潮流の中に位置づけることも、そして、一八六〇年代初頭という相対的に早い時期にこのような「近代化法案」を公にさせ得た場としての後期太平天国の位置づけを再検討することも可能になるのである。

第三節　本書の課題と構成

以上のような筆者の問題意識、すなわち、中国の初期プロテスタント史と宣教師の西洋知識の伝達者としての役割、宣教師と開港場知識人との関わり、そして中国の近代化の流れにおける洪仁玕及び太平天国の位置づけに対する関心を踏まえ、本書ではこれらを結びつける核となる人物として洪仁玕を中心に据えて論じてゆきたい。洪仁玕とキリスト教との関わりを追って行くことで、中国における初期プロテスタント布教の様相についても明らかにすることが可能であるし、また香港と上海という二つの開港場における洪仁玕の経験を明らかにする中で、そこに誕生してきた同時代の「開港場知識人」の姿をも見いだすことができるからである。また、洪仁玕の経験に即した提言集として『資政新篇』をとらえなおすことで、「開港場知識人」の発言の場のひとつとして太平天国を見る可能性についても検討できる。時期的には洪仁玕がキリスト教に接してから『資政新篇』を発表するまで、すなわち一八四〇年代後半から一八六〇年前後までを本書では中心的に扱うことになるが、多くの開港場知識人にとっての活躍の時期は一八六〇年代中期以降であるので、洪仁玕との対比の意味で、一八六〇年代以降の開港場知識人たちについても扱ってゆく。

以上のことを踏まえつつ、本書では以下の三点を課題とする。

第一点は、中国における初期プロテスタント史（一八〇七年から一八六〇年前後）の再構成である。先行研究の成果も踏まえつつ、個々の宣教師や伝道会の活動の実態を明らかにしてゆくと同時に、宣教師たちのもとで信徒や助手として布教活動を支えた中国人たちにも目を向けてゆく。また、西洋知識の伝達者としての宣教師の役割、及びその受け手となった中国人知識人にも注目し、開港場知識人誕生の前提を探る。

第二点は、「開港場知識人」の誕生と台頭の跡づけである。ただし洪仁玕を本書の要となる人物として設定する関係上、開港場の中でも上海と香港が主要な研究対象となる。また開港場知識人について取りあげてゆく際には、「条約港知識人」としてもすでに周知されている王韜に特に注目してゆきたいと考える。ミッション史料に加え、王韜が残した日記や著作を通して開港場知識人の人的なつながりを追うことが可能であり、しかも洪仁玕との経歴の共通性の多さから、洪仁玕との対比という意味でも重要な人物となるからである。

そして第三点は、キリスト教との関わりを踏まえた上での、近代化の流れにおける洪仁玕の位置づけの再検討である。先にも述べたとおり、洪仁玕とキリスト教との関係についてはまだ検討すべき余地が残されており、特にバーゼル伝道会についてはミッション史料に基づく研究はあまり進んでおらず、本書においてもこれが大きな課題となる。さらに南京合流後の洪仁玕とその代表的著作である『資政新篇』について再検討を加え、キリスト教徒、そして開港場知識人としての洪仁玕の経験がいかに反映されていったのかを探る。その上で、十九世紀初頭以来多方面で展開されてきた西洋との交流とそこから洋務運動へとつながる流れの中で開港場知識人が果たしてきた役割を検討しつつ、そこに洪仁玕をも位置づけることを試みる。

本書は序章と終章、及び六つの章によって構成される。以下に本論を形成する六つの章について概述しておく。

第一章では中国におけるプロテスタント布教の開始から、アヘン戦争を経て開港場における布教体制が確立されてゆくまでの時期――一八〇七年から一八五〇年代初頭まで――のプロテスタント史を概観する。まずアヘン戦争以前のプロテスタント布教の状況について、宣教師にとって唯一の中国内地における活動場所であった広州と、ポルトガル領マカオでの活動を中心に述べ、さらにアヘン戦争後の開港場の中でも本書で中心的に扱う香港および広州、そして上海を取りあげ、開港後のプロテスタント布教の展開を述べる。また、こうした時系列に沿った布教史の記述に加え、モリソンやブリッジマン、メドハースト、ギュツラフなど言わば第一世代のプロテスタント宣教師が、中国の文化や社会、人々をどのようにとらえ、それに向き合ったのか、という点についても検討を加える。

第二章では太平天国とキリスト教との関わり、そして洪仁玕とキリスト教との出会いについて述べる。太平天国運動の草創期の状況について、これまで利用されてこなかった漢文や欧文の史料、また関連の先行研究を参照しつつ、キリスト教史の側から見て従来の研究を補足できると思われるいくつかの論点をとりあげ、論じてゆく。さらに本書における主要な登場人物である洪仁玕とキリスト教の関係についてもミッション史料を用いながら明らかにしてゆく。特に洪仁玕とバーゼル伝道会との関わりについては、バーゼル伝道会史料の丹念な読解を通して新たな知見を加えている。また、ロンドン伝道会の助手としての洪仁玕の活躍ぶりや、再度南京合流を志すに至った洪仁玕の心境の変化についても、宣教師の記録をもとに明らかにしている。

第三章では、洪仁玕の西洋知識の源流を探ることを念頭に置きつつ、洪仁玕と同じ時代、同じ場所を生きた開港場知識人の西洋知識の受容のあり方について検討してゆく。ロンドン伝道会の香港支部である英華書院と上海支部である墨海書館がこの章の記述の中心になるが、まず、キリスト教徒であり、墨海書館の出版事業にも深く関わった王韜を中心に、墨海書館に集った開港場知識人が「西洋知識」の大きな部分を占めるキリスト教にどう接したのかを見てゆく。さら『遐邇貫珍』と『六合叢談』の二つの月刊紙をとりあげ、そこに掲載された記事の執筆者や協力者に注目することによって、英華書院や墨海書館に集った「開港場知識人」たちの姿を明らかにする。また、一八五〇年代後半に宣教師と中国人知識人とが協力して行った、「西洋知識」のもうひとつの重要な要素である自然科学や医学、数学等に関する書物の翻訳事業についても述べてゆく。

第四章では再び洪仁玕に注目し、彼の代表的著作であり、従来から太平天国の近代化綱領として高い評価を得てきた『資政新篇』をとりあげる。まず『資政新篇』執筆から間もない時期に宣教師によって書かれた複数の英語の紹介文をもとに刊行前の手書き段階の同書の内容を明らかにしたうえで、その刊行過程を跡づけてゆく。また洪仁玕の西洋知識の受容のあり方を検討し、『資政新篇』に見られるキリスト教の影響や西洋の自然科学への高評価、西洋の技術や制度への導入の意欲などを明らかにするとともに、そこに反映された洪仁玕の経験や知識の淵源を明らかにしてゆく。

第五章では南京に到着し「干王」となった洪仁玕が太平天国において実行しようとした「外国人との提携」と「優れた知識の導入」という二つの改革について検討する。まず前者については、イギリスを中心とする西欧諸国との対外関係および宣教師との交流の両面から、一八六〇年から一八六二年にかけての洪仁玕の言動と太平天国をめぐる情勢の変化について述べる。そして洪仁玕との交流や交渉に関する報告や筆記、英字新聞の論評なども参照しながら、西洋人の目に映る太平天国像、洪仁玕像の変遷についても明らかにしてゆく。また後者に関しては、特に宗教面における改革の試みに注目し、『資政新篇』以外の著作についても分析を加えつつ、洪仁玕の正統的キリスト教の教義に対するこだわりと上帝教の教義への歩み寄りという二つの側面から検討を加える。

第六章では洪仁玕と同時代を生きた開港場知識人に再び目を向け、太平天国末期から一八八〇年代までを視野に、第三章で見てきた開港場知識人のその後について述べる。まず、太平天国と直接接触した数少ない開港場知識人のひとりである王韜や、太平天国後清朝の洋務派官僚の幕僚として洋務運動の推進に努めた開港場知識人、また香港の中国人社会においてエリートを排出し、さらには新たな革命運動をも醸成してゆくことになる香港のキリスト教界の人々などに注目し、その足跡をたどってゆく。また一八七〇年代に再び隆盛した自然科学関連書の翻訳事業や宣教師による雑誌等の出版事業、香港における中国人主体の華字新聞の発達、中国各地に拡大しつつあった信徒コミュニティ間の『教会新報』を通した意見交換など、さまざまな形で試みられた西洋知識に関わる情報発信についても多角的に検討を加える。

なお、本書には多数の人物が登場する。開港後の上海、広州、香港の主な登場人物については人間関係や所属を示した「開港場人物関係図」を巻末に掲載しているので、併せて参照されたい。

（1）洪仁玕「親筆供」。台湾故宮博物院蔵。洪仁玕の供述書についての詳細は本書第二章注（2）を参照されたい。
（2）並木頼寿「近代の日本と「アジア主義」」、同『東アジアに「近代」を問う』研文出版、二〇一〇年、六〇頁。
（3）東田雅博『大英帝国のアジアイメージ』ミネルヴァ書房、一九九六年、一頁。
（4）山中弘「海外ミッションの展開と大英帝国」、杉本良男編『福音と文明化の人類学的研究（国立民族学博物館調査報告）』国立民族学博物館、二〇〇二年、六五―六六頁。
（5）山本澄子『中国キリスト教史研究（増補改訂版）』山川出版社、二〇〇六年、七頁。
（6）Elman, Benjamin A., *On Their Own Terms: Science in China, 1550-1900*, Harvard University Press, 2005, p. xxvi.
（7）渡辺祐子、博士論文「近代中国におけるプロテスタント伝道――「反発」と「受容」の諸相」第二章「清末の揚州教案――内地会伝道と中国社会の「反発」」東京外国語大学、二〇〇六年、佐藤公彦『清末のキリスト教と国際関係』第三章「一八九五年の福建・古田教案」および第四章「一八九五年の四川・成都教案」汲古書院、二〇一〇年。なお、日本における先駆的な十九世紀中国の教案研究としては里井彦七郎『近代中国における民衆運動とその思想』第二章「一九世紀中国の仇教運動」東京大学出版会、一九七二年がある。また十九世紀の教案に関する研究視角を問う論考として孫江『近代中国の宗教・結社と権力』第二章「「洋教」という他者」汲古書院、二〇一二年があり、単純な「宗教衝突」を超えた「ローカルなレベルにおける宗教感情の齟齬と日常生活におけるきしみ」（六九頁）に目を向ける必要性が指摘されている。
（8）中国の地域史研究からのキリスト教史へのアプローチに関しては、『歴史評論』七六五号（二〇一四年）の特集「キリスト教と近代中国地域社会史」所収の各論文を参照されたい。特に蒲豊彦「中国の地域研究とキリスト教」（六―一六頁）では、地域史研究とキリスト教研究の融合の現況と展望が述べられており、参考となる。
（9）吉田寅『中国キリスト教伝道文書の研究――『天道溯原』の研究・附訳註』汲古書院、一九九三年、同『中国プロテスタント伝道史研究』汲古書院、一九九七年、沈国威編著『『六合叢談』（1857-58）の学際的研究』白帝社、一九九九年、松浦章・内田慶市・沈国威編著『遐邇貫珍の研究』関西大学出版部、二〇〇四年、などがある。
（10）渡辺祐子「近代中国におけるプロテスタント伝道」第三章「太平天国のキリスト教「受容」」。佐藤公彦『清末のキリスト教と国際関係』第一章「近代中国におけるキリスト教布教と地域社会」。

(11) 都田恒太郎『ロバート・モリソンとその周辺』教文館、一九七四年、及び同『ギュツラフとその周辺』教文館、一九七八年など。また深澤秀男『中国の近代化とキリスト教』新教出版社、二〇〇〇年も太平天国の宗教や個別の宣教師及び中国人信徒数名を取りあげ、国内外の研究成果を整理して示している。

(12) 代表的な研究書として、顧長声『伝教士与近代中国』上海人民出版社、一九八一年、王立新『美国伝教士与晩清中国現代化』天津人民出版社、一九九七年など。なお、広東地域に限定して二十世紀中期までのキリスト教史について比較的広範囲に述べたものとして、趙春晨・雷雨田・何大進『基督教与近代嶺南文化』上海人民出版社、二〇〇二年がある。

(13) 李志剛『基督教早期在華伝教史』台湾商務印書館、一九八五年、同『香港基督教会史研究』道声出版社、一九八七年、同『基督教与近代中国文化論文集』宇宙光出版社、一九八九年、など。

(14) Coughlin, Margaret M., "Strangers in the House: J. Lewis Shuck and Issachar Roberts, First American Baptist Missionaries to China", ph. D. dissertation, University of Virginia, 1972, Rubinstein, Murray A., *The Origins of the Anglo-American Missionary Enterprise in China, 1807-1840*, The Scarecrow Press, 1996, Wong, Man Kong, *James Legge: A Pioneer at Crossroads of East and West*, Hong Kong Educational Publishing Co., 1996, Lazich, Michael C., *E. C. Bridgman (1801-1861), America's first missionary to China*, The Edwin Mellen Press, 2000, Lutz, Jessie G., *Opening China, Karl F. A. Gützlaff and Sino-Western Relations, 1827-1852*, Eerdmans, 2008 など多数。また、十九世紀のプロテスタント布教に関わる論文を含む論文集としては Bays, Daniel H. ed., *Christianity in China: from the eighteenth century to the present*, Stanford University Press, 1996 がある。

なおこれまで挙げてきた先行文献も部分的に含まれるが、中国キリスト教史についての全般的な基礎文献については、倉田明子・魏郁欣「中国キリスト教史基礎文献・所属機関案内」『歴史評論』七六五号、六八―七六頁も参照されたい。

(15) 代表的な先行研究としては、柳父章『ゴッドと上帝――歴史の中の翻訳者』筑摩書房、一九八六年がある。また近年の研究として、黎子鵬『経典的転生――晩清《天路歴程》漢訳研究』基督教中国社会文化研究社、二〇一二年、日韓のキリスト教と翻訳の問題を扱った、金成恩『宣教と翻訳――漢字圏・キリスト教・日韓の近代』東京大学出版会、二〇一三年がある。

(16) 顧長声『伝教士与近代中国』、一六頁。

(17) 代表的なものとして、Lutz, Jessie G. and Rolland Ray Lutz, *Hakka Chinese Confront Protestant Christianity, 1850-1900,*

M. E. Sharpe, 1998, Klein, Thoralf, *Die Baseler Mission in Guangdong (Südchina) 1859-1931*, München, 2002 および蘇精『上帝的人馬――十九世紀在華伝教士的作為』基督教中国宗教文化研究社、二〇〇六年などがある。また拙稿「洪仁玕とキリスト教――香港滞在期の洪仁玕」(『中国研究月報』、六四一号、二〇〇一年、一―一二頁)もロンドン伝道会史料に基づいて香港滞在時期の洪仁玕について明らかにした。

(18) 佐藤慎一『近代中国の知識人と文明』東京大学出版会、一九九六年、二〇頁。

(19) Cohen, Paul A., *Between Tradition and modernity: Wang T'ao and Reform in Late Ch'ing China*, Harvard University Press, 1974, p. 244.

(20) 手代木有児『清末中国の西洋体験と文明観』汲古書院、二〇一三年。

(21) 主な研究成果として、徐寿とその息子徐建寅に関する史料を幅広く集めた汪広仁編『中国近代科学先駆徐寿父子研究』清華大学出版社、一九九八年、また汪広仁『海国擷珠的徐寿父子』科学出版社、二〇〇〇年、王渝生『中国近代科学的先駆――李善蘭』科学出版社、二〇〇〇年等を含む「西学東伝人物叢書」シリーズ、そして王立群『中国早期口岸知識分子形成的文化特徴――王韜研究』北京大学出版社、二〇〇九年がある。

(22) 香港教会史の主な成果としては、謝洪賚『名牧遺徽』中国基督教青年会全国協会書報部、一九一六年、劉粤声編『香港基督教会史』香港基督教聯会、一九四一年、劉紹麟『香港華人教会之開基』中国神学研究院、二〇〇三年、および Smith, Carl T., *Chinese Christians: Elites, Middlemen, and the Church in Hong Kong*, Hong Kong University Press, 1985 などがある。

(23) 菊池秀明『広西移民社会と太平天国』風響社、一九九八年、同『清代中国南部の社会変容と太平天国』汲古書院、二〇〇八年、同『金田から南京へ――太平天国初期史研究』汲古書院、二〇一三年。

(24) 夏春濤『洪仁玕――従塾師、基督徒到王爺』湖北教育出版社、一九九九年、同『天国的隕落――太平天国宗教再研究』中国人民大学出版社、二〇〇六年、周偉馳『太平天国与啓示録』中国社会科学出版社、二〇一三年。

(25) 菊池秀明『清代中国南部の社会変容と太平天国』、一七頁。

(26) 洪仁玕『資政新篇』。邦訳は並木頼寿編『開国と社会変容――清朝体制・太平天国・反キリスト教(新編原典中国近代思想史1)』岩波書店、二〇一〇年、一九〇頁による。

(27) なお、注(24)に挙げた周偉馳氏の研究においても洪仁玕が取り上げられ、『資政新篇』の思想的背景が検討されているが、洪仁玕個人の経歴や『資政新篇』の成立過程については夏春濤、李志剛両氏及び筆者の研究が参照されている。

第一章　プロテスタント布教の開始と展開

第一節　アヘン戦争以前の中国布教

（一）　プロテスタント布教開始の背景

プロテスタント・キリスト教による中国布教は、一八〇七年に広州にやってきたロンドン伝道会の宣教師ロバート・モリソンによって始まる。

十六世紀の宗教改革によって誕生したプロテスタントは、カトリックとの激しい対立の中で、いくつもの分派（教派）を生みながら徐々にその形を整えてきた。十八世紀に入ると当初の宗教的情熱も冷め、啓蒙主義や理神論など人間の理性を重んじる思想が主流となるが、十八世紀後半、ヨーロッパやアメリカのプロテスタントの間で再び情熱的な宗教復興運動が広がり、プロテスタント国でもあるイギリスの産業革命の成功と世界進出という時代状況とも相まって、プロテスタントの人々の海外布教への関心を高めることになった(1)。

モリソンの出身国イギリスでは、宗教復興運動はメソジスト運動(2)を中心に展開し、これが英国教会内部における福音主義運動を呼び覚ますと同時に、非国教派(3)と呼ばれた諸教派の間にも福音主義回帰の流れを起こさせた。この非国教諸派を中心として一七九五年に組織された海外布教団体がロンドン伝道会である。モリソンは非国教派のひとつである長老派の信徒の職人の家庭に生まれたが、儀式よりも牧師の説教を、そして個人の回心体験[4]を重視する福音主義の雰囲気の中で成長し、彼自身「回心」を体験した敬虔な信徒となった。モリソンは後に牧師になることを志し、宗教復興運動の中で成長を遂げた「最も有名で学問的レベルの高い」ホクストンの非国教徒学校[5]に学んだが、在学中に海外布教に目を向けるようになり、ロンドン伝道会の報告を読み、またその十周年の記念集会での説教に心動かされ、ロンドン伝道会の宣教師になることを自ら志願したのである。

一方、上記イギリスのメソジスト運動に大きな影響を与えたのが、ドイツの敬虔主義の運動であった[6]。この運動は十八世紀に入って「ヘルンフート兄弟団[7]」を中心に高揚期を迎え、ヨーロッパの他地域やアメリカに波及してゆく。後に個人宣教師として中国布教に携わり、聖書の翻訳や福漢会の創設などを通して間接的ながら太平天国とも深い関わりを持つことになるカール・ギュツラフは、この敬虔主義の思想に強く影響を受けていたとされる。さらにギュツラフの呼びかけに応じて中国に宣教師を送ったバーゼル伝道会やレニッシュ伝道会の宣教師らも、このドイツ敬虔主義の思想の薫陶を受けた人々であったという。

また、アメリカでも敬虔主義の影響を受け、十八世紀中期にニュー・イングランドの会衆派[8]教会の中から信仰覚醒運動が始まった。この運動は当時急速に広がりつつあったユニテリアン[9]などのリベラル派に対抗する形で発展し、厳格なカルヴァン主義を信奉しつつ、回心の体験を通した魂の救済を重視する姿勢をとった。この運動は海外布教にも非常に積極的であり、カルヴァン主義の会衆派連合会が「(リベラル派に)汚染されていないキリスト教」を次世代に伝えてゆくために設立したアンドーヴァー神学校の神学生の提言に基づいて、一八一〇年、海外布教団であるアメリカン・ボードが組織された。アメリカ人で最初の中国への宣教師となったブリッジマンは、ニュー・イングランドの熱心な会衆派信徒の農夫の家庭に生まれ、アンドーヴァー神学校で学び、アメリカン・ボードから海外へと派遣された、まさに信仰覚醒運動から生まれた典型的な宣教師であった。

このアメリカの信仰覚醒運動は会衆派のみならず、長老派やクェーカー派まで幅広くプロテスタント諸派の間に広がった。幼児洗礼に肯定的であった他の諸派に対し、幼児洗礼を認めないバプテスト派はこの運動には比較的冷淡であったとされるが、それでも信仰覚醒運動はアメリカ南部のバプテスト派にも少なからぬ影響を与え、十八世紀前半にバプテスト派もまた大きく勢力を伸ばしている。[10] 元来教会ごとの独立性、自立性を重んじるバプテスト派は他教派のようにまとまった連合体を形成することが困難であったが、海外布教という目的のために一八一四年にはバプテスト・ボードが設立され、中国にもシュックやロバーツといった宣教師がやってくることになる。[11]

（二）　広州・マカオにおけるモリソンの布教活動

モリソンがロンドン伝道会に加入したのは一八〇四年五月のことであった。その後モリソンは神学、西洋古典、医学や天文学、そして中国語を学びながら、渡航に向けて準備を進め、一八〇七年一月、まずニューヨークへと向かった。当時イギリス東インド会社はその管轄地域内での宣教師の布教活動を歓迎しておらず、彼らがイギリスの船で直接インドや広州に行くことはできなかったからである。また、広州に着いたとしても、そこに居住できるかどうかは不透明であった。モリソンはニューヨークからアメリカの商船に乗って広州へと向かい、同年九月、マカオに到着した。ロンドン伝道会がモリソンに当面の方針として指示したのは、中国語を習得すること、そして辞書を作り、聖書の中国語訳を行うことであった。中国語を身につけた後、広州に残るのか、あるいは別な地に移るのかはモリソンの判断に委ねられた。[12]

当時、広州での欧米人との貿易は冬季に限られており、欧米人が広州の商館に居住できるのも冬季だけであった。夏季も広州周辺に残りたい欧米人はその間マカオに居住したが、広州にせよ、マカオにせよ、イギリス人は東インド会社の関係者でなければ居住することは許されなかった。そのため、モリソンはアメリカ人商人の協力を得て貿易シーズンの開始とほぼ同時に広州に渡り、翌年の六月まで広州で暮らした。

モリソンはさらに二年目もマカオと広州を行き来する生活を送ったが、商業活動に従事せず、しかもプロテスタントの宣教師という身分であったため、長期的な居住の許可を得ることが難しく、一旦はペナンへの移動を決意する。しかし一八〇九年二月、イギリス東インド会社が通訳としてモリソンを雇うことを申し入れ、これを受諾したモリソンは年間を通して広州またはマカオに居住することが公に認められることになった。以後モリソンは通訳として働きながら、辞書の執筆や聖書の翻訳などを進めてゆくことになる。

まずモリソンはすでにカトリックの宣教師によって訳本が出されていた新約聖書の『使徒行伝』を翻訳し直すことから始め、一八一〇年にはこれを広州で出版した。その後さらに新約聖書の翻訳を進め、一八一三年の末には全編の中国語版の印刷にこぎつけている。また教理問答や賛美歌なども出版されたほか、短編の布教文書も印刷され、モリソンの助手やモリソン本人によって配布された。そして一八一九年十一月には旧約聖書の翻訳も完成し、またもうひとつの任務であった辞書についても一八二三年までに六冊本として出版が完了している。

なお一八一三年にはロンドン伝道会からミルンが宣教師として派遣されたが、長期的に広州やマカオに居住できる見通しが立たず、マラッカで現地の華僑への布教を行うことになった。マラッカには、かねてからモリソンが計画していた英語と中国語の両方で教育を行う学校が設立されることになり、一八二〇年、ミルンが院長となって「英華書院」が開校している。

モリソンは到着直後から、身の回りの世話をする使用人や中国語の教師を雇い、彼らと生活をともにしながら翻訳などに携わり、日曜日には彼らも交えて賛美歌を歌い、聖書を読んでモリソンが説教するという礼拝を自宅で行っていた。この生活スタイルは東インド会社の通訳となっても変わっていない。このように日常的にモリソンと一緒におり、聖書やキリスト教について見聞きするようになった中国人は、モリソンの中国での二十数年に渡る生活の中で十人ほどいたが、中でもモリソンとの関わりが比較的長く続いたのがヒン、フォー、ユンの三兄弟と、中国語の教師コー・モウホーである。[13]そして中国で最初のプロテスタントの受洗者となったのがこのうちのひとり、フォーであった。

若くして両親を亡くしていた彼ら三兄弟は、一八〇八年、兄のヒンが助手兼広東語の教師として、フォーとユンも買い物などの身の回りの世話をする使用人としてモリソンに雇われた。フォーは間もなく別の中国語教師と争いを起こし、その教師とともに解雇されてしまうが、礼拝には出席し続け、やがて熱心にキリスト教について学ぶようになったという。一八一二年の十月には、こっそり持ち出したいくつかの神仏の像をモリソンに見せ、自分はイエスを信じており、またそれらを拝むことの無意味さを分かっている、と述べた。モリソンはフォーに洗礼を施すことを考えたが、「知識がまだ不十分で、その信仰も一時的なものに過ぎないのではないかと恐れ」、実行に移さなかった。フォーはその一ヶ月後、兄弟に知らせずに極秘に洗礼を受けたいと申し出たが、モリソンは承諾せず、教理問答書の学びなどを続けた後、一八一四年七月になってようやくフォーに洗礼を施した。[14]その後も彼はモリソン宅での礼拝に出席していたが、一八一八年十月、肺病でこの世を去ってしまう。[15]

その後ヒンやコー・モウホーもキリスト教の教えを理解し、洗礼を志願したこともあったが、最終的には彼らが洗礼を受けることはなかった。後でも述べるとおり、モリソンにとっては、自らの信仰を公にすることが「キリスト教徒」として欠くことのできない条件であり、彼らはそれを満たしていなかったからである。その意味では、はばかることなくキリスト教信仰を公にし、布教に尽力した最初の中国人信徒と言えるのは梁発であった。

梁発は広東省の出身で、一八一〇年頃からヒンとともに聖書の印刷に携わっていた印刷工で、のちにミルンがマラッカで聖書の印刷を行うことになった際、助手としてマラッカに渡った人物である。[16]一八一六年十一月、ミルンから洗礼を施され、キリスト教徒となった。梁発はその後も何度か故郷に帰っているが、そこで偶像崇拝に明け暮れる近親者を説得するために布教パンフレットを自ら執筆するようになった。また妻をキリスト教信仰へと導き、梁発自身が洗礼を施したという。このように梁発は入信直後から身近な人々へキリスト教を布教することに熱心であった。一八二二年にミルンがマラッカで死去し、梁発は翌年には広東に戻って来たが、間もなくモリソンは一時帰国の途に就くことになった。その際、モリソンは梁発を伝道師に叙任し、留守中の布教活動を彼に一任する。この時から梁発はロンドン伝道会から給料を支給される正式な助手となった。

(三) 新たな宣教師の派遣と内地布教への布石

一八二三年十一月に一時帰国の途についたモリソンは、一八二六年九月、再びマカオに戻った。モリソンにとっては中国への新たな宣教師の派遣が切実な要望となっていた。ミルンの着任後、マラッカには一八一七年に印刷工としてメドハーストが派遣されており、彼は二年後には牧師となってペナンおよびバタヴィアで華僑への布教活動に従事していた。これを受けてロンドン伝道会は華僑への布教を目的にマラッカやバタヴィア、シンガポールなどには数人の宣教師を派遣していたが、中国本土への宣教師派遣には消極的だったのである。モリソンの新たな宣教師派遣の要請も容れられることはなかった。そのような中、アメリカン・ボードが中国に宣教師を送ることを決定し、一八三〇年二月、二人の宣教師がマカオに到着する。中国人への布教に携わるため派遣されたブリッジマンと、広州で貿易に従事するアメリカ人のための牧師として派遣されたアビールであった。ブリッジマンはすぐにモリソンに紹介された中国人教師のもとで中国語の学習を開始し、同年の十一月には梁発のパンフレット作成に協力するなど、布教活動にも関わるようになり、また、一八三二年からは月刊紙『チャイニーズ・レポジトリー』の編纂・発行にも携わるようになった。また、一八三三年にはブリッジマンを補佐する印刷技術者としてウィリアムスが到着している(17)。

一方、ドイツ人宣教師ギュツラフも、一八三一年以降、数度にわたって中国の沿海を航行しながら布教パンフレットを配布する旅行を行っている。ギュツラフはもともとオランダ伝道会からスマトラ島での布教のために派遣された宣教師である。一八二六年にインドネシアにやって来たギュツラフは、まずジャワ島のバタヴィアでしばらくの間メドハーストの家に同居し、メドハーストからマレー語と中国語を学んだ。その間にメドハーストから感化を受けて中国布教を志すようになったギュツラフは、結局スマトラ島には行かず、一八二八年にオランダ伝道会を脱会して個人宣教師となり、バンコクに拠点を置いてタイ語の聖書翻訳などをすすめる一方、華僑への布教を行うようになった。そして一八三一年六月、バンコクで中国人商人のジャンク船に同乗し、初めて中国本土の沿岸部に至り、福建から山東、天津、遼寧にまで赴き、医薬品や聖書、布教書などを配布する旅行を敢行したのである。帰路はマカオでジャンク船を降りてモリソンのもとに寄留し、翌一八三二年二月、再びギュツラフは北方での貿易の拡大を探るために中国沿海へと向かう東インド会社の船に通訳兼医者として乗り込み、廈門、福州、寧波、朝鮮、琉球などを訪れ、モリソン・ミルン訳の聖書やさまざまな布教書を配布している。同年九月にマカオに帰港すると、続けて今度はアヘンの密貿易に携わっていた商人ウィリアム・ジャーディンとジェームズ・マセソンの所有する武装したアヘン密輸船に通訳兼医者として乗り込み、布教書の配布を行った。その後もギュツラフは一八三五年までの間に少なくとも四回、ジャーディン・マセソン商会のアヘン密輸船の航海に通訳として同行し、布教書の配布を行ったという(18)。

このようにギュツラフが立て続けに航海に出たのには、個人宣教師であったため収入を確保する必要があった、という事情があった。またウィリアム・ジャーディンが航海途中での布教書の配布に賛同し、ギュツラフが刊行していた『東西洋考毎月統紀伝』の出版にも援助を申し出るほど協力的であったこともギュツラフにとっては魅力的であった。とは言え、アヘン密売を生業とするウィリアム・ジャーディンから通訳の依頼があったときはギュツラフも躊躇したという(19)。他の宣教師たちと同じく彼も本来アヘンには反対で、かつてアヘンの害を説くパンフレットを書いたり、アヘンをやめさせるための薬を配布したりしたこともあったからである。しかし最終的にはギュツラフはこれも布教のチャンスと捉え受諾したのであった。

一方、一八三〇年代の最初の数年は、梁発ら中国人助手による広州周辺での布教活動が非常に活発に行われた時期でもあった。ブリッジマンは一八三〇年三月に初めて梁発に会っているが、そのころ梁発は「広州より五十から百マイル離れたところ〔梁発の故郷がある高明県〕に住んでいて、家々を回って福音を説いていたほか、キリスト教の文書を印刷したり配布したりもして」いたという。[20] 梁発はこの二年ほど前に故郷に私塾を開き、そこでキリスト教の教えを広めようとしたが、一部の親戚から迫害を受けて私塾を閉鎖し、一八二九年の初めにはマカオに逃げてきていた。この年の暮れ、再び故郷に戻り、パンフレットの印刷と布教活動を再開していたのである。[21]

一八三〇年二月には新たにもうひとりの中国人がモリソンから洗礼を受けた。梁発とともにかつてマラッカのミルンのもとで働いていた屈昂であった。屈昂はミルンのもとにいた頃に入信を考えたこともあったようだが、モリソンに紹介されるまでは「怠惰で行き当たりばったりな生き方をし、妻子の面倒も見ず、完全に家族を離れて定職にも就かずにいた」という。しかし入信後は「世俗的な意味でも、また霊的な意味でも、家族の必要に心を砕くようになり」、梁発から印刷技術を学んで熱心にモリソンのために布教文書の印刷などを行うようになったという。[22] 一八三一年にはロンドン伝道会の助手となり、梁発と同じく布教活動に一生を捧げることになる。また、一八三一年頃から梁発は信者になろうとする者に積極的に自ら洗礼を施すようになっており、モリソンの一八三二年十月七日の日記によれば、梁発はすでに七人に洗礼を授けていたという。[23] 彼らは梁発の助手として布教書の印刷や配布などに携わっていたが、モリソンやブリッジマンらが暮らす広州の商館とは別なところで活動していたらしく、ブリッジマンは同じ頃、彼らのうちの数人にはまだ会ったことがないと述べている。[24] 当時の梁発の布教活動はかなり彼自身の裁量、指導のもとで行われていたことがうかがえる。なお梁発が洗礼を施した信者たちの名前を知ることのできる史料はほとんど残されていないが、例えばその息子たちがロンドン伝道会の長老として教会を支えてゆくことになる関日という人物などはその中のひとりである可能性が高いと思われる(25)。

この時期、梁発らは科挙試験を受ける知識人たちへの文書を介した布教を積極的に行っていた。一八三〇年の夏、梁発と屈昂は広州の西南四百キロほどのところにある高州府（現広東省茂名市）まで出かけてゆき、科挙の試験を受けに来た若い知識人らに七千部以上のパンフレットを配布した(26)。また、梁発は新たなパンフレットの作成にも尽力しており、一八三一年には、その後精力的に配布されることになる『聖書日課初学使用』が出版された。これはイギリスの聖書日課の翻訳であったが、到着したばかりのブリッジマンや、モリソンの息子ジョンもその執筆に協力していた。さらに一八三二年には梁発の書き下ろしのパンフレット九編をまとめた『勧世良言』が出版されている。これらのパンフレットは一八三三年に広州で童試が行われた際にも、梁発自身の手によって配布された。『チャイニーズ・レポジトリー』によれば、十月の試験では三千部以上の布教書が配布されたという。さらに一八三四年八月には広州で郷試が行われ、ここでも梁発は助手たちとともに大々的に布教書の配布を行おうとした。しかし、折からのイギリスと清朝との急速な関係悪化の影響を受け、梁発らの行動は清朝からの取り締りを受けることになる。

一八三四年というのは、イギリス東インド会社の中国貿易独占権が撤廃された年である。イギリス政府はこれを機に従来の貿易システムを一新し、清朝と対等な外交交渉を行おうと試み、初代主席貿易監督官としてネーピアを派遣した。この時ネーピアによって通訳官に抜擢されたのがモリソンであった(27)。しかし、七月二十三日、清朝との交渉のためにネーピアとともに広州に向かったモリソンは、折からの悪天候と暑さの中体調を崩し、そのまま八月一日に広州で死去してしまう。ネーピアはこの痛手にも関わらず、広州の清朝当局と対等に交渉するという使命を貫こうとし、八月二十五日には清朝の態度に強い不満を示す中国語の抗議文書を頒布する。梁発らに対する摘発事件が起こったのはまさにこうした緊張状態の最中であった(28)。

梁発らが布教書の配布を始めたのは八月二十日であったが、最初の二日間は『聖書日課初学使用』を千部ずつ配布できるほど好調であったという。しかし三日目以降清朝の取り締まりを受けるようになった。最初は連行される者が出てもすぐに釈放されたが、二十五日以降取り締まりが厳しくなり、梁発の助手たちが次々と逮捕された。八月三十日には南海県知県から、「人心を惑わし、害を与える外国の異端書籍」を印刷したり配布したりすることを厳禁し、そのようなことを行う者を厳しく処罰する、という布告が出され、さらに九月に入ると、外国人と関わりを持つ中国人が「漢奸」として厳しく取り締まられるようになった。名指しで追われる身となり、自らの故郷にまで官憲が乗り込む事態に陥った梁発は、妻子を連れてマカオのブリッジマンのもとに逃げ込み、その後ブリッジマンのもとに預けられていた息子進徳とともにシンガポールを経てマラッカに渡り、しばらく英華書院での印刷事業に携わることになる。なお、逮捕されていた助手たちは、モリソンの後を継いで貿易監督官の第一通訳官となった息子ジョン・モリソンの尽力で保釈金を払って釈放されたが、以後、広州での中国人信徒による布教活動は大きく後退した。(29)

さらにこの年の春にギュツラフが福建省への航海の途中で配布した布教書が清朝当局の目に触れ、九月にマカオで取り締まりが行われた結果、再び宣教師の助手の中から逮捕者が出る事態となった。この時逮捕されたのは屈昂の息子屈熙であった。屈昂は難を逃れたが、結局これを機にマラッカに逃れることになる。この事件によって広州での印刷事業はほぼ完全に不可能となり、以後は梁発や屈昂がいるマラッカや、アメリカン・ボードの印刷所が置かれたシンガポールが中国語印刷物の主要な印刷拠点となるのである。

こうして直接的な布教活動が困難になるなか、宣教師たちはモリソン・ミルン訳の聖書の改訂、出版を行ったほか、様々な書物の出版に力を注いだ。その原動力となったのが一八三四年十一月に設立された「中国益知会」である。この会はジョン・モリソンが英語の書記を、ブリッジマンとギュツラフが中国語の書記を務め、西洋の有用な知識を中国語の書物の出版を通して広めることを目的としていた。ギュツラフが一八三三年に広州で発刊した月刊紙『東西洋考毎月統紀伝』も一八三七年以降はこの中国益知会が出版者となり、ブリッジマンやメドハーストもその編纂に加わっている。また、ブリッジマンの『美理哥合省国志略』も中国益知会によって一八三八年に出版された。なお、ギュツラフはこの時期、『東西洋考毎月統紀伝』に掲載した各国の歴史・地理に関する文章を『猶太国史』や『古今万国綱鑑』『万国地理全集』などの単行本に編纂して出版したほか、多くの布教パンフレットを出版している。これらの海外事情や地理に関する書物は中国人知識人にも影響を与えており、林則徐の情報収集にも協力していた広東の知識人梁廷枏の『海国四説』（一八四六年刊）や、福建で布政司を務めた徐継畬の『瀛環志略』（一八四八年刊）の情報源ともなった。

また一八三六年にはモリソンを記念してモリソン教育協会が、また医師であるパーカーの着任を契機として一八三八年には医薬伝道会も組織されている(30)。モリソン教育協会は、ブリッジマンとジョン・モリソンのほか、ウィリアム・ジャーディン、オリファント、デントといった広州の有力な商人も理事会に加わっていた。中国の若者に英語を教える学校の設立ないし資金援助を目的とし、まずギュツラフ夫人がマカオで開いていた女子学校に資金援助を行い、男子学生も受け入れられるようにするのに貢献したという(31)。また上述の梁進徳と、やはりマカオでブリッジマンが養育していた少年韋光を支援し、シンガポールのアメリカン・ボードの学校で教育を受けさせている(32)。そして同協会は一八三九年にはマカオに「モリソン記念学校」を設立し、教育事業に直接参与するようになった。校長としてアメリカから招聘されたブラウン夫妻が少年たちと生活をともにしながら教育を行った。なお、先のギュツラフ夫人の学校の最初の男子学生となり、さらにモリソン記念学校の最初の学生ともなったのが、後にアメリカへ留学することになる容閎であった(33)。

ところで、ちょうど広州での直接的な布教活動が下火になった時期に、新たにアメリカからやってきた宣教師たちがいた。バプテスト派のシュックとロバーツである。シュックはバプテスト・ボードの宣教師として派遣され、当初バンコクで支部を立ち上げるよう命じられていたのであるが、シンガポール到着後独断でマカオに行き先を変更し、一八三六年七月、マカオに到着した。マカオでは当初ギュツラフ夫妻の世話になっている。一年後には、マカオを出入りするジャンク船の乗組員に布教書を配布したり、ギュツラフが留守の時にはギュツラフ宅で毎日曜日に行われていた中国語の礼拝を取り仕切ったりするようになっていたようである。(34)

一方のロバーツは一八三七年五月にマカオに到着した。ロバーツはアメリカ南部のテネシー州の農民の出身で、熱心なバプテスト信者の母に育てられ、無学ではあったが二十五歳の時に牧師となる。その後ギュツラフの中国沿海での布教活動についてのレポートを読んだことで中国布教に目覚め、一八三五年にバプテスト・ボードに中国への宣教師として名乗りを上げる。ところがバプテスト・ボードが審議のためにロバーツを知る四人の牧師に意見を聞いたところ、全員がロバーツの牧師としての能力や学識、性格について疑問を呈したため、バプテスト・ボードはロバーツを宣教師として受け入れることは不適当であるとの結論を下した。しかしロバーツは自らの資産を元手に「ロバーツ基金」と「ミシシッピ流域中国伝道会」を立ち上げ、さらにミシシッピ、テネシー、ケンタッキーの各州の教会を回って資金を集め、これを後ろ盾として個人宣教師として中国へと旅立ってしまう。ミシシッピ流域中国伝道会は発足するとすぐ、ギュツラフにこの会のメンバーとして加わってくれるよう要請し、快諾を得ていたため、ロバーツはマカオで早速ギュツラフに迎え入れられた。バプテスト・ボードと直接のつながりはなかったものの、同じバプテスト派であるということで、シュックと一緒に行動することも多かったようである。(35)

このバプテスト派の宣教師たちは、かなり早い時期からブリッジマンらアメリカン・ボードの宣教師たちとの間に、衝突とまでは言えないまでも、微妙な軋轢を生じさせていた。コフリンによれば、それは「洗礼」の儀式、および布教方法をめぐる見解が異なっていたことによるものだったという。バプテスト派は個々人が回心の後に洗礼を受けるべきであるとの考えから幼児洗礼を認めず、また、洗礼の方式も他教派とは異なっていた。特に後者に関連して、「洗礼」という言葉をどのような中国語に訳すかということでブリッジマンらとは意見が対立したが、(36)結局両者はバプテスト派が独自のバージョンの中国語聖書を作ることで同意している。

第二節　アヘン戦争とその後のプロテスタント布教の展開

(一)　アヘン戦争と宣教師

一八四〇年に始まったアヘン戦争は直接的にはアヘン貿易をめぐるイギリスと清朝との対立が背景にあったが、その結果締結された南京条約は新たな貿易港の開港と香港割譲を含んでおり、内地布教を切望していた宣教師たちにとっても重要な意味を持っていた。これまで本章で足跡をたどってきた宣教師たちの多くもまた、アヘン戦争そのものやその後の条約締結の過程に直接関わりを持っていたことは、すでに多くの研究が明らかにしてきたことである。ここではアヘン戦争とそれに続く条約交渉の細かな経過を述べることはしないが、この間の宣教師やその助手たちの動向について概観しておきたい。

宣教師たちは概してアヘン吸引やアヘン貿易には批判的な意見を持っていたものの、これまで見てきたように、ジャーディン・マセソン商会やデント商会などアヘン貿易に携わっていた貿易会社の経営者から布教活動への支援を受けていたこともあり、アヘン問題は宣教師にとっても非常に微妙な問題であった。しかしその中でブリッジマンは「アヘン貿易批判の急先鋒」となり、自らが編集する『チャイニーズ・レポジトリー』において、貿易商の直接の名指しは避けつつも、アヘン貿易に対する批判を繰り返し発表していた(37)。一八三九年、欽差大臣として広州にやってきた林則徐は外国人商人に対しアヘンの提出と、今後中国にアヘンを持ち込まないという誓約書への署名を要求した。イギリスはアヘンの提出にはしぶしぶ同意したものの、誓約書への書名は堅く拒否し、一八三九年五月には広州から追放された。一方アメリカの商人たちは誓約書への署名にも応じたため、貿易を続けることは許されたが、結局イギリス人の撤退と同時に一旦広州を離れ、マカオに退去している(38)。これに伴いブリッジマンも退去を余儀なくされたが、それでも彼は林則徐の一連のアヘン禁制政策に賛同し、虎門でのアヘン処分を見学して林則徐と会見し、林個人に対しても好感を持つようになっていたという。

当時林則徐は欧米諸国に関する情報収集を進めるために英語ができる人材を求めており、ブリッジマンのもとで英語を学びつつ翻訳の手助けなどをしていた梁進徳に興味を持ち、ちょうどブリッジマンがマカオに退去したころ、進徳を通訳兼翻訳者として招聘した。林則徐のもとで進徳は英字紙や英語の書物の翻訳などを行っている。一八四〇年一月のブリッジマンの報告によれば、進徳は当時マレーの『地理学百科事典』を翻訳していたという。これは後に林則徐が監修した『四洲志』の主要な情報源となる書物である。なお林則徐は梁進徳のほかにも袁徳輝ら三人の中国人を翻訳者として招聘したが、彼らもみな宣教師のもとで教育を受けた者たちであった(39)。広州の行商のもとにいた通訳たちの能力は「通商の分野の一部分に限られており、西洋の考え方や学問については全くと言っていいほど理解がなかった」からである(40)。当初ブリッジマンら宣教師たちは梁進徳が林則徐に仕えることによってキリスト教や宣教師から離れてしまうことを心配したようであるが、進徳はその後も宣教師との関係を保っており、ブリッジマンも進徳の活躍を中国布教にとって「さい先の良い状況」であると考えるようになっている(41)。しかし林則徐が戦争開始の咎めを受けて解任されると、進徳らもその任を解かれた。その後、進徳は広州郊外の実家に戻り、ブリッジマンとジョン・モリソンから生活費をもらいながら自宅で英語やヘブライ語の学習を続けることになった。なお、『四洲志』などの林則徐が梁進徳らの協力で集めた西洋情報は、林則徐が解任される際に魏源に託され、それらをもとに『海国図志』がまとめられることになる。

一方、アヘン戦争を遂行したイギリス側と最も深く関わりを持った宣教師はギュツラフであった(42)。ギュツラフは、一八三四年八月にジョン・モリソンが父の後を継いで貿易監督官の第一通訳官になった後、ジョンがもともと就いていた第二通訳官に就任していた。そのためアヘン戦争中もイギリス艦隊に同行し、さまざまな交渉の通訳を務めている。もちろんジョンも戦争の遂行に深く関わっており、ジョンは主に清朝の公文書の翻訳や高官との交渉での通訳を、ギュツラフともうひとりの通訳官は情報収集などの日常業務や下級官僚との交渉の通訳などを行った。なおギュツラフのもとには数人の現地通訳がいて彼の仕事を助けていたが、その中には一八三七年に日本で起こったモリソン号事件の当事者だった日本人漂流民も含まれていたという(43)。戦争の遂行に伴い浙江省舟山島の定海や寧波、鎮江などがイギリス軍によって占領されると、ギュツラフがそれらの都市の行政官を務めることもあった。一八四〇年一月に定海が占領されると、ギュツラフは同年七月から翌年二月にイギリス軍が定海を放棄するまで同地の行政官を務めたが、その間、ギュツラフ夫人が学校を開いたり、また医薬伝道会からの要請に応えてロンドン伝道会が派遣した医師ロックハート(44)が定海で医療所を開いたりしている。ギュツラフとロックハートは布教書の配布活動も行っており、彼らが定海にいた数ヶ月の間に数万冊の布教書が彼らのもとに送られた。また、ギュツラフの宣教師としての活動は南京条約締結の場でも見られ、交渉に当たった清朝側の役人全員に新約聖書を配ったという。その後ギュツラフは一八四二年九月から、病逝したジョン・モリソンに代わって貿易監督官の中国語書記に任命される一八四三年八月まで、再度占領された定海の行政官を務めた。

(二)　香港・広州における布教の展開

(1)　バプテスト・ボードの宣教師の活動

アヘン戦争の結果、一八四二年八月に南京条約が締結され、広州、福州、廈門、寧波、上海の五つの貿易港が開かれ、香港がイギリスの植民地となった。[45]このことによって宣教師は中国内地での布教を拡大するチャンスを得、プロテスタント布教は新たな局面を迎える。当初多くの伝道会の拠点となったのは香港であったが、中でもいち早く香港に移住したのはバプテスト・ボードの宣教師たちであった。[46]

シュック夫妻は一八四二年三月に香港に移り、五月と六月に相次いで二つの教会堂を開いた。一年後には週に三十回を超える様々な集会を開き、さらに英語による礼拝なども併せて行っていたという。一方、個人宣教師をやめてバプテスト・ボードに属することになったロバーツはシュックより一足早く一八四二年二月に香港に入り、香港島南側の赤柱での布教活動に従事するようになった。[47]さらに同年十月にはバンコクにいたディーンも加わり、潮州語での布教活動を行った。一八四三年五月には潮州人の教会が組織されており、毎日曜日の礼拝には三十から五十人の潮州人が出席していたという。シュックが管理する教会でも一八四四年三月に最初の入信者の洗礼が行われ、またシュック夫妻による学校も開設されるなど、香港のバプテスト教会は活況を呈した。

ところが香港のバプテスト教会はその後急激に失速してしまう。まず一八四四年五月、ロバーツが突然香港から出て行き、ギュツラフのサポートを受けながら広州で布教活動を行うようになる。[48]これはバプテスト・ボードとしての活動というより、後述するギュツラフが創設した福漢会の活動と連動するものであった。一方シュックも一八四五年四月には、やはり新たな布教拠点を立ち上げるべく仲間の宣教師や中国人助手全員を連れて香港を去った。バプテスト派はわずか三年ほどで拠点を完全に広州に移したのである。

ロバーツは広州に移ると間もなく欧米人用の商業区域の外に建物を借り、住居兼礼拝所とした。ロバーツは商業区域を出た最初の欧米人であったという。しかも彼が住んだのは商業地区から二キロほども離れた、刑場にほど近い「泥棒や浮浪者、ならず者のたまり場」のような場所であった。ロバーツはこのような場所こそ「中国人の家々のただ中に布教の拠点を築く最初の成功例となる場所」であると考えたのだという。[49]彼はギュツラフや広州在住の英米商人などからも経済的援助を受けながら、数人の中国人信徒とともに独自の布教活動を行った。一八四五年七月には「粤東施蘸聖会」という教会堂を開いている。一方シュックも商業区域の外のロバーツの教会堂からそう遠くない場所に教会堂を建てたが、ロバーツにせよシュックにせよ、彼らの布教活動はかなり急進的だったようで、周囲の中国人からの反発も強かった。結局シュックのほうは数ヶ月のうちに教会堂として使っていた建物を追い出されてしまったという(50)。そして一八四五年十月にはシュックはアメリカに帰国してしまうのである。またロバーツのほうも一八四七年五月には留守中に教会と住居に強盗が入り、何もかも盗まれてしまうという事件に見舞われている(51)。なお、この事件の直前の一八四七年三月末にロバーツの助手からの紹介でロバーツのもとを訪れ、教えを請うたのが洪秀全と洪仁玕であった。

その後ロバーツも一八四九年に一時帰国し翌年広州に戻ったが、様々なトラブルを理由に、一八五一年には南部バプテスト連盟との関係を絶たれた(52)。以後ロバーツの関心はかつての生徒である洪秀全と太平天国へと向かうことになる。南部バプテスト連盟は広州に新たな宣教師を派遣して布教活動を継続してゆくが、ロバーツを再び迎え入れることはなかった。

(2)　アメリカン・ボードの宣教師の活動

一方、アメリカン・ボードの宣教師も南京条約締結以前にすでに香港に新たな布教拠点を開くことを決めていた。ブリッジマンは一八四二年七月に初めて香港を訪れ、土地の購入などの手続きを進めている。シンガポールのアメリカン・ボードの学校で学んでいた韋光も帰国して香港に移り住んでおり、ブリッジマンの布教活動を書記係として手助けしていた。また梁進徳もやはり香港に来て、治安判事裁判所(Chief Magistrate's Office、後に Chief Magistrate's Court)の通訳になっていた。アメリカン・ボードの宣教師のための住居と印刷所は一八四三年のうちに建設が進められ、シンガポールからマカオに来ていたボール夫妻も一八四三年春に香港に移った(53)。

また、一八四二年九月、ブリッジマンは自身が創設に大きく関与したモリソン教育協会の主席の座をデントから受け継いでおり、モリソン記念学校も香港総督ポッティンジャーから土地の提供を受けて香港に移転した。モリソン・ヒルと名付けられたその土地にデントが建物を提供し、一八四三年十一月に引き続きブラウンの管理のもと教育活動が再開された(54)。

一方、一八四〇年から一時帰国していたパーカーは一八四二年十月にマカオに戻り、アメリカン・ボードの一員でもある商人オリファントやかつての公行商人の協力を得て翌月には広州で病院を再開した。この病院は中国人からも歓迎され、一八四三年の下半期だけでものべ二千人を越える患者を治療したという(55)。また、アメリカン・ボードは廈門にも拠点を開いており、ここにはかつてブリッジマンと一緒に広州にやって来たアビールが着任している(56)。

一八四三年冬、清朝との間で条約交渉を行うため、アメリカの全権大使としてカッシングが派遣されてきた。ブリッジマンとパーカーは通訳として交渉に参加するよう要請され、一八四四年の春から夏にかけて条約交渉に関わったが、その際、すでに裁判所での仕事をやめブリッジマンのもとにいた梁進徳も通訳を補佐したという(57)。しかしその後梁進徳は香港を離れ、広州のある塩商人のもとで働くようになる。また、ブリッジマンらも徐々に香港で布教活動を続けていくことに疑問を抱くようになり(58)、結局一八四五年の七月には彼らも広州に拠点を移した。なおブリッジマンの書記係をしていた韋光は香港に残り、洋行の買辦や高等法院の通訳などを務めている(59)。広州に移ったブリッジマンは布教文書の配布、宣教師の家やパーカーの病院での説教などを積極的に行い、ボールも十代前半の少年たちを集め、中国人教師ひとりを補佐役として学校を経営したほか、印刷事業の責任者として布教書の印刷に携わっていた(60)。また一八四四年二月にブリッジマンの従兄弟ジェームズがブリッジマンの個人的な助手として香港に来ていたが、翌年にはアメリカン・ボードの補助宣教師に任命され、広州に移った後の一八四六年五月、正式に牧師に叙任されている(61)。

このように、バプテスト派と同じく、アメリカン・ボードもかなり早い時期に香港を離れ、広州での布教に力を注ぐようになったのである。

一八四七年六月、ブリッジマンはモリソン・ミルン訳の聖書の改訂に関わる編集会議に出席するため、夫人と中国人の少女二人そして梁進徳を伴って上海に行くことになった。廈門以北にも布教拠点を置きたいという願いはブリッジマンとアメリカン・ボード本部との間で共通していたため、ブリッジマンはこれを機にそのまま上海に居住し続け、聖書翻訳の傍ら、学校を開くなどして布教拠点を置く準備を進めてゆくことになる。他方、広州ではパーカーの医療活動に特化した活動がボード本部の意向にそぐわなくなってきており、一八四七年、パーカーがアメリカ公使館の秘書の職に就いたことを理由に、アメリカン・ボードはパーカーを解任した(62)。その後も広州支部ではボールが中心となって布教活動が続けられたが、一八五〇年十二月にはブリッジマンの従兄弟のジェームズが自殺してしまうなど(63)、明るいニュースからはほど遠く、この時期の広州周辺でのアメリカン・ボードの活動はあまり振るわないものであった。

なお、アメリカン・ボードでは広州移転の頃からティンツァイという助手を雇うようになり、またブリッジマンが自宅で開くようになったバイブルクラスの出席者のひとりヤン・ランヤンが一八四七年に洗礼を受けている。さらに一八四九年の初め頃には曾蘭生という助手も加わった(64)。ティンツァイはアメリカン・ボードで洗礼を受けた信徒であるかどうかは定かではないが、潮州出身の信徒だったようである。ヤン・ランヤンは広州出身で、アヘン戦争前に外国貿易に関わる下級役人をしていたことからモリソンと知り合い、キリスト教についても教えを受けていた人物であったという。ブリッジマンが広州に移ると間もなく彼のもとを訪れ、熱心にバイブルクラスに通っていたようだ(65)。ブリッジマンが一八三〇年に中国に来て以来、初めての広州での入信者であった。一方の曾蘭生はマレー人の母を持つシンガポール出身の華僑で、シンガポールのアメリカン・ボードの学校に在学中に洗礼を受けた。その後一八四二年に宣教師に連れられてアメリカに渡って進学し、一八四八年の秋、一時帰国を終えて再び中国に向かうウィリアムスに同行して中国にやってきたのだという[66]。ティンツァイと曾蘭生は布教書の配布や礼拝、学校などさまざまな場面で活躍していたようであるが、一八五三年には曾蘭生は商業活動に従事することを望んで上海へと旅立ち、ティンツァイも亡くなってしまう。洗礼を受ける者も続かなかったようで、アメリカン・ボードの年次報告を見る限り、ヤンの次に洗礼希望者が現れたと報じられるのは一八五一年のことで、この人物が本当に洗礼を受けたかどうかも不明である[67]。

(3) ロンドン伝道会の宣教師の活動

最後にロンドン伝道会であるが、同会の宣教師の中で最初に香港で活動を開始したのは医師ホブソンである。ホブソンは一八三九年の十二月にミルンの息子チャールズ・ミルンとともにマカオに到着し、ブリッジマンの家にしばらく滞在したのち医薬伝道会に加入し、マカオで病院を運営していた。一八四三年の初めに香港に移り、香港政府の支持を得て湾仔のモリソン・ヒルに病院を開いている。

一八四三年八月、中国布教に携わるロンドン伝道会のスタッフが香港に集まり、今後の活動方針について話し合いを持った[68]。この会議の中でシンガポール以外の東南アジアの支部を全て閉鎖し、香港と廈門と上海の三ヶ所に新たに支部を開くことが決まり、一八四〇年からマラッカ英華書院を管理していたレッグ及びホブソンが香港支部を管理することが決まった。この会議では英華書院の移転問題も話し合われ、最終的には香港に暫定的に移転することになり、レッグが続けてその管理に当たることになった。またこの時、神学校に初等教育を行う予備学校を備えることも決められた[69]。

一八四三年の夏、レッグは下環市場と呼ばれる地域に家を借り、そこを中国人助手たちの住居兼教会堂とした。年末には付近の別な土地を購入し、助手のための住居と教会堂の建設に着手している[70]。さらに翌一八四四年の年頭にもレッグは外国人居住区の中に新しい土地を購入し、宣教師の住居や神学校の校舎、印刷所などを建設した[71]。かつてマラッカで使用していた印刷機器が運び込まれ、一八四四年のうちに印刷事業は開始されていたという。神学校に加え、これらの印刷所や住居なども含めたこの土地が「英華書院」と呼ばれるようになり、以後、香港におけるロンドン伝道会の活動の拠点として発展してゆくことになる。

ところで香港のロンドン伝道会は、ごく初期の段階から複数の中国人助手を擁していたことが特徴的である。特に印刷所にはマラッカからやってきた助手何信のほか、一八四六年には黄広徴ら二人の助手もシンガポールから香港に移ってきている[72]。また、梁発から洗礼を受けてキリスト教徒になったと思われる関日も一家で香港に移り、息子の関元昌は印刷所で働くようになったという[73]。

一方、教会での布教活動を支えた中国人助手としては、レッグとともにマラッカからやって来た何進善がいた[74]。何進善の父はモリソンに雇われていた印刷職人で、後にマラッカに送られ、英華書院の印刷事業に携わった人物であったという。何進善自身は母親とともに広東省の故郷に残っており、子供の頃は中国式の教育を受けていた。成績優秀であったが、家庭が貧しいため勉学を続けることができず、後に父を訪ねてマラッカに渡る。そこで英華書院の生徒となり、一八三八年、二十歳の時にキリスト教徒となった。一時期コルカタにいたこともあったといい、英語も身に付けていたという。一八四〇年にレッグが英華書院を引き継ぐと、レッグの教えを受け聖書の原語であるギリシャ語やヘブライ語にも精通するようになった。また一八四〇年以降は英華書院の教師として教鞭をとる傍ら教会での説教なども行っており、伝道者としての才能を見せ始めていた。香港に移ってきた後、一八四六年に正式に牧師に叙任されることになる。ロンドン伝道会の香港での活動を支えた中心的人物のひとりである。

また、英華書院の神学校は当初予備学校にしか学生がおらず、その学生も何信の二人の息子と孤児ひとりだけであったが、学校の設備が整うのに従って学生も増加してゆき、一八四四年の末には十八人の学生がいた[75]。印刷所で働いていた関元昌の弟、関学栄も予備学校で学んだという(76)。一八四五年の末にレッグはイギリスに一時帰国するが、その際予備学校の学生であった呉文秀、リー・キムリン、宋仏倹の三人と女児ジェーンを連れて行った。三人の男子学生はレッグの故郷であるスコットランドのハンフリー校に入学した(77)。一八四八年六月に再び彼らを連れて香港に戻ったレッグは、この三人の男子学生を第一期の学生として正式に神学校を開校する。彼らは神学校で学びながら教会での布教活動や予備学校での授業なども手伝っていた。しかし宋仏倹は翌年、教会学校の教師としてシンガポール支部に招かれ、香港を去っている(78)。

このほか、モリソンの時代からの助手である梁発や屈昂も香港支部で働いていた。もっとも梁発は香港に来て早々に屈昂との間に深刻な亀裂を生じさせていたこともあり(79)、香港に定住するつもりはなかったようである。一八四三年の冬は香港にいて毎日三、四回説教をし、水曜日には夜も説教を行ったほか、新たな布教書を執筆し、息子進徳と資金を出し合って千八百部を印刷して配布したという。しかし翌年二月に梁発の父親が死去したのを機に広州に戻り、その後病気を患ったため年内はほとんど広州の自宅で信徒たちを教えていた(80)。一八四五年の前半には再び香港の下環市場の教会で何進善とともに週三回の礼拝を執り行っていたが(81)、前年に着任したギルスピーが広州で家を借りて布教活動を始めることになり、梁発もギルスピーとともに広州に移っている。しかしすぐに周囲の中国人からの排斥に遭い、一八四五年九月には広州の教会堂の撤収を余儀なくされてしまった。ギルスピーは香港に戻ったが、梁発は広州に残り、アメリカン・ボードのパーカー医師が開いていた病院で布教活動を続けていた(82)。一八四八年夏、ロンドン伝道会は再び広州に布教拠点を置くことを決め、ホブソンとギルスピーが広州に恵愛医院を開設、梁発も彼らに合流した。その後さらに新しい宣教師が広州に派遣されたが、結局ギルスピーともうひとりの宣教師は早々にイギリスに帰国してしまい、以後広州の拠点はホブソンと梁発だけで管理していくことになる。

一方、屈昂は主に香港の病院での布教活動に携わっていた。ホブソンがモリソン・ヒルに開設した病院で毎朝小規模な礼拝を執り行い、また特に広東省出身の患者に向けて布教を行っていたという。(83) ホブソンは一八四五年七月に一時帰国し、一八四七年にハーシュバーグ医師を伴って香港に戻ってきた。上述のように翌年にはホブソンは広州に移るが、新たにやってきたハーシュバーグが香港での医療活動に従事するようになる。湾仔の病院が再開されたほか、香港島の赤柱や九龍半島側にも診療所が開かれ、屈昂の協力のもと医療活動と布教活動が行われた。その後一八四九年に湾仔の病院は閉鎖され、下環市場の教会堂の階上に新たな病院が開かれた。屈昂はこの新しい病院でも助手を務め、週二回病院内で礼拝を行っていたという。(84)

このように、ロンドン伝道会はアメリカン・ボードやバプテスト派と同じく広州に新たな拠点を置きつつも、香港の拠点の維持にも力を入れており、教会運営に加え教育や医療、印刷事業を通じた布教活動を展開していったのである。

(三)　上海における布教の展開

一方、ロンドン伝道会のもうひとつの拠点となったのが上海である。上海支部の管理はメドハーストと医師のロックハートが担うことになった。彼らが上海に到着したのは上海で正式に対外貿易が開始された直後の一八四三年十二月である。上海におけるプロテスタントの布教活動は当初彼らロンドン伝道会の宣教師を中心に進められてゆく。

上海の開港直後はイギリス領事館も上海県城の中にあり、メドハーストもまず県城内に家を借りた。ロックハートは舟山島に開いていた病院を引き払い、一八四四年二月に正式に上海に移り住み、メドハーストが借りた家でしばらく診療所を開いていたが、その後県城の南門の外に家を借りてそこを病院とした。一八四四年十月の報告によれば、同年二月以来の患者の延べ人数は八千人を超えており、松江や蘇州、鎮江、南京などかなり離れた街からも患者が来ていたという。メドハーストは週二回病院を訪れ、患者に向けて布教文書を配ったり説教を行ったりしていた。この他、街頭での説教なども行ったようだが、県城内は人の往来が非常に多く、混乱を招きかねなかったため、後にメドハーストは自分の住居を礼拝堂として毎日曜日に礼拝を行うようになった。また、特にキリスト教に興味を持った人のために日曜日の午後に集会を開き、そこにも三十人から四十人が集まっていたという[85]。一八四五年の夏、メドハーストは県城内に新たに家を借りてそこを礼拝堂とし、以後はこの礼拝堂とメドハーストの家、ロックハートの病院でそれぞれ礼拝が行われるようになった。

当時の県城内の住民は外地からやってきた商人がほとんどで、彼らの使う言葉は上海方言、福建方言、北京方言などさまざまであり、このことが宣教師たちの布教活動を困難なものにしていた。そこで文字媒体による布教の方が有効であると考えられるようになり、上海支部の開設直後からメドハーストの著書『三字経』や『天理要論』などが印刷されていた[86]。

一八四五年十一月二十九日、「上海租地章程」が公布され、外国人居留地が画定された。メドハーストとロックハートも租界の中に新たな土地を求め、一八四六年四月に北門に近い租界西部の一角に土地を購入した[87]。ここが「墨海書館」と呼ばれるようになる場所である。以後、宣教師の住居、病院、印刷所、教会堂などが建設され、上海のロンドン伝道会の拠点として発展を遂げてゆくことになる[88]。

上海支部にも香港支部ほどの規模ではなかったものの、東南アジアの各拠点で雇われていた助手が数人送られてきていた。その中のひとりでメドハーストとともにバタヴィアからやってきた中国人助手リュウ・テンサンと、鎮江府出身の生員ツァン・ユンチェが一八四五年十一月に洗礼を受け、墨海書館で最初の入信者となった。翌年五月にはウォン・ショウイーという人物も入信し、彼は布教書の配布や墨海書館内の教会での説教なども担当する助手として活躍するようになる。墨海書館の教会では毎週三回礼拝が行われ、一八四七年五月以降は日曜日の礼拝が二回に増えたという。また、城内の礼拝所やロックハートの病院でも毎日礼拝が行われていた[89]。なお一八四七年には教会のメンバーにひとりの日本人が加わっている。「オットー」と記されたこの人物は、おそらくかつてギュツラフのもとで聖書の日本語訳にも協力した漂流民音吉であろう(90)。その後のロンドン伝道会の報告書に音吉の名前は登場していないが、少なくとも音吉がキリスト教徒として上海のロンドン伝道会の教会に一時属していたことがうかがえるのである。

ただしやはり香港に比べれば助手の数は少なく、上海支部の運営を支えたのは宣教師たちであった。一八四七年から一八四八年にかけて新たに五人のスタッフが上海に派遣されている。その内のひとりが印刷工のワイリーで、彼は新式の印刷機を携えてきており、以後、彼の管理のもとで墨海書館の印刷所では大量印刷の時代が始まることになる。またこの時やってきた宣教師としてはミュアヘッドとエドキンスがおり、中国語を身につけた後、積極的に付近の地域に布教に出かけるようになっている。ミュアヘッドは教育事業にも積極的に携わり、一八五〇年十一月には七歳から十二歳の男児を対象にした寄宿制の初等学校を開校した。開校時の生徒数は九人であったが、半年後には二十人にまで増加している(91)。

このように、上海支部においても医療や教育、印刷事業を含めた幅広い布教活動が展開されたのである。

第三節　宣教師と中国社会

以上、プロテスタントの中国布教について、その始まりから南京条約による開港場の設置直後に至るまでの経緯を概観してきた。第一節で述べたように、プロテスタントの中国布教開始の背景には欧米で大きな広がりを見せた福音主義の復興運動があり、この運動の影響を強く受けた長老派や会衆派、バプテスト派など、いわゆるピューリタンと称されるようなグループに属する人々がまず宣教師として中国にやってきた。彼らに共通しているのは、個人的な回心の体験や厳格で「聖潔」な信仰生活を重視していたことである。特にモリソンやブリッジマン、ギュツラフらは自ら劇的な回心を経験しており、中国布教を展開してゆく上でも、彼らと接触する中国人たちが彼らと同じような「回心」を経験するかどうかに大きな関心を寄せた。しかし彼らが実際に中国に来て中国語を学び、中国人たちと交流する中で、彼らが中国人に何を感じ、また中国人がキリスト教に改宗する時に、あるいは改宗してから、彼らに何を求めるか、ということは、個々の宣教師ごとに大きく異なっていったことも事実である。宣教師たちの中国文化に対する態度や、中国文化とキリスト教との関係性についての考え方は、彼らのもとでキリスト教に触れた中国人たちの受容のあり方にも大きな影響を与えてゆく。そこで本節ではこれまで取り上げてきた最初期の宣教師たちの中国人・中国文化との関わり方について見ておくことにしたい。

（一）　モリソンとブリッジマンの「信徒観」

中国におけるプロテスタント布教の草創期に活躍したモリソンとブリッジマンは、中国文化や中国人への接し方、また、あるべき信徒の姿についての理念等においても共通点の多い二人であった。

モリソンと中国文化との距離感をうかがわせるエピソードがある。中国にやってきた最初の一年の間に、彼は完全に中国式の生活を送ろうと試み、挫折する経験をしたというのである。モリソンは当初、広州のアメリカ商館の一角に部屋を借りていたが、家賃が高く、また「現地の人々と同じように暮らすことは〔布教という〕目的に達することを容易にしてくれる」との考えもあって、ある洋館の一階の倉庫として使われていた部屋を借り、そこで中国語の教師や使用人とともに暮らし始めた。中国式の衣服を着て中国人と同じ食生活をし、さらには髪を辮髪にし、中国人風に爪も伸ばすという徹底ぶりであった。だがモリソンには「中国人たちと一緒に食事をしても中国語の知識は増えず、急いで食べる食事の時間から得るものはほとんどない」と思われた。得るものがなく思えたという点では中国式の衣服や辮髪なども同じであった。そして数ヶ月もしないうちに「ほとんど命の危険にさらされるほど」に体調を崩してしまうのである。モリソンは、現地の暮らしに同化することが布教に役立つという考え方は、当時の中国の状況においては「誤り」であると考えた。そしてついに彼は別な洋館を借り、食生活はもちろん生活スタイル全般をもとの西洋式に戻したのであった。(92) 以後、モリソンは西洋式の生活スタイルと自宅での礼拝という環境の中に中国人の使用人や教師たちを住まわせ、その中でキリスト教への入信者や共感者を得ていくことになるのである。

一方ブリッジマンは最初から西洋式の生活スタイルを変えようとはしなかった。中国に到着した一八三〇年の末頃から、彼はモリソンが幼児洗礼を授けた梁発の息子進徳をはじめ三人の中国人の子供を養育し、英語とキリスト教を教えるようになった。すなわち中国人の子どもたちを最初から完全に西洋式の生活スタイルの中で育てようとしたのである。このようないわば生活環境ごと西洋化させる、という教育方法は、後にブリッジマンを中心として設立されるモリソン教育協会の教育方針にも通じるものであった。モリソン教育協会の発足の際、ブリッジマンは中国人に英語を教えることは彼らに「賢明で勤勉でまじめな、そして高潔な社会の一員となり、それぞれの生活の場に適応しながら、彼ら自身とその近親者、国家、そして神に対して負うべき義務を果たすために必要な全ての知識を得させる」ことになるのだ、と述べている。(93) ここに描かれている生活のありようは、まさにブリッジマンの信仰的な背景でもあるピューリタニズムの色彩の濃い、道徳的で潔癖なキリスト教徒のそれであるが、英語教育によってこれがもたらされるとされているところが興味深い。もちろんブリッジマンは中国語や中国の歴史、文化を学ぶことにも熱心であったが、布教の基本的なスタンスは、自分たちから中国人の中に入りこんでゆくと言うよりは、中国人の側を彼らの枠組みの中に取り込むことを目指すものであったのである。

モリソンやブリッジマンは、中国人の入信希望者に対してかなり厳しくその信仰を審査した点でも似通っている。モリソンのもとで中国最初のプロテスタント入信者となったフォーについてはすでに述べたが、彼にしても洗礼を申し出てから実際に洗礼を受けるまでには一年半以上もかかっている。また、フォーの洗礼について述べた日記の中でモリソンは、フォーは「気性が荒く、しばしば兄弟やほかの家族と対立する」ような性格であると述べているが、その翌年に書かれた手紙では、その後のフォーの様子を伝える中で、彼がモリソンが期待したほど「従順にはならなかった」ことを敢えて書き添えている。(94) 回心という劇的な心の変化を重んじていたモリソンが、洗礼を受けることによってフォーの性格までが変化することを期待していたことが分かる。このように入信希望者の信仰の内容や性格にまで厳しいまなざしを向けていたモリソンであるが、その結果として最終的には洗礼が認められることのなかった助手たちも存在した。フォーの兄のヒンや中国語教師のコー・モウホーがそうである。

ヒンはモリソンが「私の相棒であり家庭教師」と述べたこともあるほどの、当初はフォー以上にモリソンからの信頼の篤い人物であった。ただし、一八一〇年に『使徒行伝』を印刷した際、印刷代を水増ししていたことを後からモリソンに告白するという一件があり、これによってモリソンのヒンへの信頼は揺らぐことになる。(95) 一八一四年にはモリソンはヒンについて「穏やかで思慮深いが、おそらく、心の中では福音に反感を抱いているのではないかと思う。主の日〔日曜日〕の説教には休まず参加しているが、不誠実と不正直は中国人にしみついた悪徳なのである」とも述べており、その評価はかなり落ちていることが分かる。(96) ヒンは達筆だったため、聖書や辞書の版木作成のために清書する仕事をしていたが、一八一七年二月、マカオの印刷所が清朝の官兵によって摘発を受け、書籍や活字が没収されるという事件が発生すると、身の危険を避けるためにフォーともうひとりの助手ヨン・サムタらとともにマラッカに逃れた。(97) その後も時々モリソンの報告書に登場し、キリスト教への理解や信念が深まっているようだ、と述べられており、一八二二年六月にはついに自らモリソンに洗礼を受けたいと書面で志願している。しかしモリソンはこの申し出に対しても、「私はヒンが真剣であることを心底願っています――彼は思い上がった「読書人（Tüh-shoo-jin）」のように高慢なので、本当にそう思っているのでなければ、自分の罪を認め、救いを得たいと思っているなどと口にすることはないからです。彼は寡黙で生まれつき冷淡な人間です。もし彼が本当に今救い主を待ち望んでいるのであれば、それは神が無に等しいこの私に、ささやかな働きに対する報いを与えてくださったということなのでしょう」と述べ[98]、ヒンの人間性への懐疑をにじませた消極的な評価しかしていない。そして結局、モリソンはヒンに洗礼を施すことはなかった。その後モリソンは一時帰国し一八二六年に再び中国に戻ったが、それ以降もヒンはモリソン宅の礼拝に参加していた。モリソンはその頃の彼について以下のように評している。「新約聖書の印刷のために最初に清書の仕事をしてくれた彼〔ヒンを指す〕は、真理への確信が深まったことを自ら認めています。〔礼拝に来ている〕他の者たちにとっても、聖書の言葉がそれを聞く者の心に育ってくれることを願っています。このような偶像に満ち、偶像崇拝者に囲まれた土地では、貴賤を問わずどこでもイエスの教えに対する迫害が起こるのですから、ニコデモのような者が、あるいは教会史家ミルナーの言うところの「異教徒信者」——知識が不完全で、臆病な、秘密裏に信仰告白するようなキリスト信者——が多いとしても驚くにはたりません[99]」。モリソンは中国の「偶像崇拝」の様子——すなわち民間信仰の結集体である道教や仏教のさまざまな神仏の像やそれらを奉った寺廟が巷にあふれ、人々がこぞってそれらを崇拝する——を日々目にしていた。そうした中でモリソンは「異教徒信者」という信仰のあり方を否定はしなかったものの、そのような者に積極的に洗礼を施し、正式なキリスト教徒として認めることはしなかったのである[100]。

次にモリソンの中国語教師コー・モウホーの場合を見てみよう。彼は、一八〇八年にフォーとともに解雇された教師の後任としてモリソンに紹介された人物である。コーの祖父は役人であったが、コー自身は教師をして生計を立てており、モリソンに紹介された当時は広州で私塾を開いていたという。それまでモリソンを教えていた中国語の教師たちは官話だけ、または広東語だけしか話せなかった、あるいは文字は書けなかった、さらには天主教徒だったので意見が合わなかった、性格が合わなかった等々の理由でモリソンにとって理想的な教師とは言い難い人物ばかりであった。しかしコーは教養もあり、読み書きはもちろん、官話にも広東語にも通じており、また「温和で気だての良い性格」であった[101]。コーはモリソンの語学や儒学の知識の習得を助けたばかりでなく、キリスト教の書物の翻訳にも喜んで協力し、八年半にわたってモリソンの執筆活動を助けた。

またコーはモリソン宅の礼拝の熱心な参加者でもあった。一八一二年十一月二十二日のモリソンの日記には、コーがキリスト教について語った言葉が残されている。コーは「偶像を崇拝することが間違っているということには納得したが、天を拝することはやはり妥当だと思う」と述べ、また「人々を愛するように、また敬虔に生きるようにと求めるキリストの教えは非常に良いものであるし、また将来の永遠の幸福と苦しみについての教えも、誰にとっても分かりやすいものである。ただ、福音の中の大部分は理解しやすいが、中には自分にはその意味が分からない箇所もある」と述べたという。[102] モリソンによれば、コーが分からなかったこととは「彼自身の罪深さ」と「救い主のわざ〔キリストによる贖罪を指す〕の必要性」、というモリソンにとって最も重要な教義であった。[103] しかしコーはその後これらの教義についても理解を深めており、翌年二月にはモリソンに対し、「キリストを信じ、救いを得るためにキリストに信頼することを告白し、洗礼を受け聖餐に与るという教会の制度にも従いたいという意志を示した」という。しかしその数日後、コーはモリソンに、心の内では本当にイエスを信じており、喜んで祈禱会に参加し、教えを受けたいと思っているが、「キリスト教信仰を周囲に分かる形で受け入れることは不適当だと考えている」と告げ、洗礼を受けることを辞退してしまう。[104] 結局その後彼が洗礼を受けることはなかった。だが、コーの信仰心は一時的なものだったわけではない。たとえば、一旦洗礼を受けることを決心した直後、コーはロンドン伝道会本部の秘書バーダーにキリスト教の教義について教えを請う手紙を書いたが、それに対するバーダーの返信、さらにそれに対するコーの返信と、その後約二年にわたってキリスト教の教義を巡る対話が続けられており、[105] また、洗礼を辞退した後もモリソンが養育している孤児たちや使用人の少年たちにキリスト教について教える手伝いをしたりもしているのである。[106] 一八一四年一月、コーがモリソンのもとで働いていることが広東巡撫に知られ、一時期モリソンのもとから離れなければならなくなったが、その時もコーは「モリソンのもとを離れる償いとして、モリソンから教わった教えを広め伝えるよう努力する決意」を示したという。[107] コーはキリスト教に対して一貫して真摯な態度をとっているのである。一八一七年二月、マカオの印刷所が清朝の官兵によって摘発を受けた結果、外国人のもとで働く中国人に対する締め付けが厳しくなり、コーは内地に逃亡しなければならなくなった。[108] 翌年には広州に戻ってきたが、モリソンの助手には復帰せず、再び私塾の教師になったという。[109] だがその後もモリソンと全く連絡が無くなったわけではなく、モリソンが一時帰国から戻った後の一八二七年一月の日記には、広州の自宅での集会にコーがなおも参加していたことが記されている。[110]

このようにヒンやコー・モウホーはキリスト教の教えを理解し、偶像崇拝を否定し、そして自ら洗礼を志願したこともある、「キリスト教徒」に極めて近い人物であったことが分かるのであるが、モリソンは結局彼らに洗礼を施すことはなかった。モリソンにとっては、自らの信仰を公にすることが「キリスト教徒」として欠くことのできない条件であったのである。フォーが初めて洗礼を志願したとき、モリソンはすぐには洗礼を認めなかったが、その際モリソンは「秘かに洗礼を受けたいという彼の願いが、お上がキリスト教への入信を認めていないからという慎重さから発しているのであればそれを許すこともできるが、自分はキリストの弟子であると認めることを恥じているとすれば、それは許されない」と述べていた。[111] 実際には、コーも含め、彼らが洗礼に踏み切れなかった背景には、清朝が禁教政策を採り中国人と外国人の接触を厳しく取り締まっていたという政治的な要因も大きかったはずであるが、いずれにせよ、モリソンは彼らに秘密裡の洗礼を許すことはなかったのである。

そして、入信者に厳格な基準を設けていたのはブリッジマンも同じであった。ブリッジマンの場合、自ら洗礼を施す相手はモリソン以上に長い間現れなかった。彼は一八三三年二月の手紙の中で、中国での三年間を通して中国人について学び、言語を身につけ、出版を行い、中国人の子供たちを養育してきたものの、新たな信徒を獲得することはできなかったことを嘆いている。[112] 幼児洗礼を受けていた梁発の息子進徳については、将来信徒になる見込みが一番高いとブリッジマンは考えていたようであるが、その進徳もはっきりとキリスト教の信仰を持っているとはブリッジマンには認められなかった。この状況は、南京条約によって開港場が開かれ内地でのプロテスタント布教が発展し始めるころになってもさほど変わっておらず、香港から広州に拠点を移す一八四五年の時点でも「教会」と呼べるような信徒集団は形成できていない。ブリッジマンはこの頃の梁進徳についても、「キリスト教徒的な性格を保持し、偶像崇拝を避け、日曜日の礼拝を守り、誰に対しても正直かつ誠実に話をし、神の真実についてもっと知りたいと考えている」ことを喜んではいるものの、やはり彼を信徒とは認めていない(113)。先にも述べたとおり一八四七年になって初めて広州で最初の入信者となるヤン・ランヤンが洗礼を受けたが、この人物について述べる中でブリッジマンは、彼が「本当の信徒」となったことの証は「立ち居振る舞いがいつも、例外なく、私が知る限りでは、神を信じる者のそれになった」こと、すなわち「勤勉に働き、用務を時間通りに行い、約束したことは全て忠実に行い、他人に対していつも親切であるようになった」ことだとしている。さらには聖書を読み、毎朝毎晩祈りを捧げる生活を送ることも当然のこととして求められた(114)。すなわち、ブリッジマンにとっては、このような生活態度を示すことが「信徒」と認めるための最低限の条件だったのである。

しかし一八三〇年から広州で布教活動を行ってきたにもかかわらず、一八四〇年代の後半になっても内地出身の新たな入信者はヤンひとりというアメリカン・ボードの状況は、かなり特異なものであったことも確かである。ロンドン伝道会の香港支部は英華書院を引き継いでいたこともあって、一八四〇年代末には英華書院の学生を中心に二十人を超える入信者を獲得していたし、一八四三年に布教活動が始まった上海支部でも一八五〇年までに上海及び近郊出身者が三人入信している。また一八三〇年代の後半に中国に来たバプテスト派のシュックやロバーツも一八四二年に香港に拠点を置く頃には数人の助手を擁し、新たな拠点でもすぐに入信者を獲得していた。もちろん彼らにとっても入信希望者が清廉潔白な生活を送ることは重要であった。ロバーツが建てた粤東施蘸聖会の規則でも、アヘンを吸う者、ギャンブルをする者はもちろん、日曜日の礼拝を守らずに商売や仕事をした者も教会から除名されるという厳しい規定があった(115)。それでもロバーツをはじめ多くの宣教師は、程度の差はあれ、彼らが本来求めていた「回心」の証拠を見いだせなくても洗礼を施すようになっていった。本国の伝道会本部が彼らに対して下す評価の基準が、結局は信徒の獲得数にあったこともその一因であった。アメリカン・ボードの宣教師、特にブリッジマンは、そのような中にあってむしろ頑なに自らの「信徒観」を貫いたと言えるかもしれない。

なおバプテスト派のシュックやロバーツは、ブリッジマンらアメリカン・ボードの宣教師にとって、アヘン戦争以前に中国にやってきていた数少ない宣教師仲間であり、またアヘン戦争後の香港から広州への移転の時期も重なるなど、他の宣教師以上に身近で活動していた宣教師であった。だがそれだけに、教義や布教方法の違いから意見の対立も生じていた。布教方法の面では、シュックらは到着直後から、文書伝道や教育、医療を通した伝道ではなく、直接中国人たちの中に入っていって説教をし、教会を作ろうとした。彼らがやって来た一八三〇年代後半というのは、梁発や屈昂の身辺に危険が及び、逮捕者を出す事態を経験した直後である。ブリッジマンたちにしてみれば、シュックたちの行動は清朝政府を必要以上に刺激するものであり、広州やマカオからアメリカ人宣教師が追放されかねないとの懸念を持った。また、神学の専門的な知識を学び、中国の伝統的な文化にも学ぶ姿勢を持っていた、いわば「学者」的な気風を持っていたブリッジマンらに対し、シュックやロバーツはより情熱的に、アグレッシブに「福音」を伝えようと意気込んでいた。彼らのバックグラウンドであるアメリカ南部のバプテスト派は、西部開拓の最前線で信者を獲得していた教派である。彼らの間では、牧師には教育や訓練などよりも敬虔さと情熱が必要であるという意識が強く、学があることと信仰を持つことは両立しないと考える者すらあったという(116)。アヘン戦争後に彼らがともに広州で再び活動するようになった時も、シュックたちの急進的な布教方法はブリッジマンをいらだたせていた。先にも述べたとおり、ロンドン伝道会も一八四五年の中頃に広州に教会堂を開いたが、数ヶ月で撤退を余儀なくされた。実はこの間、ギルスピーや梁発が不在の時はブリッジマンが彼らの教会堂の管理を請け負うなどアメリカン・ボードは彼らと協力関係にあったのだが、ブリッジマンはギルスピーたちの教会が地元住民から排撃されたのは、シュックたちバプテスト派の宣教師の急進的な布教とその失敗のあおりを受けたからだ、との見解を示している。[117] 同じアメリカ人で宣教師という立場にはあったものの、考え方の隔たりは大きかったのである。

（二）　メドハーストと聖書改訂をめぐる議論

キリスト教の教典である新旧約聖書はモリソンとミルンによって初めて全巻が中国語に翻訳され、一八一〇年代のうちに出版までこぎ着けていた。しかし不的確な訳語や稚拙な表現など多くの問題を残しており、モリソン自身も生前からその改訂の必要性は認識していた。モリソンの晩年にはじまり、後の用語論争にまで発展してゆくことになるこの聖書の改訂をめぐる議論の中にも、宣教師たちの中国文化に対する意識や態度の違いを見いだすことができる。この一連の議論の中で中心的な役割を果たしていたのがメドハーストであった。

メドハーストはモリソンやブリッジマンとは違ってアヘン戦争が終わるまで中国本土に定住したことはなく、マラッカやペナン、そしてバタヴィアで華僑向けに布教活動を行ってきた。もともと印刷工として技術を持っていたことに加え、語学の習得力も人並み外れたものであったようで、印刷工として派遣されてきてから上海に赴任するまでの二十七年間にすでに三十冊近い中国語の布教書を執筆、出版していた。モリソンは東インド会社の通訳という職務も負っていたということはあるが、中国にやってきてから亡くなるまでの二十六年間に出版した中国語の布教書は十数冊である。メドハーストが文書による布教を非常に重視していたことが分かる。そして、それだけ彼の中国語の文章や文体に対する感覚が磨かれていたであろうことも想像できるのである。したがって、メドハーストがなお多くの問題を残すモリソン・ミルン訳の聖書の改訂にひときわ熱意を持ったことは自然な流れであった。

しかし、モリソンは改訂の必要性そのものは認めていたものの、具体的な改訂の方向性についての考え方はメドハーストとは異なっていた。モリソンの死の直前、メドハーストは改訂の必要性を直接モリソンに手紙で訴えたが、モリソンはそれに対し、手記の中で以下のように述べている。「彼〔メドハースト〕は聖書を異教徒である中国人に受け入れられるようなものに変えたいと思っている。名ばかりのクリスチャンが――まさか全てのクリスチャンがそうではなかろうが――いかに聖書を嫌悪しているかということをすっかり忘れ、彼は自分が改良した文体によって聖書を特別仕立ての書物（a parlour-book）にできると考えているのだ！　彼は中国語で書かれた『福音調和』を送ってきた。〔モリソン訳の福音書の〕文章を調和させるために文言を入れ換えることを目的に書かれたものだ。これはそれ自体としてはよくできているが、聖書の「翻訳」とは全く違うものである」(118)。メドハーストは中国語聖書をより中国人に受け入れられる洗練された文体に改良することを強く主張していたのであるが、モリソンは、それは聖書を軽んじ、本来の意味を失わせることであると考えたのである。そもそもこの二人は「翻訳」についての基本的な考え方も異なっていたというが(119)、むしろここでの両者の最大の違いというのは、読み手である中国人側の声にどれだけ耳を傾ける姿勢を持っていたか、という点にあるように思われる。

モリソンは上述のヒンについて述べる中で中国の「読書人」を高慢である、と極めて批判的に捉えていたし、またヒン個人の性格について述べる中でもその「不誠実と不正直」を「中国人にしみついた悪徳」と表現するなど、個人を超えたレベルで「中国人」とりわけ知識人層に対して厳しい目を向けていた。だからこそ、こうした中国人たちに歩み寄る形で聖書の文体を変えることは、モリソンには受け入れがたかったのである。しかしある程度以上読み書きができる中国人に言わせれば、稚拙な文章の書物など、読むに値しないと見なして当然の代物であった。わずか数年しか私塾に通ったことがなく、中国の巨大な文化的ヒエラルキーにおいては最下層の「知識人」であったと思われる梁発にとってすら、このことは明白であった。だから梁発は『勧世良言』の中でも敢えて〔聖書を〕言葉遣いが稚拙であるからといって軽んじて捨て置いたりしてはならない」「言葉遣いは稚拙であっても、その意味は深く、よくよく読む者はその深い意味を汲み取ることができる」と述べ、文章の稚拙さを理由に聖書を読むのをやめないよう強く訴えかけているのである。(120)

一方メドハーストは「中国人が最も自分の言語のことを熟知しているに違いない」のだから、中国人たちの意見に耳を傾けるべきだと考えていた。一八三八年にロンドンで出版された中国におけるキリスト教布教の状況を紹介する書物の中で、メドハーストは聖書の改訂の必要についても一章を設けて論じ、その中で「聖書に敬意を持つ」すなわち信徒である中国人の意見をいくつか紹介しているが、それによれば梁発も「〔中国語として〕慣用的なものとはほど遠く、訳者がしばしば文字を多用しすぎたり、順序が逆になったり、あるいは普通見られない表現を用いたりしたため、意味が不明瞭であった」とその問題点を指摘し、また、メドハーストの助手をしていたチューという人物も「翻訳においては、意味は原文に沿ってきちんと定められなければならないが、文体は翻訳される言語の文体規範に一致していなければならない」、そして「もし〔聖書の〕翻訳が改訂されなければ、中国での宣教師の努力は実を結ばず、ただの浪費になってしまうだろう」と述べていたという。(121)

結局、モリソンの死後、ギュツラフ、ブリッジマン、ジョン・モリソンによって新約聖書の改訂作業が始められ、後にメドハーストもこの作業に参加し、最終的にはほとんどメドハーストの手によって完成された。(122) したがってこの時点ですでにメドハーストが主張する洗練された文体を求めるという方向性は打ち出されていたはずであるが、一八三五年に出版されたこの改訂版はなお不備な点も多く、再度の大改訂を必要としていた。そこでアヘン戦争後の一八四三年八月、香港で複数の伝道会の宣教師が集まって最初の編集会議が行われ、開港場ごとに宣教師たちが協力して翻訳を行うことが決められた。そしてそれぞれの地区で翻訳されたものを互いにつきあわせ、完成稿を作ることを目的に一八四七年から上海で最終の編集会議が開かれることになった。この会議で議長を務めたのは、やはりメドハーストである。その他チャールズ・ミルンや広州から来たブリッジマン、廈門から来たストロナック、一八四五年から上海で布教活動をしていた米国聖公会のブーンらが参加した。

文体という意味では、この時彼らが求めたのは中国の知識人階級の閲読にも耐えうる文語体の聖書であった。宣教師が開港場に移り住んだ結果、生員レベルの中国人知識人を翻訳助手として雇うことができるようになったことで、より洗練された文語体へと向上させていくことが可能になっていた。一方、メンバーたちの間では一八四三年当時から God や Holy Spirit の訳語をめぐって論争が起きており、最終会議の場でこの論争が再燃する。特に God について、訳語を「上帝」とすべきであるというロンドン伝道会の宣教師と、「神」にすべきであるというアメリカ人宣教師とが激しく対立した。いわゆる「用語論争（Term Question）」である。[123] しかしこの対立の決着はつかないまま編集作業が進められ、結局 God や Holy Spirit の箇所を空白にしたままの改訂稿が一八五〇年七月に完成し、さらに引き続いて旧約聖書の改訂が始まった。[124] しかし God の訳語をめぐる論争は激化し、会議はついに一八五一年二月に決裂、メドハースト、チャールズ・ミルン、ストロナックは会議を脱退し独自に改訂作業を進めることになったのであった。メドハーストらによる改訂版の旧約聖書は一八五三年四月に完成し、先の新約聖書とともにイギリスの聖書協会から発行された。これが「代表訳本（Delegate version）」と呼ばれる聖書で、新約聖書は一八五二年、旧約聖書は一八五五年に第一刷が墨海書館で刷られている。一方ブリッジマンは旧約聖書の編集会議からメンバーに加わった米国長老会のカルバートソンとともに旧約聖書の改訂と一八五〇年に改訂が終わった「代表訳本」の新約聖書のさらなる改訂を進め、それらはブリッジマンの死後、アメリカ聖書協会によって一八六三年に上海で出版された。

このように用語論争はイギリスとアメリカの宣教師たちの間に決定的な分裂をもたらしてしまう。その根本的な対立点はつまるところ、中国語の「上帝」がキリスト教のような一神教としての God を指すかどうか、という点にあり、古代の中国における「上帝信仰」をどのように理解するかが争点となった。[125] 古代中国には旧約聖書の時代に類似した一神教的な信仰があったと認めるロンドン伝道会の宣教師らに対し、ブリッジマンをはじめとするアメリカ人宣教師はそのような信仰はキリスト教以外には決して認められないと考えたのである。これは中国の文化の中にキリスト教側から見て敬意を払うべき要素を持っているかどうか、という問題にも関わる深刻な意見の相違であった。そして、この時決着を見なかった God をめぐる用語論争はその後も宣教師や中国人信徒たちの間で継続し、一八九〇年に上海で開かれた在華宣教師の大会でその翻訳作業の開始が決定された「和合本」聖書の翻訳委員会においても大きな論争を生む。しかしやはり決着はつかず、現在も広く用いられているこの「和合本」聖書においても、「上帝」版と「神」版が併存することになり、God の訳語は統一されることなく今に至っているのである。いずれにせよ、この用語論争によって生じた分裂は、モリソン以来、出身国や教派、伝道会の違いを超えて協力し合ってきたプロテスタント宣教師たちを、その後徐々に教派ごと、あるいは伝道会ごとに独立した布教活動に従事する方向へと転換させてゆく契機となったように思われるのである。

(三)　ギュツラフと福漢会

中国人や中国文化に対して独特な関わり方をした初期の宣教師として、最後にギュツラフを取り上げておきたい。ギュツラフという人物の特異さはまず、モリソンやブリッジマンとは違って自らが中国人になりきることを躊躇なく試み、そしてやってのけた人物であったということであろう。ギュツラフは一八三一年に初めて中国沿海旅行に踏み出すが、その数年前からすでに福建省にルーツを持つ郭一族と親交を結び、自らこの一族の一員として「郭実獵」という中国名を名乗るようになっていた。一八三一年の旅行は半年に及ぶ長旅で、しかも中国人の船員たちの中にただひとりの外国人という状況であったが、衣食住の全てを中国風にしてもギュツラフは平気であったらしく、福建人の医者を装って航海を続けたのであった。

その後ギュツラフは貿易監督官の第二通訳官となり、さらにアヘン戦争後の一八四三年には中国語書記となるが、この間も引き続き独自の布教活動を進めていた。なかでもギュツラフが熱心に取り組んだことのひとつが聖書の改訂である。ギュツラフも、メドハーストと同じくモリソン・ミルン訳の聖書をより中国人に受け入れやすくすべきであると考えていたが、彼が目指した文体はやや口語に近い文語であった。一八四〇年代に十数回の改訂を繰り返したギュツラフ訳の聖書は、文語としては不完全であるが平易であり、中国人からも『聖書の原典の意味をもっとも明快に示し』ているとの評価を受けており、また同時代のある宣教師はメドハーストらによる「代表訳本」聖書はより教育水準の高い学者向けであり、ギュツラフ訳の聖書はより平凡な、教育水準の低い読者に向いている、と評していたという。[126]ギュツラフ訳聖書もまた、モリソン・ミルン訳の聖書を土台として中国人読者にとっての「受け入れやすさ」をめぐって議論されてきた問題へのひとつの回答であった。しかしメドハーストやブリッジマンら多くの宣教師が新たな改訂版を作ろうとして協力体制を敷いたのとは対照的に、ギュツラフはひとりで改訂を進めていったのである。

また、布教方法の面では、ギュツラフは中国人への布教は中国人によってなされるべきだと考えるようになっていた。外国から宣教師を送り、数年かけて言葉を学ばせて布教に遣わしても、病気になったり死亡したりしてしまうケースが多く、また、ギュツラフには、神学を会得している宣教師よりも、そうでない中国人キリスト教徒の方がよほど効果的に新たな信徒を獲得しているように思えたのである。[127]そこで彼は中国人キリスト教徒を伝道者として育成し、彼らを中国各地に派遣して布教の任に当たらせるという方針のもと、一八四四年二月、香港で「福漢会」を創設した。[128]

福漢会のメンバーは組織当時は二十一人であったが、年を追うごとに急激に増加し、わずか四年で千三百人ものメンバーを抱えるほどに成長した。[129]その多くは客家人であった。福漢会の内部は、主席（中国人二人）と書記（ギュツラフ）を執行部とし、その下はさらに「伝道士」と「会員」の二つのランクに分けられていた。「会員」になるには、聖書の十戒と、使徒信条、その他重要な聖書の箇所を暗記していることが必要とされ、「伝道士」はさらにこれに加えて、六十人以上を洗礼に導くことが条件であったという。彼らは訓練を受けた後、聖書や布教文書を携えて布教に出かけていった。たいていの場合、それぞれの故郷に派遣されることになっており、相応の旅費が給付された。配布を終えると戻ってきて報告を出し、報酬を受け取るのである。[130] 福漢会の布教基地は広州、仏山、順徳、三水、韶州、南雄、潮州などに置かれており、派遣先は広東省内はもちろん、広西省、江西省、福建省等にまで及んでいたという。

ところで、先にも述べたように、ロバーツは一八四四年五月に突如広州で布教活動を開始したが、これも実は福漢会の活動の一環であり、彼らの広州での活動のリーダーは福漢会の主席の陳であった。陳の給与はギュツラフが出しており、組織上は、ロバーツは他の数名の中国人信徒と同じく陳のアシスタントとして広州に赴いたようである。ただ注意すべきは、この陳はロバーツが中国に来て初めて洗礼を施した、いわばロバーツの最初の弟子ともいうべき人物でもあった点である。その意味では、これは事実上ロバーツが主導する布教活動でもあり、ロバーツやその弟子と福漢会が重なり合いつつ協力関係を築いていたとも言える。[131] しかしロバーツはバプテスト派としてのアイデンティティが強く、教派主義を嫌ったギュツラフとは相容れない面があった。そのため一八四六年には、ギュツラフは「ロバーツの強調するバプテスト派特有の関心事が自身の活動を妨げる」と判断し、「円満に」両者の協力関係を解消したという。[132]

一方でギュツラフはこの活動をさかんにヨーロッパに向けてアピールしていた。その結果、福漢会の支援のために新たに中国に宣教師を派遣しようという動きが起こり、一八四六年、バーゼル伝道会からスウェーデン人のハンバーグとドイツ人のレヒラーが、レニッシュ伝道会からゲナールら二人の宣教師が香港に派遣された。ハンバーグとレヒラーは香港でそれぞれ客家語と潮州語を学び、まもなくハンバーグは新安県（現深圳市宝安県）に、レヒラーは潮州に赴いた。しかし、この内地布教は当時の村落間での不安定な情勢に阻まれ、一八四九年末にはハンバーグは香港に引き返さざるを得なくなってしまう。

一方、急成長を遂げた福漢会は、徐々にその内部にはらむ問題点を露呈し始めていた。[133] いわゆるライス・クリスチャン（キリスト教会の飯を食う輩）の問題である。福漢会立ち上げの当初は、洗礼志願者に対し十分な準備教育を行ったうえで洗礼が施されていたが、福漢会が急速に拡大するにつれ、その時間は短縮されていった。急激に増加したメンバーたちのほとんどは当時の他の欧米宣教師の基準から言えば、「本当の信者」ではなかった。しかも、宣教師らの目には、各地から集まってきた洗礼志願者たちは、魂の救済のためではなく生活の糧のためにやってきたに過ぎないのではないかと思われた。一八四九年から一八五〇年にかけてギュツラフが福漢会への支援を呼びかけるためにヨーロッパに出かけている間に、このような批判が福漢会の活動をサポートするために派遣されたはずのハンバーグやレヒラーから出されるようになり、さらにはロンドン伝道会の宣教師らからも激しい批判の声があがるようになった。ハンバーグは、福漢会のメンバーの一部には、派遣先に行かずに虚偽の報告をして旅費と報酬を受け取ったり、アヘンや賭博に興じたりするような者がいる、との報告を公開し[134]、ギュツラフのいない間に数百人いた香港在住のメンバーを四十数人にまで減少させてしまう。しかし残ったメンバーの中でもハンバーグの側についた者は七、八人にすぎず、多くは依然「ギュツラフ式」の運営を望んでハンバーグと対立していた。一八五一年の初めにギュツラフが香港に戻ってくると、バーゼル伝道会とレニッシュ伝道会の宣教師らは福漢会からの分離を表明し、独自に布教活動を行うようになる。代わってこの時ギュツラフとともに香港にやってきたベルリン中国伝道会の宣教師ノイマンが、福漢会の仕事を手伝い続けたものの、同年八月、ギュツラフがこの世を去ると、福漢会の活動は停滞していった。

しかし、かつて福漢会の会員であった者たちの中にはその後、別の伝道会の中で布教者として活躍してゆく者もいた。例えば、ロバーツが香港を出て広州で布教活動を開始した際ロバーツに同行した中国人信徒は福漢会会員でもあったが、彼らはロバーツがギュツラフとの協力関係を解消した後もロバーツの活動を支え続けた。また、ハンバーグは香港で福漢会の責任者となっていた間、一部の会員たちの「虚偽の行為」を明るみに出し、批判はしたが、会員たちを布教に派遣し、聖書の講義や派遣者の訓練をするという、福漢会での本来の任務は続けており、その間に彼の講義や説教を聴いた会員の中で、自分が犯した偽りの行為を反省し、ハンバーグの前で改心する者も現れた。例えば新安県李朗出身の江覚仁や嘉応州（現梅州）五華県出身の張復興などである。彼らはバーゼル伝道会が福漢会との関係を絶った後も同会の助手として残り、その後彼らの協力を得てバーゼル伝道会は内地布教に足がかりをつくり、新安県や嘉応州などの広東省内の客家人居住地区を中心に布教活動を展開してゆくことになるのである。

また、やはり福漢会の補佐のために宣教師を派遣し、バーゼル伝道会と同時期に福漢会を離脱したレニッシュ伝道会は主に広東人（「客家」に対して「本地」人と呼ばれた人々）への布教活動を展開してゆくが、その中心的な担い手もまた王元深ら旧福漢会会員であった。さらに、英国教会（英国聖公会）と関わりを持つようになった会員もいた。英国教会は一八四三年には香港に植民地チャプレンを派遣し、さらに一八四九年にはインド以東のアジア地域を包括するヴィクトリア教区を香港に設置し、ジョージ・スミスを主教に任命した。一八五〇年には、その香港に中国人のための学校である聖ポール書院が開設されたが、その運営のため、助手として雇われた羅深源ももとは福漢会に属していた人物である[135]。このように旧福漢会会員の活躍の場はかなり広範囲に渡っていたのである。そしてギュツラフの布教方針や方法は後にハドソン・テーラーによる内地会の発足に影響を与えたことでも知られている。賛否両論を巻き起こしたものの、ギュツラフと彼が創設した福漢会は中国におけるキリスト教布教のあり方のひとつの方向性を示すものであったと言えよう。

（1）そもそも宗教改革の時代にはプロテスタントは海外にほとんど目を向けることはなかった。宗教改革の指導者たちの間では、新約聖書において異邦人伝道の根拠とされるキリストの「宣教命令」（『新約聖書』「マタイの福音書」二十八章十八～二十節のキリストの言葉「わたしは天と地の一切の権能を授かっている。だから、あなたがたは行って、すべての民をわたしの弟子にしなさい。彼らに父と子と聖霊の名によって洗礼を授け、あなたがたに命じておいたことをすべて守るように教えなさい。わたしは世の終わりまで、いつもあなたがたと共にいる」のこと。なお「」内は新共同訳版（日本聖書協会、一九八七年初版）による）はキリストの時代の十二使徒にのみ向けられていた、とする神学的な解釈、特にカルヴァン派においては予定説に基づく解釈――「神は、救われる者と滅びる者とをすでに定めておられるので、人間のわざは必要とされない」――が主流であったからであるという。中村敏『世界宣教の歴史――エルサレムから地の果てまで』いのちのことば社、二〇〇六年、七六頁。

（2）ウェスレー兄弟らを中心に進められた福音主義運動で、後には国教会から独立してメソジスト教会を建て、アメリカにも大伝道を行った。

（3）英国教会以外の諸派のことで、長老派、改革派（以上はカルヴァン主義派）、会衆派、バプテスト派、クェーカー派などを指す。

（4）日本基督教協議会文書事業部『キリスト教大事典』（教文館、一九六三年、一九五頁）によれば「キリストによる罪のゆるしと洗礼によって引き起こされる心の大きな転換」とある。特に信仰覚醒運動時には「回心とは、明確に経験できる激しい心の変化であり、更にそのあとに完全な聖潔の生活が続かなければならないとされ」たという。

（5）非国教徒学校は、十七世紀後半に英国教会から迫害を受けた非国教徒が子弟のために作った学校であったが、非国教徒への取り締まりが緩和されると急速に広がり、十八世紀末まで、イギリスの学校制度のひとつの柱となるほどに発展した。古典や神学などのほかに自然科学、数学や技術教育を行った点が特徴であったという。浜林正夫『イギリス宗教史』大月書店、一九八七年、二〇七頁。

（6）これは十七世紀後半に起こった教会改革運動であり、回心体験とともに、祈りや内省、そして聖書を読むことによって、自らの信仰を深化させてゆくことも重視しており、「神学論争や神学研究よりも生き生きとした内的信仰の生活を実践すること」を説くものであった。半田元夫・今野国雄『宗教改革以後（世界宗教史叢書二）』山川出版社、一九七七年、三〇八頁。

（7）十五世紀初頭のチェコの異端者ヤン・フスの流れを汲む「モラヴィア兄弟団」がザクセンの領主の保護を受けて移住し、組織した教団。半田元夫ほか『宗教改革以後』、三二〇頁、浜林正夫『イギリス宗教史』、一九一頁。

（8）十六世紀中頃からイギリスにおいて教会の国家からの独立などを主張し、国教会から分離した一派で、迫害を受けてオランダに逃れた後、アメリカに渡った。「ピルグリム・ファーザーズ」とは彼らを指す。ニュー・イングランドで積極的に教会建設を行った。

（9）三位一体論に反対し、イエスの神性を否定する教派およびその主張を指す。

（10）幼児が両親の信仰によって受ける洗礼であり、本人が教会の一員として認められるためには、成長後改めて自己の信仰を表明し、いわゆる「堅信礼」を受けることが求められる。

（11）半田元夫ほか『宗教改革以後』、一八〇頁。

（12）Morrison, Eliza, ed., *Memoirs of the life and labours of Robert Morrison*, London, 1839, Vol. 1, pp. 93-97.

（13）原文表記は、A-Hëen、A-Fo、A-Yun、および Ko-mow-ho である。いずれもモリソンは漢字を記しておらず、正確な漢字表記は不明。A-Hëen はモリソンの文書では敬称「老」をつけて Low Hëen と表記されていることもある。A-fo は Tsae A-ko と表記されていることもある。従来「蔡高」の字が当てられてきたが、蘇精は「蔡軻」を当てる。（蘇精「馬礼遜的中文印刷出版活動」、「馬礼遜和他的中文教師」、同『馬礼遜与中文印刷出版』台湾学生書局、二〇〇〇年。）また、Ko-mow-ho は「先生」をつけて Ko Sëen-sang と表記されている場合が多い。蘇精は Hëen に「軒」を、Yun には「運」を、Ko-mow-ho には「葛茂和」を当てている。本書では当時の史料から漢字名が明らかにできない人名についてはカタカナ表記することとした。

（14）Morrison, *Memoirs*, Vol. 1, p. 345, pp. 408-410.

（15）Ibid., p. 531.

（16）以下の記述は麥沾思著、朱心然訳『梁発——中国最早的宣教師』基督教文芸出版社、一九九八年、三五—六二頁による。

（17）アビールは広州で一年ほど牧師を務めたが、その後しばらく東南アジア各地をめぐった後、一八三四年に一旦帰国した。

（18）Lutz, *Opening China*, p. 83.

（19）ギュツラフは三回目（ジャーディンの船での最初）の旅行記の冒頭部分で、この旅行について「他の人々とよく相談し、自分の心の中で葛藤した」と述べている（Gützlaff, Karl, *Journal of three voyages along the coast of China in 1831, 1832, & 1833*, London, 1834, reprint: Desert Island Books, 2002, p. 201）。ただし「葛藤」の原因であるアヘン貿易との関わりは旅行記の中では一切触れられていない。なお、相談相手のひとりにはおそらくモリソンも入っていたであろうと思われる。というのも、モリソンはギュツラフがジャーディンの船で最初の航海に出た直後の一八三二年十月二十九日の手紙の中で、「嬉しいことに、広州から中国語の聖書、祈禱書と布教文書一箱分を中国北部と朝鮮、日本に向けて送っています。最近までバンコクにいたギュツラフ氏がその任に当たっています」と述べているからである（Morrison, *Memoirs*, Vol. 2, p. 458）。つまり、モリソンもまたギュツラフのこの航海を布教のための大きなチャンスと受け止めたのである。

（20）Bridgman, Eliza J. Gillett, ed., *The pioneer of American missions in China: the life and labors of Elijah Coleman Bridgman*, New York, 1864, p. 44.

（21）Morrison, *Memoirs*, Vol. 2, pp. 436, 439.

（22）Wylie, Alexander, *Memorials of Protestant Missionaries to the chinese*, shanghai Presbyterian Press, 1867, p.11, Morrison, *Memoirs*, Vol. 2, p. 440.

（23）Morrison, *Memoirs*, Vol. 2, p. 462.

（24）Bridgman, *The pioneer of American missions in China*, p. 76.

（25）関日の経歴は詳しくは分からないが、関肇碩・容應萸『香港開埠与関家』広角鏡出版社有限公司、一九九七年、八頁では、「一八三二年に梁発がロンドン伝道会に出した報告書の中で言及した十人の信徒のうちのひとりであろう」と推測されている。モリソンとブリッジマンの名前で一八三二年九月四日に出された中国布教二十五周年の声明でも洗礼を受けた中国人の数は十人であるとされている。"Statement Concerning Chinese Mission," by Rev. Dr. Morrison and Rev. E. C. Bridgman, Council for World Mission: Archives of London Missionary Society（以下CWMと略記）, South China, Box 3 Folder 1 Jacket C（以下3-1-Cと略記）.

（26）Wylie, *Memorials of Protestant Missionaries*, p. 12、朱心然訳『梁発』、七九頁。

（27）これにより、モリソンはイギリスの官僚となったが、これについて「これからは国王のボタンのついた副領事のコートを着ることになるのだ」と誇らしげに家族への手紙の中で述べている（Morrison, *Memoirs*, Vol. 2, p. 524）。

（28）なお、ネーピアの抗議文書は清朝側の態度をさらに硬化させることとなり、貿易は停止され、広州のイギリス人は強制的に退去させられた。これに対しネーピアは海軍の威力による砲艦政策を実施しようとしたが、マラリアにかかり、同年十月マカオで死去する。その結果、イギリスと清朝との貿易関係は一旦回復した。

（29）Bridgman, *The pioneer of American missions in China*, pp. 92-95.

（30）医薬伝道会は一八三五年十一月に広州に開設されたパーカーの病院の経営を円滑にすすめ、さらにその他の地域でも医療活動を展開することを目的に設置された。副理事としてパーカー、ブリッジマンと並んでウィリアム・ジャーディンも名前を連ねている。Lazich, *E. C. Bridgman (1801-1861)*, pp. 107-108.

(31) Lazich, *E. C. Bridgman*, pp. 102-103. ギュツラフは一八三四年春にマラッカを訪れ、そこでイギリス人宣教師マリー(Mary Wanstall)と再婚した。彼らは同年十一月にマカオに居を構え、すぐにマリーは自宅に女子学校を開いた。なおギュツラフの最初の妻マリア(Maria Newell)はロンドン伝道会の教師であったが、一八三一年二月、出産直後に他界している。ギュツラフはこれを機に中国沿岸への航海に踏み切ったのである。Lutz, *Opening China*, pp. 48-49, 61.

(32) Smith, *Chinese Christians*, p. 135.

(33) 容閎はこれまで「中国人で最初のアメリカへの留学生」とされることが多かったが、近年の研究では必ずしも「最初のひとり」ではなかったことが指摘されている。蘇精「早於容閎在美読書的華人」、同『上帝的人馬――十九世紀在華伝教士的作為』、七三―一〇一頁。ただし、アメリカの大学で学位を取得したのは容閎が最初である。

(34) Coughlin, "Strangers in the House", pp. 23, 27. シュックはマカオ到着早々、広州や海南島に拠点を置こうとしたが、当時の情勢がそれを許さず、マカオに留まった。

(35) 以上のロバーツに関する記述は Coughlin, "Strangers in the House", pp. 37-44 による。なおこのコフリンの論文は、シュックとロバーツ、特に後者に関する研究としては、現状ではほぼ唯一の研究であり、日本や中国の研究者もロバーツに関しては多くを該論文の成果に依っている。筆者は該論文について渡辺祐子氏よりご教示いただいた。ここに感謝申し上げる。

(36) 他教派の洗礼は頭に水を垂らす方式であったのに対し、バプテスト派は全身を水に浸す方式(現代日本語・中国語では「浸礼」)を主張した。したがって、バプテスト派にしてみれば baptism の訳語には「浸」の文字が入ることが必須であった。Coughlin, "Strangers in the House", pp. 49, 52. モリソン訳の聖書では baptism は「洗礼」とされており、梁発も『勧世良言』の中で「洗礼」を使っている。

(37) Lazich, *E. C. Bridgman (1801-1861)*, p. 176.

(38) アメリカン・ボードの医師パーカーはこの後も広州に残っており、自宅で小規模な医療活動を続けていた。林則徐とも個人的な交流があり、ヴァッテルの『国際法』の一部を林則徐のために翻訳したり、アヘン中毒の治療法についてアドバイスすることもあったという(Ibid., p. 199)。しかしパーカーも一八四〇年六月にイギリス軍が広州に迫るとマカオに退去した。

(39) Smith, *Chinese Christians*, pp. 54-57. この三人は Aman、Shaou Tih(袁徳輝)、Alum である。Aman はこの当時すでに老齢で、かつてインドでマーシュマン宣教師の教育を受け、その後広州に来たのだという。Shaou Tih はペナンのカトリックの学校でラテン語の教育を受け、さらにマラッカの英華書院でも学んだ後、広州に戻った。語学力を買われて北京でロシアとの交渉のための翻訳官をつとめ、その後林則徐の通訳兼翻訳官となったという。Alum は一八二四年から一八二五年にかけて、コネチカット州のアメリカン・ボードのミッションスクールで学んだことのある人物であったようだ。

(40) Ibid., p. 53.

(41) Lazich, *E. C. Bridgman (1801-1861)*, p. 187 note 67.

(42) 以下のギュツラフに関する記述は Lutz, *Opening China*, pp. 99-110 を参照した。

(43) Ibid., p. 95. 尾張出身の音吉、岩吉、久吉の三人は一八三五年、遭難してアメリカ太平洋岸に漂着した。彼らはイギリスを経由して一八三五年十二月にマカオに到着、日本への送還を待つ間ギュツラフに引き取られ、その間にギュツラフに日本語を教えた。ギュツラフは音吉らの協力のもと『ヨハネの福音書』を日本語に翻訳している。一八三七年七月、彼らは他の四人の九州出身の漂流民とともに日本に送り返されるべく、モリソン号で日本に向かったが、江戸幕府からの「打ち払い」を受けて退却させられ、漂流民たちの帰国はかなわなかった（春名徹『にっぽん音吉漂流記』晶文社、一九七九年、五一、九二―一四〇頁）。その後、帰国に失敗した漂流民のうち、岩吉と久吉はギュツラフのもとに残って聖書翻訳に協力し、九州組四人の中の三人はアメリカン・ボードのウィリアムスに引き取られたという。従ってギュツラフの通訳助手をしていたのは岩吉ないし久吉であったと思われるが、ルッツはこの人物は後に香港政府でも官職を得たと述べており、そうであるならば、この人物は久吉である可能性が高い。一八四四年から一八四七年の *Hong Kong Blue Book* には、公共事業局（Surveyor General's Office）の中国語事務官として Keokitch の名前が記録されているからである。

(44) ロックハートは一八三八年に広州に着任したが、アヘン戦争の影響で一八三九年にマカオに退去し、その後一時バタヴィアに滞在していた。

(45) イギリス軍が香港島を占領したのはアヘン戦争中の一八四一年一月のことであった。そのため南京条約以前に植民地香港の建設は始まっており、軍事施設の建設や統治機構の整備に加え、土地の競売や都市整備も一八四一年のうちに開始されていた。余繩武・劉存寛編『十九世紀的香港』中華書局、一九九四年、五五―五七頁。

(46) 以下は劉紹麟『香港華人教会之開基』、七五―八六頁を参照した。

(47) ロバーツは個人宣教師であったが、経済的な後ろ盾が弱かったため、バプテスト・ボードの宣教師となることを希望するようになっていた。シュックはロバーツと「友好的な関係」を保ちつつも、ロバーツのわがままや図々しさを理由に彼を同僚として迎えることには消極的な態度を示していたが、ロバーツの支援団体からバプテスト・ボードに宣教師として受け入れるよう要請があり、またその後ロバーツの態度が改善されたとしてシュックもロバーツの受け入れを承諾したため、結局バプテスト・ボードはロバーツを彼らの宣教師として受け入れることを認めたのである。Coughlin, "Strangers in the House", pp. 75-76.

（48）ロバーツはすでに一八四三年の二月には赤柱で布教活動をすることに不満を抱き、赤柱の仕事は中国人助手に任せ、自らは香港島北側の都市部に戻っていた。この突然の広州進出は当然シュックの怒りを買い、加えてバプテスト・ボードも彼の広州への移動を承認しなかったため、一時はロバーツのバプテスト・ボードからの解任も決まりかけたほどであった。しかし一八四五年に本国アメリカでバプテスト・ボードから南部バプテスト連盟が独立し、シュックとロバーツはともに南部バプテスト連盟に属することになった。その結果、南部バプテスト連盟がロバーツの広州での布教活動を容認し、ロバーツは解任を免れた。Ibid., pp. 92-93.

（49）Gallimore, Arthur Raymond, *Beginning in South China: a story of the first missionary efforts of the Southern Baptist Convention, 1835-1945*, unpublished, 1945, p. 111.

（50）Lazich, *E. C. Bridgman（1801-1861）*, p. 244.

（51）この後ロバーツは条約を盾に清朝側からの補償を求め、この事件はアメリカと清朝の間の外交問題にまで発展した。Coughlin, "Strangers in the House", pp. 230-254.

（52）Ibid., pp. 107-110.

（53）Report of the American Board of Commissioners for Foreign Missions（アメリカン・ボードの年次報告書。以下、Annual reportと略記）, 1843, pp. 133-134, 1844, p. 183, Smith, *Chinese Christians*, pp. 60, 135.

（54）Wylie, *Memorials of Protestant Missionaries*, p. 68, Lazich, *E. C. Bridgman（1801-1861）*, p. 104. なお、モリソン記念学校はその後大きな発展は見せておらず、ブラウンの帰国、ブリッジマンの上海への移住などによって勢いをそがれ、一八四九年には閉校した。

（55）Annual report, 1842, 1844. ただしこの病院の経営自体はアメリカン・ボードの管轄ではなく、パーカーが理事を務める医薬伝道会によって行われていた。

（56）Wylie, *Memorials of Protestant Missionaries*, pp. 73-74.

アビールは一八三八年に再びアメリカを離れ、翌年マカオに到着、二年間中国語を学び、一八四一年には一時期シンガポールやボルネオで働いたが、一八四二年に廈門に移り、拠点を開いた。一八四五年に病気のために帰国するまでの間、アビールは福建の布政司であった徐継畬との交流の中で徐に直接海外情報を伝達しており、それらの情報は『瀛環志略』にも反映された。

(57) この交渉によって締結された望厦条約においては、外交文書の形式における対等な関係についての項目や領事裁判権についての項目などにブリッジマンが従来から『チャイニーズ・レポジトリー』を通して発表していた主張がかなり忠実に反映されており、南京条約よりも詳細に規定されているという。また、アメリカ人が中国人を教師として雇ったり中国語の書籍を購入したりすることなどを合法とする、とした項目もブリッジマンの提案によって追加された。Lazich, *E. C. Bridgman (1801-1861)*, pp. 230-234, Smith, *Chinese Christians*, p. 60.

(58) ラジックによれば、南京条約に始まる一連の諸外国との条約によって、彼らが最初に香港に拠点を置いた時点で予想していた以上に開港地での布教活動の可能性が開けたことが、その大きな理由であったという。また、香港に住み着いた外国人たちのモラルが低く、かえって布教活動の妨げになる、という事情もあったようである。Lazich, *E. C. Bridgman (1801-1861)*, pp. 240-241.

(59) 韋光はその後一八五七年にはマーカンタイル銀行の買辦になっている。Smith, *Chinese Christians*, p. 135.

(60) Annual report, 1846, pp. 166-169, 1847, p. 168.

(61) Annual report, 1846, p. 166, Bridgman, *The pioneer of American missions in China*, p. 151. ジェームズの牧師叙任式を執り行ったのはブリッジマン、メドハースト、梁発の三人であったという。

(62) Gulick, *Peter Parker and the Opening China*, pp. 140-141.
ただしパーカーはその後も広州の病院運営を続けており、アメリカン・ボードの宣教師もしばしば彼の病院で布教活動を行っていた。

(63) ジェームズの自殺の原因は定かではないが、すでに数ヶ月前から精神的な均衡を欠いていたらしい。なお、この事件の直前からジェームズはロバーツ夫妻及び南部バプテスト連盟の女性宣教師とともに暮らすようになっており、女性たちはジェームズの精神状態を心配していた。しかしロバーツはジェームズが自殺した時もそばにおらず、その知らせを受け取っても「福音を語る」ことを理由に駆けつけようともしなかった。この時の言動が最後の決め手となり、結局ロバーツは南部バプテスト連盟との関係を絶たれることになる。Coughlin, "Strangers in the house", pp. 108–111.

(64) 原文表記は Tien Tsai 及び Yang Lanyan であり、また曾蘭生は Laisun となっている。Annual report, 1845–1849, Smith, *Chinese Christians*, pp. 69–74, Rhoads, Edward J. M., "In the Shadow of Yung Wing: Zeng Laishun and the Chinese Educational Mission to the United States", *Pacific Historical Review*, Vol. 74, No. 1, Feb 2005, pp. 19–58. 蘇精『上帝的人馬』、九五—一〇一頁。蘇精は Tien Tsai に「添財」を当てている。また、ローズ論文については容應萸氏よりご教示いただいた。ここに感謝申し上げる。

(65) Annual report, 1847, p. 168, 1848, p. 217.

(66) 曾蘭生は一八四六年にニューヨークのハミルトンカレッジに入学したが、二年間しか授業料の援助を受けられず、卒業できないまま一八四八年に帰国した。

(67) Annual report, 1846–1854.

(68) Letter from Missionaries to Tidman, 18 Aug 1843, CWM, South China, 4-3-B, Letter from Dyer to Tidman, 26 Aug 1843, CWM, South China, 4-3-C.

(69) 当初宣教師たちは香港政府から経済的な支援や用地の提供を受けられるものと期待したが、予想に反して政府からの支援が得られなかった。そこで上海か廈門に移転することを検討したが、結局安全の観点から香港への移転が決まった。香港における英華書院の歴史については Smith Carl T., *Schools and Scholars: English language Education in the China Mission in the First Half of the Nineteenth Century and It's [sic] Results*, University of Hong Kong, 1965, pp. 84–117 に詳しい。

(70) Letter from Hobson and Legge to Tidman, 23 Dec 1843, CWM, South China, 4-3-D.

(71) Smith, *Schools and Scholars*, p. 98.

(72) Smith, *Chinese Christians*, pp. 214–215. 表記は Wong A-muk, alias Wong Kwong-ching となっているが、王韜の日記から名が「広徴」、字が「木」であったことが分かる（方行・湯志鈞整理『王韜日記』中華書局、一九八七年、一九七頁）。なおロンドン伝道会史料に残されている彼のサインも「黄木」であるが、『教会新報』（該雑誌については第六章を参照されたい）の記事では「黄穆」と表記されている。

(73) 関肇碩・容應萸『香港開埠与関家』、九—一〇頁。

(74) 以下の記述は Legge, James, "Sketch of the Life of Ho Tsun-Sheen", 13 Mar 1873, CWM, South China, 7-2-A による。

(75) Letter from Legge to Tidman, 19 Feb 1849, CWM, South China, 5-0-C.

(76) 関肇碩・容應萸『香港開埠与関家』、八頁。

(77) 原文表記は、呉文秀がNg A-sow、リー・キムリンがLe Kim-lin、宋仏倹がSung Futt Keem、ジェーンがJane A-shaである。Letter from Legge to Tidman, 15 Aug 1845, CWM, South China, 4-4-D, Legge to Tidman, 19 Feb 1849.

(78) Letter from Legge to Tidman, 25 Jul 1849, CWM, South China, 5-0-C.

(79) 事の発端は、梁発の息子進徳がアメリカの雑誌*Evangelical Magazine*に載せた記事の中に、一八四三年八月に亡くなったジョン・モリソンの資産を屈昂が着服していると書かれていたことであった。梁発も屈昂自身からそのような話を聞いたと証言、屈昂はこれを強く否定し、二人は決裂した。同年九月、宣教師らは屈昂を問いただし、身の潔白を証明するよう厳しく求めたが、結局その後疑いは晴らされたらしく、屈昂が助手の任を解かれることはなかった。一八四五年一月には梁発は再び香港に戻り、屈昂との関係も修復したという。Letter to Tidman, 8 Sep 1844, CWM, South China, 4-3-C, Hobson and Legge, 23 Dec 1843.

(80) Letter from Afa Liang to London Missionary Society, 6 May 1844, CWM, South China, 4-3-D.

(81) Letter from Legge and Hobson to Tidman, 1 Feb 1845, CWM, South China, 4-4-C.

(82) 朱心然訳『梁発』、一二九頁。Annual report, 1846, p. 168, Lazich, *E. C. Bridgman (1801-1861)*, p. 244.　広州の教会堂の開設時期、排斥された時期などはAnnual reportのブリッジマンの報告に拠った。

(83) Legge and Hobson, 1 Feb 1845, Letter from Hobson to Tidman, 29 May 1845, CWM, South China, 4-4-D.　なお、この五月の報告に拠れば、ホブソンは病院の近くの農村黄泥涌に学校を開設し、二十人ほどの男子学生を擁していたという。この学校も英語と中国語の両方で教育を行い、学生たちは日曜日に病院で行われる礼拝にも参加していた。一八四五年七月にホブソンが一時帰国すると、この学校に関する報告は見られなくなるが、一八四六年末の報告には黄泥涌の礼拝堂について言及があり、この村での布教活動が継続していたことが分かる。

(84) Letter from Legge to Tidman, 29 Jan 1849, CWM, South China, 5-0-C, Letter from Legge to Tidman, 28 Jan 1850, CWM, South China, 5-1-C. なお赤柱や九龍半島の診療所は交通が不便なため、ほどなく閉鎖された。

(85) Letter from Medhurst and Lockhart to Tidman, 1 May 1844, 15 Oct 1844, CWM, South China, 4-3-D.

(86) Medhurst and Lockhart, 15 Oct 1844. なお上海支部の印刷機器はバタヴィアから持ってきた木版印刷と手動式活版印刷機のみで、メドハーストは一八四五年の末にロンドン伝道会の本部に対し、新式印刷機の導入を求めている。Letter from Medhurst and Lockhart to Tidman, 27 Dec 1845, CWM, Central China, 1-1-B.

(87) Letter from Medhurst and Lockhart to Tidman, 10 Apr 1846, CWM, Central China, 1-1-C.

(88) ロックハートの病院については、建設費は医薬伝道会が募った寄付金によってまかなわれ、病院の運営も医薬伝道会上海支部が組織した監督委員会が行っていた。ただ、この病院の理事はロンドン伝道会の宣教師が務めることになっており、またロンドン伝道会が派遣した医師については、給料はロンドン伝道会が支給していた。王爾敏『近代上海科技先駆之仁済医院与格致書院』宇宙光全人関懐、二〇〇六年、二三―二四、三一―三三頁。

(89) 助手三人の名前の原文表記はRhew Theen sang, Tseang Yung che, Wong Show-yihである。Letter from Milne to Tidman, 11 Oct 1847, CWM, Central China, 1-1-C.

(90) Ibid. 及び春名徹『にっぽん音吉漂流記』、二三八―二四〇頁。「オットー」の原文表記はOtto。春名氏の研究によれば音吉はモリソン号事件後六、七年間水夫として過ごしたのちデント商会に雇われたようで、一八四四年ごろから上海に居住していた可能性が高いという。

(91) London Missionary Society, *Missionary Magazine and Chronicle*, London, 1849 July, p. 106, Letter from Muirhead to Tidman, 10 Nov 1850, CWM, Central China, 1-3-A.

(92) Morrison, *Memoirs*, Vol. 1, pp. 187-189, 194-195.

(93) "Morrison Education Society", *The Chinese Repository*, Vol. V（1836-1837）, reprint, Maruzen Co., Ltd., 1941, p. 379.

(94) Morrison, *Memoirs*, Vol. 1, pp. 409, 439.

(95) Ibid., p. 238. 蘇精『馬礼遜与中文印刷出版』、二一―二三頁。

(96) Morrison, *Memoirs*, Vol. 1, p. 409.

(97) Letter from Morrison to Burder, 23 Feb 1817, 21 Mar 1817, CWM, South China, 1-4-D, Letter from Morrison to Burder, 25 Feb 1818, CWM, South China, 2-1-A. ヒンは一八一六年には一旦モリソンの助手をやめていたようであるが、その時期もモリソン宅の礼拝には時々出席していたという。一八一七年の摘発事件当時助手に復帰していたかどうかは不明であるが、少なくともこの事件で逮捕された料理人がヒンの名前を清朝の官吏に告げたために身に危険が及び、モリソンによってマラッカに避難させられることになった。なお、ヨン・サムタ（Yong Sam-tak）はモリソンがまだイギリスにいた頃に中国語の教師として雇われた人物でモリソンの中国渡航とほぼ同時期に帰国、マカオでも何かとモリソンの世話をしていた。キリスト教には全く興味を示さず、モリソンのヨン評も概して厳しい。彼については蘇精『馬礼遜与中文印刷出版』、五七―六四頁に詳しい。

(98) Morrison, *Memoirs*, Vol. 2, p. 155.

(99) Ibid., p. 359. ニコデモは新約聖書に登場する人物で、イエスに敵対する立場にありながら、密かにイエスを訪ねて問答したり、イエスを弁護したりした（『ヨハネによる福音書』、第三、七章参照）。ミルナーは *The History of the Church of Christ*（London, 1809）の著者。

(100) なおヒンとフォーにはもうひとりユンという兄弟がいたが、彼に関するモリソンの記述は非常に少ない。ユンは長らく使用人としてモリソン宅で働いたが、一八一五年一月にモリソン夫人が帰国したのにともない一旦解雇、後述の一八一七年の摘発事件の際には兄弟とともにマラッカに逃れ、帰国後再びモリソンの使用人として雇われたという。また、モリソンは一時帰国の際に使用人をひとり同行させたが、それもこのユンであったと思われる。Morriscn to Burder, 25 Feb 1818, Morrison, *Memoirs*,Vol. 2, p. 235.

(101) Morrison, *Memoirs*, Vol. 1, p. 343.

(102) Ibid., p. 346.

(103) Ibid., p. 353.

(104) Letter from Morrison to Burder, 22 Feb 1813, CWM, South China, 1-3-A.

(105) コーの最初の手紙は Morrison to Burder, 22 Feb 1813 の中に英訳されている。バーダーの返信、コーの再返信はそれぞれ Letter from Burder to Ko-mow ho, 5 Apr 1814, CWM, South China, 1-3-B, Letter from Ko-seen-sang, 11 Jan 1815, Ibid., 1-4-A.

(106) Morrison, *Memoirs*, Vol. 1, pp. 362-363.

(107) Ibid., p. 377.

(108) Morrison to Burder, 23 Feb 1817, 21 Mar 1817.

(109) Morrison to Burder, 25 Feb 1818.

(110) Morrison, *Memoirs*, Vol. 2, p. 378.

（111）Ibid., Vol. 1, p. 345.

（112）Annual report, 1833, p. 70.

（113）Smith, *Chinese Christians*, p. 61.

（114）Annual report, 1847, p. 168, 1848, p. 217, Lazich, *E. C. Bridgman*（*1801–1861*）, p. 219.

（115）「粤東施蘸聖会例式」。26 Jul 1845, Correspondence of Roberts, Issachar J., Special folder 2, Southern Baptist Historical Liberty and Archives.

（116）Coughlin, "Strangers in the House", p. 4.

（117）Annual report, 1846, p. 168, Lazich, *E. C. Bridgman*（*1801–1861*）, p. 244.

（118）Morrison, *Memoirs*, Vol. 2, p. 517.

（119）柳父章『ゴッドと上帝——歴史の中の翻訳者』筑摩書房、一九八六年、一一一—一二一頁。柳父はメドハーストは「翻訳にのぞんで「まったく正しい」訳語を得られる」と考えていたのに対して、モリソンは言葉は文脈（context）によって翻訳されるべきであると考えていたのだと指摘する。柳父は翻訳観としてはモリソンの考え方を高く評価しているが、モリソン訳の聖書は結果的に、文脈に即した正確さを追求するあまり、全体として意味が不明瞭な文体となってしまったとも言えるだろう。

（120）梁発『勧世良言』巻三「真経聖理」。邦訳は並木頼寿編『開国と社会変容』、一一五頁による。

（121）チューの名前の原文表記は Choo Tih-lang。Medhurst, *China: Its State and Prospects*, London, 1838, pp. 548–555.

（122）Wylie, *Memorials of Protestant Missionaries*, p. 31.

（123）用語論争の具体的な経緯については Lazich, *E. C. Bridgman*（*1801–1861*）, pp. 253–292 に詳しい。

（124）この編集会議にはアメリカから再度中国に赴任したシュックも参加した。シュックは一八四七年八月に香港に戻り、この年のうちに他の二人の宣教師とともに上海に移っていた。一八四七年以降、アメリカ人宣教師も徐々に上海に拠点を置くようになっており、セブンスデー・バプテスト派や南メソジスト監督教会などから宣教師が派遣されている。なお、ブリッジマンは新旧訳聖書の改訂期間中ずっと上海にいたが、アメリカン・ボードの布教拠点が上海に正式に設置されるのはブリッジマンが一時帰国し、再び戻ってきた一八五三年のことであった。

（125）Lazich, *E. C. Bridgman*（*1801–1861*）, pp. 278–279, 290.

(126) Lutz, *Opening China*, p. 161.

(127) Ibid., pp. 222–223.

(128) 余偉雄「崇真会一百四十年来之工作、影響与展望」、基督教香港崇真会編『香港崇真会立会一百四十周年紀年特刊 1847–1987』基督教香港崇真会、一九八七年、五五頁。

(129) 余偉雄「崇真会一百四十年来之工作、影響与展望」、五六頁。

(130) 李志剛「郭士立牧師在港創立之福漢会及其対太平天国之影響」、同『基督教与近代中国文化論文集』宇宙光出版社、一九八九年、六四—六五頁。

(131) Hamberg, Theodore, *Report Regarding the Chinese Union at Hong Kong*, Hong Kong, 1851, Appendix No. 7, p. 15. また、南部バプテスト連盟本部に残されたロバーツに関する史料の中には、一八四四年五月にロバーツが陳たちとともに広州で活動を始めてから、翌年四月に陳が病気で亡くなるまでの、約一年間の詳細な活動報告も残されている。これは本来ギュツラフに宛てて書かれたものだが、ロバーツはボードにもそのコピーを送っていたのである。この史料については本章注(115)を参照のこと。

(132) Coughlin, "Strangers in the House", p. 85.

(133) 以下の記述は Lutz, *Opening China*, pp. 224–227, 234–246, 及び余偉雄「崇真会一百四十年来之工作、影響与展望」、六〇頁。

(134) これが本章注(131)に挙げたハンバーグの *Report Regarding the Chinese Union at Hong Kong* である。

(135) 王元深『聖道東来考』香港、一八九九年、一三、一六、一七頁。

第二章　洪仁玕とキリスト教

第一章ではプロテスタント布教の開始と展開についてみてきたが、太平天国運動はそのプロテスタント・キリスト教の強い影響を受けて洪秀全が創始した「上帝教」の信徒集団を母体として発生した反乱である。本書で中心的に扱うことになる洪仁玕は、洪秀全と最も近しかった人物のひとりであり、しかも開港場において「正統的」なキリスト教に身近に接した人物でもあった。

太平天国運動の歴史についてはすでに膨大な先行研究があるものの、その初期の歴史について述べた研究は決して多くはない。洪秀全の経歴や上帝教の創始などについて述べた史料として用いられてきたのは、一八五四年香港で出版されたハンバーグの著書『洪秀全の幻想』やその底本とされる『洪秀全来歴』(1)、一八六二年に太平天国で刊行された『太平天日』、あるいは洪仁玕が処刑前に残した自供書などである(2)。ハンバーグの書物は洪仁玕の叙述に基づくもの(3)、『太平天日』もまた洪仁玕の関与が推測される文献であり(4)、太平天国運動の草創期の状況はほとんど洪仁玕の回想のみによって今に伝えられているとも言える。しかし、同時代の史料をさらに発掘し、洪仁玕の記憶に検証を加えることも必要であると考える。本章では、新史料『感主恩経歴史』(5)やこれまで詳細に検討されてこなかった欧文史料、そして関連の先行研究に拠りつつ、太平天国とキリスト教との関わり、そして洪仁玕とキリスト教との出会いについて述べてゆく。

第一節　太平天国運動とキリスト教

（一）　洪秀全と『勧世良言』

洪秀全は一八一四年に広東省花県〔現広州市花都区〕の客家の村である官禄㘵村に生まれた。家は貧しかったが、洪秀全は頭が良く、科挙合格を目指して幼少から勉学に励んだ。しかし洪秀全は何度挑戦しても、科挙の第一段階である童試に合格することはできなかったという。『感主恩経歴史』では「洪和秀〔秀全〕は県考ではいつも〔上位〕五位以内だったが、府考では孫山〔最下位合格者〕の下であった」、洪仁玕の「親筆供」でも、童試の第三段階である「道試〔院試、道考〕」にだけは受かることができなかった、などと述べられている。花県は広州府下の県であったので、洪秀全は童試の第二段階である府試、及び第三段階の院試を受験するためにたびたび広州を訪れていた。『洪秀全の幻想』や『洪秀全来歴』によれば、洪秀全は一八三六年に広州に試験を受けに行った際、試験場のそばで梁発の著書である『勧世良言』を受け取ったとされる。後にこの書物に触発され、太平天国運動の原動力となる宗教、上帝教が生み出されるのであるが、この授受年代を一八三六年ではなく一八三三年であると主張する研究者もいる。(7) この説は一八三三年から一八三四年にかけて梁発自身によって行われた科挙受験者への布教書配布の事実を根拠とするが、一八三三年説を採るのはキリスト教史の研究者などごく一部にすぎず、従来の太平天国史研究においては一八三六年がほぼ定説となってきた。しかし筆者にはやはり一八三三年説が有力であるように思われる。この問題は太平天国運動とキリスト教との最初の接点がどのようなものであったかを考える上でも重要であるので、ここで簡単に整理しておきたい。

第一章でも述べたとおり、『勧世良言』が完成し、印刷されたのは一八三二年のことであった。『勧世良言』は草稿の段階でモリソンが手を加え、ロンドン宗教小冊子協会（London Religious Tract Society）の資金で少なくとも同年九月には第一回目の印刷が完了していたという。[8] したがって、洪秀全が『勧世良言』を受け取った可能性があるのは、次に童試が行われた一八三三年以降ということになる。『チャイニーズ・レポジトリー』によれば、一八三三年の府試が行われたのは五月で、十月にももう一度広州で試験が行われたとされる。府試に続く試験であるから、十月の試験は当然院試であろう。なお、従来の議論では洪秀全が受験したのが府試なのか院試なのかという点も問題になってきた。代表的な論者として簡又文氏と林田芳雄氏が挙げられるが[9]、簡氏はそもそも秋に行われる試験は全て郷試であるとした上で、洪秀全が広州で受験したのは春に行われる府試であると断定し、梁発らが秋に行った布教書配布と洪秀全との関連を否定した。しかし林田氏は院試の存在を指摘し、梁発らが布教書配布を行った一八三三年十月の試験は府試の後に行われる院試であったとしている。ただ、これらの議論では、両氏が用いた漢訳版のマクネウルの『梁発伝』[10]や、林田氏が用いた邦訳版の『チャイニーズ・レポジトリー』の中で、一八三三年十月に行われた試験について「府試」であるとか「生員（すなわち秀才）」が受ける試験（＝郷試）であると訳されていたことが、議論を混乱させていたように思われる。実はこれらの言葉の英語の原文は、必ずしも府試や郷試であったと断定できる言葉ではないのである。[11]

さて、この二回の試験のうち、宣教師側の資料から梁発が『勧世良言』や『聖書日課』などの著作を受験者に配布したとはっきり分かっているのは、後者の十月の試験の方だけである。[12] ただし梁発はそれまでにも広州で科挙受験者に布教書を配布したことはあり、それらが全て宣教師に記録されていたわけではない。[13] したがって五月配布の可能性も残されているが[14]、少なくとも、配布された布教書の量や規模が大きく宣教師の注目を集めたのは十月の院試の方であったようだ。

この一八三三年十月の布教書配布の際には梁発らは何の干渉も受けなかったが、第一章でも述べたとおり、翌年八月に再び科挙受験者に布教書配布をしたところ今度は清朝の取り締まりに遭ってしまう。梁発自身の報告に拠れば、彼の助手が何人も逮捕され、印刷を行っていた近郊の村にも手入れが及び、印刷済の『聖書日課初学使用』やそこにあった版木なども没収されたという(15)。結局、梁発はブリッジマンを頼ってマカオに逃亡し、シンガポールを経てマラッカへと逃れることとなり、一八三四年十月、マカオを発つ。これを機に広州での直接的な布教活動は中断した。ブリッジマンは一八三五年一月の報告の中で、他の場所ではまだ布教書を受けとろうとする中国人もいたが、「広州やその近辺では配布は行われておらず」、「この先一、二年は、梁発にせよ他の誰にせよ、布教書の配布を再開することはできないだろう」と述べている(16)。

しかし事態はさらに悪化した。一八三五年春にギュツラフとアメリカン・ボードの宣教師スティーブンスが福建省沿岸を航海した際、彼らが福建省の役人に贈った布教書に「道光甲午年(一八三四年)夏鐫」と印刷されていたため、内地に外国人への協力者がいると判断され、マカオで取り締まりが行われた結果、八冊の布教書が没収されるとともに屈昂の息子屈熙が逮捕されたのである。没収された布教書のうち、二冊は福建省で贈られた二冊と合致し、残りの六冊も一八三二年から一八三四年の間に印刷されたものであったという。書名から判断する限り、ギュツラフの著書が三冊、ミルンの著書が一冊、そして梁発の『聖書日課初学使用』が含まれていた(17)。屈熙の取り調べに加え、ジョン・モリソンも出頭させられ訊問を受けたが、ジョンはその父屈昂や梁発の所在については沈黙を守りつつ巧みに証言をした(18)。これらを受けて翌一八三六年四月に両広総督鄧廷楨から事件の最終的な報告書が上奏されたが、この時点では屈熙はまだ釈放されておらず、父屈昂や梁発を逮捕して取り調べた後、屈熙の証言が信用できるかどうか判断するべきであるとされている。またジョン・モリソンに対しても、彼自身は父モリソンのように布教書の印刷を行ったりそれを配布するよう外国人に渡したりはしていないと見なされたが、それでも布教書の版木を没収し、廃棄させている。

屈煕の逮捕によって屈昂はマラッカに逃れ、雇われていた中国人印刷工たちもみなシンガポールのアメリカン・ボードの印刷所に送り出されており、広州での中国語の書物の印刷も完全にストップした。マカオでは以後ウィリアムスが密かに活版印刷を続けたが、メドハーストが作った福建語の辞書を印刷するので精一杯であった。

ブリッジマンは一八三六年度の活動報告の中で、「〔ギュツラフらによる〕沿海地方の航海旅行がもとで発布された上諭のおかげで、広州では、〔パーカーの〕病院を除いては、中国人に対して直接的に宗教的な影響を及ぼすことは難しくなっ」ており、「たくさんのスパイや役人が監視しているので、中国人にとっては宣教師から本を受け取ることすら危険を招きかねない行為なのである」と述べている(19)。一八三四年の梁発らに対する摘発事件で中国人信徒たちによる布教書配布活動は事実上ストップしたが、さらに一八三五年のマカオでの摘発事件以後、広州での布教書配布は受け取る者に「危険」を感じさせるまでになっていたのである。少なくとも科挙の試験場付近で外国人が堂々とキリスト教の文書を配布できるような状況は、一八三六年の広州にはあり得なかったはずである。スティーブンスが一八三六年に洪秀全に『勧世良言』を手渡した、と考える研究者もいるが(20)、同じアメリカン・ボードのリーダー格の宣教師であるブリッジマンがこれほど厳しい状況を報告しなければならなかったその年に、スティーブンスによる試験場近辺での布教活動が行われていたとは考えにくい。

そもそも『勧世良言』は一八三二年から一八三四年にかけて広州の郊外で印刷されていたもので、版木の管理から印刷まで梁発だけしか関与した形跡がなく、一八三四年の摘発事件の時に版木が没収されていた可能性もある。しかも梁発が摘発事件後マラッカに身を避けてからは、『勧世良言』は一冊にまとまった形ではなく、九編のばらばらのパンフレットとしてしか再版されていないようであるし(21)、実際一八三五年に福建で摘発された布教書の中にも、マラッカで没収された布教書の中にも『勧世良言』は含まれておらず、現在のところ一八三四年以降に完全な形で『勧世良言』という書物が広州を含めた中国沿岸で配布された形跡は見当たらないのである。上述のように広州での布教活動をめぐる情勢が非常に厳しかったことも併せて考えると、洪仁玕の記憶だけを根拠に一八三六年の童試の際に洪秀全が『勧世良言』を手に入れたと断じるのはかなり無理があるといわざるを得ないように思われる。(22) むしろ、一八三四年の摘発事件が起こる以前、科挙受験者に『勧世良言』が大量に配布されていた時期に受け取ったと考える方が自然であろう。梁発らが科挙受験者に対して布教書配布を行った一八三三年、一八三四年の科挙試験は、一八三三年が童試、一八三四年は郷試であった。洪秀全が受験したのは童試であるから、一八三三年の可能性しかないということになる。

そして、この間『勧世良言』の印刷から配布までを一手に担っていたのは梁発であったことを考えれば、配布者も梁発とその助手たちのいずれかであった可能性が高いのであるが、『洪秀全の幻想』によれば、洪秀全は『勧世良言』を配布していた人物を「外国人」と認識し、またこの外国人の容姿や洪秀全に語った予言めいた言葉などをかなり具体的に記憶していたようであり、配布者についてはまだ疑問点も多い。ただ、『洪秀全の幻想』の記述では、洪秀全はまず広州の布政司衙門の前で、集まった人々の願望を言い当ててそれが成就すると告げてまわっていた外国人と通訳の二人組に出会い、洪秀全自身この外国人に将来のことを告げられ、その次の日に今度は龍蔵街でこの二人に会い『勧世良言』を渡された、となっている。(23) ハンバーグはここに註をつけ、前日に将来のことを告げた「外国人」は『勧世良言』の配布者とは別人であろうとの見解を示している。占い師まがいの人物と、キリスト教の布教書の配布者が同じはずがない、という宣教師としての見解である。また、洪仁玕の記述もこの配布者については後に微妙に言い方を変えていることも注目に値する。『洪秀全の幻想』ではこの人物は「明代の服装」をし、中国語を解さず、通訳として土地の人を使っていた、とされているが、「親筆供」では単に「長髪で道士の着る上着を身につけた人物〔長髪道袍者〕」となっており、この人物と一緒にいた「通訳」も「親筆供」では「ともの者〔随侍〕」となっている。

洪仁玕は後に梁発が属していたロンドン伝道会の助手になっており、梁発の働きについて知る機会もあったはずである。「親筆供」を書いた段階では洪仁玕がこの配布者は当初聞いていたような「外国人」ではなかった可能性に気づいていたとも考えられる。ほかに有効な史料もない以上、配布者について特定はできないが、たとえ洪秀全が彼の将来のことを占った「外国人」風の人物と出会ったことは事実であったとしても、それが即『勧世良言』の配布者と断定できるわけでもなく、むしろ当時の『勧世良言』の配布状況を考えれば、梁発か彼の助手が配布した可能性の方が高いと思われるのである。

（二）　上帝教とキリスト教

『洪秀全の幻想』によれば、洪秀全は一八四三年に初めて、当時家庭教師を務めていた李家の青年の勧めで『勧世良言』を熟読する。そして二人は、偶像崇拝を捨て、『勧世良言』で説かれている天の神とイエスを信じることを決心し、自ら洗礼を施した。その後洪秀全は族弟の洪仁玕や友人の馮雲山ら、周囲の人々にもこの教えを熱心に広めはじめるのである。なお最初の帰依者である李家の青年（『太平天日』では「李敬芳」となっている）は、『感主恩経歴史』の口述者李正高の同族であった可能性がある。李正高は、母馮氏が馮雲山と同族で、洪秀全、洪仁玕とも家族ぐるみのつきあいがあり、また、洪秀全は上帝教を創始した頃、花県にある李正高の親類宅で教師をしていたとも述べているからである[24]。一方、洪仁玕は清遠県の李正高の家の私塾で教師をしており、李正高と義兄弟の関係を結ぶほどの仲であった[25]。李正高とその家族も後に上帝教の帰依者となる。

なおこの時点で洪秀全に強い印象を残したのは、『勧世良言』の随所に見られた偶像崇拝、特に当時民間で普通に行われていたさまざまな祭祀や民間信仰に対する鋭い批判の姿勢であり、これは後の太平天国運動にも大きな影響を与えた。一方で『勧世良言』には儒教的な道徳観に根ざした悪事を戒め善行を奨励する姿勢や、罪を悔い改めなかった者が死後地獄に墜ちる事の恐怖なども繰り返し強調されている。『洪秀全の幻想』を見る限り、洪秀全はこれらの記述も含め、『勧世良言』全体から深く影響を受けたようであるが、モリソン訳聖書独特の難解さもあって、例えば「全」という文字をすべて洪秀全自身のことであると解釈するなど、字句の解釈が恣意的な部分もあったという。[26]

その後洪秀全が馮雲山らとともに広西省に布教に出かけ、特に馮雲山の才覚と努力により桂平県紫荊山で新たな信徒集団が形成されていったことで太平天国運動の下地が作られていった。またここで当地の民間信仰と融合した「天父天兄下凡」も発生し、彼らの宗教は梁発が伝えたキリスト教とは異なる独自の姿を形成してゆく。しかし、この一連の過程の中でもなお、彼らとキリスト教との接点が完全に失われていたわけではない。

この時期の彼らのキリスト教との最大の接点は、一八四七年の洪秀全のロバーツ訪問であろう。一八四五年の初めに洪秀全は広西での布教活動から一旦帰郷し、その後二年ほどは故郷花県で教師をしながら『原道救世歌』『原道覚醒訓』などの宗教書を執筆していた。一八四六年の秋、知り合いのムーという人物が広州から帰郷し、洪秀全の家人にロバーツが広州でキリスト教を布教していることを伝えた。[27] 教師の仕事があったため、洪秀全はすぐに出かけることができなかったが、そうこうするうちにも、ムーから洪秀全の話を聞いたロバーツの助手周道行から洪秀全を広州に招待したいとの手紙まで届き、一八四七年三月、洪秀全と洪仁玕はロバーツのもとを訪れるのである。

この周道行という助手は、一八四四年にロバーツが広州で活動を開始したのとほぼ同時期からロバーツと行動をともにしていた信徒のひとりで、福漢会のメンバーでもあった。[28] 一八四六年には教派をめぐる意見の相違からロバーツはギュツラフとの協力関係を解消するが、周道行らはそのままロバーツの助手を続けていた。おそらく、ロバーツの情報を花県まで届けたムーも、後に周道行に洪秀全の情報を伝えているところを見ると、信徒であったか、少なくともキリスト教について学んでいた信徒の候補者のひとりであった可能性が高い。実際、『洪秀全の幻想』によれば洪秀全もロバーツのもとで一ヶ月ほど学んだ後、周道行を含む助手二人とともに故郷に戻って数日間滞在し、再び広州に戻る、という旅行をしている。これは洗礼を授けて良いかどうかを判断するために志願者の故郷に調査に行くという、ロバーツの方針に沿ったものであったようであるが(29)、洪仁玕は助手たちが花県で布教活動を行っていたと記憶しており、信徒や志願者の故郷に布教者を派遣するという福漢会方式の布教も同時に行われていたと考えられる。先のムーも同じような目的で帰郷したものではないだろうか。いずれにせよ、福漢会に深く関わりのあったロバーツと周道行らの布教活動が花県に及んだ結果、洪秀全はロバーツと出会うことになったのである。

またコフリンはロバーツが洪秀全たちの訪問を受けた直後に書いた報告書の存在を明らかにしているが(30)、その中でロバーツは、洪秀全たちが「福音について学びを受けたいというただひとつの目的のためにやってきた」こと、洪秀全が語った幻想の内容が新約聖書に登場するコルネリオの幻と非常によく似ていること、などを興奮気味に書き送っており、彼らはまもなく教会の一員に加えられるだろう、との見通しを述べている。しかし、よく知られているとおり、彼らは洗礼を受けるには至らなかった。『洪秀全の幻想』の記述によれば、すでにロバーツの助手となっていたワン・アイとワン・ヒムが、彼らが洗礼を受けることを妨害しようとしたのである(31)。コフリンはロバーツ側の史料も用い、確かに後者はロバーツから非常に重宝されており、希望者に対する洗礼の可否をロバーツとともに判断する立場にもあったことを明らかにしている(32)。ロバーツが報酬を目当てに入信しようとする者、いわゆるライス・クリスチャンを非常に警戒していたことを知っていたワンは、洪秀全に洗礼志願の際に勉学を続けるための金銭も併せて求めるよう敢えて「助言」し、その通りに行動した洪秀全は、ワンの思惑通りロバーツからその申し出を拒否されたのである(33)。

洗礼の見通しが立たず、金銭的にも困窮していた洪秀全は一八四七年の七月頃には広州を離れることを決め、故郷の花県ではなく馮雲山がいるであろう広西に直接向かった。周道行は花県に帰ることを勧めたが洪秀全の決意は変わらなかったため、周道行は旅費として銅銭百枚を与え、さらに洪秀全が広西に向かったことを手紙で洪仁玕に伝えたという。実は洪秀全の三ヶ月に及ぶ広州滞在中の生活費も周道行が提供していたようであり、周道行がかなり親身に洪秀全の世話をしていた事が分かる(34)。

その後、洪秀全は紫荊山で洪秀全の教えを広めていた馮雲山と再会し、上帝教に帰依する者がすでに二千人にも達していたことを知る。そしてこれ以降、近隣の廟を舞台に偶像破壊運動が行われるようになり、周囲の住民との衝突が激化していった。一八四七年の冬、馮雲山が捕らえられると、洪秀全はその釈放のために奔走し、「キリスト教を信じているとの理由で、入獄の苦しみを嘗めている友人のために、〔両広〕総督〔耆英〕に嘆願書を提出する」ために再び広州に向かった(35)。この時も洪秀全は周道行のもとに身を寄せており、彼から耆英が十日前に北京に向けて発ったばかりであることを聞いたのだという。そこで洪秀全は紫荊山にとって返すが、その間に馮雲山は無事紫荊山に戻り、洪秀全が自分のために広東省に行ったことを聞いてその後を追いかけた。入れ違いになった洪秀全は紫荊山から再び花県に戻り、そこで馮雲山と再会を果たす。これが一八四八年十一月のことである。その後彼らは広西への旅費を工面する間の半年ほどを花県で過ごしている。つまり、一八四七年の冬に馮雲山が逮捕されてから一八四九年の初夏に洪秀全と馮雲山が一緒に紫荊山に戻るまでの約一年半の間、紫荊山の上帝教徒の集団には指導者不在の時期が断続的に続いていたことになる。その間に台頭したのが楊秀清と蕭朝貴であった。当地の民間信仰である鬼神の霊魂が人間に乗り移って語る「附体」が紫荊山の上帝教徒の間で多発し、その中で上帝が乗り移ったとする楊秀清とイエスが乗り移ったとする蕭朝貴が主導権を握ったのである。王慶成によれば、楊秀清の「天父下凡」は一八四八年四月に初めて起こったとされており、この時は洪秀全、馮雲山ともに不在であったが、その後二人はそれぞれ一度紫荊山に来ており、この「下凡」現象の発生は把握していたはずであるという。そして二人が花県で合流し、再び紫荊山に向かうまでの間に、かつては偶像崇拝の一種として否定していた附体現象を認めることを決め、同時に洪秀全が見た幻想の内容を潤色し、洪秀全が上帝の子でありイエスの弟であるというストーリーを作り上げたとされる(36)。こうして彼らが紫荊山に戻った後、楊秀清と蕭朝貴の「下凡」は正当化され、同時にこの二人の政治的な権力も確立された。以後、洪秀全らは本格的に清朝への反乱へと向かうことになる。

ところで、上記のような上帝教の脱キリスト教化の過程の一方で、上帝教徒の集団の中には福漢会会員も含まれていた、さらには馮雲山自身がギュツラフと直接面識のある福漢会会員であった、とする説がかつて提起されたことがある。ルッツによれば、この説の根拠となっている史料の多くは曖昧な記述にすぎないか、二次的な史料であり、直接的な証言として残されているのはただひとつだけであるという。[37]その証言も、一八五一年に福漢会を解雇され太平軍に合流したある人物がそこで数人の旧福漢会会員に会い、また馮雲山から「旧知の仲のような歓待を受けた」、というもので、馮雲山が福漢会会員を歓待した事実は見受けられても、馮雲山が福漢会会員であったという確証は得られない。現在では馮雲山の福漢会会員説はほぼ否定されたと言って良いだろう。ただ、最新のルッツの研究ではこれまで用いられてこなかったギュツラフ及び福漢会側の史料が発掘されており、福漢会と紫荊山の上帝教徒集団との関係について興味深い指摘もなされている。それによれば、ギュツラフは一八四五年には福漢会のメンバーが広西で布教を開始したことを報告しており、さらに翌一八四六年には広西に「我々の手助けを得ずに成立したキリスト教徒の集団がある」と報告している。その後ギュツラフはさらに多くの福漢会会員を広西に送り、聖書や布教書などの文書を配布させたり、説教をさせたりしたが、その中には紫荊山がある桂平県で布教活動した者もあったという。[38]一八四八年にはギュツラフは広西に五つの福漢会の拠点を置き、桂林で聖書を印刷する計画を立てており、ギュツラフは広西での布教にかなり期待を抱いていたようである。上述の福漢会の「手助けなし」に一八四六年までに成立していたキリスト教徒の集団というのが、紫荊山の上帝教徒たちであったかどうかは断言できないが、いずれにせよ、当時広西での福漢会の活動は比較的活発であり、紫荊山の近くまで福漢会会員が行ってギュツラフ訳の聖書や布教書を配布したり説教したりしていたことまでは確認できよう。さらにルッツ研究で言及された福漢会関連史料の再検討が必要であるが、それは今後の課題としたい。

以上、早期太平天国運動とキリスト教との接点について見てきたが、洪秀全の『勧世良言』との出会いやロバーツとの出会い、あるいは紫荊山の上帝教徒集団と福漢会との関わり等々、いずれにおいても、従来キリスト教布教の主たる担い手として光が当てられてきた宣教師本人というよりは、そのもとで働いていた助手たちの活動こそがこれらの接点を生んでいたことが分かる。ロバーツは確かに洪秀全や洪仁玕の来訪にかなり深い印象を持ったようであるが、洪秀全の洗礼の申し出を拒否した経緯からも分かるように、ロバーツは洪秀全と個人的な人間関係を築くには至っておらず、彼らの広州での学習は、むしろロバーツの助手の周道行との個人的な結びつきの上に成り立っていたのである。宣教師自身が内地に入っていくことが困難であったこの時代、自由に行動できた中国人助手の存在なくしてこれらの接点は生じ得なかったと言えよう。そして、数年後に洪仁玕が再びキリスト教との接点を持つことになるきっかけを作ったのも、やはり宣教師本人ではなく彼らのもとにいた中国人信徒であった。

第二節　洪仁玕とバーゼル伝道会

（一）　洪仁玕のキリスト教受容

洪仁玕は一八二二年、洪秀全と同じく官禄㘵村で生まれた。幼い頃から勉学に励み、科挙を受験したが、やはり洪秀全と同じく童試を突破することはできなかった。洪秀全とは非常に親しく、洪秀全が『勧世良言』の感化を受けて上帝崇拝を主張しはじめた時、いち早くその教えに帰依したのも洪仁玕であった(39)。しかし洪仁玕はその後の洪秀全による広西での布教活動や上帝教徒の勢力拡大の過程には関わらず、一八五〇年六月、挙兵を前に洪秀全が自分の近しい親族を広西に呼び寄せたときも、洪仁玕は清遠県禾谷嶺村で教師をしており、同地の友人らに引き留められてやはり広西には行っていない。翌年、すでに洪秀全らの軍事行動が始まってから再び使者が送られ、彼と馮雲山の親族らに広西の彼らの軍に合流するようにとのメッセージが伝えられて初めて、洪仁玕は五十人ほどの親戚、友人とともに広西を目指す旅に出るのである。しかし、この試みは失敗してしまう。翌年初めに、再度洪秀全からの使者がやってきて、洪仁玕らに永安に来るよう命じる。そしてこの使者自らが洪や馮の一族を率い、清遠県禾谷嶺村で蜂起することになった(40)。禾谷嶺村は李正高の暮らす村である。李一族の多くが上帝教に帰依していたことから蜂起の拠点になったものであろう。しかし一族のひとりで監生の李纘猷の密告で蜂起の前に鎮圧されてしまう。その直後に現地に到着した洪仁玕らは一旦捕らえられたものの間一髪で逃亡に成功し、洪仁玕は逃避行の末、新安県李朗に住む遠戚のもとに身を寄せた。

ひとまず逃亡先を見いだした洪仁玕であったが、彼はここでもその一族の者たちが清遠での決起に参加して行方が分からなくなっているという理由で、一部の人々の恨みを買い、清朝の官吏に引き渡されそうになる。しかし、一族の長老は洪仁玕をかばい、官吏への引き渡しをやめさせた。洪仁玕をかくまったこの長老の孫が、洪仁玕を香港に連れてゆき、バーゼル伝道会の宣教師ハンバーグに引き合わせたのである。洪仁玕とキリスト教との本格的な関わりの始まりであった。

李朗で洪仁玕を助けた長老の孫というのは、バーゼル伝道会の史料によれば、フン・センという人物で(41)、洪仁玕がフン・センの紹介でハンバーグに面会したのは一八五二年四月のことであった。したがって洪仁玕が李朗の親戚のもとに身を寄せたのは一八五二年の初めの頃であろうと思われる。第一章でも述べたように、ハンバーグは徐々に福漢会への批判を強め、ついには福漢会との協力関係を絶つことになるが、その間に自分が犯した偽りの行為を反省し、改心する福漢会会員も現れた。そのひとりが李朗出身の江覚仁という人物であった(42)。彼は改心した後、ハンバーグが一八五一年二月に開いた上環（香港島の北西部）の客家信者のための礼拝所で説教を担当しており、また、しばしば故郷の李朗に戻って布教し、家族や友人たちを香港に連れてきてハンバーグから洗礼を受けさせたりするようになっていた。まさに江覚仁を介して李朗での布教活動が始まったばかりの時期に、洪仁玕はこの地に逃げこんだのである。洪仁玕の遠戚のフン・センがハンバーグのもとでキリスト教を学んでいたのも、江覚仁の布教の結果であろう。ハンバーグのバーゼル伝道会への報告書には、四月二十五日に「コン・イン〔江覚仁〕とキミンが友人とともに李朗から帰ってきた」とある(43)。この一団の中に洪仁玕とフン・センもいたものと思われる。洪仁玕とハンバーグの出会いは、洪一族の親戚関係の広がりと、バーゼル伝道会の布教の広がりが交差したことによって生まれたのである。

フン・センは香港に着いた翌日、すなわち四月二十六日にハンバーグに面会し、その際洪仁玕をハンバーグに紹介した。洪仁玕はその場でハンバーグに洪秀全のことを語ったが、当時欧米人たちの間では洪秀全の称号は「天徳王」であると考えられていたため、ハンバーグもこの時点では洪仁玕を「以前広西で、今さかんに報道されている天徳王〔Thien teh wong〕に近い集団にいた」人物であるとし、彼が「天徳について多くのことを語った」と述べている(44)。洪仁玕の話は非常に詳しく、信頼できる内容であるとハンバーグは考えたようであるが、この時は非常に多忙でそれ以上洪仁玕と話をする時間はなかった。というのもハンバーグは四月二十八日にフン・センらに洗礼を施すと、五月一日には伝道所を設立したり李朗を訪れたりするために香港を離れているのである(45)。ハンバーグはこの時の洪仁玕に対する印象として、中国の「奥地から来た人が、キリスト教についてかくも興味を以て語り、かくも多くの知識を持っているのを示した」ことに少なからず驚いた、と述べている(46)。洪仁玕はこの時点ですでにキリスト教の洗礼を受けることも望んでいたのであるが、ハンバーグは洪仁玕と「相互により親密になり、彼がキリスト教徒としての生活についてより熟知する時間を持てるまで待つ方がよい」と判断し、その時は洗礼を授けなかった(47)。ハンバーグは洪仁玕が香港に残っているものと思っていたが、内地旅行の間に洪仁玕は香港を立ち去っている。ハンバーグはその理由を彼が「当地（香港）では誰の助けを受けることもできなかった」ためであると述べている。[48]というのも、洗礼を受けて信徒になっていない洪仁玕に対しては、伝道会の規定上ハンバーグが金銭的な援助をすることはできなかったからである。[49]フン・センが洪仁玕をハンバーグに紹介したのも、清朝の手が及ばない香港に彼をかくまうためだったと考えられる。だが、ハンバーグがいなくなってしまえば、洗礼を受けることも、ましてや宣教師の助手になることもできず、ほかに身寄りもない洪仁玕には、香港で生活するすべはなかったのである。

なお、ハンバーグはこの一八五二年五月の内地旅行の際に新安県の布吉と沙頭角に布教所を建てて内地布教の足がかりを作った。李朗も訪れ、江覚仁の家族や親戚に洗礼を施している。[50]同年冬には、ハンバーグと、潮州から香港に引き返してきていたレヒラー、そして五月に到着したばかりのヴィンネスの三人のバーゼル伝道会宣教師は、今後の方針として、新安県を拠点に新たな内地布教に乗り出すことを決定した。[51]一八五三年以降ハンバーグ夫妻は布吉で、レヒラーらとヴィンネスは沙頭角で布教活動を行うようになる。

さて、一旦香港を離れた洪仁玕であるが、当時の洪仁玕について、ハンバーグは以下のような記録を残している。〔香港を離れた〕洪は、生計を立てるすべをまったく欠いていたため、困窮の中で、当地ではごく普通に行われていたくじ占いによって生計を立て始めた。彼はそのことで絶えず胸の内に良心の呵責を感じていて、この急場しのぎのために犯している罪を許して下さるようにと神に祈っていた。その後ようやく彼は当県〔新安県を指す〕の内陸部で教師として雇われ、そこで親しくなった知人たちにキリスト教の教えを伝えた。何人かの人々がその教えを信じたが、彼はその人たちがどの程度その教えを正しく受け止めているのか分からなかった。[52]

キリスト教では否定されている「占い」で生計を立てることに良心の呵責を感じたり、あるいは知人にキリスト教の教えを伝えようとするなど、洪仁玕は正式にキリスト教徒にはなっていなかったものの、すでにかなりキリスト教的な価値観をもって過ごしていたことが分かる。ところで、ハンバーグは詳しく述べていないが、洪仁玕が教師として雇われた村というのは、正確には新安県ではなく、東莞県の南端で新安県と隣接する牛眠埔という客家の住む村であった(53)。洪仁玕がこの村の張振鴻という人物にかくまわれたということは、張振鴻のひ孫にあたる張祝齢が、簡又文の編集した『太平天国雑記』に寄せた序文から知ることができる。そこには「祖父彩廷は太平天国干王洪益謙〔益謙は洪仁玕の字〕の親友であった。干王は金陵〔南京〕に行く前に、私の故郷で難を避けていたことがあり、名前を変え、永培書室というところに潜伏していた。実は私の曾祖父振鴻が彼をかくまっていて、村人はだれも気づいていなかった」と述べられているのである(54)。先のハンバーグの記録と併せて考えてみると、洪仁玕は張振鴻にかくまわれ、張の家で教師をしながら家の人々にキリスト教も伝えていたものと思われる。興味深いことに、バーゼル伝道会の歴史の中では、張振鴻の息子彩廷は一八五四年に洗礼を受け、東莞県の最初のキリスト教徒になった人物とされている(55)。しかも張彩廷がキリスト教徒となってからは牛眠埔の張家はバーゼル伝道会を支える有力な一族になってゆき、張彩廷の息子張声和はバーゼル伝道会の牧師にまでなる。つまり、まだ洗礼も受けていない洪仁玕が布教したことによって、バーゼル伝道会にとって重要な役割を担う一族がキリスト教に出会ったことになるのである。洪仁玕は家族や親戚をたどってゆるやかに浸透するバーゼル伝道会の布教の広がりの中でハンバーグに出会い、さらに彼自身もその布教の輪を広げる役割を果たしていたのであった。

その後、洪仁玕の東莞での潜伏生活がいつどのようにして終わりを告げたのかは分からないが、彼はこの頃、やはり禾谷嶺村の蜂起の後逃亡生活を送っていた李正高と遭遇した。

『感主恩経歴史』によれば、李正高の一族は読書人の家系で、経済的にもやや余裕のある一族であった。そのため一族の私塾に洪秀全や洪仁玕を教師として招いていたようである(56)。日頃から道徳や社会の衰退を嘆いていた李一族にとって、洪秀全が見た幻は「自分たちの嘆きに対する天からの応答であり、天がもっといい時代が来るということを示すために選ばれた」ものであると感じられ(57)、一族の多くが上帝教に帰依していた。

一八五二年、李正高は故郷の禾谷嶺村での蜂起に加わり、洪仁玕と同じく逃亡生活を余儀なくされた。二年近くト占で生計を立てながら放浪した後、故郷の清遠県に戻り、そこで洪仁玕に出会ったのだという。そして二人はそれぞれ別行動で香港を目指し、そこから南京に行く計画を立てた。特に、熱心な「上帝教」徒であった李正高は南京の洪秀全のもとに行くことが何よりも重要な目的だと考えていたというようである。ともかく、こうして彼らは再び南下し、まず洪仁玕がハンバーグ夫妻の布教拠点となっていた布吉にたどり着く。ハンバーグに再会した洪仁玕は、ハンバーグの前で「これまでの自らの生活について真の悔い改めを示し、キリスト教信仰を教授して欲しいという真実の願望」を表し、一八五三年十月二十日、ハンバーグから洗礼を受けてキリスト教徒となった。(58)

（二）　最初の南京合流への試み

一八五三年三月、太平軍が南京を占領すると、反乱の起源やその宗教的な特色に関する情報が上海に流入し始めた。特に同年五月にイギリスの特使ボンハムが太平天国の実情を視察しイギリスの中立を伝えるために南京を訪問した際、太平天国が刊行した書物を入手したことでより多くの太平天国に関する情報が上海に届いた。これらの書物はすぐにメドハーストによって翻訳され、ノース・チャイナ・ヘラルド紙に連載された。(59)その中には楊秀清による「天父下凡」を記録した『天命詔旨書』や『天父下凡詔書』第一部も含まれており、メドハーストは翻訳に続いてノース・チャイナ・ヘラルド紙に連載した解説の中で、特に後者については「少しでも教養のある中国人読者なら気分を害されるくらい粗野で田舎くさい」、「出来の悪い作り話」とし、楊秀清が自らの権力を維持するために、首領（すなわち洪秀全）や追従者たちを騙しているのだ、と批判している。(60)しかし、この時点では宣教師たちはそうした太平天国が抱える問題点よりも、とにもかくにも太平天国の宗教がキリスト教の影響を受けている、ということを重視していた。また、ノース・チャイナ・ヘラルド紙の編集者も「（太平天国の）主要な指導者たちの誰かに予測不可能で致命的な事件が起きない限り」、そして「彼らが全知全能の神の導きのもとにある限り、間もなく彼らは中国を統治するようになるであろうと我々は信じている」と述べ、この注目すべき運動がキリスト教的な教えに対する迫害から始まったものであること、また破竹の勢いで南京を占領しさらに北方へと向かっていることを見れば、この運動の創始者たちが最終的な勝者になることは疑うべくもない、とまで述べている(61)。北京に向かう北伐軍がまだ意気盛んだったという背景はあるものの、太平天国を「神の導きを受けた」反乱とみなし、これに期待する空気が宣教師だけでなく上海在住の欧米人の間でも支配的であったことが分かる。これらの情報は香港にも送られており、ノース・チャイナ・ヘラルド紙に掲載された太平天国の動向に関する記事やメドハーストの太平天国文書の翻訳などはそのまま香港の新聞にも転載されるなど、香港でも太平天国に対する関心は高まっていた。

まさにそんな折りに洪仁玕たちはハンバーグと布吉で再会したのであった。洗礼を受けた後、洪仁玕は香港でハンバーグからキリスト教の教えについてさらに学び(62)、また何度も故郷に戻っては友人たちを宣教師らのもとに連れてきており、一八五四年の一月から五月までの間に六人がハンバーグから、また七人が布吉でレヒラーから洗礼を受けたという(63)。一方、李正高も香港にやってきてハンバーグやレヒラーからキリスト教の教えを受けた。しかし彼は、洪秀全から教えられた「唯一神信仰」と「偶像崇拝の非」は固く信じていたが、「洗礼を受けるための教えを受けても、何ら進歩がなく」、キリスト教の中心的教えである「罪や贖罪の概念には何の理解も示さなかった」。そんな彼に対して、洪秀全の授けた洗礼は誤っていたのだから、本当の信仰を得るためにはもう一度洗礼を受けなければならない、と言い聞かせ、洗礼を受け直させたのは洪仁玕であったという。李正高は一八五四年二月二十八日に洗礼を受けた(64)。

一八五四年春、ハンバーグはバーゼル伝道会に送った洪秀全と洪仁玕についての報告書をもとに英語の書物『洪秀全の幻想』を完成させた。ハンバーグは洪仁玕に聖書の知識を身につけさせ、南京に行かせることで洪秀全を「祝福する〔真のキリスト教徒とする〕」ことができるのではないかと期待しており、この本を刊行することで洪仁玕やその友人、家族をサポートする資金を作ることができると考えていた。

一方、他の宣教師たちはすでに太平天国とコンタクトを取るべく、行動を開始していた。中でもロバーツは、太平軍の南京占領直後に洪秀全から招聘の手紙が届けられるなど、洪秀全側からのアプローチがあったこともあり、南京行きに非常に積極的であったようである。(65) しかし、イギリスやアメリカの政府は中国における内戦については中立の態度を取ると表明しており、宣教師や上海の商人たちの太平天国に対する期待の高さとはうらはらに、自国の宣教師が南京に直接出かけて布教することには否定的な態度を示していた。駐上海アメリカ公使マーシャルも、南京行きを打診したロバーツに対し、それはアメリカ政府の中立政策への違反であって死罪にも価すると返答し厳しく牽制している。それでもロバーツは馮雲山の次男と甥を連れ、南京を目指すべく一八五三年七月には広州から上海へと出立し、失敗に終わったものの八月には実際に長江の遡航を試みた。(66)

また、ロンドン伝道会のレッグも、太平天国運動が成功し、宣教師と中国人との関係が改善されること、またそれによって「中国人の品格が向上すること」を期待しており、「もし、現在発展しつつある反乱が、我々の望むとおり中国にキリスト教の王朝をうち立てるならば、宣教師と中国の人々との関係も変わり、内地に赴く機会も増えるであろう」と、太平天国への期待を口にしていた。(67) そして、太平天国の指導者と接触させるために、一八五三年六月、屈昂と呉文秀を上海に派遣している。彼らは墨海書館の病院の一室に滞在し、助手をしながら南京に行く機会を待っていた。また、この年の夏、英国教会のヴィクトリア主教スミスも、太平天国の宗教とキリスト教との関連を調査するために香港から二人の助手陳大光と羅深源を連れて上海を訪れている。(68) ただ、屈昂と呉文秀、陳大光と羅深源のいずれも実際に南京を訪問することはできなかった。

当時、ロンドン伝道会の上海支部では一八五二年二月に県城内に二つ目の教会堂を建て、毎回の礼拝に百人から二百人の出席者を得ていた。またロックハートの病院には毎日数百人の患者が訪れていたほか、城内に新しい教会ができた後は旧礼拝堂の一角に診療所を設け、そこでも毎日八十人ほどの患者を受け入れていたという[69]。一方廈門支部の宣教師ストロナックが聖書の改訂作業のため一八四七年から五年ほど上海に逗留し、その間、福建人のための礼拝堂を設けて毎日福建語による礼拝を行っていた。ここで一八五〇年に最初の福建人信徒を獲得し、その後わずか一年半の間に十五人の福建人が信徒となるなど、福建人教会は急速な発展を見せている。

ところが一八五三年九月、太平天国運動の影響を受けて福建省で蜂起した小刀会が上海県城を占領するという事件が起こる。城内の商業は停止状態となり、城内の小刀会軍と県城を包囲した清軍とが交戦を始めると、ロンドン伝道会の新しい教会堂も清朝の砲撃で損壊してしまうが、宣教師の入城は妨げられなかったことから、教会での礼拝は続けられていた。広東や広西出身の太平軍兵士や福建出身の小刀会兵士の中にも礼拝に参加する者があり、一八五四年五月には小刀会の指揮官までもが城内の教会の礼拝に参加したという[70]。一方城外では清朝の軍営が租界付近に設置され、傷兵が墨海書館の病院に運び込まれることもあった。宣教師たちはこれらの患者にも積極的に布教し、普段の北京官話での説教に加え、広東出身の患者に対しては香港から来ていた屈昂が布教を行ったという。呉文秀は一八五四年の初めに香港に戻ったが、屈昂はその後もしばらく上海に残っていたのである。メドハーストも報告書の中で「彼が長い間ここ〔上海〕に留まったことが良い結果を生んだ」とその活躍ぶりを歓迎している[71]。

こうした状況の中、一八五四年には洪仁玕も李正高ともうひとりの友人とともにハンバーグによって上海へと送り出されることになる。ハンバーグは彼らに「旧約聖書、翻訳の異なる三種類の新約聖書、バースの『聖書の歴史』、ゲナールの『聖会大学――大学問答（Catechism）』、カレンダーやその他の書物、さらに中国語版の世界地図、中国地図、パレスチナ地方の地図などを持たせた。また、その他にも、金属製の穴開けパンチや銅の抜き型、一般的な活字、それに望遠鏡やコンパス、温度計、ナイフといったさまざまなものも一緒に持たせた」という[72]。ハンバーグの全面的な支援のもと、洪仁玕らは、上海から長江を遡航して南京に向かうつもりであった。彼らが上海に向けて香港を出立したのは五月四日のことである。ところが、それからわずか九日後、ハンバーグは急病で他界してしまう。洪仁玕たちは上海に着くか着かないかのうちに、最大の支援者を突如失うことになるのである。

『感主恩経歴史』によれば、上海に到着した洪仁玕らはまず県城を占領する小刀会に接触を試みたが、全く相手にされなかったようである(73)。ロバーツに連れられて上海に来ていた馮雲山の次男が彼らに歓迎され、馬に乗せられて上海城内を練り歩いたと伝えられているのとは大きな違いである(74)。だが小刀会の県城占拠も翌年には瓦解しており、いずれにしても洪仁玕が彼らとともに南京に行くことはできなかったであろう。

その後洪仁玕たちはロンドン伝道会のメドハーストのもとを訪れ、屈昂らと同じく病院内に部屋を与えられて南京行きの機会を待った(75)。しかしこの時期、宣教師らも太平天国と直接接触するのは依然困難であった。洪仁玕が後に「親筆供」の中で述べたところによれば「外国人たちは私を南京に送り届けることを拒んだ」という。実はちょうど彼らが上海に来た頃、すなわち一八五四年の五月から六月にかけて、アメリカとイギリスは相次いで公使を南京に派遣していた。だが、あくまで中立政策を採る政府の公式な使節団であったため、太平天国の関係者を同行させ、南京に送り届けるなどということは許されようはずもなく、また、宣教師が単独で南京を訪れることもイギリス政府は許していなかったのである(76)。

このアメリカとイギリスの公使による南京訪問は、上海在住の欧米人の太平天国に対する期待感を大きく薄れさせることになった。外交面では、太平天国の指導者は欧米を「番地」と称し貿易ではなく「進貢」を求めるなど、対等な友好関係を結ぼうとしないことが明らかとなり、商業面でも長江流域で貿易を発展させることは難しく、当初期待を寄せられていた宗教面でも、「天父下凡」の実態がますます明らかになり、また洪秀全がキリストと並ぶ神の「二人目の息子」とされていること、楊秀清が「聖霊」と同一視されていることなど、正統的なキリスト教とはかけ離れた実態もより鮮明になってきたのである。特にアメリカ公使の訪問の際に新たに『天父下凡詔書』の第二部がもたらされ、その内容が明らかになると、ノース・チャイナ・ヘラルド紙はこれは「我々が取りあげた中でも最も冒瀆的で愚かしく、不条理なストーリー」であって、この書物ではっきり示された「あまりにあからさまな誤謬と傲慢と厚かましさの混合物」である太平天国の宗教は、「布教の働きや今後長きにわたってキリスト教を拡大させてゆこうという希望を麻痺させてしまう恐れがある」としている。[78] 過去の実績を買われ、宣教師でありながら通訳としてアメリカ公使に同行したブリッジマンは、自らの見聞をもとに太平天国の現状をまとめたレポートをノース・チャイナ・ヘラルド紙に掲載したが、その中で彼も太平天国の人々が新旧約聖書を持ち、また自ら発行しているという点を鑑みれば、「ある意味においては彼らはキリスト教の教義を分かっている」ものの、その理解は不完全であり、キリストは神と等しい存在である、といった重要な教義は彼らに全く無視されている、と批判している。[79] また、イギリス公使団の随行員の本国宛て報告書の中には、北伐軍も失敗に終わり、南京占領以降実質的な成果をあげなくなった太平天国の現状から見て、今後彼らが「最終的に成功を収め、自分たちをまとめ上げていく力があるかどうかは疑問である」との見解も示され、太平天国の力量自体が疑われるようになっていた。[80]

一方、洪仁玕たちのもとには、ハンバーグが他界したというニュースも入ってきた。後ろ盾を失った上、上海にいても目下南京に行ける確証はなく、彼らの南京行きの希望は絶たれようとしていた。洪仁玕が一八五四年の夏に香港のレヒラーに書いた手紙によれば、メドハーストはこのころ、「毎日洪仁玕とともに〔聖書の〕一章を読んで〔口頭で〕説明し、洪仁玕が文章を書き加えてゆく」という作業をしているうちに、洪仁玕が聖書をよく理解しており、しかも文才があることを知ったという。[81] 後年エドキンスは、上海での洪仁玕の様子について、彼が数ヶ月にわたり毎朝朝食前に一時間、メドハーストとともに新約聖書を通読していたこと、そしてメドハーストに協力して聖書註解書の一部を執筆していたことを明らかにしている。[82] つまり、洪仁玕が手紙に書いていた作業は註解書の執筆のことであった。また、洪仁玕は当時やはり宣教師たちが進めていた賛美歌集『養心神詩』の改訂に関わっていたことも分かっている。[83] 洪仁玕の才能を見込んだメドハーストは、洪仁玕についてはその生活費をメドハースト自らが負担してでも、もうしばらく上海に留め置きたいと考えていた。

しかしメドハーストは、洪仁玕と一緒に来た李正高を含む二人の友人については彼らを養うことはできず、また彼らも現地の方言が分からないので働くこともできないため、香港に帰らせたいと考えていたようだ。彼らの帰路の旅費も出せないとメドハーストは述べていたという。こうした知らせを受け、レヒラーは彼自身金銭的な余裕はない状態であったが、李正高らの旅費として自分の著書の売上金の一部を供出することを決めた。[84] 実は、このような事態になった背景には、李正高とメドハースト、そして李正高と洪仁玕の間に生じていたいくつかの問題があったようである。『感主恩経歴史』によれば、李正高は墨海書館を訪れる際、香港から上海に向かう船に同乗していた人物から荷物を預かったが、その荷物にアヘン吸引用のパイプが刺さっているのをメドハーストに見とがめられ、病院内への入居を拒否されたのだという。しかし他に行く当てのない李正高は病院内に隠れ住んだ。洪仁玕とは船中で洪仁玕が犯した過ちを李正高が責めたことで関係が悪化しており、その時のことを恨みに思っていた洪仁玕は李正高のために弁解もしてくれず、ついに思い詰めた李正高は自殺まで考えたが、それを口にしても、洪仁玕は予想に反して慰めも引き留めもせず、冷たい言葉を投げかけただけであったという。[85] かつて義兄弟の契りを結んでいたほどであったから、この時の洪仁玕との決裂は李正高には深刻な打撃であった。人間関係の面でも、また経済的な面でも、李正高は上海には留まれない状況に陥ったのである。もっとも、後に南京で干王となった洪仁玕が李正高にさまざまな頼み事を託し、合流を呼びかけているところを見ると、両者の決裂は一時的なものであったようにも思われる。[86] しかも、李正高自身は知らなかったかもしれないが、その後李正高が香港に帰ることができた背景には洪仁玕の手紙やそれに応えたレヒラーの助力もあったのである。

こうして洪仁玕ひとりが上海に残ることになったわけであるが、結局彼の南京行きが実現することはなかった。一八五五年の春には洪仁玕も上海を発ち、香港へと戻っていく。[87]

第三節　洪仁玕とロンドン伝道会

（一）　ロンドン伝道会助手としての活躍

香港に戻った洪仁玕は、ロンドン伝道会の宣教師に雇用されることになった。普通、キリスト教に入信した信徒は自分が洗礼を受けた教会の会員となり、助手として雇用される場合もその教会を主宰する伝道会に属する場合が多い。洪仁玕も本来はバーゼル伝道会の教会に属しているため、バーゼル伝道会で雇用されてもよかったはずであった。洪仁玕より一足早く香港に帰った李正高はまさにその例で、香港に戻ると一旦故郷に帰った後、布吉でバーゼル伝道会の助手になっている。しかし洪仁玕の場合、清朝から追われる身であり、内地布教に重点を置き始めていたバーゼル伝道会で働くことは困難であった。洪仁玕は上海に出立する前にすでにロンドン伝道会のレッグと面識を持っており、[88]またレッグの側もメドハーストから洪仁玕についての高い評価を聞き、熱心に洪仁玕の受け入れを望んでいた。[89]そのため、洪仁玕はバーゼル伝道会から派遣される形でロンドン伝道会で職を得たのである。[90]

さて、一八五〇年代前半の香港では、上海のように直接的に太平天国運動の影響を受けることはなかったが、太平天国をきっかけに広東省で多発した戦乱のために、広東省の富裕層が香港に逃げてくるようになり、またこの頃、香港とサンフランシスコとの間の貿易が活発化したこともあって、香港の人口は急激に増加していた。さらにサンフランシスコやオーストラリアへの移民も香港を経由して流出していたため、香港の中国人社会は流動的ながらも活気を帯びるようになっていた。

このような中、香港のロンドン伝道会の教会では徐々に信徒の数が増え、一八五四年以降は毎年十数人が洗礼を受けている。一八五五年年頭の報告では、教会のメンバーは三十四人、洗礼を受けた者の総数は五十五人に達した、と報告されている。(91) しかも、それまでの入信者は予備学校やレッグ夫人が管理する女学校の生徒たちが中心であったが、この時期になると仏山や恵州からやってきた富商が入信する例も見られるようになっており、また予備学校の生徒の中にも富裕な家庭の子弟が増えてきていた。(92) 印刷助手をしていた何信も教会での布教活動に携わるようになっており、説教を聴きにやってきた人々の個別的な質問を受け付けたり、彼らを信仰に導いたりという役目を負っていたという。(93) また、通常の教会での礼拝に加え、何進善はレッグの主宰する欧米人向けの教会でも、欧米人と結婚した中国人女性のために、水曜日に礼拝を開くようになっていた。(94)

印刷事業の面では、一八五二年に香港にやって来た宣教師シャルマースが印刷所の管理に当たり、黄広徴や神学生のリー・キムリンが印刷所の助手として印刷事業や活字の鋳造などに携わっていたが、一八五三年からは黄勝という人物が印刷技術者として新たに英華書院の印刷事業に加わり、中心的な役割を果たすようになってゆく。黄勝はモリソン記念学校の生徒のひとりで、容閎、黄寛とともに一八四六年にブラウンに連れられてアメリカに渡り、モンソン学校に入学、同地でキリスト教の洗礼も受けた。しかし病気のために二年で帰国を余儀なくされる。香港でしばらく治安判事裁判所の臨時の書記兼通訳を務めた後、留学費用を負担してくれたチャイナ・メール紙の編集長ショートレードの計らいでチャイナ・メール社で働くようになり、その間にロンドン伝道会の中国人教会に加わった。(95) その後再び香港政府の官僚になったが、間もなくそれもやめ、英華書院の印刷所で働くようになったのである。(96) そして一八五四年からは、全責任者がシャルマースであることは変わらないものの、印刷や活字の鋳造などの業務全般の実務的な指揮は黄勝にゆだねられるようになっている。一八五五年の年頭の報告書では、黄勝のおかげで、印刷所が以前よりも多くの仕事をこなせるようになり、しかも以前のようにシャルマースの心を煩わせずにすむようになった、と述べられている。[97] これ以後、十五年以上にわたって、黄勝は英華書院の印刷所の管理を担っていくことになる。

一方、香港のハーシュバーグの病院は一八五三年に彼が廈門に転任したのに伴って閉鎖されたが、間もなく呉文秀の管理の下、英語と中国語による教育を行う通学制の学校として使われるようになった。一八五五年の初めには六十人の学生を擁していたという。[98] しかしこの年のうちに、レッグが非常に大きな期待を寄せていた呉文秀は「俗世に翻ってしまい」、教会から追放される事態となっている。[99] レッグが期待を寄せていた神学生にはもうひとりチョンという若者もいたが、彼もこの時すでに「牧師になる資格がない」と見なされており、[100] 呉文秀とともにスコットランドに留学したリー・キムリンも一年前に病気で亡くなっていた。[101] 結局、一八五五年の終わり頃にはレッグが十数年かけて育成してきた神学校の学生たちは、いずれも牧師になることなくレッグのもとを離れてしまったのである。

なお、広州ではホブソンと梁発が医療活動を中心に布教活動を継続していたが、恵愛医院の医療活動自体は人々から多いに歓迎されていたものの、梁発が毎日病院で説教を行っても信徒となる中国人は非常に少なかった。一八五四年二月の報告によれば、その一年間の間に信徒数はむしろ十一人から六人に減少しており、過去三年の間ひとりも新しい信徒を獲得できていなかったという。[102] 実際、梁発が洗礼を授けた中国人信徒で将来の伝道者として有望視されていた者が信仰を捨ててしまった、という現実もあったようで、そのことで梁発は他の宣教師から批判の目で見られることもあったようである。梁発と布教活動をともに担っていたホブソンは梁発を信頼し続けてはいたが、そのホブソンも、梁発の説教は過度に厳しい戒律と刑罰を強調しているのではないかという印象を持っていたという。[103] 死後の裁きに対する強い恐怖の念というのは『勧世良言』の中でもすでに感じられるものであり、これを強調することは梁発の中では一貫した姿勢であったとも言える。だが、結果的に梁発が獲得した信徒は非常に少数であったし、特に晩年は宣教師たちの間でも、梁発の理解者は少なかったようである。一八五四年四月、すでに六十七歳になっていた梁発は病気で世を去り、広州に常駐するのはホブソンのみとなった。[104] ただ、もともとロンドン伝道会の宣教師たちは中国の「内地」での布教を重視しており、香港よりもむしろ広州に重点を置くべきであると考えていた。彼らは一八五〇年、一八五五年と二回にわたって香港支部の組織を全て広州に移転することを本部に打診したが、本部側は安全面を憂慮し、許可を出していない(105)。

洪仁玕が香港のロンドン伝道会と関わりを持つようになるのは、ロンドン伝道会が以上のような状況にある時であった。ロンドン伝道会の史料に初めて洪仁玕が現れるのは、一八五六年度の年次報告書においてである。そこには次のように書かれている。「一週間に三回の礼拝は主にレッグと〔何〕進善、そしてもうひとり、洪仁〔玕〕の三人によって執り行われています。洪仁は反乱軍リーダーの親族で、始めはシャルマースが教師として雇っていましたが、伝道会に雇用されるようになると有能な助手であり、いつも誠実にあらゆる奉仕に携わる人物であることが分かりました。彼は去年の後半は、毎週日曜日、牢獄に出向いて中国人の囚人を訪れていました。そこでは、短い礼拝の後に教会のメンバーたちによってパンフレットが配られ、福音がわかりやすい言葉で語られました(106)」。

それまで十年以上、香港支部の教会はほとんどレッグと何進善の二人だけで運営されてきており、レッグが懸命に育てようとしていた次世代の牧師となるべき人材もなかなか確保できない状況であった。そのような中で洪仁玕は短い時間のうちに牧師に次ぐ重要な役割を任されるようになったのである。しかも洪仁玕はロンドン伝道会の宣教師たちの間で非常に評判が高かった。レッグの娘ヘレンは洪仁玕について、「彼の性格には何か特別な魅力があったようで、すぐに彼はイギリス人でも中国人でも、誰にでもよく好かれるようになった。また、彼は聖書の知識を増し、ロンドン伝道会の活動のすばらしい助け手となった」と述べており(107)、また、シャルマースも後にレヒラー宛てに書いた洪仁玕についての証明書の中で、「彼の全ての振る舞いは神の教えにふさわしいものとなってきています。与えられた仕事はいつも我々の満足のいくように達成してくれており、のみならず、彼のキリストの大義を伝えようという熱意は非常に際だっています。彼は優れた才能を備えた若者ですので、私は彼が今後も順調に自分の同胞に神の教えを伝える働きをしていけることを願っています」と記している。[108]また、レッグもある回想の中で、「彼〔洪仁玕〕は間もなく宣教師や中国人キリスト教徒たちの信頼と尊敬を得た。彼の文学的素養は素晴らしいものであったし、人当たりもよく、性格も穏やかで、中国人の中でも飛び抜けて多才な頭脳をもっていた。彼のキリスト教の教義に関する知識は飛躍的に増大しており、また、その教えに対する彼の誠意は疑う余地がなかった。彼の中国人信徒との交流は、「啓発」という言葉こそふさわしいもので、いつも彼らの魂の純潔をより一層高め、彼らの熱情を鼓舞しようとしていた。また、信徒ではない中国人と一緒にいるときは、彼は導き手となり、臆することなく彼らの過ちを指摘し、悔い改めて福音を信じるよう熱心に訓戒した。若者たちに対しても、彼は特に良い影響を及ぼしていた。実際、相手が若かろうが年老いていようが、シャルマース牧師がいみじくも言ったように、「洪仁〔玕〕と長く親密なつきあいをしている人がいれば、その人の内にきっと何か良い働きかけが起こっていると思って間違いない」ほどであった」と述べている。[109]特にレッグは信仰面だけでなく、人間的にも洪仁玕に厚い信頼を寄せており、「彼以外のほとんどの中国人に対しては持ち得ないくらいの好感と尊敬の念」を持っていたほどであった。[110]ただし、レッグは太平天国運動については批判的な意見を持っており、洪仁玕に対しても太平天国への不信感を隠さなかったという。ヘレン・レッグは次のように述べている。「彼〔洪仁玕〕が太平王の従兄弟であるということは、すぐに香港中に知れ渡った。そしてたくさんの人がやってきては、自分たちを内地に連れてゆき、南京の天王に合流するよう頼み込んだ。しかし、レッグは反乱者たちと一緒に活動してはいけない、むしろ、彼が罠から逃れられたことを感謝すべきだと忠告した。というのは、最初からレッグは太平天国のリーダーたちのある非難すべき主義に対して不信感と非難の気持ちを抱いていたからである」。[111]

さて、布教活動のほかにも、洪仁玕は英華書院で中国人の子供たちに中国の書物を教える仕事もしていたという。[112]一八五四年年頭の報告によれば、英華書院ではレッグが毎日三時間、英文と中文を教えており、シャルマースも、週二日、算術と幾何学のクラスを担当していた。そしてそれ以外の時間は何進善をはじめとする中国人の教師が中国語を教えていた[113]。洪仁玕もこのような中国人教師のひとりに加わったのであろう。

レッグは、中国の古典に特別な思い入れを持っていた。彼は一八六一年以降断続的に中国の古典の翻訳を出版してゆくが、一八五八年の前半にはその出版の見通しは立っていたようである。そのことを報告する一八五八年六月の報告書で、レッグは、「私は一八四〇年にマラッカで宣教師の任について以来、〔中国人への布教を〕順調に発展させ、安定した土台の上に据えるには、中国の古典についての知識が不可欠であると考えてきました」と述べ[114]、中国人の考え方や習慣を理解するために、中国の古典を学ぶ必要があることを主張している[115]。レッグは、何進善を中国の知識人、あるいは翻訳者としても高い能力を持っていると評価し、だからこそ、牧師として忙しいにも関わらず、英華書院でも教鞭を執ってもらっているのだと述べているが[116]、中国の古典に関する知識と言うことでは、何進善と比較しても洪仁玕は申し分のない人材だったと言えるだろう。

一方、一八五六年にはイギリスから新たにひとりの医師が香港支部へと派遣された。黄寛である。彼は黄勝と容閎とともにアメリカに渡ったモリソン記念学校の学生のひとりで、マサチューセッツ州のモンソン学校で二年間学んだ後、香港医薬伝道会の援助を受けてイギリスに渡り、エディンバラ大学の医学院に進学した。その間に彼はロンドン伝道会に加入し、卒業後医師の資格を取って、ロンドン伝道会から中国に派遣される、という形で帰国したのである[117]。黄寛は一八五六年秋に香港に到着し、そのまま広州で医療活動に携わるようになった。また、黄寛の着任と同時にシャルマースも広州に移ることが決まった。

しかしその直後の一八五六年十月、アロー号事件をきっかけとして第二次アヘン戦争が起こり、広州でイギリス軍との戦闘が始まったことで、宣教師たちは内地での布教の難しさを改めて痛感することとなった。宣教師たちは、広州では外国人に対する敵愾心が大きく後退し、病院を建てたり家を借りたりすることも問題がないであろうと考えていたのであるが、その矢先に起こったこの戦争は、広州の人々の外国人への敵意を急激に高めることとなり、恵愛医院は閉鎖を余儀なくされ、その後火災に遭って完全に焼失してしまった。こうして一八五六年末、ホブソン一家と黄寛は香港に避難せざるを得なくなった。ホブソンは上海に移ることを決め、ちょうど帰国したばかりのロックハートに替わって上海支部の病院を管轄することになり、黄寛の方は香港に診療所を開いて広州の状況が収まるのを待つことになった。[118] 黄寛の一八五七年五月の報告によれば、診療所には毎日六十人ほどの患者が来ており、年末にはそれが百人ほどにまで増えたという。なお、この黄寛の診療所でも説教をしたり布教文書を配布したりする布教活動が行われたが、それを担当したのは洪仁玕と何信であった。黄寛は報告書の中で「毎日診療所にやってきて、人々にパンフレットを配り、説教をする現地人説教者が二人いる。そのうちのひとりで、洪という男は、南京を占領している反乱軍の指導者の親戚で、非常に頭の良い、弁の立つ人物である。普段の説教はほとんど彼によってなされていた」と述べている。[119] また、アメリカ留学から帰国したばかりの容閎も、一八五六年の前半、香港で通訳の仕事をしながら法律家になる勉強をしていた。ロンドン伝道会の教会に通っていた容閎は洪仁玕とも知り合いになっており、洪仁玕からいつかまた南京で会おうと言われていたという。[120]

さて、広州の排外運動の余波は香港にも及び、商業活動は停滞に追い込まれ、多くの中国人が自らあるいは強制的に故郷に戻っていった。このような中、レッグが心血を注いで運営してきた神学校と予備学校も一八五六年の末には閉鎖を余儀なくされてしまう。レッグの報告によれば、その第一の理由は「中国人とイギリス人が互いに敵意を抱くようになり、香港の中国人たちも生産をやめたり、商人たちが島を離れたりしている。物の売り買いが滞っているため物価が高騰し、四十人もの子供たちを預かることができなくなった」こと、第二は「欧米人の家が放火されるという噂があり、しかも子供たちを買収して放火させるらしい。英華書院の子供たちを疑うわけではないが、このような状況では四十人もの子供たちと教師たちとともにひとつ屋根の下で暮らすのは不安である」こと、そして最後に、

「広州のホブソン医師と家族が退避してきたために、家がいっぱいになっている。さらにホブソン医師の息子と黄寛もいつ避難してきてもおかしくない状況で、さらに戦火が拡大すれば、広州の宣教師は全て香港に来ざるを得ない」ことを挙げている[121]。この予備学校はそれまでの十三年間のうちに七十人以上の子供たちを教育し、その約三分の一をキリスト教信仰に導いており、布教の一手段として教育を考えるならば、一応の成功を収めていたとも言えよう。レッグはその後も通学制の学校として予備学校を続けて運営しており、聖職者養成とは切り離しつつも教育を通した布教に取り組み続けた。しかし、レッグが本来主眼を置いていた神学校の方は事実上ここで終焉を迎えた。レッグは後に神学校の試みは失敗であったと認めているが、実際、十七人の学生が神学校に入学したものの、結局牧師となる者は出なかったのである[122]。

一八五七年十二月、英仏連合軍が広州を占領し、戦乱はひとまず収まった。広州占領はレッグたち宣教師にとっても待ち望んでいた結果であったようである。レッグはこの年の四月の報告の中ですでに「我々は今年中には広州がイギリス軍によって掌握され、新しい物事の秩序がうち立てられると確信しています。そしてその秩序が発展する中で、布教活動も、商業活動も全ての省に広がってゆくでしょう。このようなときに、我々宣教師はいかなる行動をとるべきでしょうか？　もし先見の明をもって前進しようとしないくらいなら、我々はこの地からすっかり手を引いてしまう方がましなのです」「私の意見では、道が開かれ次第、我々はすぐさま広州に行き、ホブソン医師の家を取り返すべきであります」と述べ、イギリスの政策を全面的に支持していた[123]。一八五八年二月、レッグは黄寛と洪仁玕を伴い、ウェスレアン・メソジスト伝道会の宣教師コックスとともに広州を訪れ、再び病院と礼拝堂を開設した。礼拝堂は広州の城内に設けられ、最初の礼拝はレッグと洪仁玕の二人が行った[124]。レッグはこの時「初めて公然と、そして公式的にこの都市で福音が中国語で語られた」、と述べている。その後宣教師たちは一旦香港に戻り、洪仁玕がこの礼拝堂に留まった[125]。レッグは三月末に一時帰国の途に就いたが、その後「〔他の〕宣教師たちがそこ〔広州〕に戻ったとき、洪仁玕の前歴が清朝の役人に知られるかもしれず、そうなれば彼と関わりを持っていることが布教活動に害を及ぼすのではないか、と心配する宣教師もおり」、洪仁玕は香港に帰るよう促された。洪仁玕が南京行きを決心したのはその直後のことであったという。[126]

（二）　南京への旅立ち

洪仁玕が南京へと旅立ったのは一八五八年六月初めのことであった。洪仁玕自身は再び南京を目指した理由を、「母が七十二歳で他界し、子としての道を尽くし終えた」ので、「臣下として、弟としての道を尽くそう」と考えるようになったからであると述べている。[127] しかし、洪仁玕を近くで見ていた宣教師たちは、洪仁玕の中にこれとはやや異なる動機も感じ取っていた。

レッグによれば、洪仁玕はレッグたち宣教師と一緒に過ごすうちに「自分の身内が指揮する反乱そのものに対する信頼が揺るがされる」ようになり、「成功が太平天国指導者をうぬぼれさせた」と漏らしたこともあったという。洪仁玕は「中国の再生が何らかの反乱や暴力によって成し遂げられるものなのかどうか、ということについて疑いを抱くようになり」、同胞への布教に残りの人生を献げるようにという周囲の宣教師の勧めを受け入れたかに見えた時期もあった。しかし、洪仁玕の中の「古い反乱者の感情――そこには多分に愛国心（patriotism）もあり、そして愛国心よりも高等なものもあったが――は、ただ眠っていただけだった」、とレッグは言う。そしてさらに以下のように述べている。「それ〔洪仁玕の中で眠っていた感情〕はわれわれ〔イギリス〕が一八五六年の末に葉〔名琛〕と戦闘状態に入ったことで再び目覚めた。エルギン卿の軍事作戦はこれをさらに激しいものにした。筆者〔レッグ〕は一度ならず、彼から閣下への嘆願書を受け取った（一度も実際に手渡されることはなかったが）。彼は熱心な懇願によって、彼自身の影響力（！）でイギリス政府に彼の意見を受け入れさせようとしていた[128]」。

レッグが言うように洪仁玕が本当にキリスト教の布教者として一生を終えようと思っていた時期があったのかどうかは定かではないが、少なくとも第二次アヘン戦争の勃発が洪仁玕にとって大きな転機となったことは事実のようだ。上記の文脈から見れば、洪仁玕が太平天国に身を投じようと決心した背景には英仏と清朝との戦争があり、さらにエルギン卿らによって行われた軍事作戦、すなわち広州占領が洪仁玕の危機意識を一層かき立て、彼を南京に向かわせることになったというのである。シャルマースは洪仁玕の出立を知らせる報告書の中で、洪仁玕が南京行きを決めた動機のひとつに「手遅れになる前に、南京の一党を外国人たちと提携するよう説き伏せたい」という思いがあったと述べている。[129] このことと、洪仁玕がエルギン卿に嘆願書を渡そうとまでしていたことを考え合わせると、洪仁玕は「彼自身の影響力で」、すなわち、洪仁玕自らが太平天国とイギリスの双方に働きかけることを通して、「手遅れになる前に」中国の情勢を変えなければならない、というかなり壮大な使命感、あるいは野心を持って南京に向かったのだということが見えてくる。ただし、洪仁玕が抱いていた現状に対する危機感は、外国との関係を緊張させている清朝への敵対心に根ざしているのと同時に、広州占領を強行したイギリスへの反発の裏返しでもあるように思われる。というのも、第四章でも詳しく述べるが、洪仁玕が南京到着後に著した『資政新篇』の中で、洪仁玕はイギリスに対しては「智力に秀でている」ものの「傲慢が性となっている」と述べるなどあまり良い感情を抱いておらず、また「他国に領土を占領されても恥じない」国を痛烈に批判しているからである。レッグが感じ取った洪仁玕の「愛国心」にはこのような外国からの侵入に対する危機感も含まれていたように思われる。

一方、レッグは洪仁玕の「古い反乱者の感情」には愛国心と、「愛国心より高等なもの」も含まれていたと述べているが、これは何を指すのだろうか。実はシャルマースも報告書の中で洪仁玕の「愛国心」に言及しているが、それは彼の「宗教的情熱」と結びついたものであったと述べている。[130] 宣教師であるレッグが「高等な」と評したものであるので、やはりこれは洪仁玕のキリスト教信仰に関わるものであるはずで、つまりは、洪仁玕の、太平天国の宗教的な「誤り」を正したいという強い願望を指していると思われる。レッグの留守を預かっていたシャルマースは、はじめは洪仁玕の南京行きに反対した。洪仁玕はある自供書で「シャルマースは行く必要はないと説得したが、私は聞き入れず、家族は香港に残すことにした。シャルマースは南京に行って礼拝堂を開設したいと考えるようになり、私と和解し、旅費を渡してくれた」と述べている[131]。つまり、洪仁玕の宗教的な動機は宣教師たちにも理解できるものであり、最終的にはそれが洪仁玕の南京行きを許す理由になっていったのである。シャルマース自身も報告書の中で「私たちはずっと、もし彼が太平天国の人々のところにたどり着けさえすれば、キリスト教、そして外国人の立場から、彼らのたくさんの間違いを正せるであろうと確信していました。そこで私は彼の申し出を承諾し、彼の家族には今後十ヶ月の間、彼から連絡があるまでは一ヶ月七ドルを給付することにしました。たぶん五ヶ月もすれば彼から連絡は来るだろうとは思っています」と述べ[132]、むしろ積極的に洪仁玕を支援することにしたことを明らかにしている。

こうして洪仁玕はシャルマースに送り出されて香港を出立した。なお洪仁玕は、今回は広東省を通って南京に向かうルートを取った。一八五八年五月の時点では、ヨーロッパ人と太平天国との間の交流は断絶したままで、上海から南京に行ける可能性は低かったためと考えられる。一方、太平天国は一八五六年九月の内訌直前には長江沿いの九江や武昌、また江西省の中央を流れる贛江流域の瑞州、臨江、吉安、及び鄱陽湖東部の饒州、景徳鎮などを占領し、江西省のほぼ全域を勢力下に置いていた。南京での内訌によって太平軍の勢力が衰えると、江西省内の拠点は徐々に清軍に奪回されてゆくことになるが、一八五八年前半の時点では、まだかなりの地域が太平軍の勢力下にあった。したがって、洪仁玕が香港を出発しようという時期には、香港からであれば、広東省から江西省に入るのが最も迅速に太平天国の勢力下に到達する道だったのである。

しかし、彼がちょうど香港を出発したころから、情勢は大きく変わり始めた。清朝と欧米諸国は一八五八年六月、一応の戦闘停止として天津条約を締結した。その後も一八六〇年の北京条約締結まで清朝と欧米諸国の関係は安定したものとはならないのであるが、ともかくも、天津条約では天津や、長江流域の九江や漢口、南京なども新たに開港することが定められ、また、外国人の内地旅行権が認められた。これを受けて、イギリス、フランス、アメリカは、太平天国の指導者たちにも条約の履行を求めるため、再び長江を遡航して太平天国の指導者たちと接触を図るようになった。その最初の使者としてエルギン卿が上海を出発したのは、一八五八年十一月八日のことであった。一方、清朝と太平天国は江西省における形勢を逆転しつつあった。太平天国は一八五八年一月に臨江を、五月には九江を、そして九月には吉安を失い、景徳鎮などを除く江西省のほぼ全域が清朝側の勢力下に入った。

洪仁玕は香港を出発してから、南京に着くまでにシャルマースあての手紙を五通出している。シャルマースによれば、彼が受け取ったのはそのうちの三通だけであった(133)。洪仁玕が同年十二月に書いた最後の手紙は、長江を旅行中だったエルギン卿一行に随行していた中国人に託され、上海のロンドン伝道会宣教師ミュアヘッドを経てシャルマースのもとに届けられた。この手紙は英訳され、シャルマースによる一八五九年年頭の年次報告書に添えられている(134)。その手紙の中で、彼はすでに広東省北部の韶州府、江西省南部の南安府、さらに「江西省の省都」すなわち南昌府、そして饒州府から手紙を出したと述べている。また、複数の自供書で、南雄から梅嶺を越えて（贛州、吉安を通って）江西省に入り、饒州府に到ったと述べており(135)、このことから、洪仁玕が広東省を北上して江西省の南安に抜け、そこから贛江に沿って北上し、南昌から饒州に出るというルートを通ったことが分かるのである。

シャルマースによって英訳された手紙によれば、饒州では彼は清軍の陣営に身を置いており、そこから太平天国の勢力下にある景徳鎮を目指す予定であったが、一八五八年十月、景徳鎮で清軍の指揮官から取り調べを受けてしまう。脱走兵扱いされたものと思われるが、洪仁玕が数冊の医学書と金銭しか持っておらず、また、同行者が洪仁玕は読書人だと証言したので、特に怪しまれることはなく、饒州の陣営に送り返されることになった。しかしその途中で洪仁玕は太平軍との小競り合いに巻き込まれ、道に迷ったあげく饒州に逃げ戻る。十一月中旬、洪仁玕は八人の兵士とともに清の軍営から逃亡し、湖北省黄梅県の龍坪という長江沿いの小さな町に行く。そこで洪仁玕と同じ広東省出身の二人の人物の援助を受け、さらに彼らから当時太平軍が占領していた安徽省の安慶に住む彼らの親戚のもとに行き、貿易をするよう勧められた。洪仁玕がそれを受け入れて出発しようとしたところ、黄梅県まで太平軍がやってきたので、洪仁玕は合流できるかどうかしばらく様子を見ていた。十二月初旬、ちょうどそこに長江を旅行中だったエルギン卿一行の船が通りかかったので、その随員に手紙を託したのだという。

洪仁玕は複数の自供書でも南京への旅路について触れており、それらを照合してまとめてみると、その後の洪仁玕の行動はおおよそ次のようになる。洪仁玕は貿易を勧められた人物から、同じ広東省出身ということで黄梅県の知県覃瀚元に紹介され[136]、その甥の病気を治療してやったので多額の謝礼金を与えられたうえ、洪仁玕に教養があることを知った覃からやはり湖北省内にある羅田県の書吏の職を斡旋されるほどの歓待を受ける[137]。しかし洪仁玕はその申し出には言葉を濁し、そのまま謝礼金を使って商人を装って龍坪で貨物を船に積み、長江を下って安徽省の長塘河地方まで行き、そこで太平天国軍の武将に身分を明かしたという。このように、洪仁玕の旅路は身分を隠しながらの長い困難なものであったが、広東省出身同士という同郷意識が様々なところで洪仁玕を支えていたことも垣間見え、興味深い。洪仁玕がついに南京にたどり着いたのは、一八五九年四月二十二日のことであった。香港を出発してから一年弱が過ぎていた。

(1) Hamberg, Theodore, *The Visions of Hung-Siu-Tshuen, and Origin of the Kwang-si Insurrection*, Hong Kong, 1854. 一方、『洪秀全来歴』は大英博物館に抄本が所蔵されており、一九三七年に月刊誌『逸経』第二十五号（上海・人間書屋）に掲載され、その後中国史学会主編『太平天国Ⅱ（中国近代史史料叢刊）』神州国光社、一九五二年、六八九―六九一頁に転載された。これは *The Chinese and General Missionary Gleaner*, Feb 1853, pp. 67–69 に掲載された、前年十月六日付けのロバーツの記事の中で紹介された文書とほぼ同じ内容であり、おそらく洪仁玕が同年四月にハンバーグに面会したときに渡した洪秀全や自分自身に関して述べた文書であると考えられている。

（2）洪仁玕は一八六四年の南京陥落後、清軍に捕らえられ、まず清の武将席宝田の訊問を受けたのち南昌府に送られ、さらに江西巡撫沈葆楨の訊問を受けた。一連の訊問から得られた供述書は現在台北の故宮博物院に保管されている。清朝の役人が記録した供述書五通（甲午年九月二十七日の「本部院提訊逆酋供」、同日の無題の供述一通、九月二十八日の「南昌府提訊逆酋供」二通、日付のない「鈔呈偽干王洪仁玕親書供詞」）、親筆の供述書（以下「親筆供」とする）一通、李秀成の供述書への反駁文（以下「駁李秀成述辞」とする）一通及び辞世の詩一篇が現存する。「親筆供」は『太平天国Ⅱ』、八四六―八五五頁に収録されているが、若干の誤字が認められる。筆者は故宮博物院で調査を行った小島晋治氏よりご提供いただいた原本のコピーを参照した。ここに感謝申し上げる。また小島晋治「故宮博物院（台北）所蔵太平天国諸王の供述の記録」、神奈川大学中国語学科編『中国民衆史への視座』東方書店、一九九八年、五五―八一頁も参照されたい。

（3）なお、*The Visions of Hung-Siu-Tshuen* が刊行される数ヶ月前、ハンバーグはバーゼル伝道会宛てにこの書物とほぼ同内容の長大な報告書を作成している。Letter from Hamberg to Inspector, Jan 1854, Archives of Basel Missionsgesellschaft（以下 BM と略）. A-1-2, China 1852 und 1853, No. 47.

ハンバーグは「私は今や非常に有名になった洪秀全……の親戚にして古くからの友人である Hung または Fung〔洪仁玕を指す〕に出会いました」、「この人物から彼の友人の経歴についてかなり正確に叙述したものを手に入れたので、私は自分が知ったこと、重要と思われることを報告することにしました」と述べている。ただしこちらは *The Visions of Hung-Siu-Tshuen* とは構成が若干異なり、太平軍の南京占領まで述べた後、馮雲山、楊秀清、蕭朝貴について短い紹介（*The Visions of Hung-Siu-Tshuen* では第八章）述べられている。この文章が終わった後にハンバーグによる補足と解説が付け加えられ、さらに布吉での布教活動報告（この中で洪仁玕の洗礼について述べ、洪仁玕を詳しく紹介している。この部分が *The Visions of Hung-Siu-Tshuen* の第十一章の底本になったと思われる）が続いている。

（4）『太平天日』は封面に「此書詔明于戊申〔一八四八〕年冬、今于天父天兄天王太平天国壬戌十二〔一八六二〕年欽遵」とあることから、一八四八年にすでに執筆されていたと考える研究者もいる。しかし実際の刊行時期は洪仁玕が南京に来た後の一八六二年で、内容的に『洪秀全の幻想』と重複も多く、キリストのことを「天兄基督」と「基督」を付加した表記をするなど、洪仁玕の著作と共通する特徴も持っており、筆者は同書の刊行には洪仁玕が関与していたのではないかと考えている。少なくとも一八四八年に刊行版と全く同じ書物が完成していたとは考えにくく、『太平天日』は、執筆者や成立過程、内容について詳細な検討を要する書物であると筆者は考えるが、本書では詳しく扱うことはできなかった。今後の課題としたい。なお、周偉馳氏は『太平天国与啓示録』において『太平天日』を一八四八年の作と断定した上で、洪秀全における『新約聖書』「黙示録」の影響を論じている（第三章「太平天国与啓示録」）。これ自体は非常に興味深い論点であるが、『太平天日』の成立過程を含めたさらなる議論が必要であるように思われる。

（5）李正高口述、李大楷著『感主恩経歴史』（一九二一年）。李正高は、清遠県回岐司に属する禾谷嶺村に暮らす客家の李一族に属する。この文書の著者は李正高の次男大楷（字は祥光）で、大楷による冒頭の説明によれば、同書はもともと正高の生前に「毎年新年に〔子孫たちの前で〕朗読し、上帝が我々を選んでくださった特別な恵みを記念する」ためにその経歴を記録したものであったが、原本が失われたため、記憶によってそれを書き起こし、さらに李大楷自身の経歴も併せて記録したものであるという。表題には「李正高口述」とあるが、全体の体裁としては李大楷が自分の子供たちに語りかける形になっており、李正高は「お前たちの祖父（爾祖）」と書き表されている。文中から一九二一年の筆記であることが推定される。李正高の死後四十年近く経ってから改めて筆記したものであるため、その内容が細部にわたって正確なものであるとは言い切れないが、内容はかなり詳細で、洪仁玕側とは違う視点からの記述を垣間見ることができる。李一族に代々抄録で残されてきた記録で、筆者は、①毛筆の手書きによる全二十葉（末尾に李正高の三男李大森の家譜二葉を付す）のもののコピー、②李大楷の孫の李永明が一九五六年にノートに筆写したもの、③李大楷の外孫の息子によるタイプ打ちの英訳版、の三種を閲覧した。内容はいずれも一致している。以下の引用頁は①によるが、文字の欠損があるため②③も参照している。①は曾福全氏より、②③は李大森のひ孫に当たる李康仁氏よりご提供いただいた。ここに感謝申し上げる。

（6）洪秀全の幼名は「火秀」であったが（簡又文「遊洪秀全故郷所得到的太平天国新史料」、『逸経』第二期、一八三六年三月）、『感主恩経歴史』は口述筆記のためであろう、音の近い「和秀」となっている。なお同書によれば洪仁玕の幼名は「亜美」であった。

（7）『勧世良言』の授受年代については、一八三四（甲午）年及び一八三七（丁酉）年説もある。しかし、これらの年は郷試が開催された年であり、洪秀全が受験した童試は開催されないのが通例である。したがって、洪秀全が『勧世良言』を受け取った年代として可能性があるのは一八三三年または一八三六年ということになる。林田芳雄『華南社会文化史の研究』京都

女子大学、一九九三年、四四三頁、戴肇辰編修『光緒広州府志』巻四十五、『中国地方志集成』、上海書店出版社、二〇〇三年（影印版）、商衍鎏『清代科挙考試述録』三聯書店、一九五八年、二頁。

（8）Morrison, *Memoirs*, Vol. 2, p. 473.

（9）簡又文『太平天国典制通考』簡氏猛進書屋、一九五八年、一五九八―一六一四頁、林田芳雄『華南社会文化史の研究』、四四一―四四三頁。

（10）McNeur, George Hunter, *China's First Preacher Liang A-Fa 1789-1855*, The Society for the Diffusion of Christian and General Knowledge Among the Chinese（広学会）, 1934. 漢訳版は、マクネウルの「草稿」を翻訳したもので、一九三一年より以前にすでに文語版があり、一九三一年に文語版をもとに白話版が出版されている（胡簪雲訳『梁発伝』。これを上海広学会が重訳したものが『中華最早的布道者梁発』として中国社会科学院近代史研究所編『近代史資料』第三九号、中華書局、一八七九年、一―一四一頁に収録された）。しかしこの漢訳版では原書にはない中国語の資料が大量に付け加えられていたり、マクネウルが描く「梁発の人間性の弱さ」の部分がぼかして訳されるなど、翻訳としては問題点が多かったという。これらの問題を改め、忠実にマクネウルの原書を翻訳したのが、すでに本書でもたびたび引用している朱心然訳『梁発――中国最早的宣教師』である。また日本語の抄訳は並木頼寿編『開国と社会変容』、一〇八―一二〇頁に収録されている。

（11）『チャイニーズ・レポジトリー』一八三三年十月号の記事で「府試」と訳された言葉は the public examinations in Canton であるし、また、しばしば引用される『梁発伝』にあるモリソンの報告で「来省攷試之生員」と訳された言葉は the assembled multitudes of students at Canton（傍線は引用者による）である（Letter from Morrison to Ellis, 14 Oct 1833, CWM, South China, 3-2-A）。一方、『チャイニーズ・レポジトリー』一八三三年五月号で「広州府の文官試験」と訳された言葉は The literary examinations in Kwangchow foo であり、府試であったことをはっきり示している。なお、やはりこの問題を論じる際にしばしば引用される『梁発伝』のウィリアムスの報告は、マクネウルが引用していない部分も含めて原文を見てみると、そもそも一八三三年十月のことを述べているわけではないように思われるので、ここでは取りあげなかった。（Williams, Frederick Wells, *The life and letters of Samuel Wells Williams*, Wilmington, 1889, p. 65 を参照のこと。）

（12）『チャイニーズ・レポジトリー』一八三三年五月号は広州で府試が行われた事実しか伝えていないが、同年十月号では同月に行われた広州での試験の際に三千部以上の布教書が配布されたと伝えている（*Chinese Repository*, Vol. II, pp. 47, 286）。また、モリソンも「数日前、梁発は『聖書日課初学使用』と自分で書いた布教書とを広州に集まった多くの学生たちに配布する良い機会を得た」と記している。Morrison to Ellis, 14 Oct 1833.

（13）ロンドン伝道会史料の中には、一八三〇年三月から十一月にかけて梁発が記した日記の原本が残されている（CWM, South China, Journal, 1-4-A）。これによれば、同年五、六月にも梁発は高州府及び広州府の府試受験者に自分が書いた布教書の配布を行っている。しかし、同年のモリソンの報告や梁発がロンドン伝道会本部宛てに送った報告にはこのことは特に記載されてはいない。

（14）一八三三年末の年次報告の中で、モリソンは梁発が夏の間はマカオでモリソンとともに執筆活動や活字の製作に当たり、その後広州に戻って『聖書日課初学使用』や『勧世良言』などを増刷したと述べている。五月にもある程度の配布活動を行い、秋に再び増刷を行った可能性はある。Letter from Morrison to Ellis, 6 Dec 1833, CWM, South China, 3-2-A.

（15）Bridgman, *The pioneer of American missions in China*, p. 93.

（16）Letter from Bridgman to Anderson, 20 Jan 1835, Papers of the American Board of Commissioners for Foreign Missions, Unit 3, reel 256.

（17）「両広総督鄧廷楨等奏報審擬刊刻夷書案情形」、道光十六年二月十九日、軍機檔 70473号（台湾故宮博物院蔵）、菊池秀明編『太平天国史料集』第六集所収（二〇〇七年）、九一―九五頁。この時没収された書物の書名は①『救世主耶穌基督行論之要略伝』②『正道之論』③『贖罪之道伝』④『誠崇拝類函』⑤『賭博明論略講』⑥『救世主坐山教訓』⑦『聖書日課』⑧『聖書袖珍』である。このうち確実に分かる範囲では、②、③、④はギュツラフ著、⑤はミルン著である。

（18）同上。この取締り事件については、菊池秀明『清代中国南部の社会変容と太平天国』、二三三―二三五頁においてもこの鄧廷楨の上奏文をもとに詳述されている。なおこの上奏文は布教書を誰が配っていたのかについてまでは述べていないが、ブリッジマンの報告などから、それがギュツラフとスティーブンスたちが乗ったイギリス商船（アヘン密売船）であったことが分かる。Annual Report, 1836, pp. 69-70.

（19）Annual report, 1837, pp. 87-88.

（20）Spence, Jonathan D., *God's Chinese Son: The Taiping Heavenly Kingdom of Hong Xiuquan*, New York, 1996, p. 31. 佐藤公彦氏の近著でもスペンスの論に依って一八三六年スティーブンスによる授受説が採られている（佐藤公彦『清末のキリスト教と国際関係』、七―八頁）。スペンスの議論においてスティーブンスが配布者であったとされる最大の根拠は、Wylie, *Memorials of Protestant Missionaries*, p. 84 でスティーブンスが「一八三六年三月」に、それまで American Seaman's

Friend Society の牧師であったのがアメリカン・ボード所属の宣教師になった、とされていることと、翌年五月の『チャイニーズ・レポジトリー』に掲載されたブリッジマンのスティーブンスへの追悼文の中で、スティーブンスがアメリカン・ボードの宣教師になってからは「聖書と布教書を配布すること」が最大の関心事になった、と書かれていることである (Spence, *God's Chinese Son*, p. 31)。しかしアメリカン・ボードの年次報告では、スティーブンスがボードに属したのは前年の一八三五年のことであり、一八三六年とする Wylie の記述は誤りであることが分かる。またブリッジマンの追悼文の全体から見ても、スティーブンスの「聖書と布教書の配布」は明らかに一八三五年の二回の中国沿岸での配布旅行のことを指している。したがって、これだけでは、スティーブンスが一八三六年に広州で配布活動をしたことの根拠とは言いがたいのである。

(21) Wylie, *Memorials of Protestant Missionaries*, p. 24.

(22) 実際ハンバーグ自身は洪秀全が『勧世良言』を受けとったのは「一八三四年頃」であると考えており、バーゼル伝道会への報告書の中では梁発が渡したであろうとの見解を記している。またドイツ語の草稿の方ではこの部分は単に「二十歳過ぎの時に」とあるだけで、具体的な年代は書かれていない。『勧世良言』の授受の年代については、洪仁玕の口述も当初はあいまいであったことをうかがわせている (Hamberg to Inspector, Jan 1854.)。このようなハンバーグの見解を反映して、*The Visions of Hung-Siu-Tshuen* では「一八三六年」の箇所にわざわざ「あるいはこれよりも前であったかもしれない」という注が付けられているのである。なお李大楷『感主恩経歴史』には『勧世良言』授受については簡略な記述しかない。ただし「斯時洋人伝道者、不能入内地、是年有天主教以為試期、乃四方士子会洲、故着〔嘱〕一天主教人送書与各出場士子」としていることが目を引く (第四葉)。

(23) Hamberg, *The Visions of Hung-Siu-Tshuen*, pp. 8-9.

(24) 『感主恩経歴史』第三葉には「〔李家〕俱是儒業、家亦小康、与花県馮雲山、是太祖母〔李正高の母〕馮氏之族弟也。洪和秀後改名洪秀全洪亜美後改名益謙此二人俱是通家」とある。また李正高がバーゼル伝道会の牧師になるのを機に、宣教師レヒラーが記した李正高の半生を紹介した文章には、洪秀全が新たな宗教思想を広め始めた頃、彼は花県の某村 (ドイツ語原文の地名は解読困難、"Szlyang" か?) の李正高の祖父たち (「祖父」が複数形のため、祖父と同輩の親族を指すと思われる。李正高の直系の父祖は五代にわたり清遠県禾谷嶺村に住んでいる) の家に住み、そこで教師として雇われており、また清遠県に住む李正高の父とも親しかったと述べられている (Letter from Lechler to Inspector, 20 Apr 1868, BM, A-1-6, Hong Kong, 1868, No.

8)。こうした李正高側の記録は、*The Visions of Hung-Siu-Tshuen* で、洪秀全に『勧世良言』を勧め、上帝教の最初の帰依者となったLiは、洪秀全が教師として雇われていた"Water-lily"のLi家の青年で「いとこ」であったとする記述(p. 14)と対応しているように思われる。李正高の四男大才(字は承恩)は後年、このレヒラーの報告書も参照しつつ李正高の伝記を記しているが("Das Leben des Seligheimgegangenen Diakon Li Tschin-kau", BM, A-1-19, Hong Kong, 1885, No. 38)、これを英訳したルッツも李敬芳は李正高の親戚であろうと推測している(Lutz, *Hakka Chinese*, p. 123)。ただし、『太平天日』に見える李敬芳の居住地「蓮花塘」は"Szlyang"とは合致せず、また筆者が閲覧することができた李正高の一族の族譜にも、どの親族が花県に住んでいたのかは特に記載されておらず、「李敬芳」という名前の人物も見当たらない。そのため、李正高と李敬芳が親族であると断定するには至っていない。なお、この族譜は李正高の三男李大森の子孫に伝えられた手書きの族譜で、李大森のひ孫に当たる李康仁氏よりご提供いただいた。ここに感謝申し上げる。また大才による李正高の伝記については、以下では主にルッツの英訳(Ibid., pp. 121-144)を参照する。

(25) 李大楷『感主恩経歴史』第三葉。なお *The Visions of Hung-Siu-Tshuen* では最初に洪秀全から『勧世良言』を借り受けたのはLiであるとされているが、『感主恩経歴史』では馮雲山が借り受けたことになっている。

(26) Hamberg, *The Visions of Hung-Siu-Tshuen*, pp. 22-23.

(27) Ibid., pp. 30-31. ムーの原文表記はMoo。

(28) Lutz, *Opening China*, pp. 306-307.

(29) Coughlin, "Strangers in the House", p. 257.

(30) Ibid. Appendix VIII, p. 316にこの手紙の全文が収録されている。また渡辺祐子「近代中国におけるプロテスタント伝道」第三章にはその邦訳を収める(九四—九六頁)。なお、コルネリオの幻というのは『使徒行伝』第十章冒頭の、ローマの百人隊長コルネリオが天使に出会う幻を見たというエピソードを指す。

(31) Hamberg, *The Visions of Hung-Siu-Tshuen*, p. 31. 先にも述べたとおり、洪秀全と洪仁玕はロバーツのもとで学びはじめてから一ヶ月後、一度花県に帰っているが、洪仁玕曰く、彼自身はこの時すでにワンたちの意図を見抜いていたのでそのまま花県に留まり、洪秀全だけが他の助手とともに広州に戻った。

(32) Coughlin, "Strangers in the House", pp. 258-259. 人名の原文表記はワン・アイはWang-ai、ワン・ヒムはWang-khienとなっているが、コフリンは後者をWang-himとしている。

(33) Hamberg, *The Visions of Hung-Siu-Tshuen*, p. 31. 王元深『聖道東来考』、一一頁。
(34) Hamberg, *The Visions of Hung-Siu-Tshuen*, p. 32. 王元深『聖道東来考』、一一頁。
(35) Hamberg, *The Visions of Hung-Siu-Tshuen*, p. 39. 邦訳は青木富太郎『洪秀全の幻想』生活社、一九四一年、九八頁による。
(36) 王慶成「金田起義記」、同『太平天国的歴史和思想』中華書局、一九八五年、七五―八〇頁。
(37) Lutz, *Opening China*, pp. 263–264. Wang-fung-tsing という名のこの人物の証言の原典は Edkins, Joseph, *Religion in China, Containing A Brief Account of the Three Religious of the Chinese*, 2 ed., London, 1878, pp. 195–196 である。
(38) Lutz, *Opening China*, pp. 268–269.
(39) 以下の洪仁玕の経歴は Hamberg, *The Visions of Hung-Siu-Tshuen*, pp. 58–62, Smith, *Chinese Christians*, p. 77 及び李大楷『感主恩経歴史』第八葉による。
(40) *The Visions of Hung-Siu-Tshuen* では蜂起の場所は Paddy-hill とある。『感主恩経歴史』によれば李正高の生家があるのが「禾谷嶺村」であり、ここで「広西に合流するため」決起した（第八葉）とあることから、Paddy-hill はこの禾谷嶺村を指していることが分かる。
(41) Hamberg, "Halbjähriger Bericht", 20 Jul 1852, BM, China 1852 und 1853, No. 22. 名前の原文表記は Fung Sen である。彼については Smith, *Chinese Christians*, p. 77 でも触れられており、これを引用した夏春涛は「馮昇」の字を当てている。
(42) 江覚仁については Hamberg, *Report Regarding the Chinese Union at Hong Kong*, p. 6, Lutz, *Hakka Chinese*, pp. 13–31 を参照した。
(43) "Halbjähriger Bericht", 20 Jul 1852. 人名の原文表記は Kongjin、Khimin。
(44) Ibid.
(45) Hamberg, Jan 1854.
(46) Hamberg, *The Visions of Hung-Siu-Tshuen*, p. 62.　引用訳文は青木富太郎『洪秀全の幻想』、一五四頁による。
(47) Hamberg, Jan 1854.
(48) Hamberg, *The Visions of Hung-Siu-Tshuen*, p. 62.
(49) ハンバーグはこの時期のことについて、「〔伝道会の〕規則上、私は彼をほとんど援助することができなかった。その後、私は、彼が少なくとも一ヶ月間は香港に留まるのだろうと思っていたが、私が五月二十四日に再び〔香港の〕ヴィクトリアに着いたときには、彼はもうそこにはいなかった」と述べている（Hamberg, Jan 1854）。

(50) "Halbjähriger Bericht", 20 Jul 1852.

(51) 「巴色伝道会差遣韓黎二牧来吾客族地区伝道簡史」『香港崇真会立会一百四十周年紀年特刊』、八六頁。

(52) Hamberg, Jan 1854.

(53) 牛眠埔と張家については 劉志偉『許舒博士所蔵土地及商業文書（一）張声和家族文書（香港科技大学華南研究中心華南研究文献叢刊第一輯）』華南研究出版社、一九九九年の「前言」を参照のこと。

(54) 簡又文「太平天国干王題壁大字之新発現」、『逸経』第八期、一九三五年、一六頁に転載。

(55) 余偉雄「崇真会一百四十年来之工作、影響与展望」、六〇頁、及び「黎韓二牧年譜与本会百年大事表合編」『香港崇真会立会一百四十周年紀年特刊』、九一頁、及び劉粤声『香港基督教会史』、三四一頁。

(56) 李大楷『感主恩経歴史』第三葉。

(57) Lutz, *Hakka Chinese*, p. 123。

(58) Hamberg, Jan 1854. この報告書の活動報告部分は半年間の活動を日記形式で記したものである。洪仁玕は十月二十日の日記の中の受洗者リストに入っているが、そのリストに続いて洪仁玕個人の経歴を述べた部分では洗礼の日付が十一月二十日となっている。リストの方が正しい日付であると判断した。

(59) 一八五三年五月十四日号から連載開始。『天条書』『三字経』『幼学詩』『天命詔旨書』『天父下凡詔書』（一）『太平詔書』の全訳を掲載。メドハーストの解説は同年九月三日号から連載開始。

(60) *The North China Herald*, 17 Sep 1853.

(61) *The North China Herald*, 15 Oct 1853.

(62) Smith, *Chinese Christians*, p. 79.

(63) Hamberg to Inspector, 4 May 1854, BM, China 1853 bis 1856, No. 10.

(64) Lutz, *Hakka Chinese*, p. 125.

(65) Coughlin, "Strangers in the House", pp. 264-265. ロバーツは、ちょうど広州での布教活動に行き詰まっていたこともあったようであるが、この招請を新約聖書『使徒行伝』第十六章にあるエピソード（使徒パウロがマケドニア人が助けを呼んでいる夢を見、すぐにマケドニアに渡って布教を始めた、というもの）になぞらえて熱心に南京行きを希望したという。なお一八五三年七月七日のチャイナ・メール紙に掲載された米国長老会宣教師ハッパーの投稿には、洪秀全からの使者がロバーツ宛ての手紙を持って自分を訪ねてきた経緯とその使者から得た太平天国情報が記されている。

（66）　茅家琦『郭著『太平天国史事日誌』校補』台湾商務印書館、二〇〇一年、五一―五三頁、Coughlin, "Strangers in the House", pp. 267-268. マーシャルは鎮江で太平軍と接触したメソジスト派の宣教師テーラーに対しても厳しい態度で臨み、道中の詳細な報告をさせた上、これ以上体験談の公表をしないよう警告した。なお、馮雲山の甥は当時二十一歳で、一八五三年九月に上海で洗礼を受けたという。Hamberg to Inspector, Jan 1854.

（67）　Letter from Legge to Tidman, 25 Jan 1854, CWM, South China, 5-3-D.

（68）　Smith, *Chinese Christians*, p. 136.

（69）　Letter from Muirhead to Tidman, 10 Oct 1851, CWM, Central China, 1-3-C. また、上海で病院を始めてからの患者数はのべ十万人に達したという。Letter from Milne to Tidman, 12 Oct 1852, CWM, Central China, 1-3-E.

（70）　Letter from Medhurst to Tidman, 11 Oct 1854, CWM, Central China, 1-4-C.

（71）　Letter from Medhurst to Tidman, 11 Apr 1854, CWM, Central China, 1-4-C.

（72）　Hamberg to Inspector, 4 May 1854.

（73）　李大楷『感主恩経歴史』第九葉。「在後洪秀全之兵、打至上海」「爾祖〔李正高〕則辞韓山明牧師、与洪益謙即洪亜美、爾祖与之結為異姓兄弟者同往上海、韓山明亦有信与之、但至上海洪兵退去清軍把守極厳、凡生面異言異服之人、捉而殺之」。その後、彼らは墨海書館（文中では仁済医院）を訪れた。なお「親筆供」には「其上海城内紅兵不信予為天王之弟」とも述べられている。

（74）　羅爾綱『太平天国史』第四冊「馮雲山伝」中華書局、一九九一年、一七一八頁。ただし結局のところ、馮雲山の次男は小刀会が上海城を撤退する時に清軍に殺されてしまったようである。一方、馮雲山の甥は、南京に行けないことが明らかになると精神を患って香港に戻り、一時期南部バプテスト連盟が広東に開いた学校で学んでいたというが、病没したとの説もある。Coughlin, "Strangers in the House", p. 267.

（75）　Lutz, *Hakka Chinese*, p. 126.

（76）　Letter from Muirhead to Tidman, 5 Apr 1855, CWM, Central China, 2-1-A.　メドハーストは太平天国の指導者と接触するため過去に二度も南京行きの計画を立てたがイギリス政府がそれを許さなかったという。また、馮雲山の息子と甥を連れたロバーツもアメリカ公使の一行に加わることを切望したが拒否されている。

(77) 一八五四年七月二十九日からノース・チャイナ・ヘラルド紙で連載。やはりメドハーストが翻訳を担当した。

(78) *The North China Herald*, 15 Jul 1854.『天父下凡詔書』第二部の翻訳及び下記ブリッジマンの報告掲載にあたり、その前置きとして書かれた記事である。

(79) *The North China Herald*, 22th Jul 1854.

(80) A report by W. H. Medhurst and Lewin Bowring (FO 17/214, No. 85), Clarke, Prescott and J. S. Gregory, *Western Reports on The Taiping*, Canberra, 1982, p. 159. なお、報告者のひとりW. H. Medhurstはロンドン伝道会のメドハーストの息子で、上海領事館の通訳である。

(81) Lechler to Inspector, 18 Aug 1854, BM, A-1-3, China 1853 bis 1856, No. 22.

(82) Letter from Edkins to Tidman, 16 Jul 1860, CWM, Central China, 2-2-D. この註解書は一八五七年に墨海書館で出版された『羅馬書註解』を指すと思われる。該書はオーストラリア国立図書館のウェブサイト上で閲覧が可能である(http://catalogue.nla.gov.au/)。

(83) 詳しくは第三章第一節を参照のこと。

(84) Lechler, 18 Aug 1854.

(85) 李大楷『感主恩経歴史』第十葉。一方、李大才による李正高の伝記では、洪仁玕と李正高はあてがわれた病院の部屋に上海で出会った広東出身の人物にも同居を許したが、その友人はアヘン喫煙者で、ある時メドハーストがアヘンのパイプを発見し、李正高がアヘンを吸ったと誤解して彼に退去を命じた。さらに李正高が洪仁玕の軽薄さと好色をののしる、ということがあり、以来この二人の間も決裂していた、と述べられている(Lutz, *Hakka Chinese*, p. 126)。なお、伝記も『感主恩経歴史』も、その後絶望した李正高はただ聖書を読み祈るしかなくなったが、真剣に祈るうちについにメドハーストの誤解も解け、旅費も与えられて広東に帰れることになったと述べている。

(86) 本書第五章第二節を参照のこと。なお、李大楷は『感主恩経歴史』のこの箇所で洪仁玕について「真是小人」と注書きを加え、また同書の序文では子孫が心に留めるべき李正高と李大楷の人生に起こった出来事が八つほど挙げられているが、そのひとつとして「若不早顕益謙之薄情、必与之同至南京、終必敗亡、無信主之日」と記すなど、洪仁玕に対する厳しい評価を露わにしている。

（87）「一八五五年春」としたのはレッグの回想による（Legge, James, "資政新編《ママ》 太平天国 Aids to Government: A New Collection of Essays. From the Heavenly Kingdom of Great Peace", *The Overland Register and Price Current*, 25 Aug 1860）。洪仁玕は「親筆供」では甲寅年冬に香港に戻ったと述べている。これを甲寅年の年末と解せば、西暦では一八五五年の二月後半となる。

（88）レッグの娘ヘレンは、一八五四年に「あるスウェーデン人宣教師」が洪仁玕をレッグに紹介し、仕事を与えてやってくれるよう頼んできたと記している。Legge, *James Legge*, p. 91. また『感主恩経歴史』にも「洪益謙在香港時、英華書院之先生」とある（第十葉）。

（89）Legge, "資政新編　太平天国".

（90）バーゼル伝道会の一八五五年度の報告書でも洪仁玕はバーゼル伝道会の信徒のひとりとして言及されており、香港のレッグのもとで助手をしていることが報告されている（Lechler and Winnes, "Jahresbericht pro 1855", 12 Jan 1856, BM, 1853-56, No. 47）。また、一八五七年にはロンドン伝道会側からバーゼル伝道会宛てに洪仁玕の働きについて証明する文書も提出されており、ここからも洪仁玕の信徒としての最終的な帰属先はバーゼル伝道会であったことが分かる。"Testimoney" from Chalmers to Lechler, 24 Dec 1857, BM, 1858, No. 1b.

（91）Letter from Legge and Chalmers to Tidman, 12 Jan 1855, CWM, South China, 5-4-B.

（92）Letter from Legge and Chalmers to Tidman, 8 Jan 1856, 9 Jul 1856, Letter from Chalmers to Tidman, 14 Mar 1856, CWM, South China, 5-4-C.

（93）Chalmers, 14 Mar 1856.

（94）Legge, 25 Jan 1854.

（95）Letter from Legge to Tidman, 28 Jan 1850, CWM, South China, 5-1-C, 及び蘇精「黄寛与黄勝――容閎的両名同学」『伝記文学』第四十六巻第二期（一九八五年六月）、七一―七五頁。レッグは名前を挙げていないものの、一八五〇年初めの報告の中で、モリソン記念学校の学生で、アメリカに留学し、当地の会衆派の教会で信徒となった人物が香港に戻ってきて教会に加わったことを記している。

（96）一八五〇年度の *Hong Kong Blue Book* には黄勝と思われる Wong Ashing の官職記録が載っているが、次年度にはすでにその名前はなく、一八五〇年のうちにやめたものと思われる。

(97) Legge and Chalmers, 12 Jan 1855.
(98) Ibid.
(99) Legge and Chalmers, 8 Jan 1856.
(100) Letter from Legge and Chalmers to Tidman, 27 Jan 1853, CWM, South China, 5-3-C, Legge, 25 Jan 1854. 人名の原文表記はA-cheung。
(101) Legge and Chalmers, 12 Jan 1855.
(102) Letter from Hobson to Tidman, 12 Feb 1854, CWM, South China, 5-4-B.
(103) 上海広学会重訳『中華最早的布道者梁発』『近代史資料』三九号、二一二頁。このホブソンの証言はマクネウルの梁発伝にはなく、草稿に加筆修正した漢訳版にのみ見られるものである。
(104) Letter from Hobson to Tidman, 13 Apr 1855, CWM, South China, 5-4-B.
(105) Letter from Legge to Tidman, 20 Mar 1850, CWM, South China, 5-1-C, Letter from Legge to Tidman, 30 Oct 1850, Ibid., 5-1-D, Letter from Chalmers to Tidman, 14 Apr 1856, Ibid., 5-4-C, Legge, 12 Jan 1855.
(106) Letter from Legge and Chalmers to Tidman, 14 Jan 1857, CWM, South China, 6-1-A.
(107) Legge, *James Legge*, p. 92.
(108) "Testimony" from Chalmers to Lechler, 24 Dec 1857.
(109) Legge, "資政新編　太平天国".
(110) Letter from Legge to Tidman, 28 Jan 1860, CWM, South China, 6-2-C.
(111) Legge, *James Legge*, p. 92.
(112) 『南昌府提訊逆酋供』。「小的到香港本為避禍隠身並用意在夷人風土、並不為名利計。小的在夷館中教中華小孩系読唐書、那教夷人小孩則聴夷長教読番書」。
(113) Legge, 25 Jan 1854.
(114) Letter from Legge to Tidman, 17 Jun 1858, CWM, South China, 6-1-B.
(115) 一八五三年にレッグは香港政府の教育委員会に加わったが、そこで、政府公認の中国人学校の振興のために、半年ごとに学生の学力に応じて賞金を与えることを提案している。その提案では、「聖書の知識」や「英語力」とともに「四書の知識」

も受賞の対象にしており、レッグの古典重視の姿勢がここにも現れている。Eitel, E. J., "Materias for a History of Education in Hong Kong", *The China Review*, Vol. XIX No. 5（1891）, p. 321.

(116) Legge, 19 Feb 1849.

(117) 蘇精「黄寛与黄勝」、七一―七二頁。

(118) Letter from Chalmers to Tidman, 29 Jan 1857, CWM, South China, 6-1-A.

(119) Wong Fun, 8 May 1857.

(120) Yung Win, *My life in China and America*, New York, 1909, pp. 59-63, p. 108.

(121) Letter from Legge to Tidman, 15 Jan 1857, CWM, South China, 6-1-A.

(122) Smith, *Schools and Scholars*, p. 109.

(123) Letter from Legge to Tidman, 13 Apr 1857, CWM, South China, 6-1-A.

(124) Legge, James, "The Colony of Hong Kong: from a lecture by the Rev. James Legge", 5 Nov 1872, *The China Review*, Vol. 1（July 1872-June 1873）, p. 172.

(125) Legge, "資政新編　太平天国".

(126) Ibid. 黄寛も二月に病院を再開しており、五月からはコックスの協力を得るようになったと述べている。おそらく、洪仁玕に香港に帰るよう促したのはコックスであろう。なお、病院と礼拝堂は同年六月に一旦閉鎖を余儀なくされ、黄寛とコックスはマカオに逃れたが、十月にはまた再開された。Letter from Wong Fun to Tidman, 3 May 1858, 4 May 1858, 11 Oct 1858, CWM, South China, 6-1-B.

(127) 「鈔提偽干王洪仁玕親書供詞」。

(128) Legge, "資政新編　太平天国".

(129) Letter from Chalmers to Tidman, 5 Jun 1858, CWM, South China, 6-1-B.

(130) Ibid. シャルマースは洪仁玕の南京行きの動機について、先に引用した部分以外でも、「南京にいる友人たちのもとに行き、彼が得た優れた知識を伝えたいというのは、彼の長年の願いでした」「もちろん彼の宗教的な熱心さは彼の愛国心（patriotic feelings）と結びついたものですし、おそらく彼らの集団の中で、政治的に重要な地位を得たいという気持ちもあるでしょう」と述べている。

(131)「南昌府提訊逆酋供」。
(132) Chalmers, 5 Jun 1858.
(133) シャルマースのもとまで届いた洪仁玕の手紙は一八五八年十一月末の時点では一通だけであった（Letter from Chalmers to Tidman, 29 Nov 1858, CWM, South China, 6-1-B)。その後一八五九年の年頭には計三通の手紙を受け取ったと述べているので、シャルマースが最初に受け取ったのは、第三通目以前のいずれか、そのあと第四、五通目を受け取ったということになろう。
(134) Letter from Chalmers to Tidman, 11 Jan 1859, CWM, South China, 6-1-C.
(135)「親筆供」、「本部院提訊逆酋供」、「南昌府提訊逆酋供」。（ ）内は「南昌府提訊逆酋供」のみ言及。
(136)「親筆供」では、それ以前の八月〔一八五八年九―十月〕ごろ、自分が身を置いていた軍営の部隊が景徳鎮で太平天国の輔王と戦った、と述べている。これがシャルマースあての手紙の中にあった、景徳鎮での取り調べ事件や、その後の太平軍との戦闘に巻き込まれたことを指していると思われる。
(137)「本部院提訊逆酋供」によれば、羅田県の知県も広東省出身であったためであるという。

第三章　開港場知識人の誕生

前章で述べたように、洪仁玕はロンドン伝道会の布教活動や教育活動に積極的に携わっていたが、一方でこの時期、自らも西洋の学問や制度、技術などについて理解を深める機会を得ていた。洪仁玕は後に供述書の中で、上海では「夷人のところで天文学や暦学などを学んだ」(1)、さらに香港では「西洋人のところで教師をし、また天文学や地理学、暦学、医学などを学び、ことごとく通暁した」(2)と述べている。

洪仁玕が上海や香港で得た知識の情報源が具体的に何であったのかについて彼自身は語っていないが、おそらく重要な役割を果たしたと思われるのが、ロンドン伝道会が香港の英華書院や上海の墨海書館で活発に行っていた出版事業である。ちょうど洪仁玕が上海や香港に滞在した時期の前後に、両地ではキリスト教の布教書のみならず、西洋の自然科学や医学などの知識を伝える雑誌や書物が数多く出版されていたからである。この出版事業を宣教師とともに支えたのは翻訳助手や印刷助手などとして雇われた中国人たち、すなわち序章で筆者が「開港場知識人」として取り上げた人々である。本章では洪仁玕の西洋知識の源流を探ることを念頭に置きつつ、その開港場知識人のキリスト教や西洋の学問知識の受容のあり方について検討してゆくことになるが、洪仁玕と同時代を生きた開港場知識人として筆者がまず挙げたいのが、王韜である。

王韜は近代中国の改革派思想家の一人として数えられる人物であり、香港で『循環日報』を主宰し、変法自強に関する論評を数多く残した人物として名高い。王韜についてはこの『循環日報』などを通して展開された一八七〇年代以降の活発な言論活動が注目されてきたが、一方で彼は一八五〇年代に墨海書館においてキリスト教を受容した知識人でもあり、本章で中心的に扱う墨海書館の出版事業に深い関わりを持った人物でもあった。また王韜は著作や日記なども数多く残しており、それらを通して墨海書館や英華書院の人間関係を浮かび上がらせることも可能である。そこで本章では王韜を軸に墨海書館、英華書院につどった開港場知識人の姿を描いていくこととしたい。

第一節　王韜と墨海書館

（一）　王韜のキリスト教受容

王韜は、一八二八年、蘇州近郊の甫里村に生まれた。父の王昌桂は塾師であったという。王韜も幼い頃から勉学に励み、一八四五年に童試に合格し生員となったが、翌年南京で行われた郷試では落第してしまう。困窮する一家を支えるため王昌桂は一八四七年夏、開港後間もない上海に行き、そこで職を得た。王韜は父の上海での仕事について具体的には述べていないが、実は王昌桂はメドハーストに雇われ、聖書の改訂作業に協力していた。王韜は外国人に雇われて生活の糧を得るという行為には相当の抵抗があったらしく、自身が墨海書館で雇われていたことに対してもしばしば後悔の念や弁解めいた言葉を残している。そんな王韜であるから、父が外国人に雇われていたことは伏せておきたかったようで、『漫遊随録』で上海について述べた中でも、自分は一八四八年に父を訪ねて初めて上海に行き、その際活字印刷を行っている墨海書館のことを知ったので見学に訪れた、と、あたかも父の所在と墨海書館が無関係であるかのような書き方をしている(3)。だが王韜が墨海書館を訪れたのは、何よりもまずそこで働く父に会うためだったはずなのである。

王昌桂はメドハーストの助手の中でも特に重用されていた人物で、メドハーストは王昌桂について「書物に関する膨大な知識を持っており、「歩く辞書室（the walking dictionary library）」と呼ばれていた」と伝えている。しかし一八四九年夏、王昌桂は病気で急逝し、王韜がその跡を継いで聖書の翻訳に携わることになった。メドハーストは「彼〔王昌桂〕の成人したばかりの息子は非凡な才能を持っており、父の知識量には及ばないものの、機転が利くという点では父の上を行くと言われていた。また、文章が優雅で成熟した判断力を持っているとも聞いていたので、彼を雇うことにした。そして彼はあらゆる面で私たちの期待に応えてくれた」と述べている。王韜は「新約の大部分と旧約の全て」に関与しており、メドハーストによれば、「全巻を通しての洗練された平易な文体」の実現は彼に負うものであったのだという。(4)「代表訳本」は後年、「文体を重んずる余り、時には原文の持つ正確な意味をも犠牲にした」と批判もされるほど格調の高い文体が特徴の翻訳であったが、(5)その文体の格調高さはほぼ王韜によっていたとも言えるのである。

旧約聖書の改訂が完成したのは一八五三年四月であったが、その年の夏に王韜は大病を患い、それをきっかけにキリスト教に帰依することを決心した。そして書面でメドハーストに洗礼を申し出、約一年後の一八五四年八月二十二日に洗礼を受けてキリスト教徒となる。王韜は上海支部では二人目の生員の信徒であったため、メドハーストも王韜が洗礼を受けたことについては報告書の中で特に大きく取りあげている。(6)

メドハーストによれば、王韜は一八五三年夏に洗礼志願書を出した後、メドハーストが一八二六年にバタヴィアで出版した『清明掃墓之論』を全面的に書き直す作業に従事していたという。洗礼志願書の中で王韜はキリスト教的な観点に立って祖先崇拝の誤りを批判し、また同時に過去に宣教師らによって出版されてきた布教書の文章の稚拙さが、キリスト教布教の拡大を妨げていると述べており、(7)彼の意見を容れたメドハーストがこの仕事を任せたものと思われる。全面改定を終えたこの書物は『野客問難記』として一八五四年に出版された。そして洗礼を受けた後、さらに王韜はメドハーストが訳した中国語の賛美歌『養心神詩』の改訳にとりかかったという。

このようにメドハーストの報告書からは、王韜が真剣にキリスト教への入信を求め、またその後も熱心に書籍や賛美歌の改訂に協力していた様子がうかがえる。しかし王韜のキリスト教信仰については、これまでの研究では、王韜の著作の中に王韜自らのキリスト教信仰を言明した文章がない、むしろキリスト教と距離を置こうとする態度が見え隠れしていた、さらには日記には遊郭を訪れたりアヘンを吸ったりと「不敬虔」な行動や入信への後悔とも取れるような心境が記載されている、などの点から、王韜は早々に実質的な信仰はなくしていたと見なすのが通説となっている。(8)

ただ、少なくとも王韜の洗礼の状況から見れば、それ自体は決して生半可な気持ちから出た行動ではなかった。洗礼を志願してから実際に洗礼を受けるまでに一年もの準備期間があったことから分かるように、メドハーストもまた入信希望者を厳格に審査する人物だったからである。大病を患ったことで入信を決意した王韜は、直ちに洗礼を受けることを希望していたが、メドハーストは「彼の〔洗礼への〕熱望を引き起こした危険〔すなわち病気〕が去れば、その熱望も冷めてしまう」のではないかと考え、すぐには洗礼を許さずにその決意の程を確かめようとした。そして「決心が変わることがなく、言行にも矛盾がない」ことが確認されて、ようやく一年後に洗礼を受けたのである。(9)

実際のところ、一時は入信を熱望していたものの結局洗礼には至らなかった例もある。王韜が唯一の「知己」と述べたこともあった友人応龍田などはそうであった。(10)王龍田は武官の家系出身で、北京に生まれ、父が広東の副将になったため広東省に移り住んだ。(11)その後、香港の高等法院の通訳やイギリス全権大使の通訳をしていたトマス・ウェイドの使用人となる。ウェイドは北京語のローマ字表記法を考案し、またイギリスの駐清外交団の通訳教育システムを整えたことでも著名であるが、彼の北京語習得及び教材執筆に貢献したのが応龍田であったという。(12)ウェイドは一八五二年初め、マラリアの治療のためにイギリスに一時帰国したが、その際も応龍田を同行させ、中国語の学習を続けた。その後ウェイドは上海副領事に任命され、一八五三年七月、応龍田を伴い上海に到着した。王韜は応龍田について、「六月初旬〔一八五三年七月上旬〕、海外から来て、主人である威君〔ウェイド〕の手紙を持って麦公〔メドハースト〕に謁見しにやってきた。入信してイエスに従いたいと言い、毎日聖書を読みにやってきた」「麦公は熱心にキリスト教について講釈していた」と述べている。(13) つまり上海にやって来た応龍田は、キリスト教への入信を願ってわざわざメドハーストのもとを訪れ、そこで王韜と出会ったのである。時期的にはちょうど王韜が洗礼を志願したのと同じ頃であり、二人はともにメドハーストから洗礼に向けて教えを受けていたと思われる。しかしロンドン伝道会の史料を見る限り、結局応龍田は洗礼を受けてはいないのである。

王韜が「敬虔な」信徒であったかどうかはともかく、『弢園文録外編』をはじめとする著作の中で王韜がプロテスタント・キリスト教と宣教師たちに対して深い理解を示し、また高く評価していたことは広く認められてきたとおりである。(14) そもそも宣教師にとって最も重要であったのはキリスト教を中国人に布教することであり、さまざまな西洋知識の伝播においても、その目的は中国の人々に対してキリスト教の優位や正当性を提示し、入信へと至らしめることにあった。聖書や布教書は言うまでもなく、たとえ一見キリスト教とは直接関係のないことがらについて述べた書物であっても、そこには多かれ少なかれキリスト教の教えに関わる文言が織り込まれていた。こうした書物の翻訳に携わったり、書物を目にしたり、あるいは宣教師と直接交流したりした中国人知識人たちは、例外なく何らかの形でキリスト教にも接することになったのである。知識人たちの反応はさまざまであったが、王韜の場合は少なくとも一旦はそれを熱心に受容しようとする態度を見せた。キリスト教への理解の深さというのは、王韜の言論を特徴付けるもののひとつであるが、それは彼が洗礼を受け、その後数十年にわたって「信徒」生活を送る中で培われたものであった。

（二）　墨海書館の信徒コミュニティ

王韜の日記は彼が入信を決意してから洗礼を受けるまでの期間を含む一八五三年六月半ばから一八五四年九月下旬までの分は現存していない。王韜が洗礼を受けた一八五四年八月の時点では上海やその近郊出身の信徒はわずか十人であったが、現存する九月二十二日（咸豊四年八月朔日）以降の王韜の日記を見ても、教会メンバーとの交流の様子などはほとんど見て取ることはできない。そもそも王韜の日記の内容の中心は、その日誰と会って食事をしたりお茶を飲んだり、あるいは酒を酌み交わしたか、で占められており、それは基本的には入信の前後で変わりはなかった。ただ、九月以降の日記には、日曜日に教会に行ったことや、宣教師の近郊都市への布教旅行に同行し、聖書や布教書を配布したことなども記されており、そうした記述から信徒としての王韜の行動の一端を垣間見ることはできる。

その中で特に興味深いのが、当時ちょうど墨海書館に滞在していた洪仁玕との交流をうかがわせる記述があることである。例えば九月二十二日の日記には「朝起きて経典を音読する」とある。先にも述べたとおり、洪仁玕について述べた後年のエドキンスの報告から、当時メドハーストが毎朝聖書の通読会を行っており、そこに洪仁玕が参加していたことが分かっている。王韜のこの記述はその通読会への参加のことを指しているようにも思われる。[15] さらに十月二十九日（咸豊四年九月八日）の日記には「夜、洪の宿舎に行って聖書の一章を校勘しながら読んだ」とあり、洪姓の人物と聖書を読む機会があったことが分かるのである。[16] 当時の日記に頻繁に現れる王韜の友人の中には洪姓の人物はおらず、また宣教師側の資料から見ても、この時期ロンドン伝道会の教会に洪仁玕以外の洪姓の人物がいた形跡は見あたらない。そのため、この人物は洪仁玕と考えてよさそうである。しかも「校勘しながら読む〔刊読〕」という言葉は、それが聖書の註解書執筆と関連する作業であったことをうかがわせている。エドキンスの報告から洪仁玕が註解書の執筆に関わっていたことが分かっているが、王韜もそれに協力していたと思われるのである。

この後、信徒数が徐々に増加してゆくに従って王韜の日記には信徒の友人たちの名前も登場してくるようになるが、王韜が洗礼を受けた直後のこの時期には信徒と思われる人物は全く登場しない。その中で、「洪」と聖書を読んだ、というこの記事はむしろ特異な印象を与える箇所でもある。だが、実は王韜と洪仁玕のつながりを示す事例はもう一つある。王韜は洗礼後『養心神詩』の改訂に携わっていたが、この賛美歌集は『宗主詩篇』と題名を変え、一八五六年に墨海書館から発行された。もともと『養心神詩』に収録されていた七十篇あまりを全面的に改訂するとともに、さらにこれに九十篇ほどを加えて編集しなおされたものであるが、レッグはこの賛美歌集について、改訂は上海と香港のロンドン伝道会宣教師が進めていたもので、「最終的に洪仁玕ともう一人の中国人によって定稿が完成した」と証言しているのである(17)。洪仁玕が香港に戻ったのは一八五五年春で、その後も彼が賛美歌の改訂に携わっていたかどうかまでは不明だが、いずれにせよレッグの言う「もう一人の中国人」とは明らかに王韜のことであり、この賛美歌集は王韜と洪仁玕の手によって完成したことになるのである。

後年の王韜の日記を見ると、洪仁玕より少し早く上海にやってきて太平天国との接触を試みた屈昂や羅深源とも王韜は親交を持っていたことが分かる(18)。特に羅深源に関しては、王韜が後年彼と再会した時の日記で羅に対する親しみと敬意を表しており、それほど疎遠な仲ではなかったのではないかと思われる(19)。また一八五三年三月にアメリカ公使マーシャルが南京を訪れるために上海にやってきたが、この一行に黄勝も随行しており、やはり王韜と面識を持ったようである。しかし、一八五三、五四年当時の王韜の日記には彼らの名前は登場していない。王韜にはこのような日記には現れないもうひとつの人間関係があったわけであるが、このような信徒間のつながりの一角に洪仁玕も入っていたと考えるべきであろう。

他方、王韜の日記に頻繁に登場する友人たちというのは生員クラスの文人が多いのであるが、その中にはイギリス公使館で働く者や、王韜と同じように墨海書館で働く者も含まれていた。王韜の友人が王韜を通して墨海書館の助手になるケースもあったようである。例えば王韜が「莫逆之交《とも》」と呼んだ李善蘭や蔣敦復はいずれも一八五二年の初め頃には詩文を語る友人として知り合っていた[20]。二人が墨海書館と関わりを持つのはその後のことで、蔣敦復の場合は王韜が宣教師に紹介したことがはっきり分かっている[21]。

墨海書館の助手たちはキリスト教に対する態度はさまざまであったが、少なくとも宣教師とは友好関係にあったし、中には洗礼は受けないものの宣教師の布教活動に協力的な助手もいた。王韜の友人で墨海書館の翻訳助手の代表的人物であり、自然科学関連の書物の翻訳に活躍した李善蘭も実はそうしたひとりであった。

李善蘭は一八一一年に浙江省海寧州の文人の家系に生まれた。幼い頃から特に数学に興味を持ち、九歳で中国の古代の数学書である『九章算術』に通暁し[22]、十四歳の時には明末にマテオ・リッチらによって翻訳されたユークリッドの『幾何原本』六巻を読んでその内容を理解していたという[23]。童試には合格し生員となったが、次の郷試には失敗している。しかしそれを意に介すこともなく、試験からの帰りに『測図海鏡』や『勾股割円記』といった中国数学の名著を手に入れてますます数学の研鑽を積み、また、浙江在住の学者張文虎や張福僖らと親しくし、互いに数学の問題について討論しあっていたという。一八四五年以降『方円闡幽』『弧矢啓秘』『対数探源』などを次々に刊行し、数学者としての名声を築いた。一八五二年夏、上海を訪れた李善蘭は墨海書館のメドハーストのもとに赴き、自分の著書を見せて西洋にこのような算術の学問があるかどうか尋ねた[24]。これを見たワイリーは李善蘭が「算学に精通しており、幾何学について造詣が深くその理論を述べることができる」ことを知り[25]、彼に西洋の数学や天文学の書物の翻訳を手伝うよう請い、以後、李善蘭は墨海書館で科学書の翻訳助手となるのである。一八五二年の七月中旬から、李善蘭はワイリーとともに『幾何原本』の後半の翻訳を開始したという[26]。その後、一八五四年からは平行してエドキンスとともに『重学』の翻訳も始めている[27]。また李善蘭の友人張福僖も一八五三年に墨海書館でエドキンスの翻訳助手となり、「天算格致」に関する複数の書物の翻訳を行った[28]。

この李善蘭と張福僖が、信徒ではないにもかかわらず、エドキンスが一八五四年十一月に行った湖州および杭州への布教旅行に同行しているのである[29]。張福僖はエドキンスの旅行記の記述から見る限り、彼らが湖州にいる間だけ同行していたようであるが[30]、李善蘭のほうは全行程の案内役を務め、税関を通過する際の交渉などを行っていた。湖州滞在中は何の問題も起こらなかったが、杭州では清軍の将軍に見とがめられたために知県の取り調べを受けるというトラブルに見舞われ、結局エドキンスは即刻上海に退去、李善蘭は数日留め置かれて知府の取り調べを受けた後、出身地の浙江省海寧州に送還となってしまう[31]。エドキンスは杭州を去る前にいくばくかの資金を李善蘭に与えていたが、李善蘭が海寧に戻ったときには、これに加えて友人から借りた資金も底をついていたという。エドキンスは自由を得るために賄賂が必要だったことを示唆しているが、いずれにせよ、持ち合わせのなくなった李善蘭は、上海に再び行くことができるだけの資金を工面してから上海に戻るとエドキンスに手紙で伝えている。エドキンスは途中立ち寄った町々で聖書や布教書などを配布していたが、旅行記から見る限り、李善蘭はそうした配布活動まではしていなかったように見受けられる。ただ、税関や地方官とのやりとりの中で李善蘭がキリスト教布教というエドキンスの旅の目的の説明や弁解をしていたことは事実で、また命の危険まではなかったが相当のトラブルに巻きこまれたことも事実である。だが李善蘭はそれを意に介した様子もなく、数ヶ月後には上海に戻り、科学書の翻訳に復帰している。よほどキリスト教に理解のあった人物でなければこうした役目は引き受けられなかったのではないかと思われる。事実、宣教師の報告を見ると、この前後の時期に宣教師の旅行に随行した中国人は王韜のようにすでに洗礼を受けた者か、或いは間もなく洗礼を受ける者かのいずれかであった。こうしたことから、李善蘭はキリスト教に対してさほど拒否感を持っていなかったことがうかがわれるのである。

なおエドキンスは旅行記の中で、湖州で一緒だった張福僖についてかなりの紙幅を割き、彼が執筆したばかりの彗星に関する本の内容などを紹介している。そして最後に、張は「彼の同国人たちが普通に信じている迷信——風水や八卦、雲の中には龍がいる、といった類のこと――を信じておらず、キリスト教には好感が持てると公言している」人物だと述べているのである。おそらく、李善蘭も同じような態度でキリスト教に接していたのではないかと思われる。

ところで王韜の日記は洗礼の時期を挟む一年あまりの中断のあと、一八五四年九月から翌年五月まで続き、その後再び途切れている。これ以後の日記で現存するのは、現在筆者が確認しているかぎりでは、一八五八年二月以降となる。[32] 王韜の日記からだけではっきりしないのであるが、実はこの時期になると王韜の周囲の友人の中には教会の信徒仲間も増えてきている。以下では日記が欠如している間のロンドン伝道会の中国人信徒獲得の趨勢も交えながら、王韜と親しかった信徒たちに焦点を当ててみたい。

王韜が洗礼を受けた一八五四年当時、ロンドン伝道会上海支部では、王韜のような生員の資格を持つ信徒はまだまだ少数であった。宣教師にとっても生員クラスの信徒の獲得は特筆すべきことであったようで、報告書でもしばしばその身分が言及されている。宣教師の報告書の記録に拠れば、一八四五年十一月に上海支部で最初に洗礼を受けた人物が鎮江出身の生員であった。しかし彼は一八五二年の春に「恥ずべき振る舞い」によって金銭を得た、として教会から追放されている。[33] その次に洗礼を受けた生員が王韜である。その後一八五五年にも洗礼を受けた生員がいたが、すぐに故郷の昆山に戻っており、上海の教会のメンバーにはならなかったようだ。[34] さらに翌一八五六年三月、潘詒准という生員が洗礼を受けている。潘詒准は昆山出身で、一八五四年の秋に上海を訪問し、ミュアヘッドと知り合ったという。ミュアヘッドの運営する学校の教師をしながら、メドハーストからキリスト教について学び、洗礼に至るのである。[35] その後もミュアヘッドの学校の教師、助手として働き続けたが、一八五八年の春に牧師に叙任され、[36] 以後上海城内の教会を管轄するようになる。上海のロンドン伝道会の教会で「牧師 Pastor」と呼ばれる地位に就いた最初の中国人信徒であった。そしてこの潘詒准は、字である「恂如」の名で王韜の一八五八年以降の日記にも頻繁に登場しているのである。潘詒准は王韜にとって、ともにお茶を飲み詩について語り合う友人のひとりであり、一八五九年三月には二人で昆山で歳試を受験したこともあった(37)。

潘詒准が洗礼を受けた頃から、上海支部では信徒数が増加しはじめており、それまで入信者ひとりひとりの名前を挙げて紹介していたのが、人数の記載だけになってゆく。また第二次アヘン戦争が起こって内地布教の拡大の可能性が見え始めたことで上海近郊の都市でも布教活動が活発化し、一八五八年には浙江省の松江や平湖などにも教会が作られ、そこで洗礼を受ける者も現れた。上海支部の布教活動は一八六〇年に入って太平軍の江南への勢力拡大の影響で混乱に陥ることになるが、それ以前の段階では少なくとも一八五七年十月に上海で二人、一八五八年の夏頃に平湖で二人、そして一八五九年十一月に上海でひとりの生員が洗礼を受けている。その中で報告書に名前が記されているのは一八五九年十一月に入信した孫姓の人物だけである(38)。

ただし、おそらく一八五八年に平湖で洗礼を受けた二人の生員のうちのひとりと思われる人物に銭文漪がいる。彼もまた字である「蓮渓」の名で王韜の日記に登場する人物である(39)。一八五〇年代初頭にロンドン伝道会の宣教師の語学教師として雇われていたことがあり、また、一八五三年六月から一八五四年二月にかけて、琉球伝道に携わっていた宣教師ベッテルハイムのもとで通訳兼教師をしていたこともあるなど、洗礼を受ける以前から宣教師との関わりが深かった人物である。ベッテルハイムの通訳は、ベッテルハイムが英国教会のスミス主教に人選と派遣を依頼していたもので(40)、スミス主教が一八五三年に上海を訪れた際、ロンドン伝道会の宣教師に相談があったものと思われる。銭文漪は当時すでに故郷の松江に戻っていたのであるが、わざわざ呼び寄せて琉球に派遣されているところを見ると、ロンドン伝道会の宣教師から通訳ないし教師として高く評価されていたのではないかとも思われる(41)。琉球に渡った銭文漪は、ベッテルハイムの通訳として琉球王府との交渉に当たったり、またベッテルハイムとともに日曜日毎に家々を回って布教冊子を配ったりしていたという(42)。帰国後は再び故郷の松江に戻ったが、布教の機会を求めて松江を訪れていたエドキンスを自宅に招いて息子を紹介し、その後息子のひとりは上海の墨海書館の印刷所の助手となり、一八五五年二月に洗礼を受けた。(43)

ロンドン伝道会の宣教師は一八五六年頃から積極的に上海近郊の町での布教活動を展開しはじめており、一八五八年にはグリフィス・ジョンが平湖に家を借り、夫妻でそこに住んで教会を開いた。ジョンは一八五五年九月に上海支部に着任した宣教師である。平湖の教会についてジョンは、一八五八年の前半に入信を表明した六人の中に二人の生員がいたこと、そしてこの六人のうちのひとりでジョンの先生であった人物が、その後松江に開かれた教会を管理するようになったことを報告している。(44) また松江の教会に関しては、ある人物が無償で自宅の一部を貸してくれたとも述べている。(45) 一方、銭文漪は後年発表した詩文の中で平湖の教会でジョンの語学教師をしていたと述べており、また王韜の日記から松江の教会は銭文漪の自宅であったことが判明していることから、(46) この人物は銭文漪を指していることが分かるのである。なお一八五八年十一月には天津条約の締結を受けてイギリス公使エルギン卿が長江を北上する遠征に出発したが、この一行に加わることになったワイリーは、やはり銭文漪を急遽松江から呼び寄せて同行させている。(47) 宣教師からの信頼の篤かった人物であることを伺わせているのである。

このほか、王韜の日記には教会のメンバーであったと思われる人物として黄吉甫や黄春甫（「吉甫」「春甫」はいずれも字）も登場する。王韜の日記にはこの二人の出自については詳しい記述がないが、実はこの二人は兄弟で、兄の黄吉甫は子供のころアメリカで学んだことがあり、英語が達者であったという。弟の春甫は名を錞といい、一八五四年に墨海書館の病院の医師ロックハートの助手となって医学を学び、以後西洋人医師の助手として、また外科医として、四十年以上にわたって墨海書館の病院で働いた。(48) 黄吉甫については宣教師の報告書で Wang-kih-foo と表記されている人物と同一と思われるが、そうであれば一八五六年に伝道師（Evangelist）に任じられた人物である。(49) また、黄錞についてはブリッジマンのもとでキリスト教式の結婚式を挙げたことも王韜の日記に記されている。(50) 彼らも王韜や潘詒准、李善蘭ら墨海書館の住人と一緒にお茶を飲んだり食事をしたりする仲間の一員であった。

このように、一八五〇年代も後半になると上海の信徒数も増加し、近郊都市にも教会ができていく中で、墨海書館を中心に信徒のコミュニティが形成されつつあったことが分かる。さらにそこに李善蘭や張福僖のような信徒ではない文人も、翻訳助手という役割を通して墨海書館とつながりを持っていたのである。

（三）　王韜とキリスト教

ところで、王韜の日記を見ていると、彼は洗礼を受けた後も文人仲間の酒宴にしばしば顔を出し、時には彼らと一緒に遊郭に出向くこともあり、そこでアヘンを吸うこともあった。こうした行為はキリスト教に対する「風刺」であり、王韜には「信徒としての意識など少しもなかった」とも評されてきた[51]。そしてこうした行為ゆえにこそ、王韜のキリスト教信仰は形ばかりのもので、実質を伴っていなかったとされてきた。

しかし指摘しておかなければならないのは、王韜自身は遊郭通いやアヘンを文人同士のつきあいの一環、言わばたしなみの一種として捉えていた感があるということである。もちろん宣教師たちは道徳的な見地からアヘン吸引には厳しい態度を採っており、アヘン常習を断ち切れなかった入信者が教会から追放されることもあった[52]。そのことは王韜も分かっていたはずであるが、一方で王韜は宣教師が中国の文人たちの風流さを理解できないことに対しては日記の中で憤慨に近い非難を浴びせたこともあった[53]。王韜にとっては遊郭で酒を飲むことや、中毒にならない程度のアヘンは、文人的な風流さの延長に過ぎなかったのかもしれない。しかも、こうした行動は王韜ひとりに特別に見られたわけでもなかった。例えば一八六〇年五月、松江を訪れた王韜は銭文漪の家に四泊し、その間毎日どこかの遊郭に行って酒を飲み、アヘンを吸っているが、少なくともそのうちの二日は銭文漪も一緒なのである[54]。また、残りの二日間王韜と一緒に遊郭に出かけていたのは、やはり松江出身の生員の郭福衡であったが、彼も信徒であった可能性が高い[55]。

つまり、彼らの行動から見る限り、王韜ただ一人が特別に不真面目な信徒であったと見なすことはできないのであって、むしろ王韜を含めた文人信徒たちは周囲の文人たちとさほど変わらない生活の中で信徒としても生きていたと考えるべきなのである。そしてまた、旧態依然とした生活というのは彼らだけの問題ではなかった。ミュアヘッドはある報告書の中で一部の「長年教会に集っている」中国人信徒たちの信仰の「脆弱さ、不完全さ」を指摘し、例えば信徒の義務である「安息日〔日曜日〕を守り、一日の全てを神の前に静まって過ごす」ことができない者もいたことを示唆している。しかしミュアヘッドは「教会が小さいために信徒たちが弱く、臆病であるとき、十分にキリスト教徒の鑑であろうとすることは、他の場合と比べてもとても難しいのです」とも述べており、圧倒的少数派である中国人信徒たちの抱える困難に一定の理解も示しているのである。(56)

一方で王韜はこの時期、明確にキリスト教徒の立場で執筆した文章も残している。確かにこれまでも指摘されてきたように、王韜が後年出版した数多くの著作集には彼がキリスト教徒であることを直接明示する文章は見当たらない。しかしそれだけで王韜が信徒としての意識を持つことが全くなかったと決めてしまうこともできないことを、この文章は示している。

王韜が自らのキリスト教信仰に言及しているのは、一八六〇年度の『中西通書』の序文である。『中西通書』はエドキンスが編纂していた西洋暦と中国暦を併記した暦書で、キリスト教の教えを説く文書が数編付されていたほか、一八五三年から一八五八年までの間だけは自然科学に関する小論文も掲載されていた。(57) 後に王韜は『中西通書』に掲載された自然科学関連の文章を『格致新学提綱』と『光学図説』とに編纂し直していることから、これらの小論文は王韜の協力で執筆されていたことが分かる。このようにもともと『中西通書』との関わりが深かった王韜であるが、エドキンスの一時帰国に伴い一八五九年と一八六〇年の二年分の『中西通書』の編集をワイリーが引き継いだ際、王韜は引き続き編纂に協力しており、さらにこの二年分の序文も執筆したのである。(58) 一八五九年の序文のほうは中西の暦の歴史を概観し、現在は西洋の暦法が優れていることを述べたもので特に宗教的な色彩はない。ただ、やはり筆者が見ることのできた一八五四年版の『中西通書』にエドキンスが寄せた序文もキリスト教のことは特に触れておらず、王韜の一八五九年版の序文が特別であったわけでもなさそうである。

一方一八六〇年版『中西通書』の序文では、王韜はやはり最初に西洋の暦のほうが中国の暦よりも優れていることを論じているが、最後は中国と西洋の宗教についても議論している。「「形而下のものを器といい、形而上のものを道という」が、西洋人はその〔形而〕下のものを操っているにすぎない。キリスト教の書物は非現実的で支離滅裂であり、儒教道徳に反する。また天国や地獄の話は仏教の受け売りであり、己を愛する如く人を愛せという教えも墨子のそれと似たり寄ったりである。平易さで言えば儒教の純粋さに及ばず、深遠さで言えば仏教の深さには及ばない。つまり何一つ見るべき所はない」という批判に反駁する形で、王韜は次のように述べている。

天に関する学問では、キリスト教の宣教師ほど熱心な者はない。罪を悔いて主を信じるというのは〔『論語』の「天に罪を得ば、祈るところなきなり」を転じた〕「天に罪を得ば、祈るところは唯一の上帝なり」という意味であり、朝な夕なに願い求め、死後の禍福に兢々とするのは、〔『論語』にある〕「朝に〔道を〕聞かば夕に死す〔とも可なり〕」の意味である。食事のたびに必ず祈りを捧げるのは、〔『礼記』にある〕『〔万物の〕根本〔である天〕に〔恩を〕報い、始祖に〔恩を〕返す」という心を表したものである。歴代の史書の古さはユダヤに及ぶものはなく、天国と地獄の説は説くに深遠で明快であって、仏教の教えはこれを習い聞いて踏襲したに過ぎない。人を愛せということも、〔キリスト教では〕そのためにはまず上帝を愛さなければならないと教えるが、このことは墨子が及ばなかった点である。イエスの贖罪の教えに至っては、かれなくして他に救い主はないのであって、天下の人間はかれの名に拠らずして救いを得ることは決してできないのである。それなのにキリスト教は「道」を知らないなどと言うとは信じがたいことである。

王韜は「道」と「器」の論理でキリスト教を攻撃する見方に対して、『論語』や『礼記』の一節を引用しながらキリスト教の教えはそれらに通じるものであり、むしろ仏教や墨子の教えと比べればその一段上をいくものである、つまりこれこそが「道」なのではないか、と主張しているのである。そして、この序文は「王瀚蘭卿」の署名入りで書かれている。先にも述べたとおり、それまでの前例に照らしても『中西通書』の序文はキリスト教的要素を盛り込まなければならないというわけではなかった。その中で敢えてこのような文章を王韜が書いたということは、やはりここには王韜自身のキリスト教に対する考え方や信仰が表されていると見るべきであろう。

このように王韜には『中西通書』の序文に見られるような、強制されたわけでもなさそうなキリスト教徒としての信仰告白が見られる一方で、日記を通して垣間見えるようなキリスト教徒「らしからぬ」姿も見られたわけであるが、これをどのように考えたら良いだろうか。

上述の序文で王韜は、儒学の教えとキリスト教の教えは矛盾するものではなく、むしろキリスト教が儒学の説く「道」を実現するための真の方法であるというような捉え方をしている。つまり王韜は儒学の価値観を捨てることなくキリスト教信仰をも受け入れていることになるわけであるが、そうは言っても、王韜の周囲では依然儒学とキリスト教は対立するものとして捉えられるのが普通であったし、中国の伝統的な生活習慣や習俗とキリスト教の教えとの間に大きな隔たりがあり、対立があったことも事実である。しかも王韜は中国の伝統的な読書人としての意識が非常に強く、また同じような意識を持つ文人たちと親しく交流していた。王韜の矛盾した姿は、そのような現実の中で二つの価値観——片方は圧倒的多数、もう片方は圧倒的少数の価値観——を生きようとしたことから来る揺れではなかったのかと筆者は考える。

王韜の友人の中には、明確にキリスト教とは一線を引きながら宣教師とつきあっていた文人仲間もいた。読書人を自認し、彼らとの交際を大切にしていた王韜にとっては、彼らと同じ伝統的知識人としての意識と自らの境遇や立場との間で葛藤を覚えることも少なくなかったと思われる。例えば、一八五九年三月十日の日記に記された友人の管嗣復との対話にはそれが現れている。管嗣復は江寧（現南京）出身の生員で、一八五三年に太平軍が南京を占領した際、強制的に書記をさせられた経験を持つ。八ヶ月後隙を見て逃げ出し、蘇州近郊の鄧尉に避難し、一八五七年五月、蘇州近辺を訪れたエドキンスと出会い、「互いに意気投合し」、エドキンスとともに上海にやってきた[59]。そして当時上海にいたホブソンの医書の執筆に協力している。このように管嗣復は宣教師とは友好関係を結び、翻訳にも協力したが、キリスト教には心を許そうとはしなかった。この日記では、王韜との対話の中で管嗣復は、孔子の門徒である自分は「根拠のない」「道理にもとる」キリスト教書の執筆に手を貸すことはできないと述べる。それに対して王韜は、西洋人のところで教師をしている段階でもはや儒学の教えを守り行う道からは外れている、生活のために雇われているに過ぎず、翻訳も単に主人の意図に沿って文言を整えるだけで「〔道理に〕もとるか否かは関わりのないこと」だと答えるが、管嗣復はやはり「生涯彼らの宗教の書物の翻訳はしない」と断言する。これを受けて王韜は、自分が初めて上海に来たとき、よく考えることをせずに一家の暮らしを支えるために西洋人に雇われたことへの強い後悔の念を吐露しているのである。

　だが、このように儒教的価値観ゆえに外国人に雇われていることへの自責や、入信していることへの後ろめたさを感じたり、あるいは士大夫的な感覚からたしなみ程度の遊郭通いやアヘンを容認したりしていたとしても、他方で王韜にとって、ある種覚悟をもって入信したキリスト教もまたそう簡単に捨て去ることのできるものではなかった。なによりも、一八六〇年版『中西通書』の序文を書いたのはこの日記よりも後であることがそのことを物語っている。この序文をもって王韜が徹頭徹尾完璧なキリスト教徒だったということはできないが、同じように、王韜の日記の一節をもって彼の信仰を完全否定することもできない。やはり、儒学的価値観とキリスト教的価値観の間で、王韜は時々に大きく揺れ動いていたと捉えるべきであろう。そしてそれは王韜ひとりに限ったことではなく、この時代の文人信徒たちが共通して抱えていた葛藤であったかもしれないのである。

第二節 『遐邇貫珍』と『六合叢談』

(一) 英華書院、墨海書館の印刷事業の発展

このように墨海書館では王韜や李善蘭、また潘詒准や管嗣復など生員レベルの知識人たちが、キリスト教に対しての態度はさまざまではあったが、宣教師の助手として活躍するようになった。また第一、二章で見て来たように、英華書院においても何進善や洪仁玕のような伝統的な教育を受けた知識人に加え、黄勝や黄寛ら海外で教育を受けた知識人たちが宣教師の活動を支えるようになった。こうした中で、一八五〇年代には両地で活発な出版活動が展開されることになる。

当時墨海書館では、ワイリーが中心となって印刷事業が行われていた。ワイリーは半年ごとに本部宛てに印刷された書物の書名やページ数、印刷部数等を記した報告を送っており、墨海書館でどのような書物が印刷されたのかを詳細に知ることができる(巻末・別表1)。ワイリー自身が印刷技師であったこと、また印刷機器の性能も優れていたことなどから、印刷規模の上では墨海書館は他の伝道会の印刷所と比べても群を抜いていた。一方の英華書院ではシャルマースと黄勝が印刷事業の責任を負っていた。印刷量の上では墨海書館には及ばなかったようであるが、活字の生産の面では優れていたようで、一八四九年にはすでに二種類の中国語の活字が完成しており、それらを広州に設置されたアメリカン・ボードの印刷所や墨海書館も購入していた(60)。

この英華書院、墨海書館が深く関わった刊行物が『遐邇貫珍』と『六合叢談』である。『遐邇貫珍』は一八五三年

八月から一八五六年五月にかけて英華書院で印刷されたもので、モリソン教育協会が出資者であったが、当初編集長を務めていたのはメドハーストであった。一八五四年からは編集長はメドハーストの娘婿で香港の主席治安判事(Chief Magistrate)であったヒリヤーに代わり、さらに一八五五年以降は香港のレッグに代わっているが、一八五三、五四年は特に墨海書館で書かれたと思われる記事が多い。また印刷は英華書院で行われたが、販売は英華書院、墨海書館双方で請けおっていた。『遐邇貫珍』は、西洋事情（政治・通商・地理・生物・医学など）を紹介する論文と、「近日雑報」と称されるニュース欄の二つの部分から構成される「新聞」であった。

一方の『六合叢談』も同じく月刊紙で、『遐邇貫珍』の廃刊後半年を経て、一八五七年一月から一八五八年六月にかけて墨海書館で発行された。こちらはワイリーが最初から最後まで編集長を務め、執筆者もほぼ全て墨海書館の関係者である。しかし、やはり西洋の学問や制度、地理、歴史などを紹介する論文と時事情報によって構成されており、基本的な枠組みは『遐邇貫珍』と共通していた。近年日本でも『遐邇貫珍』『六合叢談』それぞれについて影印を収めた研究書が出版されるなど、両者への注目は高まっている(61)。これまでの研究の内容としては記事中で用いられる用語に関するものが多いが、ここでは従来あまり触れられてこなかった『遐邇貫珍』と『六合叢談』の執筆や出版に携わった中国人知識人に焦点をあててみたいと思う。

(二)『遐邇貫珍』と開港場知識人

まず『遐邇貫珍』について述べてゆこう。『六合叢談』に比べると、『遐邇貫珍』では署名入りの記事は非常に少なく、わずかにチャールズ・ミルンとエドキンス、そして李善蘭のものが一本ずつあるのみである。それ以外で執筆者がはっきり分かるのは、ホブソンが一八五一年に著した『全体新論』や、一八五三年から一八五四年にかけて上海でミュアヘッドが出版した『地理全志』の一部を転載した記事くらいであった。ただ、中国語の校正は必要だったはずで、そのような校正者として、また執筆者のひとりとしても活躍したのがやはり王韜であった。

『遐邇貫珍の研究』において解題を執筆した沈国威氏は、各号の詳細な内容紹介とともに未署名記事の執筆者の推定も行っている。[62]それによれば、第一巻第一号の冒頭に掲載された「序言」や、第一巻第四号に掲載されたGodの訳語をめぐる問題について述べた「援辨上蒼主宰称謂説」はメドハーストによるものである可能性が高いという。そして「序言」は対句が用いられるなど格調高い文章でもあることから、王韜の添削を経ていることが推測されている。「援辨上蒼主宰称謂説」については、解題では王韜には言及されていないが、聖書翻訳においてメドハーストから最も信頼された助手であり、用語論争の間もずっと彼とともにいた王韜が、この記事についても添削を行った可能性は高いと思われる。このほか、「西国通商遡源」（第一巻第三号）や「粤省公司原始」（第二巻第三―五号）も、後に『六合叢談』に連載されたワイリーと共同執筆の「華英通商事略」との連続性、補完性を見て取れることから、やはり王韜が執筆したものであろうと推測されている。また「彗星説」（第一巻第三号）はチャールズ・ミルンの署名付き投稿記事であるが、文中に登場する「王氏」は王韜であり、実際には王韜が執筆したものであろうと推測されている。実は王韜の一八五三年八月二十三日（咸豊三年七月十九日）の日記には「彗星を見る。ともに「彗星説」一篇を執筆する」とあり、共著の相手は書かれていないものの、この記事がまさに王韜の作であったことを裏付けている。このように『遐邇貫珍』の複数の記事について、王韜は執筆者や校正者として協力していた。

また、『遐邇貫珍』の特徴のひとつに、中国人の海外見聞録がいくつか掲載されている点をあげることができる。「琉球雑記述略」（第二巻六号）、「瀛海筆記」（第二巻第七、八号）、「日本日記」（第二巻第十一、十二号と第三巻第一号）、そして「瑹非立金山地志」（第四巻第三号）の四本である。「日本日記」はペリー提督の二回目の日本訪問に随行した香港の商人羅森によるものとしてすでに有名であるが、それ以外の記事はあまり知られていない。しかし沈国威氏が「解題」で指摘するとおり、これらのうち「琉球雑記述略」と「瀛海筆記」の二編はいずれも王韜の友人の見聞録であり、特に「瀛海筆記」の方は友人の見聞に基づいて王韜が執筆したものであった。沈氏は一八七五年出版の王韜の著作『甕牖余談』の記述から、「琉球雑記述略」を記したのは「銭蓮渓」、「瀛海筆記」の内容を王韜に提供した人物は「応雨耕」であるとしている。(63)すなわち、前節ですでに取り上げた銭文漪と応龍田である。

先にも述べたとおり、銭文漪はベッテルハイムの教師兼通訳として一八五三年六月に琉球に渡った。「琉球雑記述略」の冒頭には、「癸丑の年〔一八五三〕、友人が海の向こうの琉球に二年逗留し、私に雑記一冊を送ってきた。その風土や人々、様々なことがらについて非常に詳しく述べているので、ここにその概要をまとめて一篇の文章にし、旅行者の参考にしてもらいたい」とある。(64)ここでは「雑記」の著者は琉球に二年間いたと述べられているが、実際には銭文漪は一八五四年一月には使用人の中国人と一緒に琉球を離れてしまっており、王韜の『甕牖余談』「琉球風土」でも銭文漪は琉球で「八ヶ月を過ごした」とされている。(65)なぜ敢えて「琉球雑記述略」が二年としているのかは不明であるが、「琉球雑記述略」と『甕牖余談』の「琉球風土」の内容はよく似ており、王韜と銭文漪の関わりの深さを考えれば、「琉球雑記述略」は銭文漪の作をもとに王韜がまとめた文章と考えてよいであろう。

一方「瀛海筆記」については、王韜は日記でも比較的詳しく説明しており、応龍田が王韜に自らのイギリスでの見聞を語り、王韜がそれをまとめたのだという。王韜は一八五三年八月にこれを書き上げたと記している。(66)これが翌年、『遐邇貫珍』に掲載されたのであった。(67)

この他にも王韜とともに墨海書館で働いていた助手たちも『遐邇貫珍』の中にその足跡を残している。『遐邇貫珍』における中国人の署名記事は一本だけであるが、その「景教流行中国碑大耀森文日即礼拝日考」（第三巻第十号）を記したのが李善蘭である。これは表題通り、景教流行中国碑に見られる「大耀森文日」とは日曜日を指すものであることを数学的に証明した文章である。当時李善蘭は『幾何原本』の翻訳を続行中で、さらに一八五四年にはこれと平行してエドキンスとともに『重学』の翻訳も始めていたのであるが、これはその合間に書かれたものと思われる。

数学者としての李善蘭の活躍ぶりを伝えるものと言えよう。

また、第三巻第五号の「仏国烈女 若晏《ジャンヌ・ダルク》記略」の執筆には李善蘭や王韜の友人蔣敦復が協力していた可能性がある。蔣敦復（号は剣人）は一八〇八年に上海の宝山に生まれた。筆禍事件を起こしたことがあり、罪を恐れて出家したが、まもなく還俗している。王韜や李善蘭と知り合ったのち、折しも小刀会が上海城を占領したため、墨海書館の王韜の家に避難し、そこで二年ほど過ごしたという。ちょうどこの頃王韜はミュアヘッドに協力して『地理全志』と『大英国志』の添削に携わっていたが、蔣敦復が経済的に困窮していたため、蔣敦復をミュアヘッドに紹介し、この仕事を彼に任せるよう取りはからっている。『地理全志』については実際に蔣敦復がどれだけ関わったかはあまりはっきりしないのであるが、『大英国史』の翻訳には彼が全面的に協力した(68)。

「仏国烈女若晏記略」は『遐邇貫珍』では唯一の西洋の歴史人物の伝記であるが、『六合叢談』にはエドキンスによる「西学説」と題された西洋の文芸に関わる著名人の伝記が連載されており、類似性を見て取ることができる。「仏国烈女若晏記略」もエドキンスの執筆である可能性が高いと言えよう。一方この「西学説」の連載開始とほぼ同時に蔣敦復の「海外異人伝　該撒《カエサル》」も『六合叢談』の一巻第二号に掲載された。このカエサル伝は蔣敦復が執筆した「海外異人伝」のうちの一篇で、残りの二篇のうちの一篇がやはりジャンヌ・ダルクの伝記であった。王韜の『甕牖余談』に収録された蔣敦復のジャンヌ・ダルク伝と「仏国烈女若晏記略」を比較すると、後者の方が圧倒的に分量が多く、また文体も極めて平易である(69)。ただ、同じ人物の伝記であることと、蔣敦復が執筆したもうひとつの伝記が『六合叢談』に掲載されたことを考えると、もともと蔣敦復が「仏国烈女若晏記略」や「西学説」の添削に携わっており、その経験をもとに「海外異人伝」が執筆された可能性が高いように思われるのである。

以上のように、王韜やその友人たちが『遐邇貫珍』の記事執筆に関わっていたことが分かるのであるが、一方で『遐邇貫珍』の発行地である香港でも当然ながら中国人助手の力を借りて記事の執筆や編集が行われていたはずである。香港で書かれたと思われる記事の中には香港の歴史と現状を紹介する「香港紀略」（第一巻第一号）や、香港からイギリスへの道のりを紹介する「西程述概」（第一巻第二号）、イギリスの政治制度を紹介する「英国政治制度」（第一巻第三号）、香港の立法過程を紹介する「本港議創新例」（第一巻第四号）、また、香港の年間支出統計報告「香港進支費項」（第三巻第四号、第四巻第三号）など、香港と関わりの深い記事も多い。特に香港の行政に関わる文章は二代目の編集長であり、香港政府の役人であったヒリヤーが関与していたと思われる。一方、上記の記事のうち「香港紀略」や「西程述概」などはロンドン伝道会の宣教師、すなわちレッグやシャルマースらが執筆に関わっていたと考えられる。ただ、いずれも最終的には中国人の校正を要していたはずであるが、これに関してチャイナ・メール紙は同紙の創刊を伝える記事の中で「レッグ博士の学校で教育を受けた若者のひとりが翻訳者として雇用され、また優秀な中国人学者が西洋人の監修のもと、添削に当たっている」と伝えている。(70)翻訳者の若者については詳細は不明であるが、文章の添削をした「学者」と思われる人物で、また実際『遐邇貫珍』に掲載された文章の執筆者でもあったことが判明しているのが、牧師の何進善である。

何進善が執筆したのは「新旧約書為天示論」（第三巻第二号）で、その末尾には、この文章は「新約全書注釈」の序文であると記されている。「新約全書注釈」はレッグの監修のもと何進善によって執筆された。ワイリーによれば、まずマタイ伝の十四章までが一八五四年に香港で出版され、その後随時続きが出版されていったのだという。(71)レッグはこの註解書について本部宛ての報告の中でも言及しており、実際にはレッグの監修の必要はほとんどなく、何進善は「すぐれた神学者、かつ明晰で力強い思想家」であり、イギリスの註解書執筆者にも引けを取らない註解をつけた、と評価している。(72)新旧約聖書について解説した序文もまた何進善が執筆したもので、この序文の部分だけが広州で『新旧約聖書為天默示』という題名で出版され、その後改訂版も数回出された。『遐邇貫珍』は、単独の冊子としても出版されていたこの何進善の文章を転載したのであった。レッグから高い評価を得ていた何進善であるので、『遐邇貫珍』の校正者としても重用されていたのではないかと思われる。また一八五三年以降印刷所の運営に深く関わるようになっていた黄勝も、一八五五年一月号から始まった広告掲載の窓口になっているなど、『遐邇貫珍』の編集と発行にも携わっていた。

一方、先に挙げた、『遐邇貫珍』に掲載された四篇の中国人による海外見聞録の中の「砵非立金山地志」も香港のロンドン伝道会の教会のメンバーが書いたものであるように思われる。先にも述べたように、一八五〇年代に入ると、サンフランシスコやオーストラリアに向かう移民が大量に香港経由で国外に出て行った。そのような移民たちが香港で船を待つ間、ロンドン伝道会の教会の礼拝にやってくることも多く、神学校の学生の中には移民先での布教活動を志す者も現れ、一八五四年一月には五人の若い信徒がサンフランシスコに渡って華僑への布教を開始し、一八五五年には三人の予備学校卒業生がオーストラリアでの布教を志して出立している。(73)「砵非立金山地志」は一八五五年に香港を出発した「友人」が送ってきたものであるとされ、香港からオーストラリアのポートフィリップ湾までの航海や現地の様子、メルボルンの金山の状況などが述べられている。レッグは一八五六年の年頭の報告書の中で、オーストラリアに渡った若者たちがメルボルンで現地の宣教師とともに布教拠点を開いており、そのうちの二人ホー・ロウとジュー・ロが到着直後に書いた手紙も受けとったと述べている。(74)時期や内容から見て、おそらくこの手紙の一部が「砵非立金山地志」として『遐邇貫珍』に掲載されたものと思われるのである。

なお、ホー・ロウはその後間もなく宣教師の助手を辞し、メルボルンで別な職に就いたという。(75)一方のジュー・ロは宣教師のもとで布教活動に従事し続けた後、一緒にオーストラリアに渡ったもう一人の若者梁柱臣とともに一八五九年の終わり頃に香港に戻り、教理問答教師(Catechist)に任じられている。梁柱臣も布教活動を助ける助手となった。(76)

また、『遐邇貫珍』ではサンフランシスコ移民に関する記事や移民輸送船の規則に関する記事なども掲載されていたが、その中に「唐植」という人物が二回登場する。最初は第一巻第一号の「金山採金条規」で、英語の原文を翻訳した人物として名前が挙がっており、二回目は第二巻第三、四号の「近日雑報」の中で、サンフランシスコの新聞に唐植が現地の保安兵のために寄付金を集めて贈ったと報じられたことが伝えられている。この唐植とは唐廷植のことで、やはり宣教師とつながりのある人物であった。

唐廷植はモリソン記念学校の学生で、しかも黄勝や容閎と同じ第一期生であった(77)。また唐廷植の弟の唐廷枢と唐廷庚もやはりモリソン記念学校に入学している。唐廷植は一八三九年十一月の開校時十一歳であったが、数年後には、在学中ながら、イギリス政府からの依頼で開設されたばかりの上海領事館に通訳として派遣されたこともあったという。一八四九年にモリソン記念学校が閉校になると、唐廷植は聖ポール書院に、唐廷枢と唐廷庚は英華書院にそれぞれ転校した。唐廷植はその傍ら一八四七年からは香港の治安判事裁判所の通訳としての官職も得ていたようである。ただ信用に欠けるところがあったらしく、裁判で被疑者と結託したとの嫌疑をかけられ、結局一八五一年九月には解雇され、その後一八五二年の初めにカリフォルニアに渡った。一八五一年六月に英国教会のスミス主教から洗礼を受けており、カリフォルニアでも現地の宣教師に紹介され、高評価を得ていたが、その後は華人教会の立ち上げなどにもあまり関わることはなく、むしろビジネスや現地当局との交渉の場面で華人社会のリーダーとして存在感を強めていった。一八五二年のうちに広東省香山県出身者の同郷組織「陽和会館」のトップになっており、ちょうどその頃に起こってきた金の採掘労働から華人を排斥しようとする運動に対し、華人社会の代表の一人、また通訳としてその非を訴えたという。『遐邇貫珍』の「金山採金条規」は一八五三年三月に議決された移民による金採掘に関わる規則改正について関連部分を抜粋して中国語に訳したもので、金採掘のライセンスに関する規定や罰則、納税の義務等について記されている。華人排斥が阻止されたことを示すものでもあり、だからこそ『遐邇貫珍』でも大きく取りあげられたのであろう。

なお、弟の唐廷枢は唐廷植が解雇されるとその後を受ける形で治安判事裁判所の通訳として採用され、一八五六年までその職にあった。唐廷植も一八五七年には帰国し、帰国後は海関の仕事に就いたという。『遐邇貫珍』にはこのように宣教師や中国人信徒、助手、さらにその友人たちなどさまざまな人々が執筆した記事が掲載された。さらに中国内外のニュースも「近日雑報」として毎号掲載され、太平天国に関する情報や欧米諸国の動向などもいち早く報じられていた。

(三)『六合叢談』と開港場知識人

『遐邇貫珍』は編集長レッグの多忙を理由に一八五六年五月号で廃刊となったが、その約半年後、一八五七年の一月に刊行されたのが『六合叢談』である。『六合叢談』では上海のロンドン伝道会の宣教師や中国人助手が主な執筆者であり、彼らの署名入りの記事も増えている。ミュアヘッド、エドキンス、ウィリアムソン、ワイリー、の四名の上海在住の宣教師の署名記事が多く見られるほか、蔣敦復、韓応陛、王韜、路得、の四名の中国人の署名記事も一本ずつ掲載された。また、ミュアヘッドの「地理」及び「総論耶穌之道」やエドキンスの「西学説」、ウィリアムソンの「真道実証」、また、署名はないがワイリーと王韜の共著である「華英通商事略」「西国天学源流」「重学浅説」など、書き下ろしの連載ものが多かったことも特徴的である(78)。

上記の中国人の署名記事のうち、蔣敦復のものというのは『遐邇貫珍』のところでも触れた「海外三異人伝」のひとつ、カエサルの伝記である。先にも述べたとおり、西洋人の伝記を集めた「西学説」はエドキンスが蔣敦復とともに翻訳したものと考えられ、そのうちのひとつに蔣敦復が独自の潤色を加えたのが本編であると思われる。また、ミュアヘッドの連載「地理」についても、蔣敦復がミュアヘッドの『地理全志』の一部や『大英国志』の校正を行っていることから、同じ地理関連の文章ということで蔣敦復が協力した可能性が高いだろう(79)。

また、同じく署名のある路得の「封徳明先生行略」（第一巻第十二号）は、寧波で布教していた米国長老教会の宣教師クオーターマンの追悼文である。文中には路得はクオーターマンの中国語教師だった人物で、その後キリスト教徒になったと記されている。『六合叢談』は寧波でも販売されていたため、投稿されたものであろう。

そして残りの二つの中国人による署名記事は、第一巻第四号の韓応陛の「用強説」と、それに対して反論した第九号の王韜の「反用強説」である。韓応陛は松江出身の挙人で、西洋の学問への関心が高く、特に物理学に関しては自ら数編の文章を書き残しているという。[80] 李善蘭がワイリーとともに訳出した『幾何原本』を私費を投じて出版したことで知られる人物でもある。[81] 韓の文章はいわゆる「盛者必衰」を説くもので、王韜によればその意図はイギリスを牽制することにあったという。これに対し「戯れに」反論したに過ぎないと王韜自身は述べているようであるが、[82] 近代中国史上はじめて月刊紙という場を借りて論戦が行われたという意味では非常に興味深い記事であり、ここに後にジャーナリストの先駆者となる王韜の才能の片鱗を見ることも可能である。

一方、『六合叢談』には「総論耶穌之道」や「真道実証」のようにキリスト教の教義を説く文章も多く見られる。これらは主にミュアヘッドと一八五五年に着任したウィリアムソンが執筆したもので、やはり中国の古典が引用され、対句が使用されるなど格調高い文体である。もちろん信徒でもあった王韜がこれらの文章の執筆に協力していた可能性が考えられるわけであるが、実は『六合叢談』の刊行が始まる直前の一八五六年の冬頃に王韜は外に出歩けないほどに足を患い、翌年の五月頃には上海を離れ、故郷の甫里で療養するという事態になっている。[83] しかもこの時、王韜は墨海書館での助手の仕事を一旦完全にやめていたと思われる。というのも、この時期のことについて述べた手紙の中で王韜は、故郷に戻って多くの医者に診てもらったが一向に良くならず、お金も使い果たしてしまい、家族を養うためにしかたなく再び上海に出てきて以前の生活に戻った、幸い西洋人は往時のよしみを思って優遇してくれた、という書き方をしているからである。[84] そして王韜が助手の仕事を辞した背景には、メドハーストの死も大きく影響していたと思われる。メドハーストは一八五六年の秋に一時帰国のために上海を離れたのであるが、ロンドン到着直後に急死してしまった。その知らせが上海に届いたのは一八五七年の四月、王韜が故郷に帰る直前のことである(85)。先の手紙にはこの報に接して王韜がひどく悲嘆に暮れた様子も書き記されている(86)。王韜にとって「主人」であり、敬愛の念を抱いていた人物でもあるメドハーストの突然の死と自らの不調から、王韜は一旦墨海書館を去ったものと推測されるのである。実際、この間王韜が執筆に関わっていた「華英通商事略」は第一巻第二号（一八五七年二月）に第一回が掲載された後、第六号（一八五七年六月）まで中断し、「西国天学源流」も第五号（一八五七年五月）に第一回が掲載された後、第九号（一八五七年九月）まで中断しており、王韜の不在がこれらの記事の執筆に影響を及ぼしていたことを伺わせている。一方で「真道実証」やミュアヘッドの単発の宗教記事はこの間も継続的に掲載されている。こうしたことを考えると、宗教記事の添削に当たっていたのは王韜ではなく、むしろ潘詒准だったのではないかと思われるのである。潘詒准は一八五六年に洗礼を受けており、『六合叢談』が刊行される時期にはすでにミュアヘッドの学校で教師をしていた。『六合叢談』で宗教記事を多く執筆していた宣教師のひとりはミュアヘッドであり、彼と親しかった潘詒准がそれに協力していたことは十分に考えられるだろう。

王韜は、洗礼を受けた時には宣教師の報告書の中で大々的に取りあげられ、洗礼志願書も翻訳されて報告されるほどであったが、その後宣教師の報告書で名前を挙げて特別に取りあげられることはほとんどなかった。これに対し、潘詒准は宣教師からその信仰について高い評価を受けていた。ミュアヘッドは潘詒准を牧師に叙任するにあたって、彼が「聖書の真理についての極めて豊富な知識を身につけ」ており、それを「誠実かつ厳粛に、そして知的なやり方で周囲の仲間たちに伝えられるだけの十分な素質」を持っていて、しかも「彼を知る全ての人から尊敬されている」人物であると述べている(87)。またこれより後の報告書の中でジョンも、潘詒准は「我々の最も有用な中国人スタッフであり、しかも非常に謙虚なキリスト教徒である」と述べている(88)。聖書についての知識やキリスト教布教に対する熱意もあり、しかも文人としての素養も持ち合わせていた潘詒准は、宣教師のキリスト教関連の文章の添削者としてもうってつけであったはずである。『六合叢談』に見られるミュアヘッドやウィリアムソンの教義関連の記事執筆には潘詒准の協力もあったのではないかと思われる。

このように墨海書館の宣教師や助手たちを中心に『六合叢談』においても多様な記事が掲載された。また『遐邇貫珍』と同じく内外のニュースも報じられ、特に「泰西近事述略」という題名で毎号ヨーロッパの時事情報が比較的詳しく報道されていたのが特徴的である。

第三節　墨海書館における西洋知識の発信

（一）　自然科学書、医書、地理書の刊行

前節で見て来たように、『六合叢談』に関わった中国人知識人の中には例えば韓応陛のような、西洋の新しい学問知識への興味から墨海書館と関わりを持つ文人もいた。また、『六合叢談』の記事執筆とは直接関わらなかったが、別な形で宣教師に協力した知識人たちもいる。彼らを墨海書館に結びつける紐帯となっていたのが数学者李善蘭であった。彼は一八五六年に『幾何原本』と『重学』の翻訳を終えた後も、ワイリーとともに『談天』や『代数学』『代微積拾級』を、ウィリアムソンとともに『植物学』を訳出するなど、精力的に自然科学書の翻訳を行っていた。李善蘭は韓応陛をはじめ張文虎、張福僖や張斯桂といった数学者たちと親しくしており、李善蘭との人間関係を通じて、張福僖がエドキンスに協力して『光論』などの書物の翻訳に携わり、また、張斯桂がミュアヘッドの『地理全志』の下冊の改訂を行うなど、墨海書館の翻訳事業に直接関わる者も現れたのである。

李善蘭をはじめとする中国の学者たちのレベルの高さは宣教師にも深い印象を与えていた。ウィリアムソンは一八五七年四月の報告書の中で、ワイリーが『代数学』や『代微積拾級』『談天』の出版や翻訳の準備に取り組んでいることに触れた上で、「この国の知識人の特性を知らない人は、このような書物を出版するのは時期尚早だと考えるかもしれません。しかし、それは大きな間違いです。彼らの多くは卓越した数学者なのです。彼らは様々な発見において我々より数世紀も先んじていました」と述べ、さらにピタゴラスの定理やホーナーの方程式の解答法はそれが西洋で発見されるよりも何百年も前に中国で発見されていたことを記している。[89]『代数学』『代微積拾級』『談天』は一八五九年に墨海書館で刊行された。

また蘇州でエドキンスに出会い、上海にやってきた管嗣復も宣教師の翻訳事業に協力している。管嗣復が上海に来たのは一八五七年五月であるが、当時ちょうどロンドン伝道会の医師ホブソンが第二次アヘン戦争の戦乱を避けて広州を離れ、上海に移ってきていた。上海でホブソンに会い、医学について議論し合った管嗣復は、ホブソンに協力して医学書の翻訳を行うことになった。[90]そして一八五七年の年末にはホブソンと管嗣復の手になる『西医略論』が、翌一八五八年には『婦嬰新説』『内科新説』が出版されるのである。しかし一八五八年の年末にホブソンは帰国することになり、[91]管嗣復もホブソンが帰国すると墨海書館にはとどまらず、鄧尉に帰ってしまった。しかし収入がなかったためか一八五九年三月には再び上海に戻り、今度は王韜からブリッジマンに紹介された。ブリッジマンは当時、夫人が運営する女学校や教会の管理などを行いながら旧約聖書の改訂を続け、またその傍らで『美理哥合省国志略』の改訂も行っていた。上述のようにキリスト教に関わる書物の執筆に関わることを拒絶していた管嗣復は、聖書の改訂への関与は固辞したが、『美理哥合省国志略』の改訂には協力することになり、一八五九年の三月から二ヶ月ほどこの仕事に従事している。[92]『大美連邦志略』と題名を変えたこの書物は一八六一年に墨海書館から刊行された。なお、ブリッジマンのそばには梁発の息子進徳もおり、旧約聖書の改訂はもちろん、この『大美連邦志略』の改訂にも協力していた。[93]

（二）　墨海書館における知識人ネットワークの広がり

一方、直接宣教師の翻訳作業に協力することはなかったものの、やはりこの時期に西洋の科学に興味を持って墨海書館を訪れ、宣教師と親しくなった知識人たちもいる。彼らもその多くはやはり李善蘭を介した人間関係のなかで墨海書館を訪れていた。例えばデント商会の買辦であった曾寄圃や、[94]また後に江蘇巡撫となる徐有壬などがそうであった。徐有壬は暦学や算学に通じていた人物で、一八五七年に墨海書館を訪れ、印刷所を見学したりミュアヘッドやウィリアムソンらと交流したりしていたという。[95]徐有壬自身が墨海書館とつながりを持っていたためか、墨海書館に集っていた中国人知識人たちの中には、徐が一八五九年の始めに江蘇巡撫になった後、その幕僚になる者もいた。王韜とも親しかった周弢甫がそのひとりである。周弢甫は一八五三年頃には王韜と知り合っており、王韜の友人の中でも比較的付き合いが長い。周は他の者たちよりも出世が早く、一八五八年の秋には曾国藩にその才能を買われて幕下に迎えられていた。しかし大金を使い込んでしまったため、曾国藩から推薦を受けることができなくなり、一八五九年の春には江南軍営に移って和春のもとで上奏文を作成する仕事をしていたが、その後、徐有壬の幕僚となったのである。[96]

また、曾寄圃を介してこうした文人たちと交際していた人物として容閎がいる。香港での生活に早々に見切りをつけ、一八五六年の後半には上海に来て新たな道を模索していた容閎は、翻訳の仕事をする中で曾寄圃と知り合った。曾寄甫は「教養の高い中国人で、その廉潔と知性によって非常に尊敬と信頼を受けていた人物だった。長い間商会と関係を保ってきたうえに学問の愛好者であったから、中国の各地から一流の学者が彼のもとに集まって来たし、業務上の取引のために上海その他の地方の中国で第一流に属する富豪や実業家と接触を保っていた」という。[97]容閎は曾寄圃の紹介でデント商会の代理人として長江流域で茶と生糸の集荷業務を行うようになる。そして曾を通じて李善蘭や張斯桂らと面識を持ったのである。[98] また容閎はロンドン伝道会の宣教師が中心となって開いていた英語で礼拝を行うユニオン・チャペルの祈禱会に参加していたとも述べており[99]、ロンドン伝道会の宣教師とは直接のつながりも持っていた。

このように、李善蘭の周囲には様々な立場の、そして文人としての素養の高い人々との社交的なつながりができており、彼らは李善蘭を通してエドキンスやワイリーら西洋の学問の伝播に熱心であった宣教師とも親交を深めていったことが分かる。一方、李善蘭の名声を慕って墨海書館を訪れる人々もいた。徐寿や華衡芳らがそうである。

徐寿は一八一八年江蘇省無錫に生まれた。科挙の童試を受けたこともあったが合格せず、科挙のための学問は「実用に合わないと考え」、その道を捨てたという。[100] むしろ徐寿は科学（「格致」）に興味を持ち、天文学や暦学などを好み、自ら機器や古楽器などを製造したこともあった。その後近隣に住む文人華翼綸と知り合い、その息子である華衡芳と終生に渡る友情を築く。華衡芳は一八三〇年の生まれで徐寿より一回りも年下であったが、やはり科学に深い興味を抱いており、天文学や数学などについてしばしば二人は議論し、研究を重ねたという。一八五六年、徐寿らは上海に赴き、李善蘭を訪ねた。これが、この二人が西洋の科学により直接的に触れる端緒となった。

墨海書館を訪れた徐寿と華衡芳は李善蘭らと議論を交わし、また、ウィリアムソンやワイリーら宣教師とも面識を持った。この時彼らは一八五五年に広州で出版されたホブソンの『博物新論』を入手し、喜んで持ち帰ったという。また、上海では様々な実験器具も購入しており、郷里に戻ってからは自らの手で機器を製造し、『博物新論』に述べられている理論の実験に熱中した。二人は気付いたことがあれば本の中に書き込み、互いにそれを見せあって分からないところを議論しあったという。[101] その後もしばしば二人は墨海書館を訪れており、李善蘭や宣教師らとの交流を続けていた。

ウィリアムソンは一八五七年の十一月にイギリスに帰国したが、その際、徐寿が数年前に鋳造したメキシコ銀貨の模造品を数十枚買い取って持ち帰り、大英博物館に寄贈した、という逸話が残っている。この銀貨の模造品は非常に精巧で、重さも装飾も本物と寸分違わず、市場で商人に見せても新しく鋳造されたものであるということ以外では見分けがつかないほどであったという(102)。華衡芳も徐寿について、「新奇なものを作ることにかけては西洋人にひけをとらず、呂宋銀銭〔スペイン銀貨〕の鋳造にも長けていて、本物の銀貨と混ぜても見分けがつかないほどだった。また、自鳴鐘〔自動的に時を知らせる時計〕や羅針盤なども非常に精巧に作ることができた。ある時西洋人が造った汽船に乗ったが、その輪軸や機器を見ただけでその製法が分かっていた。非常に聡明な人物というべきである」と述べている(103)。

一方エドキンスは一時帰国を終えて一八五九年九月に上海に戻ったが、その後李善蘭とともに写真の撮影法を論じた『照影法』の翻訳に着手し、またカメラや現像に必要な機材などを購入して黄鋍に撮影法を伝授している。結局『照影法』の翻訳は完成しなかったようであるが、一八六〇年の四月から五月にかけて、李善蘭や管嗣復と親交のあった呉嘉善が墨海書館を訪れ、王韜とともにエドキンスのところに写真撮影について質問に行ったり、黄鋍に写真を撮ってもらったりしたこともあったという(104)。この呉嘉善というのは一八五二年に進士に合格し翰林院編修を務めた人物で(105)、江蘇巡撫の徐有壬とはこの北京在住時代からの友人であったという。翰林院を離れた後は南方を転々としていたようで、上海にもしばらくおり、一八六〇年二月に初めて兄とともに墨海書館を訪れ、蒸気機関を見学していた。なお、ちょうど同じ時期には華衡芳や徐寿、そして紹興府の懐午橋太守の役所に勤めるようになっていた管嗣復らが連れだって墨海書館を訪れており、やはり王韜や黄鋍らと旧交を温めている(106)。こうした訪問者たちは当然エドキンスやワイリーらとも交流があったはずで、少なくとも一八六〇年の前半まではこのような中国人知識人と宣教師たちの交流が続いていたことが見て取れる。

なお管嗣復の関連で言えば、管嗣復は『校邠廬抗議』で名高い馮桂芬とも親しかったようである。馮桂芬は蘇州出身の進士で、翰林院編修として足かけ七年ほど北京に暮らしたが、昇進の機会に恵まれず、父の服喪のため郷里にいた一八五三年、太平軍の攻撃に対抗して団練を組織した。その功績で北京に呼び戻されることとなり、一八五八年から一年余り再び北京に在住している。(107) 管嗣復は鄧尉に避難していた時期に、馮桂芬と知り合ったものと思われる。一八五九年三月一日の王韜の日記には、北京にいる馮桂芬から管嗣復に宛てられた手紙について言及されており、管嗣復と馮桂芬が互いに外国に関する情報をやり取りしていたことが見て取れるのである。(108) その後馮桂芬は一八五九年のうちに北京から蘇州に戻り、鄧尉に隠棲している。経世論で著名な馮桂芬であるが、数学書も著しており、そのうちの一冊『西学新法直階』はワイリーと李善蘭による『代微積拾級』の解説書であったという。(109) 一八五九年に帰郷した頃に執筆に着手したものであるとされており、馮桂芬が『代微積拾級』を入手するにあたっては管嗣復の仲介があったのではないかとも思われる。というのも、管嗣復は一八五九年五月に『大美連邦志略』の改訂作業を終えたあと、すぐにまた鄧尉の自宅に戻っているからである。(110) また管嗣復を通して馮桂芬は王韜が書いた経世論を読む機会もあったようで、王韜によれば、馮桂芬はそれを高く評価していたという。王韜がヨーロッパ事情を馮桂芬に手紙で伝えることもあったようだ。(111) 馮桂芬が海外情勢や西洋科学への関心が高かったことはよく知られているが、少なくとも馮桂芬の情報源の一端として管嗣復や王韜が一定の役割を果たしていたことが推測されるのである。

このように、墨海書館は開港場知識人が新しい西洋の学問や技術に関する知識と触れる場となっただけでなく、知識人同士のネットワークを形成する場ともなっていった。伝統的な士大夫然とした文人たちに直接西洋の知識に触れる機会をもたらしたのが墨海書館であったとも言えよう。

(三) 墨海書館をめぐる環境の変化

翻訳や出版、そして知識人同士の交流などを通して西洋知識の伝播に貢献した墨海書館であったが、一八五〇年代末にはこうした状況に徐々に変化が現れてくる。まず、さまざまな情報を発信してきた『六合叢談』が、創刊からわずか一年ほどで廃刊を迎える。その経緯について『『六合叢談』(1857-58)の学際的研究』の「解題」では、『六合叢談』の編集者であるワイリーは引き続き科学知識の普及を重視しながらこの雑誌の刊行を継続してゆきたい考えであったが、墨海書館をとりしきるミュアヘッドがそのような編集方針に疑問を呈し、直接キリスト教の布教に効果を発揮しないこの雑誌の出版継続に難色を示したことが最大の要因だったのではないかと推測されている[112]。ただ一方で、当時松江や蘇州など上海近郊の都市での直接的な布教活動が急速に拡大しており、ワイリー以外の宣教師たちがそもそも書物を通した布教自体にあまり重きを置かなくなっていた可能性も考えられる。もともと中国で布教書が盛んに作られるようになったのは、多様な方言があって宣教師にはにわかに習得が難しく、しかも当初は宣教師が直接人々の中に入って布教することが困難だったからであった。ある程度の滞在期間を経て現地の言葉に親しむようになり、また近郊への日常的な布教旅行が可能になってくる中で、宣教師たちはより直接的な布教活動に従事することを望んだのだと思われる。特に一八五七年の中頃から蘇州や杭州などに宣教師が直接出かけて行くことも可能になったことで、新たな布教拠点が次々と開かれ、信徒の数もこの頃から急激な伸びを見せるようになった。宣教師たちはしばしば上海を離れて伝道旅行に出かけるようになっており、このような直接的な布教活動の活性化が彼らの文書伝道への意欲を相対的に低下させたことは十分考えられる。結局『六合叢談』は一八五八年の一月に第二巻第一号が刊行された後、五月になって通常の二倍の分量の第二号が刊行され、それを最後に停刊するのである。

その後墨海書館からはすでに刊行済みの数学書や『談天』が再度印刷されたり、またワイリーが王韜とともに訳出して『六合叢談』に連載していた「重学浅説」が単行本として刊行されたりはしているが、新たな自然科学関連の書物が出版されることはなかった。『六合叢談』の廃刊によって直ちに墨海書館に集った中国人知識人たちのネットワークが消滅したわけではなかったが、宣教師たち、特に上海支部のリーダー的存在であったミュアヘッドの科学知識の普及に対する考え方が変化したことで、キリスト教そのものとは距離を置いていた中国人知識人たちの間で墨海書館が果たしてきた役割は徐々に低下してゆくことになる。

そして一八五九年九月にはワイリーが本部に対して帰国を願い出た。特に健康上問題があったわけではないが、「十三年も上海の気候のもとに暮らした後では、健康に関する証明書は当然免除されてしかるべき」であるとして、無条件での帰国許可を請うたのである。(113) だがこのようなワイリーの突然の帰国願いの背景には、おそらく『六合叢談』の廃刊を通して明らかになった墨海書館のリーダー格の宣教師ミュアヘッドの科学知識の伝播に対する態度の変化もあったように思われる。というのも、ワイリーは聖書公会から依頼されていた十万部の聖書印刷の仕事を終えた後、翌一八六〇年十一月に帰国するが、その後、英国滞在中にロンドン伝道会との関係を絶ってしまうからである。(114) ワイリーが上海を離れると、墨海書館では大規模な印刷は行われなくなる。大型の印刷機器を扱える人材もおらず、宣教師たちは手動式の小型印刷機で少量の布教書や聖書を印刷するだけになった。(115)

一方長らく墨海書館に住み込みで翻訳助手を務めてきた中国人たち、特に数学書や自然科学書の翻訳だけに携わってきた李善蘭にとっては、それらの刊行から手を引いてしまった墨海書館にはそれ以上滞在する理由はなくなっていた。一八六〇年の二月には松江府南滙の暦学者顧金圃から、西洋の暦法について講釈し、また顧から資金援助を受けて本を出版するために南滙に招かれた。しかし二週間ほどで上海に戻ってきており、その後は墨海書館を出て別の場所に住むようになったようだ。しばらくは友人たちが心配するほど遊興三昧の日々を過ごしていたが、一八六〇年五月に蘇州に行き、江蘇巡撫徐有壬のもとで太平軍によって陥落させられる直前の蘇州防衛に協力している。(116) しかし一八六〇年六月二日に蘇州は陥落し、徐有壬は戦死してしまう。幕僚だった周弢甫は太平軍に捕らえられたが、二日間拘留された後、城外に使いに出されたのに乗じて逃亡し、上海まで逃げ延びた。(117) 一方、李善蘭は陥落の直前、徐の意向で西洋人の軍事援助を取り付ける画策をするため上海に戻っており、陥落に伴う混乱に巻き込まれずにすんでいる。[118] この蘇州陥落以降、太平軍が上海に迫るにつれて上海でも混乱が拡大し、墨海書館に集っていた知識人たちにもさらに直接的な影響が及んだ。上海から離れてゆく者も多く、中でも管嗣復や周弢甫などは戦闘と混乱の中で落命してしまったという。[119] 一方、蘇州陥落後上海に避難してきた人々もおり、その中には馮桂芬もいた。彼は上海防衛と蘇州奪回に向け、英仏が中立を棄てて清軍に協力するよう働きかけた中心人物であった。[120] だが太平軍が上海へと迫るなか、上海も、そしてロンドン伝道会の宣教師たちが新たに開拓していた近郊都市も混乱の渦に巻きこまれ、墨海書館につどった中国人知識人たちの命運もさらに大きく揺り動かされてゆくことになるのである。

以上、墨海書館における知識人ネットワークおよび『遐邇貫珍』と『六合叢談』という二つの月刊紙を通して、香港と上海におけるロンドン伝道会の出版事業とそれを支えた中国人知識人について見てきたわけであるが、ここで述べてきた時期にちょうど香港に滞在していた洪仁玕にとって、香港とそして約半年ほどだけではあったが上海で生活した経験はどのような意味を持ったのだろうか。まず洪仁玕の西洋知識の情報源という意味では、『遐邇貫珍』と『六合叢談』が果たした役割は大きかったと思われる。洪仁玕がロンドン伝道会と関わるようになるのは一八五五年春なので、あるいは彼自身が『遐邇貫珍』の記事の校正などに関わる機会もあったかもしれない。少なくとも英華書院で印刷、ないし販売されていた両紙を洪仁玕が直接眼にする機会は多々あったはずであるし、そこから様々な知識を得たであろうことは間違いないだろう。また、洪仁玕は後に面識のあるイギリス人としてワイリーやエドキンス、ミュアヘッドの名前を挙げており、上海滞在中に彼らと交流があったことが分かっている。上海滞在期には王韜とも交流があり、おそらく当時彼の友人たちが数学書や地理書の翻訳作業を行っていたことは知っていたであろうし、その一部を目にすることもあったかもしれない。このような新しい知識を紹介する現場を垣間見たことが、洪仁玕が後に太平天国の宰相として西洋の学問や技術の導入を提唱するきっかけとなったと考えられる。さらには香港において、黄勝や黄寛、容閎などの海外経験者と直接交流できたことも外国に関する知識を増す上で有用であったと思われる。

その意味では洪仁玕自身も本章で述べてきた開港場知識人の輪に連なっていたということができよう。事実、両地で培われた知識と経験は後に洪仁玕が執筆する書物の中に生かされてゆくのである。

(1)「親筆供」。
(2)「本部院提訊逆酋供」。
(3) 王韜著、顧鈞校注『漫遊随録』社会科学文献出版社、二〇〇七年、二八、三〇頁。
(4) *Missionary Magazine and Chronicle*, London, March 1855, pp. 43-44. オリジナルの報告書 Letter from Medhurst to Tidman, 11 Oct 1854, CWM, Central China, 1-4-C. の抄録である。メドハーストは同じ箇所で、特に旧約聖書の「ヨブ記」や「箴言」の中に見られる優れた表現も王韜によるものであると述べている。
(5) 志賀正年『中文訳聖書の基礎的研究（限定版）』天理時報社、一九七三年、四七頁。
(6) 王韜の洗礼志願書も英訳されてメドハーストの十一月十日の報告書に添付され、*Missionary Magazine and Chronicle* にも抄録された。
(7) この王韜の洗礼志願書について詳しく分析した論文として、蘇精「王韜的基督教洗礼」、林啓彦・黄文江編『王韜与近代中国』香港教育図書公司、二〇〇〇年、四三五―四五二頁がある。
(8) 張海林『王韜評伝』南京大学出版社、一九九三年、六四―六七頁。蘇精「王韜的基督教洗礼」、四四八―四五二頁。
(9) *Missionary Magazine and Chronicle*, March 1855, p. 44.
(10) 咸豊八年八月二十四日の王韜の日記には応龍田に宛てた手紙が収録されており、そこに「瀚来海上、以文字交者、固不乏人、以意気交者、閣下一人耳。十載瀛壖、愧無知己、自得閣下、窃謂無憾」とある。方行ほか整理『王韜日記』、一五頁。
(11) 王韜「滬城見聞録」『蘅華館雑録』第五冊、及び方行ほか整理『王韜日記』、一六頁。王韜の日記はすでに公刊されている一八五八年以降のものとは別に、一八四九年から一八五五年頃にかけて書かれたものが断片的に残されており、『蘅華館雑録』として現在台湾の中央研究院歴史語言研究所傅斯年図書館が所蔵している。一八五八年以降の日記『蘅華館日記』は原本の影印本が《続修四庫全書》編纂委員会編『続修四庫全書』第五七六冊、上海古籍出版社、一九九五年に収められているほか、活字版として方行ほか整理『王韜日記』がある。

（12）高田時雄「トマス・ウェイドと北京語の勝利」、狭間直樹編『西洋近代文明と中華世界』京都大学学術出版会、二〇〇一年、一二七―一四二頁。

（13）王韜「滬城見聞録」。

（14）張海林『王韜評伝』、六四頁。

（15）王韜『蘅華館雑録』第一冊。原文は「晨起誦経」。

（16）同上。原文は「晩往洪客斎刊読聖経一章」。

（17）Legge, James, "資政新編 太平天国".

（18）方行ほか整理『王韜日記』、一九六、二〇〇頁。

（19）なお王韜は一八五四年の日記の中でも、羅深源を上海に連れてきた英国教会のスミス主教を訪問したことは記録している。王韜『蘅華館雑録』第一冊、咸豊四年十一月朔日、二日。

（20）王韜「弢園老民自伝」『弢園文新編』三聯書店、一九九八年、三六八頁。蔣敦復『芬陀利室詞集』、王韜序、《続修四庫全書》編纂委員会編『続修四庫全書』第一七二六冊所収、上海古籍出版社、一九九五年、六二四頁。「聞剣人〔蔣敦復〕名久矣。辛亥〔一八五一年〕冬、始見之於海上買酔黄壚、踏雪聯句逸興、遄飛豪気勃発、名下固無虚士也。翌日即偕梅伯、壬叔〔李善蘭〕、約軒訪剣人於竹林禅院、出詩詞相示」、「咸豊二年冬十二月上旬呉郡王韜仲弢甫識於滬城北郭蘅華行館」とある。後年王韜が編纂した蔣敦復の詩集『嘯古堂詩集』前四巻の序で王韜は「咸豊壬子〔一八五二年、咸豊二年に当たる〕仲冬、始見之於滬市」と述べているが、この年号は王韜の記憶違いであろう。蔣敦復『嘯古堂詩集』前四巻、王韜序、淞隠廬、光緒乙酉〔一八八五年〕、第一葉後。

（21）蔣敦復『嘯古堂詩集』前四巻、王韜序、第一葉後。「〔蔣敦復〕当事書不見用而其窮益甚、時余方与西儒慕維廉改削《英志》及《地理全史》上下編、因薦君有史才、可当其任」。

（22）「李善蘭伝」、趙爾巽ほか編『清史稿』中華書局、一九七七年、一四〇一一頁。

（23）『幾何原本』李善蘭、序（咸豊七年）。筆者が参照したのは同治四（一八六五）年金陵曾国藩衙署で出版された『幾何原本十五巻』（筑波大学蔵）である。

（24）傅蘭雅『江南制造総局翻訳西書事略』、汪広仁編『中国近代科学先駆徐寿父子研究』清華大学出版社、一九九八年、二〇二頁。

(25)『幾何原本』、偉烈亜力序。
(26)『幾何原本』、李善蘭序。「遂六月朔〔七月十七日〕為始日訳一題。」『幾何原本』は全十五巻であったが、マテオ・リッチらは第六巻までしか翻訳していなかったため、この時第七巻からの翻訳が行われた。
(27)『重学』、李善蘭序。「朝訳幾何、暮訳重学、閲二年同卒業」。『幾何原本』の翻訳が終了したのが一八五六年なので、『重学』の翻訳は一八五四年に開始したことになる。
(28)『光論』、張福僖自序。『光論』は張がエドキンスと訳した書物の中の一冊であるという。筆者はハーバード大学所蔵の影印版（商務印書館、一九三六年）のマイクロフィルム（香港大学蔵）を参照した。原本の刊行年は不明である。
(29)この旅行については、エドキンスによる詳細な旅行記が一八五四年十一月二十五日と十二月九日のノース・チャイナ・ヘラルド紙に掲載されている。エドキンスは記事中で李善蘭については guide で my teacher の Li としか記していないが、王韜の日記からこれが李善蘭であったと確認できる。王韜『蘅華館雑録』第一冊、咸豊四年九月二十九日。「是日艾君〔エドキンス〕帰自西冷〔杭州〕、壬叔〔李善蘭〕未回、云為浙撫羈留殊可詫也」。
(30)エドキンスは、湖州に着いた翌日に白雀山に登った際には三人の中国人の同行者がおり、ひとりは湖州府の知府のもとで働いていたことがある人物、もうひとりが張福僖（Chang fuh hi）、最後のひとりが上海から同行してきたエドキンスの先生（すなわち李善蘭）であったと述べている。杭州での見聞を記した部分では同行者は李善蘭ひとりとして記述されている。張福僖は『光論』自序の末尾に「帰安張福僖」とあるように湖州の出身であった。
(31)この一件については咸豊八年十一月二十三日（一八五八年十二月二十七日）の王韜の日記にも李善蘭が語った思い出話として記録されている。方行ほか整理『王韜日記』、五七頁。
(32)上海図書館に未刊行の日記が所蔵されているとの指摘もあるが（本章注(82)参照）、筆者はまだ確認できていない。
(33)Letter from Medhurst to Tidman, 27 Dec 1845, CWM, Central China, 1-1-A, Letter from Edkins to Tidman, 12 Apr 1852, Ibid., 1-3-D.
(34)Letter from Edkins to Tidman, 3 Oct 1855, CWM, Central China, 2-1-A.
(35)Letter from Medhurst to Tidman, 5 Apr 1856, CWM, Central China, 2-1-B.
(36)Letter from Muirhead to Tidman, 1 Apr 1858, CWM, Central China, 2-2-A、及びこの報告書に付された潘詒准の手紙“From Pwan seen-sang〔潘先生〕, to the Church of Christ in English”。なお宣教師の報告書では名前は全てローマ字で記載

されており、一八五六年の入信時は Pwan-e-chun、一八五八年の牧師任命時は Pwan-sing-she で、名前の部分の綴りが大きく異なる。また牧師任命の報告書に付された Pwan の手紙の英訳文の最後に記された名前は Pwan Che Ching で、上記のいずれとも異なる。そのため、蘇精「十九世紀中葉的倫敦伝教会上海佈道站」、同『馬礼遜与中文印刷出版』、二一九頁では Pwan-e-chun と Pwan Che Ching は別人であるとされている。しかし、王韜の『悔余随筆』の中に潘恂如について「潘恂如詒准、昆山諸生」と述べた箇所があり（方行ほか整理『王韜日記』、二〇六頁）、また一八六八年から上海で刊行された週刊誌『教会新報』やその続編の『万国公報』にも「潘恂如」が上海のロンドン伝道会の牧師として寄稿した文章が複数見られることから、筆者はこれらはすべて同一人物と判断した。

（37）歳試の受験については方行ほか整理『王韜日記』、九四―一〇七頁。ミュアヘッドとジョンも科挙受験者への布教のために昆山を訪れており、ジョンは「我々の教会のメンバーで、メンバーのリストの中でも上の方に名前のある二人」が科挙を受験していること、そしてそのうちのひとりは Mr. Pwan であることを報告している（Letter from John to Tidman, 30 May 1859, CWM, Central China, 2-2-C）。なお、試験の後潘詒准は宣教師とともに蘇州への伝道旅行に同行し、その後昆山で待っていた王韜とともに王韜の故郷を訪れている。

（38）Letter from Edkins to Tidman, 22 Nov 1859, CWM, Central China, 2-2-C. この人物は Shun Keo chai という。報告書には Shun の洗礼志願書も抄録されており、その記述から見ると彼は王韜の日記（『蘅華館雑録』第二―六冊、方行ほか整理『王韜日記』、二〇、三三頁）に登場する孫啓榘（字は正齋）であるようにも思われる。一八五〇年代前半にメドハーストと知り合い、キリスト教への入信を考えていたこと、その後蘇州に三年ほど帰郷し、再び上海に戻ってきたことなど、経歴に一致する点が多いのがその理由であるが、決定的な根拠はまだなく、さらなる検討を要する。

（39）王韜の日記に銭文漪が初めて登場するのは一八五二年七月三十日のことである（『蘅華館雑録』第四冊、壬子年六月十二日）。王韜は一貫して号の「蓮渓」を用い、上記初出の際に本名は「文漪」であると記している。なお琉球滞在中に彼が琉球王府の役人宛に書いた文書の写しが琉球王府評定所編纂『伯徳令其他往復文』下冊（上下冊、影印本を琉球大学が所蔵）に三通収録されているが、ここでは署名は「銭文琦」となっている。

（40）照屋善彦著、山口栄鉄・新川右好訳『英宣教医ベッテルハイム――琉球伝道の九年間』人文書院、二〇〇四年、一六五頁。ベッテルハイムは英国海軍琉球伝道会から派遣された宣教師で、一八四六年から琉球での布教活動を行っていた。当初劉という中国人通訳を同行させていたが、劉は一八四九年三月に帰国してしまっていた（同一四一―一四四頁）。

(41) 銭文湝を呼び寄せるために使いに出されたのは王韜であった。王韜『蘅華館雑録』第六冊、癸丑年五月四日、七日。五月四日の日記には「時申江有東道主人欲聘蓮渓至琉球者、命余達其意、且為之勧駕」とある。なお、銭文湝の中国語は上海訛りが強かったため、北京語の教師を求めていたベッテルハイムは失望したという。照屋善彦『英宣教医ベッテルハイム』、二六五頁。

(42) 照屋善彦『英宣教医ベッテルハイム』、二六四―二六六頁。この時期、ちょうどペリー艦隊が第一回目の日本遠征の途中で琉球に立ち寄っていた。ベッテルハイムは「琉球と米国の仲介役」としてペリーらと琉球王府の交渉や艦隊の補給作業などに貢献する一方、行き来する補給船を介して中国在住の宣教師たちとの書簡のやりとりや必要な物資や布教冊子の受け取りなどを行うことができたのだという。

(43) Letter from Muirhead to Tidman, 5 Apr 1855, CWM, Central China, 2-1-A. 一八五五年二月に洗礼を受けたSen-yue-chowという人物の紹介の中に、彼の父親（正確には養父）が登場する。ミュアヘッドはその名前を直接挙げていないが、この人物は琉球のベッテルハイムのもとにいたこともあると述べていることから、それが銭文湝であることが分かる。

(44) Letter from John to Tidman, 15 Jun 1858, 6 Nov 1858, CWM, Central China, 2-2-B.

(45) John, 15 June 1858.

(46) 銭連渓「感懐楊牧師格非夫人口占七絶四首以弔之」、林楽知編『教会新報（六）清末民初報刊叢書之三』華文書局、一九六八年、二八五〇頁。方行ほか整理『王韜日記』、二四頁。

(47) 方行ほか整理『王韜日記』、三三―三四頁。

(48) 王爾敏『近代上海科技先駆之仁済医院与格致書院』、四八、五三頁。

(49) Letter from Edkins to Tidman, 2 Sep 1956, CWM, Central China, 2-1-B.

(50) 方行ほか整理『王韜日記』、一一頁。

(51) 張海林『王韜評伝』、六六頁。

(52) Medhurst, 5 Apr 1856.

(53) 方行ほか整理『王韜日記』、一七―一八頁。王韜はジョンと杭州に出かけた際の日記に、ジョンのおかげで西湖を心ゆくまで遊覧できなかった不満を「予見西人毎登名山游古刹、皆不能静心体会、領略閑趣、亦不知披夢尋幽、捫石覧勝、徒有向前、如猿玃玃、一往而巳。噫嘻、何其俗也！」、「俗物敗興、殊不可耐」と記している。

（54）同上一六一—一六二頁。

（55）郭福衡は王韜が自伝の中で「莫逆之交」として挙げたひとりでもある（王韜「弢園老民自伝」、三六八頁）。王韜の日記には、一八六〇年六月、太平軍が蘇州を陥落させ松江にも迫るころ、郭福衡が王韜に宛てた手紙が収録されているが、その中で郭は「同為上帝所生之人、何忍使蘇、松十三郡之生霊尽遭塗炭」、また「又聞徐撫軍有書於墨海。又聞呉道憲已譲税乞師援蘇、……如此挙能行、在英国救災恤鄰、上体上帝之仁心、下収士民之傾戴、不必与加特力《カトリック》教等争勝、而自無不趨如流水矣」と述べたり、またエドキンスへの言付けを託したりしているのである。方行ほか整理『王韜日記』、一七六頁。

（56）Letter from Muirhead to Tidman, 19 Oct 1858, CWM, Central China, 2-2-B.

（57）『中西通書』はその後、エドキンスが北方に異動したのにともない、一八六三年版は天津で、一八六四年以降は北京で発行された。Wylie, *Memorials of Protestant Missionaries*, pp. 188-189.

（58）一八五九年版『中西通書』はオーストラリア国立図書館（ウェブサイトで閲覧可能）、一八六〇年版は筑波大学所蔵のものをそれぞれ閲覧した。また、王韜の日記にも一八五八年の十月から一八五九年の二月にかけて、一八五九年版『中西通書』の序文執筆や校正に携わっていたことが記されている（方行ほか整理『王韜日記』、一八—一九、七一、七六頁）。なお日記は一八五九年七月から一八六〇年一月までの分は欠落しており、一八六〇年一月以降も一八六〇年版の『中西通書』に関しての記載は特に見られない。

（59）方行ほか整理『王韜日記』、六、二八頁。Letter from Edkins to Tidman, 26 Jun 1857, CWM, Central China, 2-1-C. エドキンスの報告は管嗣復の名前を直接挙げてはいないものの、南京から逃げてきた「ある数学者」との出会いを詳しく記している。

（60）Letter from Legge to Tidman, 29 Mar 1849, CWM, South China, 5-0-C.

（61）序章でも言及した、松浦章ほか編著『遐邇貫珍の研究』及び沈国威編著『『六合叢談』（1857-58）の学際的研究』、また、これに先立つ研究として卓南生『中国近代新聞成立史1815-1874』ぺりかん社、一九九〇年、及び、李志剛「早期教士在港創辦第一份中文報刊——《遐邇貫珍》」『基督教与近代中国文化論文集』宇宙光出版社、一九八九年所収、一三三—一五〇頁等がある。

（62）松浦章ほか編著『遐邇貫珍の研究』「解題」、九一—一二八頁。

（63）王韜『甕牖余談』「星使往英」「琉球風土」、王韜著、陳戍国点校『瀛壖雑志 甕牖余談』岳麓書社、一九八八年、七七—七

八、一〇〇―一〇四頁。

（64）『遐邇貫珍』第二巻第六号。

（65）照屋善彦『英宣教医ベッテルハイム』、二六六頁。王韜『瀛壖雑志　甕牖余談』、一〇四頁。一八五三年六月から一八五四年一月は旧暦では癸丑年五月から十二月となる。

（66）王韜「瀛壖日志」癸丑七月、『蘅華館雑記』第六冊。

（67）応龍田の主人ウェイドは一八五五年の夏、上海の関税局監査の職を辞し香港に戻った。一八五七年からは第二次アヘン戦争の処理のためにイギリスから派遣されてきたエルギン卿の通訳となり、天津条約の交渉にも携わったほか、一八五九年六月に天津条約の批准書交換のために全権公使ブルースが天津に赴いた時にも、ウェイドは中国担当書記官として同行した。応龍田はこの間ずっとウェイドの使用人を続けており、ブルース一行が上海に立ち寄った時には王韜との再会を果たしている。なお、北京条約締結後ウェイドは北京に赴任したが、応龍田はその前にウェイドのもとを辞したようで、一八六〇年の年頭には上海に居住していた。この頃応龍田はアヘンに溺れかけており、王韜ともかつてほど頻繁な往来はなくなっている。伊藤千弘「トマス・ウェイド略年譜」、古代文字資料館『ＫＯＴＯＮＯＨＡ』六三号（二〇〇八年二月、古代文字資料館ウェブサイト http://www.for.aichi-pu.ac.jp/museum/ にて公開）、方行ほか整理『王韜日記』、一二五頁。

（68）これによってイギリスに対する理解を深めた蔣敦復は、後に自ら『英志』という書物を執筆したという。ただこれは刊行されず、わずかに序文が『嘯古堂文集』に収められているのみである。蔣敦復「英志自序」『嘯古堂文集』上海道署、同治七（一八六八）年、巻七、第二葉後―第五葉前。

（69）王韜『瀛壖雑志　甕牖余談』、五〇―五三頁。

（70）*The China Mail*, 4 Aug 1853.

（71）Wylie, *Memorials of Protestant Missionaries*, pp. 119–120.

（72）Letter from Legge to Tidman, 14 Mar 1855, CWM, South China, 5-4-B.

（73）Legge, 25 Jan 1854, Legge and Chalmers, 8 Jan 1856.

（74）Legge and Chalmers, 8 Jan 1856. 人物名の原語表記は Ho A-low と Chü A-luk。なおもうひとりは Leung A-fo（または Liang A-foe、本文後述の梁柱臣）で、彼からの手紙も一八五七年五月の報告書で紹介されている。Letter from Legge and Chalmers to Tidman, 23 May 1857, CWM, South China, 6-1-A.

（75）Letter from Legge to Tidman, 25 May 1857, CWM, South China, 6-1-A.

（76）Letter from Chalmers to Tidman, 10 Jun 1861, Ibid., 6-3-A, Letter from Legge to Tidman, 14 Feb 1861, Ibid., 6-3-B.『教会新報』には広東のロンドン伝道会のメンバーである「梁柱臣」からの投稿が複数掲載されているが、この人物の経歴がLeung A-Foと重なることから、同一人物であると考えられる。梁柱臣の自伝は林楽知編『教会新報（一）』、三一四―三一五頁を参照のこと。これによると梁柱臣はもともとはモリソン記念学校の生徒で、同校の閉校とともに英華書院の予備学校に転校した学生であった。

（77）以下の唐兄弟についての記述はSmith, *Chinese Christians*, pp. 36-49による。

（78）『遐邇貫珍』では連載ものはホブソンの『全体新論』やミュアヘッドの『地理全志』の抄録など、既刊書からの抜粋がほとんどであった。また「喩言一則」という項目でロバート・トーム訳のイソップ寓話『意拾喩言』からも連載されたが、これについては内田慶市「『遐邇貫珍』にみえるイソップ物語――中国語イソップ翻訳小史」、松浦章ほか編著『遐邇貫珍の研究』、六三―八九頁に詳しい。

（79）なお蔣敦復はこのほかにも、当時パリにいた著名な漢学家ジュリアン（Stanislas Julien）が翻訳していた『大唐西域記』の前書きと後書きに注釈を加えたと言う。王韜「法国儒蓮伝」、「与法国儒蓮学士」、『弢園文新編』三聯書店、一九九八年、一六九―一七〇、二五六頁。ジュリアンは一八五〇年代以降「中国の仏教の学説の研究に没頭し、禅宗の考証を行って」おり、一八五三年に『大慈恩寺三蔵大法師伝』を、一八五七年から一八五八年にかけて『大唐西域記』の翻訳を出版した。

（80）周振鶴「『六合叢談』及びその書き手と用語」、沈国威編著『『六合叢談』（1857-58）の学際的研究』、一六九―一七〇頁。

（81）『重学』、李善蘭序、湘上左楨署、一八六六年、第一葉前。「韓君緑卿〔応陛〕既任刻幾何、銭君鼎卿亦請以重学付手民、同時上板、皆印行」とある。

（82）沈国威編著『『六合叢談』（1857-58）の学際的研究』の「解題」によれば、上海図書館蔵の未刊行の『王韜日記』咸豊七年六月十六日の条に「春間……雲間韓蕘卿作用強説、意在抑英国之強也、長日無聊、戯反其意作反用強説一篇寄往墨海、俾刊入六合叢談中」とあるという（「解題」、四五頁）。この部分の王韜の日記は筆者は未見である。

（83）沈国威編著『『六合叢談』（1857-58）の学際的研究』の「解題」では具体的に「咸豊七年五月上旬から八月の初めまで」帰郷していたとされているが、史料的根拠は不明である。

（84）咸豊八年八月二十四日の条に収録された応龍田あての手紙には「丁巳四月、養痾返里、不遇折肱之良技、将為鑿歯之半人。

自分槁飢窮郷、淪落朽壌、九死余生、無所冀望。然白髪高堂、紅顔弱婦、皆今生未了之縁也。況復米珠薪桂、家食殊艱、不得已重来滬上、作旧生活。幸而西人猶思往誼、加意体恤」とある。方行ほか整理『王韜日記』、一五―一六頁。なお、上海に戻った王韜はホブソンの治療を受けて快復したという。上記の応龍田への手紙の続きに「粤東施医之合信先生、特出良剤治此頑痾。数月之後、霍然若失、殆天猶未欲死我也」とある。

(85) Letter from Muirhead to Tidman, 17 Apr 1857, CWM, Central China, 2-1-C. ミュアヘッドは「先週」、その訃報に接したと述べている。

(86) 「方行ほか整理『王韜日記』、一六頁。「敝居停麦牧師於丙辰八月中旬返国、冬尽得抵倫敦。至僅三日、溘焉而逝。聞信駭悼、潸然出涕。此瀚海外一知己也、悲真刻骨、痛欲剜心。精契所在、存没無間、人琴之感、幽顕迴殊」。

(87) Muirhead, 1 Apr 1858.

(88) John, 30 May 1859.

(89) Letter from Williamson to Tidman, 4 Apr 1857, CWM, Central China, 2-1-A.

(90) 『西医略論』、合信序。『内科新説』、合信序。

(91) 方行ほか整理『王韜日記』、五五頁。ホブソンから足の治療も受けていた王韜は特にホブソンへの敬愛の念が強かったようで、「互いに本を贈りあって」別れを惜しみ、わざわざ黄浦江の港まで見送りにいったことを日記に記している。

(92) 同上八四、九二、九三、一二〇頁。改訂が終わるとすぐ、管嗣復はまた上海を離れ鄧尉に帰った。なお、改訂版である『大美連邦志略』には「梁植」の跋と「宋小宋」の序が付され、それぞれ改訂に携わったと述べられており、ブリッジマン自身の序文にも両者の名前が挙げられている。梁植は梁進徳のことでほぼ間違いないであろう。一方「宋小宋」なる人物が何者かは一考を要する。王韜の日記の記載に従えば、改訂に携わったのは管嗣復なのであるが、名字が異なる人物の名前が挙げられているのはなぜであろうか。筆者は、「宋」が序において「丁巳夏五(一八五七年五―六月)」に兵を避けて上海に来た、と管嗣復と全く同じ経歴を述べ、しかも同じ「金陵人」としていることから、「宋小宋」は管嗣復であると考える。該書上巻には「教化説源」というキリスト教について述べた一章も含まれており、キリスト教関連の書物の翻訳を頑なに拒んでいた管嗣復が結果的にキリスト教に関する文章の改訂に関わってしまったため、協力者として本名を残すことを避けたのではないかと思われるからである。

(93) 一八五九年十月、ついに梁進徳は堅信礼を受け、正式に信徒になった。このことはブリッジマンに「これ以上ない満足」

を与えたという。しかしブリッジマンは聖書の改訂がほぼ終わりに差しかかった一八六一年十一月、体調を崩し、上海で亡くなった。Bridgman, *The pioneer of American missions in China*, p. 215, Smith, *Chinese Christians*, pp. 61-62.

(94) 方行ほか整理『王韜日記』、一九〇頁にはエドキンスが曾寄圃と汪菊亭という人物の間の金銭トラブル(「茶銀一案」)を仲裁していた様子が記されている。

(95) 方行ほか整理『王韜日記』、七七頁。

(96) 同上六―七、八五頁。

(97) Yung Wing, *My life in China and America*, p. 76. 引用は該書の邦訳、百瀬弘訳註『西学東漸記――容閎自伝』(東洋文庫一三六)平凡社、一九六九年、六九頁による。

(98) Yung Wing, *My life in China and America*, Chapter VIII, XIII.

(99) Yung Wing, *My life in China and America*, p. 67.

(100) 華翼綸「雪村徐徵君家伝」。汪広仁編『中国近代科学先駆徐寿父子研究』、一二〇頁。

(101) 傅蘭雅『江南制造総局翻訳西書事略』、汪広仁編『中国近代科学先駆徐寿父子研究』、二〇一頁。

(102) 華世芳「記徐雪村先生軼事」、汪広仁編『中国近代科学先駆徐寿父子研究』、一二六頁。

(103) 方行ほか整理『王韜日記』、九二頁。

(104) 方行ほか整理『王韜日記』、一五五―一五六、一六六頁。

(105) 呉嘉善の経歴については蘇精『清季同文館及其師生』上海印刷廠(台北)、一九八五年、二四〇―二四七頁を参照した。

(106) 方行ほか整理『王韜日記』、一三四頁。

(107) 馮桂芬の経歴については、百瀬弘『明清社会経済史研究』研文出版、一九八〇年、一五九―一六五頁を参照した。

(108) 方行ほか整理『王韜日記』、八四―八五、九一頁。馮桂芬はロシアとの外交交渉に関する情報を管嗣復に書き送っており、これに対し管嗣復は数日後、英仏の動向や日本の情報などを馮桂芬に書き送っている。

(109) 百瀬弘『明清社会経済史研究』、一六五、一六九頁。

(110) 方行ほか整理『王韜日記』、一二〇頁。

(111) 馮桂芬『校邠廬抗議』、王韜跋、弢園老民校印、光緒丁酉(一八九七年)。上海書店出版社から二〇〇二年に刊行された校点本八八頁を参照した。王韜は馮桂芬と直接会うことはなかったという。

(112) 沈国威編著『「六合叢談」(1857-58) の学際的研究』、三一—三四頁。ワイリーは着任から数年間、給料や印刷所の管理をめぐってメドハーストやチャールズ・ミルンらと対立関係にあった。「解題」ではそのことも『六合叢談』の編集をめぐる意見対立の背景にあったとも推測されている。ワイリーと宣教師たちとの対立については葉斌「上海墨海書館的運作及其衰落」、『学術月刊』上海人民出版社、一九九〇年第Ⅱ期、九一—九六頁に詳しい。

(113) Letter from Wylie to Tidman, 2 Sep 1859, CWM, Central China, 2-2-C.

(114) Wylie, *Memorials of Protestant Missionaries*, p. 173.

(115) Letter from Muirhead to Tidman, 9 Jan 1862, CWM, Central China, 2-3-E.

(116) 方行ほか整理『王韜日記』、一三六、一六六頁。実は徐有壬は以前から李善蘭を幕僚として呼び寄せたがっていたが、李善蘭は病気を理由に辞退しており、いよいよ太平軍が迫る中、「金銭を積んで使いの者を送り、援助に来るよう催促」されたとも言われている。王渝生『中国近代科学的李善蘭』科学出版社、二〇〇〇年、五六頁。

(117) 方行ほか整理『王韜日記』、一八〇頁。

(118) 同上一七三頁。

(119) 同上二〇六頁。

(120) 百瀬弘『明清社会経済史研究』、一六五—一六六頁。

第四章　『資政新篇』とキリスト教

第一節　洪仁玕と『資政新篇』

（一）「干王」の誕生と『資政新篇』

洪仁玕は一八五九年四月二十二日、南京に到着して洪秀全と再会した。洪秀全は洪仁玕の到来を非常に喜び、五月十一日（天暦四月初一日）には彼を「開朝精忠軍師頂天扶朝綱干王」に封じた。「干王」洪仁玕の誕生である。

一八五六年、挙兵以来の指導者グループの中で内訌（天京事件）が起こり、楊秀清、韋昌輝が相次いで殺害され、残った石達開も洪秀全のもとを離れるという事態に至った(1)。身内しか信じられなくなった洪秀全は、自分の兄二人だけを「王」に封じ、陳玉成や李秀成など内訌後めざましい軍功を挙げていた者に対してすら「王」の称号を与えることはなかった。しかし、洪仁玕が南京にやってくると一ヶ月もしないうちに洪秀全は彼を「王」にする。明らかに身内であるがゆえの破格の優遇であり、それだけに、周囲の反発も大きかったようである。洪仁玕は後にある自供書の中で、軍務の一切を取り仕切っていた陳玉成、李秀成、楊輔清ら五人の主将たちは、洪仁玕が南京にやってくるやいなや王爵を与えられたことに不満を持っていたことや、そのために天王がわざわざ人々を会堂に集めて、天京内の問題については干王に、天京外の問題は全て英王陳玉成に指示を仰ぐようにと述べた上で、洪仁玕に壇上で印綬を受け取らせたと記している。(2)

このように最初から内紛の火種を抱えつつ、洪仁玕はいきなり太平天国で第二位の地位に就いたわけであるが、その干王洪仁玕がまず行ったことのひとつが『資政新篇』の執筆であった。この書物は後期太平天国運動における政治綱領として、特に「近代化」を志向する綱領として従来から注目を集めてきた書物である。しかし、従来の『資政新篇』の取り上げ方は、その提言の内容を「経済」「政治」「社会」等に分類し、断片化された個々の提言の「先進性」を評価するというスタイルがほとんどであった。また、太平天国運動という枠組みの中で捉える限り、『資政新篇』の提言が結局のところ実施されることはなかったこともまた事実で、最終的には未熟な、あるいは不運な「綱領」であったと結論づけられてきた書物でもある。(3)だが、従来の『資政新篇』研究において評価されてきたその「先進性」、あるいは「近代的」なるものは、洪仁玕が太平天国運動とは無関係のところで、すなわち前章で見てきたように、香港及び上海滞在中に培った知識に基づくものであった。筆者は、まずは太平天国運動と切り離し、洪仁玕の個人的な体験に根ざした一書物として『資政新篇』を捉えるべきではないかと考える。本章では、そもそもどのような経緯を経てこの書物が執筆・刊行されたのか、そして『資政新篇』で取りあげられる様々なトピックについて洪仁玕はどこからその知識を得たのか、の二点に焦点を当てて検討してゆく。

（二）　もうひとつの『資政新篇』の存在

まず、『資政新篇』の成立過程を明らかにしてゆくために、一八五八年の年末から音信不通となっていた洪仁玕の消息が、宣教師たちのもとに再びもたらされた経緯から見てゆきたい。その直接的なきっかけは、太平天国が江南に急速に勢力を拡大したことにあった。一八六〇年一月、太平軍は清軍の包囲網（江南大営）を突破して江南に進出すべく戦闘を開始し、同年五月には包囲網の突破に成功、そのまま六月には蘇州を陥落させ上海に迫る勢いを見せた。このような情勢の変化は、上海の宣教師たちにも大きな衝撃を与えた。特に一八六〇年六月二日に蘇州が陥落すると、上海城内や租界は大混乱に陥り、貿易活動は停止してしまうほどの騒ぎになる。

しかし、太平天国の勢力が上海の目前にまで迫るなか、キリスト教から影響を受けたという太平天国の宗教に興味を持ち、太平天国の影響下にある地域への布教の足がかりを得ようとしていた上海在住の宣教師たちは、蘇州陥落の直後から蘇州行きを試みた。エドキンスとジョンも他の三人の宣教師と王韜を伴い、六月二十九日に上海を出立し蘇州へと向かった。レッグは、彼らの訪問の予定を知って洪仁玕の安否について問い合わせるよう手紙で依頼し[4]、その結果、エドキンスらは蘇州に向かう道中に出会った太平軍兵士から、洪仁玕の消息を初めて耳にすることになる。彼らがこの時知ったのは、洪仁玕が「干王」に封じられ、天王に次ぐ地位についている、という事実であった。蘇州に到着すると彼らは忠王李秀成と会談し、太平天国の宗教とキリスト教に関連する問答を交わした。彼らの蘇州滞在は一晩だけであったが、蘇州を立つ際、キリスト教の教義に関する意見書を忠王宛ての手紙に同封し、閲読後は南京の天王に提出してくれるようにと依頼している。この意見書はほどなく南京にもたらされ、宣教師たちの来訪と意見書の内容を知った洪仁玕は自ら蘇州に赴き、宣教師らの再度の来訪を願う手紙を書き送った[5]。この招請状が書かれたのは天暦（太平天国の暦）六月十一日、西暦の七月二十一日である[6]。この招請を受けて、エドキンスとジョンは七月三十日、再び蘇州へと向かい、洪仁玕との会見を実現させることになる。

この招請状の末尾には「新しい書物一冊を一緒にお送りしますのでご覧ください」という一文が付されていた。彼らが洪仁玕に会うために蘇州へと旅立つ直前の七月二十八日、ノース・チャイナ・ヘラルド紙にこの「新しい書物」に関すると思われる記事が掲載される。エドキンスによって書かれたこの記事の冒頭には、「以下は最近干王によって著された Tsi cheng sin pien と呼ばれる書物からの抜粋である」とあって、さらにその後に英訳 New collection (of papers）to assist in the administration of government（直訳すれば「施政に資する（論文）新集」）とあり、この書物がまさに『資政新篇』であったことを示している。また、同じ七月二十八日のノース・チャイナ・ヘラルド紙の付録版（Supplement）にはジョンがやはりこの洪仁玕の著書について述べた記事が掲載されている。ジョンは記事の冒頭でまず、先の彼らの蘇州訪問以来、洪仁玕が南京で王に封じられたことや、彼のキリスト教や外国人・海外事情に関する知識が太平天国の首領である彼の親戚（洪秀全）を遙かにしのぐものであること、彼の地位は太平天国の過ちを正し、真実へと進ませるに足るものであることなどが報道されていることを記し、その裏付けとして「最近太平天国内で出版された書物にはキリスト教の本質に対する深い洞察と理解が示されている」と述べ、さらにすでにそのうちのいくつかが彼らの手元に届けられていることを明らかにしている。そしてその中の一冊として「数編の布告を附した、全て干王の手による五十ページほどの書物」があり、その書物は「干王自身がキリスト教の教えに深い薫陶を受けた人物であることを示しているのみならず、彼がその権力を用いてその教えを他の人々に知らしめようとしていることを明らかにしている」と述べた上で、この書物について一部本文の英訳も交えながら紹介し、批評を加えている。この書物の題名は明記されていないが、その内容のほとんどはエドキンスの記事に紹介された内容と一致していることから、この書物も『資政新篇』を指すと考えられる。そしてさらにもうひとり、ほぼ同じ時期に『資政新篇』について紹介しているのがレッグである。おそらくエドキンスへの招請状と同時にレッグ宛てにもこの書物が託されたのであろう。エドキンスとジョンからはやや遅れるが、八月十八日のホンコン・レジスター紙に洪仁玕と『資政新篇』についての詳細な紹介記事が掲載されている。(7) このレッグによる記事は、後述するように宣教師たちがこの時入手した『資政新篇』の全ての内容を網羅しているうえ、『資政新篇』の紹介に入る前にかなり詳しく洪仁玕の経歴や、香港でレッグとともに過ごしていた時期の洪仁玕の様子について述べており、『資政新篇』と洪仁玕を知る上で非常に貴重な史料となっている。

ここで、具体的にこれらの『資政新篇』の紹介記事の内容を見てゆく前に、まず現存する刊本の『資政新篇』について触れておこう。

現存する『資政新篇』は全部で三冊あり、イギリスのケンブリッジ大学図書館及びオックスフォード大学図書館、そして上海文物保管委員会がそれぞれ所蔵している。ケンブリッジ大学所蔵の『資政新篇』は王重民編『太平天国官書十種』に、また、上海文物保管委員会所蔵の『資政新篇』は南京太平天国博物館が出版した『太平天国印書』に、それぞれ収められている。(8) オックスフォード大学図書館所蔵のものは未刊行であるが、筆者が現地で比較調査したところでは、ケンブリッジ大学図書館所蔵のものと全く同じ版本であると考えられる。(9) 一方、ケンブリッジ大学図書館所蔵版と上海文物保管委員会所蔵版については、羅爾綱氏による比較考証がなされており、両者の字句の用法の違いを指摘した上で、後者は後に『欽定敬避字様』で正式に定められた太平天国の文字使用についての決まり（上帝や洪秀全に関わる文字の代用、あるいは造字など）に基づく修正を加えられたものであろうと推断されている。(10) したがって、現存する『資政新篇』には二種の版本が存在していることになるが、その違いは字句の用法に関わるもので、内容的には二種とも同様である。

その構成について整理しておくと、刊本『資政新篇』は諠諭、序文にあたる部分、「用人察失類」、「風風類」、「法法類」、「刑刑類」、天王洪秀全の決裁を仰ぐ結語にあたる部分、の七つの部分に分けることができる。

一方、表1は宣教師たちによって紹介された『資政新篇』の内容である。レッグの記事が『資政新篇』の全体をカバーしており、それによれば、もともと『資政新篇』には八篇の文書が収められていた。現存する刊本の『資政新篇』は、最後に置かれていた嘆願書（社会的・政治的改革の提言）の部分だけを切り離したものであったことが分かる。

表 1　宣教師たちによる『資政新篇』の紹介

レッグ	エドキンス	ジョン
今年の暦の序文 （末尾に六つの記念日や礼拝についてを含む九つの規則を列挙）	新しい暦の序文 ・六つの記念日 ・礼拝の意義	礼拝の意義
「軍隊についての四つの規則」	用兵についての教え	
信仰の始まりと成長について	罪に関する教義について	罪に関する一章
誘惑についての布告	惑わしに関する教え	内的な堕落について
賛美歌	賛美歌	
神〔God〕について ・三位一体の神について ・神の呼称について	神〔God〕について ・三位一体の神について ・神の呼称について	・キリスト及び聖霊の神性について ・神の呼称について
祈禱文	祈禱文	
洪秀全への嘆願書		社会的・政治的改革について

第二節　『資政新篇』の修正と改変

（一）　抄本『資政新篇』における修正

まず、エドキンスらの一行が一八六〇年八月、二度目の蘇州訪問において洪仁玕と対面を果たした時の対話記録に注目したい。彼らの間に交わされた二十五の問答は、同年八月十一日のノース・チャイナ・ヘラルド紙に掲載されているが、その十七番目と十八番目の質問と回答は以下のようになっている。

第十七問　我々がすでに手抄本で受け取っているあなたの著作『資政新篇』は天王から承認を受けているのか？　この本は刊行される予定か？

〔答〕　すでに天王自らによって修正を受けており、刊行も許可されている。天王が書きかえたのは、主に神は霊である〔God as immaterial〕と述べている文章である。神は肉体を持たない〔God as not material〕と述べた箇所は天王によって削除された。忠王が蘇州でこの本を印刷することを約束している。

第十八問　上記の著作であなたが採用した神への呼称についての提案

は、今後太平天国王朝から認可されるのか？
〔答〕天王は彼が慣れ親しんだ呼称を変更するつもりはなく、これからも今までの呼称が天朝の書物や布告に用いられる。天王は Chen shen〔真神〕Shang ti〔上帝〕Tian fu〔天父〕を God の呼称として用いているが、洪仁玕はこのうち最初の呼称を用いるのは、chen〔真 true〕や kia〔假 false〕の字を shen〔神〕に付すのは不適切であるとの理由から反対している。天王はロバーツから学んだ表現を禁止することは望まないと述べているという。

ここから明らかになるのは、まず、エドキンスらが一八六〇年七月中に洪仁玕から受け取った『資政新篇』であり、まだこの問答の時点では刊行されていなかったことである。現存する『資政新篇』は、いずれも表紙に「太平天国己未九年〔すなわち一八五九年〕新鐫」と刻印されているため、従来の研究においては、『資政新篇』は一八五九年に刊行されたと考えられてきた。しかし、上記の問答によれば、書物自体は一八五九年のうちに、あるいは遅くとも一八六〇年の前半までにひとまず完成はしていたものの、実際にそれが天王の認可を受けて刊行されるに至るのは、一八六〇年の八月以降であったと考えられるのである。

また、右の問答からは宣教師が受け取った『資政新篇』は洪秀全によってすでに修正されたものであり、具体的には「神は霊である」と論じた部分が一部削除されていたこと、さらに洪仁玕が提案していた God の呼称についての提案も洪秀全に拒否された、ということが明らかとなっている。

「神は霊である」と論じた部分というのは、先の表で言えば「神〔God〕について」の論説の中に含まれていたものと思われる。そもそも洪秀全が提唱した「上帝教」の教義では、洪秀全自らが天に昇って「上帝」や「太兄〔基督〕」をその目で見た、という「体験」を根底に「上帝」観が形成されており、したがって「上帝」とは肉体を持つ存在として捉えられていた。洪仁玕はこのような「上帝」観に異を唱え、神は霊であると述べていたようであるが、その部分は洪秀全によって削除されてしまったのである。しかし宣教師らの紹介記事からは、修正後の「神について」の論説でもなお、かなり鮮明にキリスト教的な「神」について論じられていたことがうかがえる。

エドキンスやレッグの要約によれば、この論説は人間の「原罪」から説き起こし、キリストによる救済と、「三位一体」の神について論じているという。(11) また、ジョンの記事ではこの箇所の一部がそのまま英訳されているが、そこには以下のような一節がある。

キリストは神であり全能であるというのなら、なぜ人間を救うために人間として生まれる必要があったのか、と問う人があるかもしれない。ならばこう言おう。もし救い主〔Saviour キリストを指す〕が人とならなかったなら、彼は全くの霊でしかなく〔he would be merely a spirit〕、そうなればどうやってその教えを広め、人の模範となることができ、また、十字架について血を流すことがあり得ただろうか、と。

ここでは、洪仁玕がキリストの神性を述べるなかで、間接的ながら「神」＝「霊」という概念を示していたことが見て取れる。また、ジョンはさらに解説を加え、本来太平天国ではイエスの神性は認められていなかったことを指摘し、その根拠として「天でも地でもイエスより偉大な人間はいなかったにも関わらず、イエスは帝〔God〕とは呼ばれない」という『太平詔書』からの一節を引用した上で、(12) この洪仁玕の文章ではキリストの神性がはっきり述べられていること、さらに聖霊についてもその神性が明瞭に述べられ、人の心を一新する力として強調している、と述べている。

このように、「神について」の論説は、イエスや聖霊の神性を強調し、さらにそこから「三位一体」の教義を説くものであった。部分的に削除されたとはいえ、ここに述べられた「三位一体」論は多分に洪秀全の「上帝」観、キリスト観とは異なるものであったが、少なくともこの時点では洪秀全に許容されていたようである。

また、洪秀全から拒否されたというGodの呼称に関する洪仁玕の提言というのは、上記の「三位一体」教義の論説に続く箇所を指すと思われる。レッグはこの箇所については一部を英訳しながら詳しく紹介しており、それによれば洪仁玕はGodについては「真神」という呼称を退け「上帝」を採用すべきで、一方Holy Spiritについては「神」

という文字を用いるのが適切である、と論じているという。これは先の第十八問の問答からも分かるように、太平天国における God の呼称に異議を唱えることでもあった。

この訳語をめぐる洪仁玕の議論というのは、一八四〇年代の後半から五〇年代前半に宣教師たちの間で繰り広げられた用語論争と深い関わりを持つものであった。「上帝」を是とする立場の代表格であったメドハーストとレッグの両人と親交のあった洪仁玕は、彼らから直接その主張を聞くこともあったであろう。また、『遐邇貫珍』でこの用語の問題が取りあげられたこともあった。洪仁玕は宣教師たちによる種種の訳語に改めて詳細な検討を加え、太平天国の従来の God の呼称に異を唱え、「上帝」のみを採用するよう主張したのである。これは「上帝」派のレッグには特に嬉しかったようで、記事の中でレッグは、洪仁玕のこの見解は、「みじめなまでにプロテスタントの宣教師を分裂させた」用語論争についての宣教師たちの意見を一致させることになるだろう、と述べている。中国語の原文が残っていないのは残念であるが、宣教師の用語論争に対する当時の中国人信徒の見解の一端が示されており、非常に興味深い。

なお、一八六〇年八月より前の段階で修正が加えられていたことが分かっている箇所がもう一点ある。それは、「上帝之名永不必諱〔上帝《かみ》の名は忌むべからず〕」と小題の付いた一段の追加である。現存する『資政新篇』では「風風類」の末尾に置かれているが、エドキンスの英訳本を見る限り、当初は「法法類」の中に加えられたものであったようだ。エドキンスはこの箇所に注をつけ、「この書物では、特に神学的な部分において、天王によっていくつかの変更が加えられている。神の名を敬遠するなかれ、というこの一段は、著者が先頃蘇州を訪れた宣教師に語ったところによれば、天王が神の名は公に口にすべきではないと考えていたために挿入されたという」と記している。この文章は「爺火華〔エホバ＝ヤハウェの音〕」の原義を説くことから始めて、「爺〔＝父〕」としての上帝と子としてのキリスト及び「聖神上帝之風〔＝聖霊〕」が「一体一脈」となった「上帝」は不変の存在であり、そのような父と子の関係を明らかにしておくため、その名を敬遠する必要がない、と説いている。主題としては、やはりここでも明瞭に三位一体の神を説くものであることが分かる。

（二）『資政新篇』刊行にともなう改変

このように、『資政新篇』は一八六〇年八月の段階ですでにある程度修正されていたわけだが、それでも現存する刊本の『資政新篇』の姿とはまだ隔たりがある。宣教師らの紹介記事に見られた抄本『資政新篇』の姿と比べてみると、刊本の『資政新篇』では、最後の一篇である「洪秀全への嘆願書」ないし「政治的提言」の前に本来あったはずの文章がすっかり削除された形となっている。現在のところ、これらの文章がどのような経過を経て削除されるに至ったのかについて知ることのできる史料は残されていない。しかし、削除された部分がどのような性格のものであったか、あるいは削除されたということがどのような意味を持つか、については、先に挙げた宣教師による紹介記事や、『資政新篇』以後に刊行され、現存しているその他の書物などを通して、ある程度推し量ることが可能であるように思われる。

まず抄本の『資政新篇』の冒頭にあった「天暦」の序文から見てゆこう。エドキンスの記事では、序文の中で洪仁玕は外国と中国では暦法が異なることを説明し、西洋のシステムを採用することを提言していたという。またレッグはこの序文は「今年」すなわち庚申（一八六〇）年のもので、やはりそこでは「全てを新しくするために」新しい暦をヨーロッパの様式に沿って定める、と述べられていることを明らかにしている。

現存する太平天国の暦にはいずれも序文は附されていないのであるが、少なくとも洪仁玕の提唱によって太平天国の暦法が変えられたことは確かなようである。洪仁玕の南京到着以降で現存する一番古い「天暦」は「辛酉十一（一八六一）年」のもので、序文はないものの「己未玖（一八五九）年十月初七日」と「己未玖年十月十四日」付けの二つの「天王詔諭」が附されており、前者には「玕胞〔洪仁玕〕の上奏に基づき」従来の暦法の一部を改訂したと述べられているからである。[13]ただし、この詔諭で引用されている洪仁玕の上奏文では、その改訂理由は「民の農作業に利するため」と記されているだけである。また、やはり「辛酉年」刊行とされる『欽定英傑帰真』という書物に「天暦」の序文が引用されているが、[14]その議論の重点は古来の十干十二支などによって日々の吉凶を占う習慣の「荒謬妄誕」なことを説くことにあり、新しい天暦はそのような迷信を排除して民の心を正し、また農作業の時期とも適合させるものである、としており、外国との比較という視点はすでに見られない。なお、レッグは『資政新篇』に収められた序文でも日々の吉凶を占うことが批判されていたと述べており、『欽定英傑帰真』に収められた序文はこの庚申年の序文から西洋暦の採用を提言する部分を削除したものである可能性もある。

ところで、洪仁玕が示していた中国の暦法と西洋の暦法を比較し、西暦の優位を認めるという姿勢は、まさに宣教師がとってきた姿勢でもあった。墨海書館で天文学に関する書籍が翻訳されたり、エドキンスが毎年『中西通書』を発行して西洋暦を紹介したりしたのも、それらを通して科学に裏打ちされた暦法の正確さを中国人に示すためであったと考えられる。後に自供書の中で香港や上海で「天文、暦数」を学んだと再三述べているとおり、「天文学」と「暦学」という互いに関係の深い二つの学問は洪仁玕の中でも特に関心の高い分野であった。少なくとも南京到着直後の洪仁玕は、自ら学んだことをもとに西洋暦による暦法の改革を訴えていたわけである。実は同じような主張は、前章でも取りあげた王韜の一八六〇年の『中西通書』の序にも現れている。王韜はここで中国の伝統的な暦の定め方に固執する意見を批判し、中国の暦法も実は改変を繰り返し、明代には宣教師の協力を得ようとしていたこともあると指摘し、すでに西洋の暦法を取り入れなければならないことは明白であると述べている。さらに西洋の暦法はニュートンの万有引力の「自然の理」に基づくもので古代の暦法より精度が高いと説明している。この王韜の文章も一八五九年の後半に書かれたものであった。つまり、ほぼ時を同じくして宣教師の影響下にあった二人の人物が暦について同じような主張をしていたことになるのである。

さて、レッグの記事によれば、この序文の末尾には暦に関する規則が九つ列挙されていた。ひとつ目に「吉日」や「凶日」の区別は定めないこと、次の六つが太平天国の記念日について、そして七つ目が礼拝についての規定、最後が「太平天国」の号は永遠に変えないことを定めたものである。六つの記念日についてはエドキンスも言及しているが、それらは具体的には以下のようなものであった。

一月十三日　天兄（イエス）の昇天日〔Ascension〕
二月二日　天父への感謝日〔Thanksgiving〕
二月二十一日　天兄と天王の玉座への昇天日
三月三日　天父の降臨日〔Descent〕
七月二十七日　東王の昇天日
九月九日　天兄の降臨日

一方、先にも述べた「辛酉十一年」の天暦に附された二つの「天王詔諭」にも六つの記念日については言及されている。「十月初七日」付けの詔諭には

並註明毎年　正月十三日、是太兄昇天節。
二月初二日是報爺節。
二月二十一日是太兄暨朕登極節。
三月初三日是爺降節。
七月二十七日是東王昇天節。
九月初九日是哥降節。

とあり、それぞれの記念日の内容はエドキンスの記事と一致していることが分かる。

ここで注目されるのは、「天兄の降臨日」や「天父の降臨日」といった上帝教の中心的な教義と深く関係した記念日が定められていることである。上帝教では「天父天兄下凡」が重要な役割を果たしており、先の「己未玖年十月初七日」付けの詔諭にも「戊申年三月に天父上帝が下凡して東王に乗り移」り、また「九月に太兄基督が下凡して西王に乗り移った」と記されている。したがって三月初三日の「爺降節」と九月初九日の「哥降節」はそれぞれ上帝と基督の「下凡」を記念する日であったということになる。また、「己未玖年十月十四日」付けの詔諭の方では、「天暦」は第一に「爺〔天父〕への孝順」を重んじ、第二に「哥〔基督〕」を恭敬し、そして第三に東工を重んずる、ということが言明されており、やはり東王の天父下凡にも言及して「下凡」の権威を明確に述べている。

抄本の『資政新篇』の中にこの六つの記念日の規定が含まれていたということは、先の暦法の改訂と同じくこれらの記念日の制定にも洪仁玕が関与していたことを示していると考えられる。そもそも、それまでの「天暦」にはこのように毎年決まった記念日というものは定められておらず、記念日を置くという事自体が洪仁玕の発想であった可能性も高い。しかし、できあがった記念日は、洪仁玕が深く影響を受けてきたキリスト教よりも、むしろ上帝教の教義に密接に関わるものであった上に、一八五六年の内訌ですでに命を落としていた東王楊秀清が天父、天兄と並んで特別に日を定めて記念され、その権威が改めて示されていたのである。

このように、暦法の改訂や記念日の制定などについて洪仁玕が関与していたことは現存する詔諭や『欽定英傑帰真』などからも確かめることができるのであるが、抄本の『資政新篇』に見られたような西洋の模倣の姿勢は完全に姿を消している。また、記念日の制定にあたっては洪仁玕が初めから「天父天兄下凡」や東王楊秀清の権威を容認する態度をとっていたことも明らかである。抄本の『資政新篇』の他の文章の中では上帝教の教義との対立も辞さない姿勢が目立つ洪仁玕であるが、暦という王朝支配の権威に直接関わる分野においては当初から服従の姿勢をとっていたことは、その後の『資政新篇』の改変のみならず、以後の洪仁玕の洪秀全との関係のあり方をも示唆するものと言えよう。(15)

また、この「天暦」の序文のほかにも本来『資政新篇』にはキリスト教やその教義に直接言及した文章も収められていたが、それらはいずれも現存する刊本の『資政新篇』には収められていない。それらの文章は

・「罪に関する教義について」
・「惑わしに関する教え」
・「賛美歌」
・「神〔God〕について」
・「祈禱文」

の五篇である。

この中でまず注目したいのは、「罪に関する教義について」と「祈禱文」の二つである。この二篇は、宣教師の記事の中でも比較的詳しくその内容に言及されており、前者に関してはジョンがそのまま一部英訳を、後者の「祈禱文」はレッグが全文の英訳を載せているのであるが、これらの英訳から見ると、この二篇は『開朝精忠軍師干王洪宝製』(以下『干王宝製』と略称)と呼ばれる書物に収録されている文章と全く同じものであると考えられるのである。(16)

まず「罪に関する教義」であるが、エドキンスは紹介記事の中でこの箇所は「罪を知ること、罪を悔いること、罪との決別、罪の赦し、罪の贖い、罪の完全なる除去、幸福」の七つの部分から構成されていたとしているが、『干王宝製』には同じく罪について論じた「知罪」「悔罪」「改罪」「赦罪」「贖罪」「無罪」「受福」の七つの小題を付けた文章が収められており、それぞれ完全に対応していることが分かる。またジョンも、この文章では「人が罪を知り、悔いて改心することの大切さ、神の罪を赦さんとする意志、贖罪の必要性、キリストが罪の身代わりとなった受難につ

いて、罪からの解放が真の幸福の本質たること、が、外国人であろうと中国人であろうと、どんなキリスト教の教師にも劣らぬやり方で扱われている」とした上で、『干王宝製』に収められている文章でいえば最初の「知罪」を除いた残りの六つの小題のついた文章に相当する箇所を英訳している。その英訳は『干王宝製』の文章と比べると若干の省略は見られるものの、内容的には完全に一致している。また、レッグも要約の形でこの文章を紹介しているが、その後で次のような興味深いコメントを付けている。「筆者はこのすばらしい論説の中から、〔干〕王によるある説教が重なって聞こえてきた。それは一八五七年に、筆者がこの〔香港島の〕上環市場にある会堂で、喜びをもって聞いたものである。そして筆者は同じ言葉が、より高い地位から、より広範な聴衆に向かって語られていることを喜んでいる」。すなわち、この文章は洪仁玕がかつて香港の教会の説教者として語った言葉そのものであったのである。

また「祈禱文」についても、レッグの英訳は『干王宝製』に収められた「祈禱文」と完全に一致しており、さらにエドキンスは、この祈禱文はどのような目的でどのように用いられるべきであるかについて洪仁玕が説明している箇所を英訳しているが、これも『干王宝製』の「祈禱文」の末尾にある解説文とほとんど一致している(17)。なお、レッグはここでもこの「祈禱文」の一節に宗教改革者ルターの祈りを思い出した、と最大級の賛辞を贈っている。

さらに、宣教師の記事にあった「惑わしに関する教え」の文章に注目したい。エドキンスは短くその内容をまとめて「人の罪深い本性について、及び、それに打ち勝つ方法について論じ」ている、としており、またジョンも「内的な堕落」について論じた文章があり、そこで洪仁玕がはっきり「人は罪の中に生まれた」と述べている、としている。エドキンスが「惑わし〔deception〕」と訳した言葉は原文では「■■」が附いており、この単語が中国語からの直訳であることを示している。またレッグも「誘惑〔Temptation〕について述べたもの」があるとしており、これらの言葉から考えてゆくと、やはりこの文章も『干王宝製』に収められている「克敵誘惑論」という文章の表題と一致しているように思われるのである。

「克敵誘惑論」では、「世上」も「人心」も誘惑を逃れることはできず、それは「最初に人が生まれたとき既に私欲に染まって〔後の人々の〕罪根となったために、母が身ごもるときすでに〔子は〕誘惑の中にあるからである」とされ、「誘惑苦逆の中にない者は誰もいない」とされている。[18] ここでは「誘惑」は宗教的な意味においての「罪悪」の根元を指す言葉として用いられており、キリスト教の「原罪」の考え方に極めて近いものである。そして洪仁玕はさらに、この「誘惑苦逆があらゆるところに入り込んでくる」状況に対して「愧悔の心が生じない限り、禍がやむことはない」とし、「城を防御するように自分の意志を防御するように努めよ」、「誘惑に勝つことが敵に勝つこと」であり、「心の目を覚まして祈りを捧げ、堅く立つことによって、悪魔が休むことなくこちらのすきに乗じて攻撃してくることを防ぐことができ」、「天父と救主に呼ばわることによって万苦は全て消え去る」と述べている。[19] 一方レッグは紹介記事の中で「惑わしに関する教え」では、洪仁玕が「城を防御するように自分の意志を防御するように」勧め、「祈りに心傾け、堅く立ち、悪魔に寝ているところをおそわれないようにしなければならない」とされている、と述べている。またレッグは、「惑わしに関する教え」は「愛する兄弟たち〔beloved brethren〕」に向けて書かれたものである、としているが、「克敵誘惑論」にも「愛弟乎」という呼びかけの言葉が見られる。こうしたことから、両者は同一の文章であることが推測されるのである。また、レッグは「惑わしに関する教え」は大衆に向けて発布された布告であると述べているのであるが、実は大英図書館には洪仁玕が発布した「克敵誘惑論」の布告が所蔵されており、冒頭にこの文章の執筆の意図が記されたあと、『干王宝製』の「克敵誘惑論」と全く同じ文章が綴られている。[20] 大英図書館所蔵の布告には発布年月日は記載されていないが、レッグやエドキンスの記事を見る限り、この布告がまさに抄本の『資政新篇』に収録されていたと考えても良さそうである。

ところが、ジョンの記事では、そのような「誘惑」への対処として、「人は罪の中に生まれているのであって、「再び生まれかわら〔born again〕なければならないこと、それによってこの世にあっては真の平和を得、来るべき世にあっては永遠の幸福を得ることができる」とされているという。だが、「克敵誘惑論」には、「再び生まれ変わる」に当たるような言葉も、また、それに続く「真の平和」「永遠の幸福」といった言葉も見あたらない。ジョンのこの発言は洪仁玕の文章の翻訳なのか、意訳に近い要約なのか、判断がつきかねるのであるが、例えそれが「翻訳」であり、後に若干の文言の変更が加えられた可能性は否定できないとしても、基本的には「克敵誘惑論」は抄本の『資政新篇』に含まれていた「惑わし（内的な悪）に関する教え」であったということは言えそうである。

このように見てくると、『干王宝製』という書物には、本来『資政新篇』の一部として執筆された文章が複数含まれていた可能性が高いことが分かる。『干王宝製』も『資政新篇』と同じく個別の文章を集めてまとめられた書物であるが、表紙には刊年も刻印されておらず、また「欽定」や「旨准頒行」といった天王からの認可を受けて刊行されたことを示すような言葉も附されていない。序文や結語に当たる文章もなく、ただ以下の五篇の文章が収められている。

・内外の官員に「新朝を開くには新政をしく必要があること」を説いた諠諭
・「克敵誘惑論」
・「用兵之法」
・「論罪」（「知罪」「悔罪」「改罪」「赦罪」「贖罪」「無罪」「受福」）
・「祈禱文」

このうち、上に述べてきた、「論罪」と「祈禱文」、それに「克敵誘惑論」も加えれば、合計三つのキリスト教に関する論説が抄本『資政新篇』の文章と一致していることになる。さらに「用兵之法」については、レッグとエドキンスは抄本の『資政新篇』にも「用兵についての教え」があったとし、さらにレッグはその要約を載せているが、そこから見ると両者の内容は一致している。したがって、『干王宝製』を構成する五編の文章のうち、実に四篇が本来

『資政新篇』に含まれていたと思われる文章であり、その他にはわずかに一篇の諠諭が残されているだけなのである。この諠諭は洪仁玕が「重任を授けられていまだ落ち着く暇もなく、聖心〔天王の御心〕にかなうことができないのではないかと恐れ」て、まず心中を檄文として著したものである、とされており、おそらく洪仁玕が初めて著した諠諭であろう。レッグの記事を見る限り、この諠諭は抄本『資政新篇』には含まれていなかったようであるが、全体的に見れば、『干王宝製』は本来『資政新篇』の一部として執筆された文章、特にキリスト教の教義に関する論説を中心にして編纂しなおされた書物として考えて良さそうである。しかし、『干王宝製』は、天王の正式な認可を受けることもなく、いわば洪仁玕の個人的な出版物として刊行された。すなわちキリスト教の教義を直接的に説くこれらの文書は、非公式な書物としてしか公にされなかったのである。

一方「賛美歌」については、エドキンスは、これはメドハーストが翻訳した賛美歌集をもとに編纂されたものである、としている。またレッグは以下のように述べている。「〔これらの賛美歌は〕何年もかけて当地〔香港〕のロンドン伝道会によって編纂された賛美歌集の中から選ばれたものである。これは三、四年前、上海と当地のロンドン伝道会宣教師たちの知恵を集めて改訂され、最終的に洪仁玕ともうひとりの中国人によって定稿が完成した。この改訂の結果、九〇首ほどの賛美歌を集めた、福音的情緒にあふれた賛美歌集ができあがった。この賛美歌集に対してこれまで筆者が聞いた批判というのは、いくつかの賛美歌はあまりに文体が古典的すぎる、ということだけだった。だが、今やそれらは干王の命令によって数千もの人々の唇に上ったのである。干王のおかげである！」。

すなわち、エドキンスが言うメドハースト翻訳の「賛美歌集」とは、第三章でも述べた『養心神詩』の改訂版で一八五六年に出版された『宗主詩篇』のことであった。先にも述べたとおり「もうひとりの中国人」とは王韜であり、彼と洪仁玕によって完成した賛美歌集の中の数編が『資政新篇』にも収録されていたことになるのである。しかしこれらの賛美歌は『資政新篇』からは削除され、『干王宝製』に収録されることもなかった。

また、「神〔God〕について」の文章は、前節でも触れたとおり「三位一体」の教義を言明しており、天王から最初に修正を求められた文章であった。当初は字句の削除や修正を命じられただけであったかもしれないが、結局刊本の『資政新篇』からは除かれ、『干王宝製』に収録されることもなかったようである。神の概念としての「三位一体」の教義は「上帝教」とは真っ向から対立する考え方であったことを考えると、当然の結果と言えるかもしれない。『干王宝製』を含め、その後洪仁玕が執筆したと言われている書物の中には、エドキンスやレッグの記事に見られるほどはっきりと「三位一体」の神の関係を言明するような文章はすでに見られないのである。

このようにして、もともとの『資政新篇』においてはその大半を占めていたキリスト教に関する言説は、刊行版においては削除されることとなり、むしろ西洋に関する新しい知識の提示や政策提言を主眼とした文章を中心に据えた書物として編纂され直されることとなったのである。むろん、そのようにして刊行された『資政新篇』からキリスト教色が一切なくなったわけでは必ずしもないのであるが、キリスト教の教義を説くことを前面に据える、という当初のスタンスは刊行版においては後退していったと言えよう。

第三節　洪仁玕の上海・香港体験の反映

以上『資政新篇』の刊行にいたるまでの修正と改変について見てきたが、以下では刊本『資政新篇』について詳しく見てゆきたい。先にも述べたとおり、刊本『資政新篇』は、諠諭、序文、「用人察失類」、「風風類」、「法法類」、「刑刑類」、結語の七つの部分に分けることができるが、このうち「風風類」「法法類」「刑刑類」に関しては、一八六〇年八月、エドキンスが蘇州訪問から戻った後に、ノース・チャイナ・ヘラルド紙にほぼ全文英訳に近い形で紹介している。この英文と現存する『資政新篇』中の「風風類」「法法類」「刑刑類」とを比較したのが表2である。文章の

表 2　『資政新篇』と英訳との比較

	『資政新篇』（現存・刊行版）	Extracts from the new work by Kan-wang（*The North China Herald*, No. 524-527）	備　考
風風類（Reformation of Customs）	「風風」の解説 「三宝」について	逐語訳	
	「風風類」末尾に「上帝之名永不必諱」	→「法法類」	
法法類（Imitation of Laws and Institutions ）	「法法」の解説	逐語訳	英訳には注意書きとして表題の下に「外国の優れた制度を中国が模倣する意」とある
		「情報収集官（Officers for Collecting Intelligence）の設置」	
		「神の名は忌むべからず（The Mention of the Divine Name need not be avoided）」（「上帝之名永不必諱」の逐語訳）	
	柔遠人之法 解説	逐語訳	
	英吉利，即俗称紅毛邦	洪仁玕が知り合いとして列挙した宣教師の名前を除いて逐語訳	
	花旗邦，即米利堅	要約	
	日耳曼	要約	
	瑞邦，丁邦，羅邦	要約	
	仏蘭西邦	要約	
	土耳其邦	ほぼ逐語訳	
	俄羅斯邦	要約	
	波斯邦	ほぼ逐語訳	
	埃及邦	記述なし	
	暹羅邦	逐語訳	
	日本邦	逐語訳	
	馬来邦，秘魯邦，澳大利邦，新嘉波，天竺邦，前西蔵，後西蔵，蒙古，満洲	「仏教国」とした上で国名を列挙．ペルー（秘魯邦）とオーストリア（澳大利邦）は入っていない．　逐語訳	
	総括	逐語訳	
	二八項目の献策 第一項から第七項	逐語訳	
	第八項	なし	
	第九項〔「各省新聞官」について〕	なし	英訳では「法法類」冒頭に独立して入れられていた「情報収集官〔＝新聞官〕」の項目が刊本ではここに挿入されている
	第一〇項から第一六項	逐語訳	
	第一七，一八項	一項目に統合	
	第一九項から第二八項	逐語訳	
刑刑類（Reformation of Punishment）	一議待軽犯	逐語訳	
	一議第六天条	逐語訳	
	一議大罪宜死	逐語訳	
	一与番人並雄之法	なし	

順序や言葉遣いには相違があるが、内容的にはほとんど全くと言ってよいほど一致していることが分かる。少なくともこの三篇に関しては執筆当初からさほど大きく変更されることもなく刊行に至ったと思われるのである。

一方、レッグの紹介記事ではこれらの文章を「洪秀全への嘆願書」とみなした上で、要約の形で全体を紹介しているる。レッグはエドキンスの訳文では触れられていなかった「序文」に当たる部分にも言及しており、この部分も当初から存在していたことを明らかにしている。レッグの要約と刊本『資政新篇』の「序文」を比較してみると、その内容はほぼ同じであるが、レッグは「〔洪仁玕は〕自分の意見を述べてゆく前に、適切な人材を登用することの重要性を指摘し、徒党をくむことを禁じるよう彼の親戚〔洪秀全〕に忠告しておかなければならなかった」としており、刊本『資政新篇』の「用人察失類」で論じられている徒党をくむことへの批判は、もともとは序文の中で言及されていただけであったことを示唆している。おそらく刊行にあたっての再編集の過程で徒党をくむことを批判する部分を「用人察失類」として独立させて加筆し、「序文」にあたる部分もそれにあわせて修正されたのであろう。

なおレッグは「刑罰の用い方〔すなわち「刑刑類」〕」では、刊本『資政新篇』「刑刑類」の三つ目の規定、すなわち死刑の方法についての規定まで言及し、そこで全体の紹介を終えており、洪仁玕の請願書がここまでで終わっていたことを示している。

したがって現存する『資政新篇』の「刑刑類」で四項目にある「与番人並雄之法」以下は、刊行に際しての加筆と考えるべきであろう。「与番人並雄之法」は、外国との通商に関して、争いを避けるために章程や礼法を定めるべき事をのべたもので、内容的にも全体のまとめに近いものである。それに続く「結語」にあたる部分も「序文」に対応しつつ全体を閉じるもので、レッグの記事にも言及はないことから、後からの加筆であろう。

なお、刊本の『資政新篇』冒頭にある「諠諭」は、日付は記されていないが、「〔天王より〕勅許をたまわり」、「指示に従ってここに本文を印刷、刊行して、みなに知らせる」旨を記したもので、刊行に際して出されたものである。

以上のように刊本『資政新篇』は刊行に際して加筆された部分を含むものと考えられるが、以下では『資政新篇』の中核をなす「用人察失類」「風風類」「法法類」「刑刑類」の四篇の文章の内容について検討してゆく。(21)

（一）「用人察失類」

「用人察失類」としてまとめられている文章は、後半は「風俗習慣が人を惑わすこと」を論じており、「風風類」の導入として加筆されたことを思わせる内容となっていることから、実質的には「徒党をくむ弊を禁止する」と見出しの付いた十数行の短文が本来の「用人察失類」の内容と考えられる。洪仁玕は、臣下が徒党をくむ弊害について述べ、それを許してはならないとした後、「もし軍隊が強くなり、国が富んで、風俗も醇厚になる時がくれば、また朝出て夕方には到着できるような汽船や汽車があり、また陰謀を暴露する新聞を発行できるようになれば、どんな裏切りや悪企みも、たちまち白日の下に明らかにされてしまうでしょう」と述べている。汽船や汽車、新聞発行によって情報や人の移動を速め、様々な情報が公にされるようになることが徒党のたくらみを暴露する手段であると洪仁玕は考えたのである。もっとも、これらは単に徒党のたくらみを暴露できる国家の姿、というだけでなく、『資政新篇』全体を通しての洪仁玕の理想の国家像を示している言葉であるようにも思われる。後述するように、風俗を厚くすること、すなわち「教化」を重んじる姿勢はこの後にも繰り返し現れるものであるし、統治を支えるものとして汽船や汽車、また特に新聞の発行を重んじる観点も随所に見られるものだからである。ここではごく簡単にこれらの観点が提示されているだけであるが、続く三篇の中でより具体的にその方法や内容が示されてゆく。

（二）「風風類」

「風風類」は、上に立つ者が民を「風俗習慣によって教化し、上からこれを感化す」べきことを説いたものである。

「教化」とは、徳によって民衆を教化する、という伝統的な儒学の教えに基づく概念であり、洪仁玕の思想が儒学の影響をも強く受けていることを示している。ただしここで興味深いのは、洪仁玕が、風俗を厚くする具体的な方法として「医院」「礼拝堂」「学館〔学校〕」「四民院〔寡婦、寡夫、孤児のための施設〕」「四疾院〔盲、聾、唖、跛者のための施設〕」の設置を奨励し、また、「牧司〔牧師〕」や「教導官〔教師〕」によって民を「教化」するよう提言していることである。

洪仁玕は上海・香港での逃亡生活の大半をロンドン伝道会の助手として過ごしていたが、そのロンドン伝道会はまさに礼拝堂での布教とともに西洋式の医療や教育を通した布教活動を展開していた団体であった。洪仁玕自身も礼拝や病院での布教、学校での教師の仕事などをしており、そのような経験から病院や教会、学校を教化の場とする発想が生まれたのであろう。

さらに洪仁玕は「風風類」の中で、人が「宝」として尊ぶべき物事を上・中・下の三つの階級に分けて論じている。すなわち、「中国ではもともとぜいたくな習わしを宝のようにみなして」きたが、中国の人々が尊ぶ華美な紙や絵画、精巧に作られた金や宝石などは価値がないとは言わないが「宝の下」にすぎないのであり、「天父上帝、天兄キリスト、聖神爺の風〔聖霊〕の三位一体」こそが「上」の宝であるとしている。また中国で信仰されてきた様々な宗教は民の心を惑わすものであり、「福音真道」に勝るものはないとしている。ここで言われている「福音」とは「正義の罰と慈悲のゆるしの二つの面が兼ねそなえられており、どちらもキリストがその身に担われて」いるものであり、「人の蒙を開いて、その心を慰め」、「人の智慧を広くして、その行いを善くさせる」ことができるもの、とされている。その上で、「中の宝」として「汽船、汽車、時計、電火表〔不明〕、寒暖計、気圧計、日時計、望遠鏡、六分儀、連発銃、天球儀、地球儀など」の「有用な物」を列挙し、これらの物は「みな自然の妙技に勝る発明で、人の見聞や知識を広くさせることができる、正々堂々の技であって、婦女子の役にも立たぬ装飾ではなく、永遠に役に立つもの」であるとしている。

ここからまず分かるのは、洪仁玕が「三位一体」の神、そしてキリストに体現される神の罰と赦し、というキリスト教の中心的な教義を最重要視していたことである。「三位一体」の教義は洪秀全からは否定されていたものであり、キリストの贖罪の教義も太平天国ではほとんど重視されていなかったにもかかわらず、洪仁玕は敢えてそれらを「上の宝」であるとしたのである。そして、さらにそれに次ぐ恒久的な価値を持つものとして西洋の発明品を位置づけていた。

蒸気機関や温度計、望遠鏡などの西洋の発明品、またそれに付随する数学、天文学などの学問知識が中国で盛んに紹介されるようになるのは一八五〇年代のことであり、しかも、前章でも見てきたとおり、当初その媒介者として積極的な役割を果たしたのは宣教師であった。当時、宣教師の多くは科学的合理的思考を援用して神の存在を実証しようとする自然神学的な考え方に立ち、西洋の先進的な事物や知識を広めることでキリスト教布教を拡大させようとしていた。このことは彼らが著した書物や文書の中にも読みとることができる。

第三章でも取りあげた『遐邇貫珍』を例に取れば、第一巻第二号（一八五三年九月）に汽船の効能と蒸気機関の原理について説明した「火船機制述略」という記事がある。ここでは、蒸気機関の原理が一通り説明された後、ただしこのような人類の知識というのは「万物を創造された主宰者」のそれと比べれば無に等しいのであって、自然界や宇宙の原理を理解することはできない愚昧な知識であるとし、ただ「わが人類はもろもろの創造物の不思議を考察し、創造の偉大さを誉め称えることを許されているので、一心に研究し探求している事柄は必ず天佑を得て願うところを与えられる」のだ、としている。あるいは、一八五七年に出版された数学書『幾何原本』の序の中で、著者ワイリーはさらに端的に「イエスの教えが本であって、暦学や算学などの学問は末である」とし、「天下の学者が謹んでその本を探求し、しかも末を捨て置かないことを厚く願う」と述べている。このような科学の探求、成果を肯定しつつキリスト教信仰をさらにその上位に置く、という発想は当時中国で宣教師によって出版された多くの書物に共通するものであったが、宣教師のもとで働いていた洪仁玕もまた、このような発想を受け継いでいたのである。

ところで、洪仁玕は「中の宝」の筆頭として汽船や汽車を挙げているが、先の「用人察失類」でも汽船や汽車を統治を支える重要な手段として取りあげ、また次の「法法類」でも積極的に取り入れるべきものとして言及するなど、洪仁玕は汽船や汽車を特に重視していたことが分かる。洪仁玕が称讃するのはまずその速さであり「朝出て夜には到着できる」「一夜にして二千里を走る」といった表現が使われている。当時汽車はまだ中国にはなかったが、汽船はすでに香港や上海に頻繁に来港しており、しかも洪仁玕は自らその威力を目の当たりにする経験もしていた。上海での滞在を終えて香港に戻る時、洪仁玕は汽船に乗り四日で到着したが、これは当時としては最短の航海日数であった。この経験は洪仁玕に強い印象を与えたらしく、自供書でもこの時のことをわざわざ取りあげ、その時に作った詩まで披露しているくらいである(22)。このような直接的な体験もまた、洪仁玕の提言の源泉となっていたはずである。

（三）「法法類」

「法法類」は法を作って基準を定めるべき事柄について述べた部分である。冒頭で洪仁玕は法を定めるのは民に依るべき道を与え、道から外れないようにさせるためであるとし、その原則として「教法兼行」という言葉を挙げている。「教」はやはり「教化」を指すと思われるのであるが、その具体的な方策としてここでは「書信館」と「新聞館」の設置が提言されている。洪仁玕は、西洋の制度に倣い、それまでの中国にはなかった新しい通信や情報伝達の手段を導入することで「教化」を実現しようと考えていたのである。

さらに洪仁玕は、法を立てる者は「各国の風俗教化の状況を熟知しなければなりません」、また、「技術がすぐれており、立派な国法をもっている外国人には、まず通商を許すべきです」と述べ、外国の情報や優れた技術、法などを積極的に受け入れる姿勢を見せている。そして具体的に二十二の国家や地域の紹介と二十八項目の政策提言が述べられている。

なお、エドキンスが英訳した抄本『資政新篇』では、各国の紹介に入る前に、「書信館」「新聞館」と関連させて為政者に求められる方策・指針として、「情報収集〔Collecting Intelligence〕官の設置」と「神の名は忌むべからず」についいて述べた文章が挿入されている。しかし前者はかなり具体的な提言であり、おそらく全体の整合性を勘案してのことであろう、刊本では「法法類」後半の政策提言のなか（「新聞官」の設置）に組み込まれている。また後者は宗教的な内容であるためか、刊本では「風風類」の中の三位一体の神を論じた部分に続く形で収録されている。いずれも刊行に当たって再編集されたことを示す箇所である。

（1）各国紹介

さて、国家・地域の紹介であるが、例えば仏教国としてペルーやオーストラリアを挙げているなど、明らかに誤った記述もあるものの、概ねその内容は正確である。それぞれについての記述は簡略なものもあれば詳細なものもあり、内容も地理や歴史にまで言及したものもあれば洪仁玕自身の観察や批評と思われるものもあるが、いずれにせよこれらの記述は洪仁玕の学習や見聞の成果であることは間違いない。

世界の地理に関する書物は中国でも比較的早くから出版されていた。表3は洪仁玕が香港に滞在していた一八五〇年代後半までの間に宣教師によって出版された、世界各国の地理や歴史に関わる記事を掲載していた定期刊行物、及び専門書を示したものである。(23) これらの書物の編集者・執筆者のうち、ギュツラフ、ブリッジマン、ウェイを除くとその他は全てロンドン伝道会の関係者であり、ミルン以外は洪仁玕が直接面識を持っていた人々であった。また、ブリッジマンとも洪仁玕は面識があった。(24) ギュツラフは洪仁玕が香港に来たときにはすでに他界していたが、洪仁玕が

表3　世界各地の地理・歴史に関する刊行物

著者・編者	書　名	形態	出版地	出版年	備　考
ミルン	『察世俗毎月統紀伝』	月刊誌	マラッカ	1815-1821	
メドハースト	『特選撮要毎月紀伝』	月刊誌	バタヴィア	1823-1826	
ギュツラフ	『東西洋考毎月統紀伝』	月刊誌	第一号のみ広州，以後シンガポール	1833-1838	ここに掲載された各国情報や地理情報は単行本『古今万国綱鑑』，『万国地理全集』としても刊行．（いずれもシンガポール，1838年）
メドハースト，ヒリヤー，レッグ	『遐邇貫珍』	月刊紙	香港	1853-1856	
ワイリー	『六合叢談』	月刊紙	上海	1857-1858	
ブリッジマン	『美理哥合省国志略』	単行本	シンガポール	1838	各省の地理について述べた巻之首を除く巻之一以下を1844年に香港で『亜墨理格合衆国志略』として再版．字句に若干の改訂がある．1861年に大幅な改訂が施された『大美聯邦志略』を上海で出版．
ギュツラフ	『万国史伝』	単行本	香港？	1847?	出版年記載なし．第五十一葉に「(ナポレオン戦争後）ヨーロッパは32年間泰平を享受している」とあることから1847年刊か．
ウェイ	『地球図説』	単行本	寧波	1848	1856年に改訂版『地球説略』を寧波で出版．
ミュアヘッド	『地理全志』	単行本	上海	1853-1854	

最初に属していたバーゼル伝道会と密接な関わりを持っていた人物であり、彼の著作に洪仁玕が接する機会は十分あったであろうと考えられる。このように、これらの地理関連書の多くが洪仁玕の非常に身近な場所で出版されていたことが分かる。以下ではこれらの書物との比較を交えながら、洪仁玕の国家観、世界観について検討してゆきたいと思う。(25)

「法法類」の各国の紹介の中で、筆頭に挙げられているのはイギリスである。イギリスの国そのものに関する記載は、「開国以来一千年、この間王家は不変のまま続いてきました。現今では最強の国といわれていますが、それは法が善いからです」とあるだけであまり具体的とは言えないが、「この国の人は智力に秀でたものが多く、傲慢が性となっており、人の風下に立つことを潔しとしません」

と続け、彼らと交渉するときは相手を侮蔑するような言葉遣いをすべきでないことを説いている。

一方、次のアメリカについての記述はイギリスに比べると遙かに具体的である。のみならず、他の国家の紹介と比べても、聖書に基づいてユダヤ人の歴史にまで言及しているトルコについての説明を除けば、最も長く詳細な紹介となっている。これはブリッジマンの『美理哥合省国志略』というアメリカのみを題材にした書物があったこと、他の宣教師による地理書でもアメリカについての記述が比較的豊富だったことなどに由来すると思われる(26)(巻末・別表2)。

特にアメリカの政治体制については、「大統領〔原文は邦長〕は任期五年で、一定限の俸禄が与えられます。任期が終れば退いて悠々自適し、各州〔原文は省〕でまた〔大統領選挙人を〕選挙します。事があると各州であらいざらい公開討議し、大統領に呈出して最終的な決断を求めます。官吏の任命、新たな官の創設、欠員の補充、また重要案件の討議にあたっては日数を限って、大きな箱を役所の中において、徳や智慧をもつ官民に用紙に書かせて箱の中に投票させます。多数の票を得たものが賢者、有能な者とされ、多数者がよしとしたことをみなの決定とします」と、かなり詳しく述べている。アメリカの政治体制については当時すでに複数の書物の中で紹介されており、例えばブリッジマンの『美理哥合省国志略』では大統領は「毎年二万五千大元の定額の給料を受けとる」とあり(27)、またミュアヘッドの『地理全志』では大統領の選出方法について「それぞれ自分の推す人物の名前を書いて箱の中に投じ、終わったらその箱を開けて推薦者が多い者を〔大統領に〕立てる」「退位した大統領はもとのように庶民になる」「物事は必ず会議を行って決定する」といった文言が見られる(28)。『資政新篇』では大統領の任期を五年とする誤りはあるものの、政治制度の概要については、当時の地理書の表現とかなり重なり合う部分があることが分かる。

また、『資政新篇』では続けて「この国の肢者、盲人、聾唖者、妻子や夫のいない男女、孤児には、それぞれのための学校があって各種の技能を教えられています。その上これら孤独な人々の親戚や友人のなかには先を争って善行をしようとする人々がおり、みんなして、これらの人々を保護し援助するという誓約を立てます。国中どこにも乞食がいないということが、この国の礼義正しいこと、富んでいることを示しています」とも述べられている。『美理哥合省国志略』の中には、アメリカには聾唖者や盲人に技芸を教え、身寄りのない者を養育する施設があることや、貧苦に苦しむ者を親戚友人や政府が救済するシステムが整備され、「省都であれ村の中であれ、乞食がさまよい歩くようなことがあってはならないとされている」ことが記されており、やはり『資政新篇』の記述との共通性を見ることができるのである。[29][30]

洪仁玕はさらに、イギリスとアメリカは「いずれも天父上帝、イエス・キリストを信仰する教えをもっています。どちらかといえばアメリカの方が信仰や行動においてはより誠実です。イギリスは智識と国の強さにおいて秀でています」としている。そもそもイギリス、アメリカのそれぞれについて述べている部分でも、アメリカについては随所で「強国ではありますが近隣諸国を侵略いたしません」「礼儀正しい」「富んでいる」「公正である」などの賛辞が繰り返し現れている一方、イギリスについてはその智力を称えつつも「傲慢が性となっている」とやや厳しい。英米両国を強国として筆頭に挙げながらも、その評価はかなり異なっているのである。

これは書物から学んだことを越えた、洪仁玕の実体験に基づく所感ではないかと思われる。イギリスは香港の領有者であり、アヘン戦争以降、列強の中国進出の最先鋒でもあった。これに対しアメリカは清朝と通商関係はあったもののアヘン戦争や第二次アヘン戦争では直接交戦することはなかったことが、このような洪仁玕の見解に影響を与えているのではないだろうか。特に洪仁玕は第二次アヘン戦争の時期に香港におり、広州の外国人が排斥されたこと、その後英仏軍によって広州が占領されたことなどをつぶさに見ていた。当時洪仁玕の最も身近にいたレッグは、後にある講演の中で広州占領を指揮したエルギン卿を「偉大ですばらしい人物」だったと非常に高く評価し、占領直後の一八五八年一月には礼拝所の開設のために広州を訪れ、「満足感をもって歩き回った」ことを回想している。この広州への旅には洪仁玕も同行し、礼拝所での説教などを行っていたという。[31]武力行使や占領に疑問を差し挟まず、むしろそれを誇りとする宣教師らの姿を目の当たりにした洪仁玕には、イギリス人は「傲慢を性とする」国民と見えたのではないだろうか。

続いて、洪仁玕はドイツに言及し、「天父上帝、イエス・キリストをとりわけ慎ましく信奉しています。ドイツ人には太古の風があり、だから国威はそれほどありませんが、道徳においては傑出しています」として「徳」の高さを賞賛し、さらに「大きな船を擁して諸国に貿易に赴きますが、諸国の君主や宰相はドイツ人を信頼して、事の処理に当らせています。かれらが立ち居振る舞いをわきまえ、最もよく皇上帝、救世主を信じて、戦闘を好まず、自己の本分を守ろうとするからです」と述べている。貿易については、ミュアヘッドの『地理全志』の中でも「商人たちが多く集まり、貿易が特に盛んである」と述べられており、(32)また『瀛環志略』でも例えばハンブルグやブレーメン、フランクフルトなどが貿易都市として紹介され、「その船が広東までやってくることもある」と述べられているなど、(33)ドイツは貿易国として紹介されていたことが分かる。また、ギュツラフの『万国史伝』ではドイツ人の気質について「その地は大いに栄えているので、人々はみな勤勉で、本分を尽くすことが当然のつとめだと考えている」と述べられている。(34)こうした記述が洪仁玕のドイツ理解の根底にあったと考えられるのである。

また続いてスウェーデン・デンマーク・ノルウェーについては「イエス・キリストの教えを固く守っています」「人品、風貌は上品で、気質は誠実で心が寛く、古人の遺風があります」と述べている。そして特にスウェーデン人の親しい人物としてハンバーグの名前を挙げ、「この人とその妻子はいずれもすでに昇天されましたが、各国の人々がその人となりを慕っています。同師は私を愛すること特に厚く、その弟子たちはすべて客家で、多くは新安県に住んでいます」と述べている。それまで各国の親しい人物を挙げる際も、ただその名前を列挙するだけであったのが、洪仁玕はハンバーグに対しては個人的な敬愛の念を隠していない。時間的に見ればより長い時間をともに過ごしたレッグに対しては特にコメントをせず、むしろイギリス人は傲慢である、としか述べていないのとは対照的である。

以上の六ヶ国はいずれも「天父上帝、イエス・キリストの教え」を信奉する国家とされており、法の優れた強国、あるいは礼儀や徳に富む国として肯定的に捉えられていた。

一方、フランスについては「上帝、イエス・キリストを信仰している国ですが、ただその宗教は奇跡や神秘的なことを重視し、いささか正教とちがいがあります。だからこの国は今は格別強くもなければ立派でもありません」と述べられている。ここで言われているのはカトリックとプロテスタントの違いのことであり、洪仁玕はフランスはカトリックを信奉しているから国勢がやや劣っている、と理解していたようである。また、ロシアについては「百余年以前にはまだ天兄を信じておらず、しばしばイギリス、フランス、スウェーデン、ノルウェー、ドイツなどの諸国に圧迫されました。そこで王の長子を平民に装わせてフランスに派遣し、国法や造船の技術を学ばせました」「帰国後、かれは大いに政治や教育を興し、以来百余年の間に、国勢は日にあがり、今では北方の指導的な国です」と述べており、キリスト教国に学んだことが国勢を増す要因となったとされている。

逆にトルコについては、「この国の人はイエス・キリストが救世主であることを信ぜず、今なおモーセの律法に固執して、これを変革して時代に適応させようとはしないために、国勢は振るわず、丙辰の年にはロシアに侵略されました」とある。丙辰年に侵略された、というのは一八五六年から始まったクリミア戦争を指しており、新しい世界情勢を反映した記述となっているが、ここでもキリスト教を信奉しないことが国家危機の原因であるとされている。また、ペルシアについても太陽や「妖仏」を信仰しており、他国に領土を占領されてもそれを恥じない国である、と批判的に述べられている。そして最後に列挙されたマレーシアなどの国々は「皆仏教を信じ、偶像を崇拝して」いるので、「これらの諸国は衰弱して振るわ」ないのだ、とされている(35)。

一方シャムについては「最近イギリスと通商を開き、また蒸気船をつくることを倣い知り、大船で各国に貿易に赴き、今や富智の国に変りました」、また、日本については「最近アメリカと通商を開き、各種の技術をとりいれてこれを手本としています。将来きっと成果をあげるでしょう」と述べ、英米と通商し、優れた技術を導入することが富国への道であるとみなしていることが分かる。

なお、将来的に日本が発展するであろう、という認識は、当時通商や布教などで日本との関わりを強めていたアメリカ人商人や宣教師を通して上海や香港の欧米人、また彼らと近い関係にいた中国人知識人たちにもある程度共有されていたように思われる。例えば『遐邇貫珍』では一八五三、五四年のペリー艦隊の日本遠征の際にはその動向が毎号のように報道され、日本の様子や日米和親条約の内容なども詳しく紹介されていたが、第二巻第九号（一八五四年九月号）の「近日雑報」では「日本国で、先日アメリカ船が停泊している間に、かの国の人が著した絵入りの本が外国人の目にとまった。外国の新奇な器機を描き写したもので、どれも極めて精緻であった。また船を一隻建造していたが、外国の船のスタイルそのものであった。かの国の人々が器用で敏捷なことはかくの如くである」と、日本人が西洋のものに関心を抱き、それらを取り入れようとしていたことも報じられている。王韜も一八五九年三月の日記の中で、日本を訪問した米国バプテスト同盟の医師マクゴーワンから、日本はすでに非常に勢い盛んで、徐々に劣勢を克服してきており、船や車、機械などを半ばヨーロッパを真似しながら造っている、と聞かされたと記している(36)。また管嗣復もちょうど同じ頃、馮桂芬に宛てた手紙で「日本国もまた汽船を製造することができ、西洋に航行して各国の虚実を偵察しています。乗組員はみな西洋各国の言語に通じており、綿密な心配りをしています。将来西洋人に対抗できる国に日本はなるでしょう」と述べている(37)。現実には日本は当時は汽船の製造にまでは至っておらず、また、積極的な使節団の派遣はまだ行われていなかった。しかし例えば佐賀藩などで汽船や汽車の模型が造られていたり、西洋への航行にしても、一八五八年に締結された日米修好通商条約の批准書交換のためにアメリカに人員を派遣することはすでに決まっており、あるいはそうした情報が伝聞されたのかもしれない。いずれにせよ、日本が勢いを増しつつあったことが上海や香港の欧米人、そして洪仁玕を含む中国人たちの注意をも引いていたことは確かであろう。

さて、以上述べてきたように、洪仁玕の国家観では「キリスト教を信奉する国か否か」が非常に重要視されている。これは当時の多くの宣教師に共通する観点であって、最も典型的な例としては、米国長老教会宣教師マーティンによる布教書『天道溯原』があり、そこには「イエスを崇拝する国は、最も強大で盛んである」が、「いまだキリスト教に従わない国は多くが衰退し、商船も遠洋に出かけていくことができない。天が異端を駆除し、真の道を助けることが明らかである」と述べられている。(38)『天道溯原』はその後も何度も再版され、良質な布教書として高く評価されている書物であり、中国におけるキリスト教文書伝道史上の代表作とされている。(39)また、『万国史伝』や『遐邇貫珍』などにも「キリスト教国」への神の恩寵という観点からの記述を見ることができる。(40)『資政新篇』の記述からは、洪仁玕がこうした当時の宣教師の国家観に強く同調していたことが分かるわけであるが、これは例えば『資政新篇』より十五年ほど前に、やはり宣教師が書いた書物を情報源に海外事情に関する書物『海国四説』を執筆した梁廷枏が、キリスト教の教えについては「堯、舜、禹、湯、武、周公、孔子之道」には及ばないものであって、むしろ西洋人の側がゆくゆくは中国の儒教の教えを受けいれるべきである、としているのとは対照的な姿である。(41)

(2)　政策提言

続いて「法法類」には二十八項目の政策提言が列挙されている。その内容は大まかに、中央政府の政策に関わるもの（第一から第八項）、地方統治に関わるもの（第九から第十五項）、風俗習慣や生活に関わるもの（第十六項以下）の三つに分けることができよう。

このうち最初の中央政府の政策に関わる部分では、まず第一項で上から下まで権力をひとつに束ねるべきことを述べ、続けて水陸の交通の整備、銀行の設立、特許制の整備、鉱物資源の開発、書信館と新聞館の設置などについて規定している。

ここでまず目を引くのは、洪仁玕が特許制度に強い関心を寄せていることである。洪仁玕は水路、陸路の発展のために汽船や汽車の導入を奨励しているが、いずれもその発明者に利益の独占を許し、期限が過ぎたら他人がまねて造ることを許可し、また、発明者がその発明の公開を望むのであれば申請させた上でそれを許す、としている。またその他の器具の発明についても一項を設け、やはり発明者を優遇して五年間ないし十年間は利益の独占を許すよう提言しているほか、鉱物資源の開発に関してもやはり第一発見者を優遇する制度を作るべきであるとしている。

また、郵便や新聞制度の整備については、上述のように「用人察失類」や「法法類」でもすでに提言されてきていたのであるが、ここで洪仁玕はその具体的な方法を示している。それによれば、まず郵便制度では公文書を扱う「郵亭」と一般の書信を扱う「書信館」を置き、書簡の重さと運ばれる距離に応じて代金を徴収し、二十里ごとに置かれた書信館を通して運ばれる、とされている。一方の「新聞館」は「法法類」の冒頭では、民心や世論、各省・郡・県の物価の高低、時局の動静などの情報を集めて報じる、とされていたが、さらにこの部分では新聞の発行地域の範囲に合わせて日刊、週刊、月刊に分けることや、発行人、発行日、定価を明記することなどが規定されている。また、「書信館」と「新聞館」は許可を与えた上で民間に運営させる、とされている。

もちろん当時の中国ではこのような特許制度、民間の郵便業や新聞発行などは行われておらず、これらはいずれも西洋の制度を模したものである。

香港や上海の外国人居留地では当時すでに新聞が発行され、欧米との間で郵便物がやりとりされていた。また、特許制度もヨーロッパでは十五世紀に誕生し、十七世紀にはイギリスで近代特許制度の基本的な形ができあがっていた。(42) これらの制度についての知識は宣教師による著作や新聞などを通して中国語でも紹介がなされていた。そのような媒体として洪仁玕に最も大きな影響力があったと思われるのは、第三章でも取りあげた華字紙『遐邇貫珍』や『六合叢談』である。なおこの二紙は冊子形式の月刊紙であったが、洪仁玕が香港にいた時期に当たる一八五七年十一月から、香港では一枚両面印刷のいわゆる新聞形式で週三日発行の『香港船頭貨価紙』という新聞も発行されるようになっていた。(43)これは商業記事をメインとする新聞で、まさに洪仁玕が「法法類」で述べている「物価（貨価）の高低」を報じるものであり、洪仁玕の新聞理解に直接的な影響を及ぼしていたと考えられる。このように、洪仁玕にとって新聞紙は身近な存在であった。しかも『遐邇貫珍』などの月刊紙からは、欧米の様々な制度に関する知識を得ることもできたのである。

洪仁玕が提言しているような諸制度・政策は『遐邇貫珍』や『六合叢談』、その他の宣教師による著作の中に幅広く紹介されているが、(44)ここでひとつだけ例を挙げておこう。『六合叢談』第一巻第六号に「格物窮理論」と題された文章がある。これはウィリアムソンが王韜の協力を得て執筆したもので、国家を強く盛んにする根本は「格物窮理」すなわち西洋の自然科学を究明することであると説き、西洋の様々な発明品や制度を紹介している。その中で例えば、西洋では汽車が発達したことによって人や書簡を均一の料金で輸送することができるようになったことや、新しい発明をした者に対しては君主がこれを特別に扱い、「その権益を独占させて他の者がその利益を奪うことのないようにする」こと、また「農村でも七日ごとに一紙か二紙は新聞が発行され、都市になれば毎日数十から百紙に及ぶ新聞が発行されており、新しい理論や技術が発明されれば数日間のうちに各国にそのことが伝わるようになっている」ことなどが紹介されている。西洋における「格物窮理」のしくみ――探求と発明、その保護及び伝播について簡潔にまとめられており、さらに汽車や新聞にまで言及されているなど、洪仁玕の主張との重なり方を考えても非常に興味深い文章である。このような文章を参考に洪仁玕は西洋の諸制度に関する知識を深めていったものと思われる。

洪仁玕の政策提言では、さらに地方統治に関わるものとして、各省に新聞官、省・郡・県に銭穀庫、市鎮公司（公の出納機関）、市民公会（困窮者への援助・教育を行う慈善組織）、病院、郷官、郷兵の設置が唱えられ、また風俗習慣や生活に関わるものとしては、「風風類」でも述べられていたような諸々の悪習に対する禁令や四疾院・四民院の設置についての具体的な方策、あるいは「徒党をくむ弊を禁止する」ことにも関わる官位や商号の売買を防ぐ方策などが述べられている。また、外国の「生命や財貨にたいする保証の制度」として保険制度の紹介なども見られる。「新聞官」に関する提言では、他の官員とは干渉し合わない、権力を帯びない「新聞官」という役職を置き、専ら各省や各国の新聞紙を収集し天王に提出させよ、と提言している。この項目は先にも述べたが、抄本『資政新篇』では「法法類」の冒頭に近い部分に独立した形で置かれていたものである。新聞紙を発行し、さらにその新聞の情報を政治にも役立てることが、洪仁玕の中では特に重要な意味を持っていたことが分かる。

また、「市民公会」や病院、「四疾院〔跛盲聾唖院〕」、「四民院〔鰥寡孤独院〕」などの施設についてはいずれも「富貴な者」が「自発的に」「寄付を募って」開設する、とされていることが特徴的である。特に跛者、盲人、聾唖者の施設については「一芸に秀でたものを師として、音楽、書法、算法、その他の技芸を教え、無用の人間にならないようにさせます」とあって、『美理哥合省国志略』の「聾・盲・唖者はもともとは無用とされていたが、今は〔合衆〕国内に仁会が設立され、彼らに訓練を行う施設ができている。聾唖者には手で音楽を奏でさせることを教え、盲人には凸字〔点字〕の書物を手で触れて読めるようにさせている」という記述と近似していることは興味深い(45)。

なお、提言の中に一項目だけ、犯罪人への処罰に関わるものが入っている。第十六項の「罪は罪人の妻子、眷属にまで及ぼさないこと」としたもので、犯罪を援助したのでない限りは「親切に慰め、気分を一新して生きていく路を開いてやる」べきであり、彼らに累を及ぼすのは、むしろ反逆に追いやるものだ、とある。これは連座制が根強い中国の刑罰の思想とは大きく異なるものであった。

このように洪仁玕は「法で統治する方法」として様々な政策提言を行っているが、その多くが当時の華字紙や書籍に紹介されていた欧米の制度や思想と非常に近いものであったことが分かる。

（四）「刑刑類」

続く「刑刑類」では刑罰に関する項目が三つ掲げられている。まず軽犯罪者に対する処罰について、次に「十項目の天条」すなわちモーセの十戒の中の「殺す勿れ」という条項についての解説、そして最後に死刑について、である。まず、軽犯罪者に対しては懲役刑を科して清掃や修築に従事させるよう提言している。犯罪の程度が重いほど故郷から遠い場所で懲役に服させるが、その理由のひとつは犯罪者の「廉恥を尊重する」からであるとされ、そうすれば「釈放期には、彼らが悔い改めて、新たな心で生活を始めること」が期待できる、とある。犯罪者の更生に重きがおかれていることが分かる。

次に、洪仁玕は「殺す勿れ」というのは「人の賞罰は来世において天父が行うことであって、この世において人は生殺与奪の権を持っていない」ことを意味しているのだ、とし、しかしながら天王は天父の名によってこの世を治めているので、上にある者は不法を咎めないわけにはいかない、としている。その上で死刑は絞首刑を行うこととし、「処刑に先立ってその罪状並びに死刑執行日を公表し」、見る者に自戒させれば、いささかは「殺す勿れ」という天父の教えに合致させることができる、としている。

この死刑の規定がそれまでの太平天国の過酷な死刑方法を西洋の制度に倣って改めようとしたものであることは、これまでも指摘されてきたことである。しかし「刑刑類」全体を通してみるならば、軽犯罪者には「悔い改め」を期待し、死刑の場合でもわざわざ十戒の「殺す勿れ」の解釈から説き起こすなど、キリスト教思想の色合いがとりわけ濃いように思われる。これは洪仁玕が香港滞在中に監獄での布教にも携わっていたことと無関係ではないだろう。第二章でも述べたように、洪仁玕はロンドン伝道会の助手をしている間、日曜日毎に監獄を訪れ、囚人のための礼拝やパンフレットの配布などの伝道活動を行っていた。洪仁玕が「刑刑類」で敢えて「殺す勿れ」について解説したのは、彼がこのような体験を通して死刑、さらには刑罰の制度そのものをキリスト教の教義から理解していたからにほかならない。また、それと同時にこの体験は洪仁玕に具体的な刑罰の方法について見聞を積ませることにもなったと思われる。「刑刑類」の刑罰の記述が具体的なのはその現れであろう。(46)

以上、『資政新篇』の成立過程とその内容について述べてきたが、こうしてみると、『資政新篇』は洪仁玕のキリスト教徒としての経験、また、香港や上海という当時最も多く西洋の情報に触れることのできる場で得た見聞に深く裏付けられた書物であったことが分かる。自身が身につけた「優れた知識」を太平天国に伝えたいという洪仁玕の願望は、キリスト教の伝道者であった「過去」の洪仁玕と、干王として洪秀全の信任を得て政治をつかさどる「現在」の洪仁玕とのはざまで揺れ動きながらも、ひとまず『資政新篇』という書物として結実したのである。

(1) 上帝会の実質的創始者である馮雲山、「天兄」が乗り移ってその言葉を伝えていた蕭朝貴の二人は、南京占領前にすでに戦死している。

(2) 「南昌府提訊逆酋供」。「那時南京自偽東王死後、翼王出京、一切軍務係伍〔五〕個主将做主、那伍主将看見偽天王未及壱月封了小的王爵、均夕不服之色、偽天王就専令到教堂斉集衆、目令小的登台受印、偽天王対衆吩諭、京内不決之事問於干王、京外不決之事問於英王」。

(3) 『資政新篇』に関する従来の歴史的評価については夏春濤『洪仁玕』第四章「資政新篇」第二節「歴史評価問題」、八六―一〇七頁を参照のこと。夏氏自身も氏の『資政新篇』に対する評価としては、政治、経済、社会の各方面での改革を訴えた「斬新な近代化綱領」としつつも、執筆後二十年にしてようやく一世を風靡した『海国図志』や『瀛環志略』と比しても「なお不幸な命運をたどった」書物であり、『資政新篇』が後の洋務官僚の目に触れることもなくその著者とともに封殺されてしまったことに「嘆息を禁じ得ない」と結んでいる。

(4) Letter from Edkins to Tidman, 16 Jul 1860, CWM, Central China, 2-2-D.

(5) Letter from Edkins to Tidman, 30 Jul 1860, CWM, Central China, 2-3-A. 招請状原本は太平天国歴史博物館編『太平天国

文書』江蘇人民出版社、一九九一年、一〇七頁。

（6）「天暦」と西暦の考証については、王慶成「太平天国与上海：一八六〇年六―八月――李秀成、洪仁玕的外交活動」『近代史研究』第七十九期、一九九四年一月、九九―一二〇頁によった。氏は李秀成が英米仏の三ヶ国の領事に宛てて書いた五月十五日は西暦七月十日に当たるとしている。

（7）これが第二章注(87)に挙げた、Legge, "資政新編 太平天国" である。この記事は *The Overland Register and Price Current*, 25 Aug 1860 に転載されており、筆者はこちらを参照した。後述するエドキンスらと洪仁玕の面談によってもたらされた新たな情報は盛り込まれておらず、上海からそれらの情報が入る以前に書かれたものである。

（8）王重民編『太平天国官書十種（広東叢書第三集　影印本）』江蘇広陵古籍刻印社、一九九二年（一九四八年初版）。南京太平天国歴史博物館編『太平天国印書（全五冊）』江蘇人民出版社、一九六一年。

（9）ケンブリッジ大学所蔵版の『資政新篇』には、印刷後に文字を削って再び印字したあとが多く見られるのが特徴的である。それらの箇所をオックスフォード大学所蔵のものと比較したところ、完全に一致した。王慶成『太平天国的文献和歴史』社会科学文献出版社、一九九三年、六〇―九一頁も参照のこと。

（10）羅爾綱「「資政新篇」的版本」、同『太平天国史料考釈集』三聯書店、一九五六年、一〇〇―一〇三頁。『欽定敬避字様』は現在上海図書館に抄本が残されているのみで、表紙の損壊により刊行年も不明であるが、趙烈文の『能静居士日記』や『上海新報』の記載から一八六三年までには刊行されていたことが分かっている（『欽定敬避字様』の抄本は南京太平天国歴史博物館編『太平天国印書』第五冊、一三四七―一四二四頁に所収）。

（11）エドキンスが記したこの箇所についての要約は以下のようなものであった。「人類は神を知ろうとせず、重い罪の中に過ごしていたが、憐れみ深い神は罪の贖いを断行し、イエスを通して人として現れた。イエスは神であり、聖なる調停者である。聖霊〔聖神〕は全てのものの上に時代を超えてのぞむ神の力である。堕落した心は真実によって浄められ、聖霊がその心に入る。キリストが顕れたのは、聖霊が父より人間に降り、神にして人の子たる調停者として生まれたからである。彼の血は罪から〔人を〕救う。彼は神であり、常に神とともにある（always as *tau*〔套〕with God）」。*The North China Herald*, 28 Jul 1860.

（12）蕭一山輯『太平天国叢書』第一集上冊、中華叢書委員会、一九五六年、一三〇頁。

（13）『太平天国辛酉拾壹年新暦』、南京太平天国歴史博物館編『太平天国印書』第五冊、一九五一―二〇五〇頁。

（14）洪仁玕『欽定英傑帰真』、南京太平天国歴史博物館編『太平天国印書』第五冊、二一五三―二一五二頁。「天暦」の「序文」は同二一二八―二一三七頁。

（15）この洪仁玕の姿勢にはレッグも違和感を持ったようで、洪仁玕がキリストのことを太平天国の方式に従って「天兄」と呼び、文書上も「天父」より一段下げて記していることを指摘し、「洪仁玕が〔ほかの所では〕熱心に主張しているキリストの神性を否定しているかのようだ」、と述べている。

（16）洪仁玕『開朝精忠軍師干王洪宝製』、南京太平天国歴史博物館編『太平天国印書』第四冊、一八九四―一九二二頁。

（17）その違いは、英訳の方では『干王宝製』の「祈禱文」の解説にある最後の二文（天父に真剣に祈るべきことを説く）が訳されていないことだけである。なおエドキンスは、この祈禱文は日常的に捧げるべき祈禱文であり、個人で、家族で、または集会において、天父の御前に跪いて捧げるべきもので、朝に夕にこの祈りをたゆまず唱えれば、天父と天兄がきっと降臨し（come down）祈る者を教え導き無限の幸福を賜る、としている。come down のあとには（hia fan）と付け加えられており、この語が「下凡」の訳語であることを示している。エドキンスは注釈を付け、洪仁玕がこの言葉を選んで使っていることは、彼が楊秀清の「天父下凡」に一定の敬意を表していること示している、としているが、『干王宝製』の「祈禱文」では「下」が取れて「天父天兄凡教導賜福無窮矣（傍点筆者）」となっており、「天父天兄が降臨し……」とは解釈できなくなっている。

（18）王重民編『太平天国官書十種』影印本、一九五頁。「実由厥初生民之日、既染私欲為罪根、遂至母胎懐妊之時、亦有誘惑為原因」、「無一人不在誘惑苦逆中也」。

（19）同上注。「誘惑苦逆無不得而入之、倘不因此而生愧悔之心、則禍無底止」、「古人云、防意如防城、勉乎哉。今我済勝惑即勝敵、心或醒而祈禱宜堅以防、魔不睡而来攻乗間即至」、「呼一声天父救主、万苦皆消」。

（20）この布告の影印は太平天国歴史博物館編『太平天国文書』、三八頁に収録されている。

（21）以下で引用する刊本『資政新篇』の邦訳は、基本的に西順蔵編『アヘン戦争から太平天国まで（原典中国近代思想史）』岩波書店、一九七六年、三三九―三七九頁によるが、「法法類」の各国についての紹介の部分のみ、改訳版（並木頼寿編『開国と社会変容』、一九三―一九九頁）による。

（22）「親筆供」。「座火輪船四日到港、吟詩一律。船帆如箭闘狂濤、風力相随志更豪。海作疆場波列陣、浪翻星月影摩旄。雄駆島嶼飛千里、怒戦貔貅走六鰲。四日凱旋欣奏績、軍声十万尚嘈嘈」。

（23）Wylie, *Memorials of Protestant Missionaries* に基づいて作成。

（24）洪仁玕はイギリス、アメリカ、ドイツ、スウェーデンに関する記述の中でいずれも最後に自分と面識があるその国出身の人物の名前を列挙している。原文は漢字名を記すが、それが誰を指すかについては並木頼寿編『開国と社会変容』、二〇一―二〇三頁の注を参照のこと。

（25）以下では明らかな相関関係があると思われる例をいくつか取り上げ、『資政新篇』の原文との比較を行った。なお、周偉馳『太平天国与啓示録』第五章「一個基督教国家的現代化方案」では、『資政新篇』に登場する西洋情報の情報源について、『遐邇貫珍』『六合叢談』をはじめ宣教師の地理書などから丹念に検討が加えられている。

（26）そのため、アメリカに関する記述は、特に他の地理書の『資政新篇』への影響が分かりやすい部分である。『資政新篇』の原文と、他の地理書の文言を対照させた表を別表2として巻末に掲載した。併せて参照されたい。

（27）『美理哥合省国志略』巻之十三、「国政一」、第三十五葉後。

（28）『地理全志』巻之四、「亜墨利加全志」、第十三葉。
なお、『遐邇貫珍』第二巻第二号に掲載された「花旗国政治制度」には、各州の政治制度として「総憲及創例官憲皆出庶民公為推挙、其挙法通郡人人皆聚而署名、乃推較所得署名、以最多者為準」とあり、また大統領についても「国主在位四年期満、遜位仍儕庶民、復推選新者」との記載が見える。

（29）『美理哥合省国志略』巻之二十四、「仁会」、第六十一葉後。

（30）『美理哥合省国志略』巻之十八、「済貧」、第四十九―五十葉。

（31）James Legge, "The Colony of Hongkong", *The China Review*, Vol. I.（July 1872 to June 1873）p. 172.

（32）『地理全志』巻之二、「日耳曼列国志」、第二十葉前。

（33）徐継畬『瀛環志略』台湾商務印書館、一九八六年、四〇六―四〇七頁。

（34）『万国史伝』巻二十二、第三十葉後。

（35）洪仁玕は仏教国として「馬来邦〔マレーシア〕、秘魯邦〔ペルー〕、澳大利邦〔オーストラリア〕、新嘉波〔シンガポール〕、天竺邦〔インド〕、前西蔵、後西蔵、蒙古、満洲」を挙げている。また本文では言及しなかったが、エジプトについての記述もあり、ノアのはこ舟が乗りあげたアララテ山の所在地とされている（実際はアララテ山は現在のトルコに位置するとされる）ほか、地形や気候など地理的な特徴が詳しく述べられている。

(36) 方行ほか整理『王韜日記』、九一―九二頁。なお王韜はマクゴーワンの言葉としてさらに、日本人は自分たちで新たな製造法を発明することはできず、また、日本人は男女を分けず、礼法と道徳を軽んじており、中国には遠く及ばない、とも記している。

(37) 同上九一頁。

(38) 引用は中巻第四章より。第三版(一八六〇年)の日本語訳(書き下し文)を収録している、吉田寅『中国キリスト教伝道文書の研究――『天道溯原』の研究・附訳註』汲古書院、一九九三年、一八九―一九〇頁による。マーティンは寧波に派遣され、一八五四年に同地で『天道溯原』を出版した。その後も何度も改訂を重ねているが、初版及び第二版(一八五八年)は筆者は未見である。初版、第二版とは語句に若干の違いがある可能性はあるが、内容的には大きな改編はないものと思われる。Wylie, *Memories of Protestant Missionaries to the Chinese*, p. 204.

(39) 吉田寅『中国キリスト教伝道文書の研究』、一〇六頁。

(40) 例えば『万国史伝』第五十葉には「ロシアは大国となったが、当時の君主が神を崇拝し、救世主を伏し拝んだので、彼が始めた事業は順調に達成されたのである」とある。『万国史伝』は「全記述の中心はイエス・キリストである」(巻頭言)という視点に立って書かれた史書で、歴史に対するキリスト教的解釈が随所に見られる。「正教」プロテスタントに対してカトリックを「異端」と位置づけ、両者をはっきり区別している点も特徴的である。また、『遐邇貫珍』では、最も典型的な例として、一八五四年第十号「近日雑報」で「西海の小島の民である我らに、今、神はインドという広大な土地を賜り、我々にこれを治めよと言われた。その民は今すでに数多く、彼らは我々に自分たちを富ませ、教え導いて欲しいと思っているはずである。いやしくもそのようにしないのであれば、かえってそれは罪である」というあるイギリス人の言葉を引用し、これがイギリス人の宿願であって、インドもまたこれから大いに振興するであろう、とし、さらに中国も同じように西洋の文字と学問を学ぶよう勧めている箇所がある。

(41) 梁廷枏「耶穌教難入中国説」、同『海国四説』中華書局、一九九三年(初版は一八四六年)、五、四六頁。「耶穌教難入中国説」は梁廷枏が収集した聖書や布教書・経典(カトリックのものが中心のようである)をもとにキリスト教の教えについてかなり詳細に紹介したうえで、仏教と共通している面が多いと分析、仏教と同じく中国には根付かないであろうことを指摘し、さらに儒教の優越性を説いたものである。

(42) 石井正『知的財産の歴史と現代』社団法人発明協会、二〇〇五年、第二章―第四章。

(43) 卓南生『中国近代新聞成立史 1815-1874』、一四六―一四七頁。

(44) 例えば、郵政については『遐邇貫珍』一八五五年第一号「近日雑報」、新聞制度については『美理哥合省国志略』第五十八―五十九葉、特許制度については『美理哥合省国志略』三十八葉および『六合叢談』一巻二号「泰西近事述略」等に記述がある。また、この後には保険制度に関する提言も登場するが、『遐邇貫珍』一八五四年第一号の「補災救患普行良法」には欧米の保険制度が詳しく紹介されている。

(45) 『美理哥合省国志略』巻之二十四、「仁会」、第六十一葉後。

(46) 洪仁玕の絞首刑についての記述は非常に具体的である。「死刑に値いする大罪を犯した者は、頸に大きな輪をかけ、立ち上がらせて、柱のてっぺんまで昇らせ、同時に足下の板を取り外して、絞首刑を行ないます。」例えば『美理哥合省国志略』巻之十七などにはアメリカでは死刑は絞首刑のみであることは記されているが、その具体的な方法などは書かれておらず、筆者の知る限りその他の書物にも刑罰の方法について具体的に記したものはない。香港ではイギリス本土の法律の多くが直接適用されており、死刑もイギリスと同じく絞首刑で公開処刑であった。余縄武ほか編『十九世紀的香港』、一七六―一七七、一八六―一八九頁。

第五章　洪仁玕と太平天国

第一節　後期太平天国における対外関係と洪仁玕

（一）　外交面における改革と限界

前章においては、洪仁玕が「干王」として太平天国の政治をつかさどるに当たって提起した様々な提言の内容について、その知識的な背景も含めて見てきた。その具体的な提言の多くは実行に移すまでに至らなかったが、そもそも洪仁玕がこのような提言を行ったこと、さらには洪仁玕が太平天国にやって来たこと、というのは太平天国にとって実際上どれほどのインパクトを持っていたのだろうか。シャルマースは洪仁玕が南京を目指した目的は「優れた知識を伝える」ことと、太平天国を「外国人と提携させること」であったと述べていた。これら洪仁玕が自らに課した「使命」はどの程度果たされたのだろうか。

後者の外国人との関係、すなわち外交については、これまでも多くの研究者が注目してきたところである。後期太平天国における洪仁玕の役割は、特に外国人に対する高圧的で侮蔑的な言葉づかいが改められた、という点で評価されてきた。夏春濤氏はさらに洪仁玕の外交活動全般について検討を加えており、洪仁玕が太平天国において果たした役割と限界とを明らかにしている。[1] 夏氏の研究は太平天国の内政事情を踏まえた詳細な考察となっているが、以下ではまず、その成果を踏まえつつ、欧文史料の側から見た後期太平天国の対外関係について、洪仁玕を中心に述べてゆくことにしたい。

西洋人との提携をはかるという洪仁玕の目的は、西洋人に対する友好的態度という形でその模索が始まった。太平軍は一八六〇年に江南に勢力を拡大した時、最終的には上海にまで支配領域を広げることを念頭においていた。エドキンスは第一回目の蘇州訪問の際に接触した太平軍の兵士たちが、上海進攻の意図を明確に語っていたことを記録している。[2] それだけに、上海にいる西洋人との衝突を避けることは、西洋の強大さを熟知していた洪仁玕にとって最大の課題であったはずである。もっとも、洪仁玕のこの方針は比較的早い段階で太平天国の他の領袖たちの間にも浸透したようである。西洋人との友好関係を重んじる姿勢を採ることは、蘇州進攻の指揮を執った忠王李秀成も十分配慮していたことが分かるからである。

エドキンスは第一回目の蘇州訪問に関する報告の中で、忠王が非常に友好的で「洋兄弟」と良好な関係を保とうと願っているとしたうえで、太平軍の上海侵攻問題に関しても欧米側は中立を保つべきであるとの見解を述べている。これより先に、一八五八年の年末に長江を遡航したイギリス公使エルギン卿一行が南京を訪れたとき、彼らに応対したのは李春発という人物で、李秀成や陳玉成といった「主将」よりもランクが下の将軍であった。またエドキンスに先んじて蘇州を訪問した南部バプテスト連盟の宣教師ホルムズらが面会したのは忠王の部下であった。したがって、内訌以後太平天国の軍務を司る最高幹部に面会したのは、エドキンスたちが初めてであった。その最高幹部たる忠王が友好的でしかもキリスト教に理解があったこと、さらには、同時にかつて上海と香港で伝道者として訓練を受けエドキンスらとも顔見知りであった洪仁玕が太平天国の最高指導者とも言える地位に就いていた、という事実が明らかになったことは、エドキンスらを大いに喜ばせ、また、上海や香港にいる宣教師たちにも大きな期待を抱かせることになったのである。

このような宣教師の訪問によってもたらされた太平天国への期待感は、上海在住の欧米人たちにも影響を与えたようである。エドキンスらによる最初の蘇州訪問直後の ノース・チャイナ・ヘラルド紙には、巷で噂される蘇州占領時の太平軍の残虐行為について、戦争で大量の血が流れるのはヨーロッパでも同じことで、ただ「ヨーロッパでは勝利の華やかな栄光によって戦争の恐怖を隠そうと努力している」にすぎず、現在の太平軍を残虐だと決めつけることはできない、という編集者の意見や(3)、あるいは太平天国の指導者がキリスト教の名を不当に語り、その教義を曲げているという批判に対して、やはり編集者の意見として、ヨーロッパの長いキリスト教の歴史も少なからず血なまぐさいものであり、太平軍がかつてヨーロッパの正統派キリスト教徒がやったように過激な偶像破壊に熱中しているからと言って批判するのはおかしい、とする記述も見られたほどであった(4)。

一方、洪仁玕無事の知らせはすぐに香港にも届いた。レッグはすでに一八五九年秋に香港に戻っており、シャルマースは一八六〇年三月に広州に移っていた。一八六〇年年頭の年次報告の中で、レッグは一八五九年九月にうち切るはずであった洪仁玕の家族への月七ドルの支給を、一八五九年末まで延長していたこと、しかし洪仁玕からの連絡は来ず、彼の妻は子供を連れて故郷に戻ったことを報告している。そして、「私はまだ洪仁玕から連絡が来ることをあきらめていません。彼はきっと、南京には着いているのに、何らかの理由でここや上海にいる友人たちと連絡をとることを阻まれているのです」と述べ、洪仁玕の無事に期待をつないでいる(5)。そして七月になって、蘇州を訪問したエドキンスからの手紙やノース・チャイナ・ヘラルド紙の記事によって洪仁玕の無事を知った彼は、この月の報告書の中で、「私たちは彼に関しては希望を失っていました。しかし、反乱軍が南京からあふれ出したことを聞き」、「上海に手紙を書いて、彼について問い合わせてくれるよう頼んだのです。私には「干王」を The Shield King と訳すのは間違いではないかとも思われますが、彼が、この訳の意味どおりの人物であるということは、私をさらに満足させています。少なくともこれで、反乱軍のリーダーのうちひとりは、信仰に満ちあふれた人物なのです」と述べ、洪仁玕の無事を喜んだ。(6) ただしレッグはエドキンスたちほど太平天国の宗教の問題について楽観的ではなく、太平天国自身の抱えている問題は大きいと指摘している。だが、洪仁玕を通して太平天国の宗教的誤りが正されるであろうという期待を持った点では、レッグも他の宣教師と同じであった。そして、太平天国の運動自体にも肯定的な見方を示し、次に報告の手紙を出すまでには、「この偉大な人々」は再び天津にまで到達しているだろう、とまで述べている。

しかし他方で、欧米の公使たちはこの間も太平天国に対して冷淡なままであった。当時すでに各国は天津条約によって多くの利益を獲得しており、清朝にその批准を迫ることに外交の重点を移していた。公使たちの中で太平天国を外交交渉の対象とする考えは急速に薄れており、むしろ太平軍の上海攻撃によって生じるであろう貿易上の損失を懸念し、英仏の公使は太平軍が蘇州を陥落させるよりも前の段階ですでに、上海が攻撃されれば武力で防衛する、との通告を発表していたほどであった。上海を手中に収め、なおかつ欧米人と良好な関係を築くことの重要性は李秀成も洪仁玕も認識しており、宣教師との交流が始まると、まず李秀成はホルムズらに英米仏の公使あての招請状を託し、上海問題について蘇州で会談し、「新しい盟約を結ぶ」ことを打診した。しかし公使らはとりあわず、招請状の受け取りも拒否する。李秀成はその後再度公使らに会談の要請を行い、また李秀成から連絡を受けて蘇州にやってきた洪仁玕もイギリス領事のメドース ら領事あてに招請状を送るが、これらも全て受け取りを拒否されてしまうのである。

一方洪仁玕は領事あてに招請状を送ると同時に上海のロンドン伝道会の宣教師にも招請状を送り、蘇州での面会を要請した。エドキンスやジョンの二回目の蘇州訪問はこれに応えたものであった。夏春濤氏の指摘によれば、洪仁玕が宣教師たちと交流を持とうとした背景には、外交の当事者である公使や領事とは交渉の機会がつかめない中、「宣教師を通じて各国とのパイプをつなぎ、あるいは影響力を及ぼして、上海問題の和平的な解決をはかる」意図があったという。しかし宣教師の側には立場的にも力量的にも外交問題を左右するだけの影響力はなく、むしろ彼らは彼らで「洪仁玕を通して洪秀全に影響を与え、太平天国の宗教を正統的なキリスト教の軌道に乗せること」こそが最大の関心事であった(7)。だが、実は洪仁玕の方も洪秀全の宗教的な見解、しかもキリスト教と最も鋭く対立する問題に関する見解を覆すことは不可能であった。このように互いに相手の力の及ばないことを期待しながら、両者は蘇州で相見えることになったのである。

そして結論から言えば、洪仁玕の上海問題をめぐる外交交渉の糸口をつかもうとする試みは失敗に終わる。洪仁玕は宣教師らと宗教上の問題については活発に話し合ったが、宣教師たちがその話題を避けたこともあって上海問題については核心的な話し合いに到らず、そうこうするうちに上海からやってきた商人から各国の領事館が李秀成や洪仁玕からの招請状の受け取りを拒否していたことや、英仏が上海防衛に向けて動き始めていることを知らされたという。さらには宣教師側から自分たちはそのような事情に対しては何ら影響力を及ぼし得ないことを告げられ、上海問題に関する正式な外交交渉の可能性は絶たれてしまうのである。夏春濤氏は洪仁玕のこの外交上の失敗が彼の太平天国における政治的な影響力に影を落とすことになり、一八六〇年八月に上海攻撃を断行した李秀成との間に亀裂を生じさせてゆくことにもなったと指摘している(8)。

その後、一八六〇年十月に北京で天津条約の批准書が交換され、さらに北京条約が締結されたことによって、清朝と英仏の戦争状態は終結し、長江の航行権やキリスト教の布教権などが認められ、天津の開港も追加された。この事態を受けて、一八六一年二月下旬、ホープ提督が率いるイギリス艦隊が、太平大国側と長江流域の航行や太平軍の上海攻撃阻止のために取り決めを結び、また条約に従って九江や漢口で通商を開くため、長江遡航の遠征に出発した。ホープ提督一行と太平天国との交渉の中で最大の懸案となったのが太平軍の上海攻撃をめぐる問題であった。ホープは太平軍に対し、一年間は上海や呉淞の周囲百里以内に進攻しないと約束するよう求め、交渉は難航したものの、結局四月二日に太平天国側は年内に上海の周囲百里に進攻することはない、と約束する。しかしその後もイギリスから太平天国の支配地域で掠奪に遭ったイギリス商船への賠償請求が出されるなど、外交上の問題は困難さを増していた。そのような中で、南京に面した長江上に駐留していた英軍艦セントール号の通訳官としてフォレストという人物が現れる。また太平天国側では、外交交渉の複雑化を受け、一八六一年二月初旬から前線に出征させられていた洪仁玕が南京に呼び戻されており、同年夏以降、洪仁玕とフォレストの間で外交交渉が行われるようになった。フォレストは同年十月頃には南京を離れているため、フォレストと洪仁玕が交渉を持ったのは一八六一年九月から十月にかけての比較的短い時期であったが、この間、両者は難しい交渉を行いながらも個人的には友好関係を築いており、フォレストはノース・チャイナ・ヘラルド紙にかなり詳しく洪仁玕について述べた報告を載せている。その中でフォレストは洪仁玕が「改革を行うことがいかに困難であるか、そして天王が「地上に足を着けていながら、いかに頭の中が天上のことで一杯であるか」、他の王たちがいかに彼の権威に無頓着であるか」について語っていた、と記している。(9)洪秀全に対する批判とも受け取れるようなことまで口にし、困難な境遇に不満を抱いていたことが分かるが、後でも述べるように、天王に次ぐ地位にあったはずの洪仁玕の権力は一八六一年の始めには実質的に削がれており、フォレストとの交渉をしていた時期もほとんど孤立無援であった。なお、ちょうどこの頃、ロンドン伝道会と関わりのある中国人信徒も南京の洪仁玕のもとを訪れていたようである。ミュアヘッドは十月初旬の報告書の中で「洪仁玕と親しい中国人信徒が南京から上海に戻って」きて、困難さが増す太平天国の現状に洪仁玕が「気落ちしていた」と告げたことを記している。洪仁玕はこの人物に、自分は「太平天国への心配りのために自らの魂を犠牲にしている」とも述べていたという。(10)このように精神的にも追い詰められていた洪仁玕であったが、ちょうどこの頃、すなわち一八六一年の九月に太平軍は安慶を失った。そしてこの安慶失陥という事態をめぐって他の王たちを厳しく批判した洪仁玕は洪秀全の怒りを買い、軍師や総裁の職位も王爵も全て剝奪されて失脚してしまうのである。王爵は間もなく返されたが、内政や外交を司る権限は取りあげられたままで、洪仁玕の代わりに章王林紹璋が内政を掌握することになった。(11)

しかもこの一八六一年の年末にかけての時期に太平天国とイギリスとの緊張はますます高まっており、長江流域の航行権や関税をめぐる交渉が行われたが、太平天国側は密貿易を禁止し長江を行き来するあらゆる外国商船から税を徴収するとの法令を発布、さらに太平軍は寧波を占領し、欧米の商人たちの反感を買った。そして上海近辺に進攻しないとの約束の期限が終わりに近づいた一八六一年十二月末、イギリスは改めてイギリス商船への補償や、上海の百里以内に進撃しないこと、また併せて、長江流域の航行の保証と開港地への進撃をしないことなどを求めた通告を太平天国側に提出、幼賛王蒙時雍と章王林紹璋は一八六二年一月一日、それらを全面的に拒絶する回答を送る。(12)そしてその直後李秀成が上海への進撃を開始し、英仏軍はこれに武力で対抗した。英仏と太平天国との対立が決定的となったのである。

また一八六二年一月は、洪仁玕にとっては太平天国内外でさらに物議を醸すことになる事件も起きている。一八六〇年十月から南京に滞在していたロバーツが、洪仁玕と衝突した末に南京を立ち去ったのである。ロバーツに関しては次節で詳しく述べるが、南京脱出後にロバーツが上海で大々的に洪仁玕批判を繰り広げたことで欧米人社会における洪仁玕のイメージは悪化し、また太平天国内でも、洪秀全のお気に入りであったロバーツを事実上追い出してしまった洪仁玕はますます洪秀全の不興を買ってしまった。洪仁玕は供述書の中で、このことが原因で外交を司る権限を取りあげられたとも述べている。(13)

いずれにせよ、このように一八六一年の後半には様々なことが重なり、年末から一八六二年の年頭にかけての間に洪仁玕は政治的な権限を全て取りあげられてしまった。しかもその間にも英仏と太平天国の関係は緊迫度を増して行き、対立が決定的になってゆく。実は洪仁玕に代わって内政を任せられた章王林紹璋も数ヶ月で洪秀全から罷免され、一八六二年の春には再び洪仁玕が軍師に復職し、内政を掌握した。(14)だがその時点ではすでにイギリスなどとの外交交渉は行われなくなっており、英仏は清朝に協力して太平天国の鎮圧に力を注いでゆくことになるのである。

（二）欧米人社会の太平天国批判

このように一八六〇年六月以降再び活発化した欧米諸国と太平天国との交渉は、二年を待たずに決裂してゆく。それでもプロテスタントの宣教師たちは太平天国や洪仁玕に対して比較的寛容であったが、一方でノース・チャイナ・ヘラルド紙の論調などを見ていると、欧米人たちの中でも宣教師以外の人々はもっと早い段階で太平天国に見切りを付けていたことがうかがえる。すでに一八六一年の年頭の段階で、ノース・チャイナ・ヘラルド紙は前年の回顧の中で「我々は干王の書いた奇妙な本を目にし、そこから啓発を受けなかったわけではない」、「また、これらの領袖〔洪仁玕と李秀成を指す〕の名前が声高に賞賛されるのも耳にした。だが、一方で、一般的で信頼に足る報告では〔干王は〕実権のない空想者だとも言われている」と述べ[15]、洪仁玕や李秀成に対する不信感をあらわにしている。南京に滞在していたロバーツに対しても、ノース・チャイナ・ヘラルド紙は当初から敵対的な態度を採っていた。ロバーツが一八六一年の前半にアメリカの故郷の人々に向けて太平天国への宣教師や教師などの人的援助を呼びかけていたことが明らかになると、同年九月、同紙の編者は痛烈にロバーツを非難した。ロバーツの、キリストも天王も忠王も宣教師が南京に来るよう招いている、という言葉に対して「ここまで冒瀆的で誤ったたわごとを書いた者があろうか。英語がこれほど狂信的で不愉快な大言壮語として拡大解釈されるためにねじ曲げられても良いものだろうか」と不快感を露わにし、さらにロバーツが新たに聖書の註解書を書く、としていたことについても、「古典語の教育も受けていない、おそらくは中等学校にも行ったことがない」のに、「この騒がしいばか者は〔this ranting blockhead〕、アメリカで出版された新約聖書を改訂してへたな中国語に訳し、霊感を受けた神の言葉の正しい翻訳として見なそうというのである」と述べ[16]、ロバーツの学歴のなさまであげつらう人身攻撃に近い非難を浴びせていた。だがその五ヶ月後、ロバーツが南京を離れ、洪秀全や洪仁玕を非難する文章を発表した時には一転して、ロバーツに対し「彼は果たすべき使命に対して誠実であることを示すために惨めな待遇を甘受し」、「彼によって示された正しい道に洪秀全を立ち返らせるよう、領袖たちとともに祈り、彼らを教えてきた」と評価する姿勢を見せ、そのような宣教師の努力は裏切られたのであって、もはや武力で太平天国を鎮圧すべきであるとの主張を展開している。[17] 太平軍の上海攻撃が現実味を帯びる中、上海の欧米人社会では太平天国に対するなりふり構わぬ憎悪が募っていたことが見て取れる。

さらに、香港のレッグが一八六二年七月に書いた報告書の一部がイギリス本国で公表されると、[18] 同年十二月、ノース・チャイナ・ヘラルド紙はやはりこれに対しても強い抗議の声を上げた。レッグは洪仁玕を弁護する形で太平天国に一定の評価を与え、太平天国は称讃できたものではないにせよそれに比して清朝側が良いとは言えず、イギリスとしては中立の原則に立ち返るべきであると訴えていた。これに対し、ノース・チャイナ・ヘラルドの編集者は「レッグ博士には命にかかわる重大な問題について上海の住人が抱いている気持ちが分からないのだ。彼は、生命や財産の危険もなく」、「それが脅かされるなどと考える必要もないイギリス植民地、海に囲まれた香港島の快適な伝道会の建物にいるが、一方我々はレッグ博士や彼の安全な家から八百か九百マイルも離れた上海にいて、軍艦と三千から四千人の英仏軍に取り囲まれ、毎日攻撃される恐怖にさらされているのだ」と述べている。[19] 上海在住の欧米人たちが抱いていた太平天国への恐怖感と嫌悪感は拭いがたいものとなっていたのである。

(三)　欧米人社会における洪仁玕像の変遷

ところで、この一連の過程の中で洪仁玕は良きにつけ悪しきにつけ、欧米人たちから注目され続けた存在であった。キリスト教徒であり宣教師の助手であった洪仁玕が太平天国の政治指導者になり、さらにはキリスト教化と西洋化を志向する書物を執筆していた、といったことが矢継ぎ早に明らかになり、そのことが洪仁玕と直接関わりのあった宣教師たちに大いに歓迎され、また期待を生んだことは先に見てきたとおりであるが、そのような期待感は上海や香港などに住む欧米人の間のみならず彼らの本国にまで拡大し、時に過剰な反応すら生んでいたようである。フォレストは洪仁玕について、「私は彼と知り合う以前から彼には同情していた。というのも外国人について彼が持っている知識ゆえに彼はいつも外国人に関わる問題があるたびにことさらに前面に押し出され、彼の西洋人の友人たちの彼に関する理性的でない語り口のおかげで少なからぬ被害をこうむってきたからである」と述べ、さらにフォレストがまだロンドンにいた頃、洪仁玕について異常なまでの高い評価と期待がかけられていた様子を目にしていたことも明らかにしている。[20]

このようないわば理想化されすぎた洪仁玕像に対して、フォレストは彼自身が実際に知り得た洪仁玕という人物のことを以下のように述べている。「彼〔洪仁玕〕は一緒にいて非常に楽しい相手である。ポートワインを一杯やることもできるし、もし必要ならば夕食にナイフとフォークでステーキを食べることもできる。私は彼が私が知っている中で最も進歩的な中国人だと認めないわけにはいかない。彼は地理についてはよく熟知しているし、機械についてもある程度理解があり、西洋文明の優越性を認識しており、考え得る限りのあらゆる分野についての本も持っている。彼は、温和で、善を行うことにとても熱心な人物である。だが一方で、彼は怠惰でもあって、その結果として、彼の意見を実行に移すために何ら骨を折ろうとはしないのである」。フォレストは洪仁玕の知識や認識が卓越していることを認めつつ、洪仁玕自身と彼の方策の「実行」の間にはなお隔たりがあることを指摘し、それを「怠惰」という言葉で表現しているのである。また洪仁玕の自室の様子について、「干王の私室はさながら博物館のような様相を呈していた」と述べ、そこに雑多に並んだ品物の数々を細かく描写しているが、[21]これらの雑多な「調度品」の中には、洪仁玕が太平天国の新政のために導入しようとした技術や知識を体現するはずのものも含まれていた。しかしそれらはどれも錆び付き、壊れ、虫に食われていた、と敢えてフォレストは付け加えている。フォレストは最後に、洪仁玕に対して次のような総括的な評価を下している。「彼の大望は彼自身の怠惰によって妨げられている。高慢と中国人生来の隠匿とペテンを好む傾向がこの人物の中にしばしば生じており、彼の開放的で率直な性格はそれらをすぐに表に出してしまうのである。もし太平天国の全ての人々が彼のような人物だったら、中国はすぐに彼らのものになっただろう。だが、不幸にも干王は南京の指導者たちの中でたったひとり、全く異質な存在なのである。彼は敬虔なキリスト教徒であるが、彼の信仰を彼特有の習慣と融合してしまった。私は彼がその特殊な立場にあって成功を収めるのに不可欠な要素、すなわち賢明さを彼の中に認めることはできない。すなわち、彼の高慢が、経験が彼に与えたはずの知恵を損なわせ、周囲からたっぷり降り注がれてきた鼻につくようなお世辞がそこに当然の結果を生じさせたのである」。フォレストの洪仁玕評は全体としては低くはないが、敢えて人間的、あるいは性格的な欠点を取りあげているのは、あまりにも美化された「洪仁玕像」に対する反論であるため、という面もあるように思われる。しかしそれ以上にフォレストは、洪仁玕の「怠惰」を「うぬぼれ」や「中国人生来」の狡猾さとも結びついた、一個人の性格を超えた問題として取りあげているように思われる。もっとも、フォレストがこれを書いた一八六一年の十月ごろというのは、洪仁玕の境遇が最も悪いところに落ちてゆく時期と重なっている。具体的な政治的・社会的改革を実行できなかった原因を洪仁玕の「怠惰」のみに帰してしまうのは、洪仁玕にとってはやや酷な評価とも言えよう。

いずれにせよ、「干王」洪仁玕と接した複数の外国人たちが彼に対してほぼ共通して抱くのは、失望と期待、批判と評価の混在した奇妙な感情である。それは、最終的には彼がキリスト教徒であるということに起因しているように思われる。彼の行動には明らかにキリスト教徒らしからぬ点があるようでもあり、同時に、「敬虔な」キリスト教徒と認めざるを得ないような態度、言葉も見て取れた。少なくとも太平天国や洪仁玕に何らかの期待や肯定的な評価を下そうとする欧米人にとって、「キリスト教」という要素がその判断基準として大きな役割を果たしていたことは確かであろう。しかし彼らの期待はいつもどこかで裏切られ、「失望」を生み出していたことも事実である。

洪仁玕に対する「失望」を引き起こした最も明白な事件は、彼の多妻制容認の問題であった。これはすでに一八六〇年七月末のエドキンスらによる二回目の蘇州訪問の段階で、洪仁玕との会談を通して明らかになったものである。前章でも引用したノース・チャイナ・ヘラルド紙に掲載された蘇州での干王との問答には、以下のような受け答えがあった。

第八問　多妻主義については?

〔答〕　多妻主義は習慣的なものである。指導者はそれが反キリスト教的であることは分かっている。この制度の導入は東王〔楊秀清〕が中心的になって行った。干王自身はこの問題に関し、自らの良心に反することを余儀なくされ、これを受け入れた。(22)

太平天国の多妻制に関しては、簡又文氏が『太平天国典制通考』の中で詳細な考察を行っている。(23) 洪仁玕は多妻制は太平天国の「習慣」であると答えているが、事実この「習慣」は太平天国においてはごく初期から見られたものであるという。簡氏によれば、太平軍が金田で蜂起し、洪秀全が「天王」の位に就いた頃には、洪秀全はすでに「十五、六人の娘娘〔妃〕」を抱えていたという。そして同時に「天父下凡」によって「各王ももっと女子を娶ってよい」という詔命が下された。中国の「古からの二十余りの王朝の君主はみな、妃嬪を多く抱えることを当然のことと考えて」きたし、「その下の王侯将相、文武官員にとってもまた、同じように側妻を持つことは自然であり当然与えられるべき幸福」であったという。(24) 簡又文氏は彼らの多妻制の習慣は、そのような「旧社会の制度を引き継いだ」ものであるとし、さらに、「天父下凡」という「上帝が命じた宗教的な裁可」であって、旧約聖書にも多妻制の例が挙げられていることも根拠にされていたことを指摘している。(25) だが、西洋のキリスト教文化において多妻制は明らかな反道徳的な行為であり、特に洪仁玕の場合、「キリスト教徒」である以上、当然そのような習慣は毅然と拒否しなければならないと西洋人たちは考えたのである。

ただし洪仁玕の多妻制容認が発覚した時点ではエドキンスらの洪仁玕に対する信頼が一気に失われたわけではなく、

洪仁玕への評価としては、洪秀全がかつて見た幻を信じ、多妻主義を受け入れた、という二点を除けば何ら変質しておらず、真実の教義を広め、文明化を促進するために努力しており、この反乱の将来の活動に良い影響を及ぼす期待がもてる、としている(26)。

他方、多妻制容認の問題はすぐに香港のレッグのところにも伝わった。レッグは、一八六〇年八月の報告書では、一ヶ月前とうって変わって、洪仁玕についてあまり触れようとせず、ただ、「洪仁玕個人については、私は彼が自分の主義を曲げて多妻制を受け入れたことを知り、非常に残念に思っています。実際のところ、彼自身が本当に多妻主義者になったのかどうかは分かりませんが、少なくとも彼は周囲の指導者たちの間でこのことに関して沈黙を守っているのです」と述べるにとどまっている(27)。レッグは、洪仁玕の信仰や人格についてほとんど絶対的な信頼をおいていた。さらにレッグは彼自身の太平天国に対する厳しい見方は洪仁玕にも共通のものであると考えてきたし、洪仁玕が反対を押し切って南京に行ったからには、毅然とした態度で太平天国の過ちを糾弾し、正してゆくことを予想し、また、期待していたに違いない。それだけに、レッグが受けた衝撃は大きかったと思われるが、彼はなお「彼自身が本当に多妻主義者になったのかどうかは分かりません」と留保しているのである。

その後洪仁玕と身近に接した人々の中では、やはりこの問題を慎重に扱おうとする態度が見られた。例えば一八六一年の一月から二月にかけて南京を訪問したミュアヘッドは、以下のように述べている。「彼〔干王〕は彼の仲間たちの中ではほぼ最良の人物であり、自分の宗教的な義務についてもよく分かっているが、彼の敬虔さは彼が置かれている環境によって害されている。私はこのことをまじめな態度でそれとなく彼に言ってみた。彼は感づいたようで、多妻制の件ではすでに天王に屈してしまったことを認めた。しかし現在彼は天王から今の四人の妻たちにさらに二人加えるよう要求されているが、これはきっぱりと拒否し、これからも拒否し続けるつもりだという」。また、洪仁玕が四人の妻たちと二人の部下に洗礼を施したこと、そして他の王たちと同じく洪仁玕も家庭での礼拝を行っており、特別な時には洪仁玕自身が説教を行っていること、そして洪仁玕が出征した後も、妻たちは女性の使用人たちとともに自分たちだけで礼拝を行っていることを報告している。[28] ミュアヘッドは洪仁玕が周囲の環境に流されている面があることを批判してはいるが、その中でも可能な限り「宗教的な義務」を果たそうとしている洪仁玕を全体としてはむしろ肯定的に捉えているようにも思える。これはフォレストにも共通した態度であり、先に引用した洪仁玕評の中でフォレストは洪仁玕が「敬虔なキリスト教徒」であるのに「彼の信仰を彼特有の習慣と融合してしまった」ことは批判しつつも、「干王が女性たちに囲まれているのは確かである。しかし、別な報道でも反証されてきたことであるが、彼女たちが魅力的で若くて美しく、宮廷における単なる官女として以上の役割があるなどという当てこすりについては、私ははっきり否定しておかなければならない」と述べ、[29] 当時流布していたらしい洪仁玕に対する不道徳なイメージを払拭しようとしている。しかし先にも述べたとおり、宣教師などの一部の人々を除いて上海を中心とした欧米人社会においてはすでに洪仁玕への期待感も同情も失せており、太平天国そのものへの嫌悪や憎悪とあいまって、多妻主義の不道徳な洪仁玕というイメージが繰り返し持ち出されているのである。

第二節　後期太平天国の宣教師の活動と洪仁玕

公式的な外交関係においては、洪仁玕到着後の太平天国と欧米諸国との関係は始終友好的とは言い難いものであった。しかし太平天国がプロテスタント・キリスト教の影響下に成立した反乱であり王朝であることを重視していたプロテスタントの宣教師たちは、プロテスタント布教のさらなる拡大を期待して積極的に太平天国と接触した。もちろん彼らにとっては正式にプロテスタントの洗礼を受けていた洪仁玕への期待も大きかった。以下では公式的な外交とはまた別な形で展開されていた後期太平天国における宣教師と洪仁玕との交流について見てゆくことにする。

（二）ロバーツの南京移住

一八六〇年六月以降、太平天国と欧米人との交流が活発化する中、ついに洪秀全との「再会」を果たした宣教師がいた。洪秀全と直接会ったことのある唯一の宣教師ロバーツである。ロバーツは前回一八五四年に南京行きに失敗した後、一度アメリカに帰国したが、一八五六年の初め頃には中国に戻り、広州周辺で布教活動を続けていた。先のエルギン卿一行の長江北上の際、洪秀全からエルギン卿に送られた詔書の一節には「朕はさきに広東省に行き、礼拝堂で羅孝全〔ロバーツ〕に告げたことがある。朕は天に昇り天父天兄に大権を託されたと。今孝全はやってくるであろうか？　来れば朝廷に呼び朕はともに語らうであろう」とあった。[30] この詔書は英訳されてノース・チャイナ・ヘラルド紙にも掲載されており、[31] さらにエドキンスらが第一回目の蘇州訪問で李秀成と会談した際も李秀成はロバーツの安否を問うたことが記録されている。おそらくロバーツはこれらの情報を得て、再び南京行きの決意を固めたものと思われる。一八六〇年八月、ロバーツは広州から上海に到着、九月二十二日に蘇州に着き、李秀成からの歓待を受けた。そして十月十三日に李秀成とともに南京に到着、洪仁玕の住む干王府に迎え入れられ、十一月十二日には洪秀全と面会を果たすのである。洪秀全について、ロバーツは「彼の神学は非常に正しいとは言い難いことは認めざるを得なかったが、時間とチャンスの許す限り私はこれを改善させる努力をした。私は彼に私が聖書に基づいて福音を述べるために来たこと、そして私はその聖書を自分の信仰と習慣を律する唯一のものと考えていることを伝えた。これについて彼は少し異議を唱えたが、禁じはしなかった」と述べている。[32]

洪秀全の宗教的見解については宣教師の間でも非常に厳しい批判が多かった中で、ロバーツのこの言葉はかなり楽観的、好意的なものであったように思われる。これより前に、ロバーツが蘇州で李秀成に面会した時のことを報告する手紙がノース・チャイナ・ヘラルド紙に掲載されたが、そこでもロバーツは、李秀成が英仏が北方では清軍と戦い、上海では太平軍を相手に防衛戦を準備して清軍に協力するのは矛盾であると指摘され、「幾分恥じ入った面持ちで」それは彼らの政府が主張する中立政策への違反であると答えたこと、さらには李秀成が外国人たちは近郊で起きた略奪行為は彼に責任があると考えているようだが、それらは彼や彼の「勇敢な革命的兵士たち」とは何の関係もないと述べたのに対し、「やはり恥じ入りながら」外国人社会の一部が「彼の名誉を傷つけた」ことを認めたことを記している。そしてロバーツは「彼〔忠王〕の友人はみな、そのような外国人たちとは一線を画してくれるに違いないであろうし、中国にいる宣教師たちはみなそうであるに違いない」と述べている。[33] しかしこれに対しては同紙に即座に匿名の「中国にいる宣教師のひとり」から、「ロバーツ氏は彼個人の信念を述べたにすぎず」、多くの中国にいる宣教師たちは「部下を制御できないような人間の「友人」ではな」く、「また破壊するだけで建設する力のない改革者の友ではない。彼らは熱に浮かされた病人の夢を「天の啓示」と間違えるような宗教的指導者〔と主張するところの者〕の友ではない。彼らは「敵を愛す」ことをしないのにキリスト教徒を気取る者たちの友でも、あるいは多妻主義を主張しながら道徳家を気取る者たちの友でも、そして民衆の幸福に何ら気配りをしないのに為政者を気取る者たちの友でもない」、という痛烈な反論の投書が掲載された。[34] ロバーツが極端な太平天国支持者であったとすれば、この反論はその対極に位置する反太平天国論であったかもしれない。しかしいずれにせよ、当時はまだ相対的に太平天国に対する同情的な空気の強かった上海においてさえ、ロバーツの言動は特異なものに見えたであろうことは想像に難くない。そして同時に、太平天国への反発の根拠のひとつとなるほどに、洪仁玕をも巻き込んだ多妻制問題が宣教師の間に強烈な拒否反応を生んでいたこともうかがえるのである。

ところで、このように過剰気味に太平天国に肩入れし、洪秀全や太平天国の宗教を「改善」できると意気込んでいたロバーツであったが、洪秀全はロバーツの到来をどのように見ていたのであろうか。それを示すものとして、ロバーツが南京到着後に洪秀全から与えられた詔書がある。そこには「孝全よ、汝の主〔洪秀全〕、汝の神、汝の爺〔天父〕、汝の兄〔天兄、すなわちイエス〕を知るや？　西洋の家族と諸聖徒よ、汝の主、汝の神、汝の爺、汝の母〔上帝教教義における天父の妻〕、汝の兄、汝のキリスト、汝の師、汝の太嫂〔天嫂、上帝教教義におけるイエスの妻〕を知るや？」「朕は今各項の詔書を賜る。汝ら朕がまことに天に昇ったことをくわしく知るや？」といった言葉が並べられており[35]、そもそも洪秀全はロバーツからキリスト教について「学ぶ」気はなく、むしろロバーツに上帝教の教えを受け容れるよう求めていたことが分かる。つまり、両者は互いに自分の宗教に相手を帰順させようと考えていたわけで、この詔書の内容をロバーツが理解していたとすれば、ロバーツには洪秀全の意図はかなり初期の段階から分かりきっていたはずである。しかしロバーツは南京に留まり続けた。先の詔書は題に「賜通事官領袖接天義羅孝全詔」とあり、ロバーツが「接天義」に封じられ「通事官領袖」の職を与えられていたことが分かる。ロバーツはこの役職を実際に受諾していたようである。洪仁玕も後に供述書の中で「私が役職にあった時期、ある外国人が通訳として必要に応じて補佐してくれた」と述べ、ロバーツの南京における公的な役割は通訳であったことを明らかにしている[36]。実際にロバーツが太平天国内で政治的な影響力を持っていたかどうかは疑問であるが、少なくとも南京やその他の太平軍支配下の地域で布教活動を展開させたいと考えていた宣教師たちにとっては、南京にいる洪仁玕とロバーツは太平天国との窓口、協力者として頼るべき存在となったのである。

（二）　ロンドン伝道会宣教師の往来

他方、宣教師たちの中でも特にロンドン伝道会の宣教師は、南京を新たな布教拠点とし、宣教師を常駐させることを真剣に考えていた。一八六〇年の十一月にはジョンが南京を訪れ、ロバーツ宅に九日間滞在した。洪秀全と直接面会を果たしたロバーツから、太平天国の宗教的状況や洪秀全の宗教思想などについて様々な情報を得たほか、洪仁玕と南京やその他の地域での布教活動の可能性について話し合った。しかし七月末に蘇州でエドキンスやジョンと話し合った時と比べ、洪仁玕の態度はかなり消極的なものになっていた[37]。洪仁玕はジョンに対し、キリスト教の布教の必要を認め、南京やその他の地域に宣教師が来て一般の人々に布教することには歓迎の意を示したものの、太平天国の役人や兵士たちへの布教については現状では差し障りがあるとはっきり述べている。そしてその理由として、天王の見た幻や東王楊秀清や西王蕭朝貴の幻〔すなわち天父天兄下凡〕を信じている彼らに対し、宣教師がそれを大っぴらに攻撃することは、「諸王や役人、人々の天王への信頼を揺るがせ」、「最終的には彼らの心をばらばらにし、天王の権威を傷つけることになる」ことを挙げている。そしてもう一点、洪仁玕がジョンとの会談の中で強調したのは、洪仁玕は、まず天王に伺いを出し、さらに他の王たちと相談しないことには何も決めることができない、ということであった。ジョンやその他の宣教師が太平天国の支配地域に来ることについても、諸王との協議を経なければ許可することはできない、というのが洪仁玕の答えであった。ジョンがこれに対し、蘇州では自分たちに宣教師が南京に来れば礼拝堂を開き、自ら礼拝に出席すると約束したではないか、と質すと、洪仁玕は彼らの蘇州来訪後、自分たちは全ての事柄を再検討しなければならなくなり、それまでは気づかなかった難しい問題に思い至るようになったのだ、と答えている。

このように洪仁玕は先に蘇州で宣教師たちと会談した時に比べ、さらに上帝教の教義に譲歩し、他の王たちの意見にも配慮を見せなければならない立場に置かれていたことがうかがえる。夏春濤氏の研究によれば、先に蘇州において上海問題をめぐる外交上の斡旋に失敗した洪仁玕は、その後諸王に対する統制力を減じ、なおかつ洪秀全からの寵愛も失っていったのだという。夏氏はまた、ジョンたちの訪問からわずか二ヶ月ほど後には、洪秀全の息子洪天貴福の詔書によって洪仁玕の宰相としての実質的な権限は取り去られていたと指摘しており[38]、おそらくジョンたちが南京を訪問したこの時期には洪仁玕の立場は相当微妙なものになっていたのであろう。

この時の洪仁玕について述べた史料がもう一点ある。容閎の *My Life in China* である。容閎もこの時の南京訪問に同行していた。[39] 容閎は香港での約束通り洪仁玕と南京で再会を果たしたのである。彼は洪仁玕に近代的な軍隊や士官学校、海兵学校の創設、各地区における文民政府の組織、銀行制度の樹立、年級制の学校や工業学校の制度制定などの方策を提案し、その策を実行に移すための協力は惜しまないと申し出た。提案の二日後にも洪仁玕とその方策の重要性について論議しあったが、洪仁玕は孤立していて賛成する者もなく、他の諸王も不在で、彼だけでは何も決めることができない状態であったという。洪仁玕は容閎に爵位を与えて南京に留めおこうとしたが、容閎はジョンらと相談の上これを断り、もし彼が提案した方策のひとつでも、実行しようというのであれば喜んで力を貸す、とだけ伝えている。この容閎の記述からも、洪仁玕の孤立と諸王に対する統率力の相対的な低下を見て取ることができるのである。[40]

ところで、ジョンが求めた南京やその他の地域での宣教師の活動の許可については、ジョンたちの滞在中に幼天王洪天貴福の名で「宗教自由詔書」と呼ばれる詔書が発布された。原本は現存せず英訳しか残されていないが、そこでは諸王や役人、軍人に、ジョンをはじめとする宣教師が「主宰者たる神とキリストの栄光を見るために、そしてまことの教えを広めるために」やって来たことを知らせ、諸王に彼ら宣教師に対して優しく、愛をもって接し、争いを起こさないように命じさせ、全ての者たちに神とイエスと父洪秀全、そして自ら（幼天王）がひとつの家族であることを知らしめ、宣教師たちを丁重に扱わせるよう命じている。[41] 神、イエス、天王、幼天王を「ひとつの家族」であるとするなど洪秀全の思想に沿った文面である一方、宣教師は「神とキリストの栄光を見るために」太平天国に来た、とあるように、宣教師に関する部分では「神とキリスト」だけにしか言及しないなど、宣教師から批判や拒絶反応を招かないよう配慮がなされている。おそらくこの詔書の作成には洪仁玕も参与していたと思われる。

ジョンはこの詔書が発布されたことを高く評価し、これによって「反乱軍の支配地域の全てが（宣教師による）布教のために開かれた」と理解した。そして上海に戻る頃には南京に移住する意志をほとんど固めていたのであるが、上海に戻ってから「よくよく考え、そして政府関係者と相談した結果」、すぐに南京に行くという計画は取りやめになる。「南京、上海間の連絡がほとんど切れかかっている現状で彼らのところに行けば、彼らから何らかの援助を得なければならなくなり、そうなれば、自らの影響力を弱め、最も大切な大義を損なうことになる」からだ、とジョンはその理由を述べている(42)。

しかし同時にそれとは別の大きな要因もあった。ジョンの南京訪問の直前に北京で天津条約の批准書が交換され、新たに北京条約が締結されたことである。太平天国との関係をめぐる問題の一方で、新たに開かれる長江上流の貿易港や煙台、天津など北方の貿易港に宣教師を送るかどうかという問題が浮上したのである。結局、ジョンは「確かな筋からの情報」で、長江はもうすぐ開放され、漢口と九江には領事も置かれること、またイギリス政府の公式的な長江遡航の旅が再び計画されており、その後で反乱軍にどのように対処するかが決定されることも知り、それらの結論が出るまで、南京を再訪することを控えることにした。そして、北方への布教拡大の可能性を探るため開港が決まった山東省煙台で一冬を過ごすことを決めていたエドキンスに同行し、ジョンもそこで冬を越すことにしたのである(43)。

一方洪仁玕の側もジョンの南京訪問の後、香港に使者を送り、ジョンとの会談の記録や「宗教自由詔書」を含む幾つかの詔書をレッグに届けている。詔書の中には洪秀全が天に昇って天父や天兄、その妻たちと会ったこと、天兄には三人の息子と二人の娘がいること、また「旧約」「新約」「真約」の三種類の聖書があることなど「非常に衝撃的なことがら」が書かれたものも含まれていた。レッグは「〔ジョンとの会談の記録は〕内容的にはジョン牧師の報告書と同じですが、そのあちこちで、ジョン牧師が下さざるを得なかった干王に関する痛ましい結論をより強く確信させられました。すなわち、彼は彼が真実で正しいと知っているものを、自分の都合に会わせて犠牲にしてしまったのです。私は彼に対してひどく失望しました」と述べ、洪仁玕への失望を露わにした。また「宗教自由詔書」についてもジョンは過大に評価しすぎであるとし、「反乱軍の首領が許したのは宣教師がやって来ることだけであって、布教することではない」のははっきりしていると述べている。[44]

なおこの時香港に使者が送られたのは、洪仁玕の家族を南京に呼び寄せるためでもあった。そのことはレッグも報告書の中で言及している。また、バーゼル伝道会のヴィンネスも、一八六一年一月中旬の報告書の中で「数日前に」李正高が洪仁玕からの手紙を受けとったことに触れている。洪仁玕は、李正高に洪仁玕の家族を連れて蘇州に来るよう求め、その際には汽船を一隻借り入れて来るようにと指示し、さらに、おそらくこの汽船の借り入れ費用も含めてであると思われるが、銀四千両を李正高に託し、「かつて迫害され、財産を失った南方にいる友人と親戚たちに分け与えるよう」指示していたという。[45]しかし李正高は迷った末、宣教師たちの忠告に従い南京には行かなかった。宣教師たちは「物質的な神のイメージしか持たない狂信的な」洪秀全と、「多妻主義の中で生活し、ハーレムを持っている」洪仁玕のもとに李正高を送り込むことで、彼を「多大な誘惑」にさらすことは避けたいと考えたのである。[46]やはり、洪仁玕の多妻主義問題が宣教師たちに強い負の影響を及ぼしていたことが分かる。

なお、李正高に代わって洪仁玕の家族を南京に連れて行ったのは洪仁玕の兄世甫であった。洪世甫は洪仁玕が一八五五年に上海から香港に戻った後で洪仁玕の家族とともに香港に移住し、一八五六年にレッグから洗礼を受け、その後レッグの家の使用人となっていた。[47]レッグの娘ヘレンは、洪世甫は「弟のもとに合流することを強く願うようになり、レッグのもとを辞して南京に去った」と述べている。[48]遅くとも一八六一年の九月頃には洪仁玕の家族はすでに南京に到着していた。[49]なお同行者の中にはかつて洪仁玕を自宅にかくまった牛眠埔の張彩廷も含まれており、洪世甫や張彩廷は太平天国の官吏に登用されたと伝えられている。[50]

さて、先ほども述べたように、上海在住のロンドン伝道会宣教師たちは一八六〇年十一月の時点では一旦南京移住の計画を取りやめたものの、なお太平天国運動の実態と可能性を見極め、可能であれば太平天国の支配領域の中に布教拠点を築きたい、と考えていた。一八六一年一月上旬、今度はミュアヘッドが南京を訪れ、約一ヶ月もの間逗留した。ミュアヘッドはロバーツの元に身を寄せ、南京城内や近郊での布教の可能性を探り、また洪仁玕とも七年ぶりに再会し、様々なことを話し合ったようである。(51) ミュアヘッドはまず洪仁玕に自分がやって来た唯一の目的は南京の近郊で布教活動をすることであると告げ、どこに行くことができるか尋ねた。しかし洪仁玕は即答を避け、翌日になって、現状では南京やその近郊は外国人が布教活動をするのは不適切だと答えている。民衆の宣教師に対する恐れをなくし、不適切な言動をさせないようにしなければならないが、洪仁玕は出陣を目前に控え、多忙である、というのが理由であった。しかしミュアヘッドはその後の洪仁玕との対話の中から、洪秀全が彼らの宗教を広めてゆくに際して外国人の力は借りず、彼ら自身の手でそれを行おうと考えていることを知る。さらにミュアヘッドが宣教師の南京居住について意見を求めると、洪仁玕は、今の時点では南京は全くの「軍営」であるのでお勧めできない、「もし誰かが神からの命令を受けてこの地に布教拠点を築かねばならないと考えているなら、もちろん来て構わないが、私にそのことで頼み事をしないで欲しい」と答えたという。投げやりとも思える洪仁玕の言葉であるが、それにはわけがあった。先にも言及したが、蘇州での外交的斡旋に失敗した洪仁玕の太平天国内での影響力は急速に低下しており、一八六一年二月初旬に――まさにミュアヘッドの滞在中のことであるが――幼天王の名で出された二篇の布告によって宰相としての実質的な権限を奪われてしまうのである。しかも、もともと戦の経験がない洪仁玕が出陣したのも、後にある供述書で「広西の老将はみな国の基を築いた功臣で、みな自分のことばかり考えて大局を顧みず、私の言葉が公正であるのを見て、みな私を南京から出て行かせようとしていた」と述べているように、(52) 周りからの圧力によるもので、洪仁玕の本意ではなかったようである。ミュアヘッドが滞在していた出陣前のこの時期というのは、洪仁玕にとっては陰鬱なものであったに違いない。当初は宣教師の力も借りて太平天国の宗教を改め、「正統的」キリスト教を広めたいと考えていた洪仁玕であったが、それについて洪秀全の同意を得られないばかりか、洪秀全との基本的な信頼関係すら揺らいでおり、もはや自らの影響力を用いて宣教師に協力することは事実上不可能に近かったのである。

一方ミュアヘッドは洪仁玕の「忠告」にも関わらず、ロバーツとともに南京城内での布教活動を敢行していた。ミュアヘッドによれば、ロバーツは自宅では礼拝を行っていたが、広東語しか話せなかったため公共の場での布教活動には限りがあったという。しかしこの時はミュアヘッドと二人で毎日のように布教に出かけていた。ミュアヘッドは、上海やその近郊で布教していた時に感じた人々の圧倒的な「無知と抵抗」に比べ、南京では兵士も民衆も「〔キリスト教の〕真理に対する一定の知識と理解があり、〔宣教師らにとって〕それらを霊的に高めさせることはずっと簡単で楽しい働きになった」と述べている。ミュアヘッドは報告書の中で、たとえ部分的で誤りすら含まれていたにせよ、太平天国の支配地域においてはキリスト教の神の知識が広く共有され、かなりの程度尊重ないし信仰されていることに繰り返し言及しており、しかもそれを非常に肯定的に捉えている。南京を離れる時点でミュアヘッドが出した結論は、「太平天国の指導者たちによってかなりの程度の聖書の真理がその多くの信奉者たちの間に広められていることは認めざるを得ず」、「この反乱がたとえ失敗に終わったとしても、広汎な地域で偶像崇拝と迷信に壊滅的な打撃を与えたことは確か」である、「現時点では南京やその近郊、また反乱軍のいずれの支配地域でも、布教拠点を構えることは適当でない」が、一方で「干王や他の者たちに我々が南京に強い関心を抱いていることを示す」ためにも、「宣教師たちは時折南京を訪れるべきである」というものであった。そして太平軍が一八六一年のうちに新たな大発展を見せるのではないか、との予測までしている。

ところがその一ヶ月後にはミュアヘッドの太平天国評はより厳しいものに転じていた。ミュアヘッドが南京を離れようとしていた頃、ちょうど長江を遡航してきたホープ提督の一行が南京に到着し、ホープはミュアヘッドに遠征への同行を申し出た。承諾したミュアヘッドは遠征隊とともに漢口まで行き、三月末に上海に戻るが、その際ホープに太平天国に関する報告書を提出しているのである。そこでの結論は、太平天国は「世俗的な観点から見ると、現在の彼らの運動は破壊でしかなく」、「王朝の交代は必要と認められない」、また「宗教的な観点から見ても、もちろん破壊的」であって、太平天国の指導者はキリスト教を普及させようと考えてはいるが、「〔キリスト教の〕精神性や、〔キリスト教において〕精神的に必要とされるものについてほとんど考えていないがゆえに、彼が起こそうとしている変革は非常に表面的なものになると思われ」、「〔その政権と同様に〕根本的な変革を成し遂げることはないであろう」というものであった(53)。遠征に同行する中でイギリスの政府や軍の関係者と意見交換をする機会もあったであろうし、自ら通訳として太平天国側との交渉に同席する機会もあった。そうした中で太平天国の将来に対する否定的な結論が導き出されることになったものと思われる。

しかしその後も、ミュアヘッドと入れ違いの形でエドキンスがロンドン伝道会の新任宣教師ウィルソンと王韜を伴い、一週間ほど南京を訪問している(54)。この時のエドキンスの訪問の目的は「反乱軍の首領〔洪秀全〕にキリスト教会が持っているキリストや聖霊の神性についての見解に目を向けさせること」であり(55)、エドキンスは南京到着のその日のうちにロバーツとともに賛王の息子に面会し、準備してきたキリストの神性について述べた文章を洪秀全に渡すよう頼んでいる(56)。この文章は翌日洪秀全のもとに届けられ、その次の日には洪秀全から返答が送られてきた。その中で洪秀全は、キリストは人であって神には劣る存在であると主張していたようであるが、興味深いことに、洪秀全は反論の根拠としてローマ帝国時代のニケーア会議を持ち出し、そこで異端とされたアリウス派の主張こそが正しい、と述べていたという。しかも洪秀全はこれらの神学論争に関する知識を『六合叢談』に掲載されていたエドキンスの文章から得ていた(57)。『六合叢談』が南京の洪秀全のもとにもたらされていたばかりか、宗教関連の記事が実はかなり熱心に読まれていたことがうかがえる。

エドキンスはこの返答から洪秀全が宣教師の提示する宗教的な問題を真剣に考察し、なおかつ「聖書の真理を教え諭す教師のような」親しみのある態度を採っていると感じ、洪秀全の性格をさらに「試す」ために、再度、聖書を多く引用した手紙と「神は無形であること」を論じた文章とを送った。数日後、手紙と論文それぞれに洪秀全の修正とコメントが加えられたものが返ってきたが[58]、ここでも洪秀全は自らの見解を主張し、エドキンスが指摘する「誤り」を認めてはいない。しかしエドキンスは「聖書の真理についての我々の見解を彼に意識させる機会は得られた」こと、そして洪秀全が友好的にそれに応答したことを肯定的に捉えている[59]。

これらのやり取りの合間にエドキンスは彼らが南京に居住する許可も求め、こちらも快諾された。そこでエドキンスは北京を含む北方に布教に行くという計画を延ばしてでも、まず南京に布教拠点を置くべきではないかと考え、自分とジョンの二家族が暮らせる家を探し始めた。家が見つかればすぐにでも南京に移住する決意まで固めていたのであるが、狭い家しか借りられる見通しが立たず、結局、「よく考えた結果、南京での居住をはじめるには時期尚早である」との結論に達している。

しかし、ロンドン伝道会の宣教師たちが最終的な結論を出すのはさらにこの後ジョンが南京を再訪してからであった。ジョンはエドキンスが上海に帰還した翌日の四月九日に上海を出発し、十四日から数日間南京に滞在した。前年十一月に訪れた時とは異なり、南京城内には兵士とその家族しか住むことを許されず、城内での商業活動は停止して商店も閉まっていたことは、ジョンに大きな失望を与えたようである。それでもジョンは、城外には人々があふれ、キリスト教的な内容の教科書で子供たちを教える学校が開かれていることなどにも言及し、洪秀全自身が宣教師の南京居住を歓迎していることも引き合いに出しながら、エドキンスとともに移住する心づもりはあった、と述べているのであるが、結論的にはやはり現状ではそれは困難であるとの見解を示している[60]。ジョンのこの結論を受け、エドキンスは南京移住の計画を完全に諦めて天津に布教拠点を開く決意を固め、ジョンもその後漢口に行くことを決めたのであった[61]。他方、上海や近郊での布教活動は徐々に回復しており、一八六一年中に上海で新たに信者となった者は十七人を数えた。しかし上海と漢口に新たに宣教師の家と礼拝堂を作るため、墨海書館は規模を縮小することになり、一八六一年の末には病院の土地が、さらにその後本来持っていた土地の半分以上が売却され、残った土地にもう一度住居や病院、印刷所、外国人のための礼拝堂などが建てられ、ミュアヘッドを中心に江南での布教活動が再出発したのである。[62] ロンドン伝道会の宣教師が南京を直接訪れたのは、この一八六一年の四月が最後であった。

以上述べてきたように、一八六一年の早い段階で、宣教師たちには洪仁玕を通してにせよ、自分たちの努力によってにせよ、洪秀全の宗教上の「誤った」考え方を改めさせることは困難であることが明白になっていた。しかしその後も、彼らは太平天国に対する関心を完全に失ったわけではなかった。一八六一年以降も南京を訪れる宣教師の姿は途絶えておらず、[63] ノース・チャイナ・ヘラルド紙の記事によれば、ロバーツ以外にも南京に長期的に滞在し、布教活動を行う宣教師もいたようである。[64]

(三) ロバーツの南京脱出

だがロバーツもついに一八六二年一月、突如南京を離れることになる。ロバーツが十五ヶ月に及ぶ南京での生活に突然終止符を打った直接の原因は、ロバーツによれば、洪仁玕とその兄世甫にあったようだ。ロバーツはその経緯についていくつか投書や手紙を残しているが、その最初のもので、一月三十日に上海に向かう船上で書かれた文章の中でロバーツは、「洪秀全個人と何か対立するところがあったわけではない」と断りつつも洪秀全は「正気を逸した人物である」とし、洪秀全自身やその配下の「クーリー王たち」の政治的・外国的手腕の低さや洪秀全独自の「政治的宗教」について批判している。そして南京を離れることになった直接の原因については、一月十三日に「干王が、クーリーの兄（文字通り香港ではクーリーであった）[65] と悪魔にそそのかされて」ロバーツの住居に入ってきて、「極めて故意に、悪意をもって、悪意ある計画のもとに」ロバーツの使用人を剣で殺害し、さらにロバーツを平手打ちにする、という事件が起こったからで、これによって「宣教師として成功する希望を失い」、一月二十日に南京を離れた、と述べている。さらにこの記事の追伸でロバーツは「干王は殺人者であるだけでなく、強盗でもあるようだ」、と述べ、洪仁玕が自分の持ち物や使用人、助手たちを自分のもとに渡そうとしない、と非難している。

一方、洪仁玕も後に供述書の中でこのことに触れ、「些細な誤解がもとで」ロバーツは「別れも告げずに城外に逃げ去り、どうしても引き留めることができなかった」と述べている(66)。おそらくロバーツと洪仁玕の兄世甫との間でロバーツの使用人をめぐって何らかのトラブルが起こり、結果洪仁玕が怒りにまかせてロバーツの自宅（すなわち干王府の一角）で使用人やロバーツに手を挙げたことは事実なのであろう。ただ、一月二十日という日にロバーツが南京を離れた背景には、太平天国がイギリス側の求める上海への進撃回避を拒絶したことを受け、南京に停泊していたイギリス船から一月二十日の朝、ロバーツに対し、「できるだけ早急に南京を離れないと、上海で外国軍と太平軍が衝突すれば永久に戻れなくなる、という忠告」の言葉が届けられたことも実は大きく作用していたようである。南京を離れた直後、洪秀全や洪仁玕について激しく非難しながらも、一方でロバーツは「状況が許すのであれば、また〔南京に〕戻って、ちょうどできあがったばかりの教会堂を取り戻し、一般の民衆に教えを広めるのが自分の義務である」とも考えていた(67)。

しかも一八六二年四月三日に香港のチャイナ・メール紙に掲載された手紙では、ロバーツは使用人について「後に生命の兆候を見せたと聞いている」と述べており、実際にはその場で殺害されていた訳ではなかった。またロバーツはアメリカ公使への報告書の追伸では、所持品及び使用人や助手たちも、ロバーツが上海に到着して間もなくの二月八日には忠王からの「銀百両（百三十六ドル）の献金ないし餞別」とともに上海に送り届けられたことを報告している(68)。だが、これらの事実が公になるのはしばらく後のことであり、第一報で「殺人者」「強盗」とされた洪仁玕の姿は相当のインパクトをもって上海の欧米人社会に受け止められたと思われる。レッグはこの一連の騒動の後、ある報告書で、洪仁玕が外国人と友好的な関係を構築しようと努力したことを評価し、ロバーツの使用人の少年が洪仁玕に殺されたという話が事実ではなかったことが明らかになったことを例に「干王は彼の困難な地位に耐えることはできなかったが、彼に対して言われている非難の多くは、彼が責任を負うべきことではなかった」と一定の弁護もしている。(69) しかしこうした洪仁玕への特別な同情は、すでに大多数の欧米人には共有されないものとなっていた。

第三節　洪仁玕の宗教改革への試み

(一)　洪仁玕の南京到来がもたらしたもの

本章冒頭でも述べたように、洪仁玕が太平天国への合流を目指した目的は、「優れた知識を伝える」ことと、太平天国を「外国人と提携させること」であった。後者の失敗についてはこれまで見てきた通りであるが、最後に、前者の知識の伝達の面を改めて考えてみたい。「優れた知識」を『資政新篇』の諸提言に代表される西洋の諸制度や技術、学問知識と捉えるならば、『資政新篇』の提言はほとんど実行されなかったため、知識の伝達という意味でも実質的な成果はなかったということになろう。しかし、洪仁玕にとっての「優れた知識」というのは、単に西洋の技術や制度、学問知識だけではなく、いわゆる正統的なキリスト教の教義をも含んでいたことは、前章においても明らかにしてきたとおりである。太平天国の宗教的な「誤り」を正すことも、洪仁玕にとっては重要な目的であったはずである。そこで、洪仁玕の宗教改革の試みに焦点を絞って振り返ってみよう。

まず洪仁玕到着の直前の太平天国について見ておきたい。太平天国が一八五六年の内訌を経て新たな体制になってから洪仁玕が南京に到着するまでの間に太平天国と接触を持った外国人は、これまでも何度か言及してきたが、一八五八年の年末に長江を遡航したイギリス公使エルギン卿の一行であった。一行は南京を通過する際太平軍から砲撃を受け、死傷者を出したが、その後太平軍側からこの件については謝罪があり、また事前に通知を出せば今後長江を航行する船には攻撃を加えないとの約束も取り付けるなど、外交的にはエルギン卿の目的は達せられた[70]。しかし一方で、謝罪の文書とともに、天王を神の第二子とし東王楊秀清を聖霊と同一視する等々の上帝教の教義を諄諄と説きながら「西洋番弟」に「妖魔（＝清軍）」撲滅の協力を求める詔書が届けられたことや[71]、兵士の間でのアヘン禁止の不徹底が露呈していたことなどもあって、エルギン卿に同行した人々の太平天国に対する印象、特に宗教面に対する印象はあまり良いものではなかった。

エルギン卿の通訳を務めたウェイドは次のように述べている。「彼らの混ぜ物のキリスト教は現在の中国でよく見られる宗教を形成している迷信の混合体から自らを解放しようとするどころか、ますますそれらと結びつこうとしている。彼らの政治状況から生み出される希望は、我々がこの新しい支配体制を見聞した限りにおいては、彼らと敵対する古い儒教の教えが導き出すそれにすら及ばない。当初偉大な反乱に命を吹き込んでいると思われた半ば狂信的な活力は、どう見ても指導者たちの中から消失してしまっている[72]」。

一方、やはりエルギン卿一行に同行したワイリーは、彼が乗り合わせた船が大きすぎたため安徽省の蕪湖の少し先で留まり、その他の船が漢口まで行って戻ってくるのを待つことになり、その間三週間ほど蕪湖周辺の太平軍と接触する機会を持った。その時の感想としてワイリーは、「キリスト教が何らかの形でこの運動の発生に強い影響力を発揮したことは確かであるが、彼らの現在の状況は、私の見る限り、キリストに従う者の態度としては非常に疑わしい」ものがあり、また唯一絶対の神や救世主としてのキリストの存在を認める書物や詔書を出し、それは「人々に広く浸透しているが、その影響力は実は非常にわずかなものであると信じざるを得ない」と述べている[73]。

このように一八五八年の年末の時点での太平天国は、覇気がなく停滞しているとの印象を与えていた。ところがその後太平軍は勢力を盛り返し、南京の包囲網を解いて一八六〇年六月には蘇州を陥落させ、上海に迫る勢いを見せた。太平軍の手中にある蘇州を訪れた宣教師たちの太平天国に対する印象は大きく変わっている。

最初に蘇州を訪れたのはアメリカの南部バプテスト連盟の宣教師ホルムズら三人であった。彼らは昆山を通って六月二十三日に蘇州に着き、二晩滞在した。ホルムズは「反乱者に対して今まで抱いてきたよりもずっと良い印象を持って帰ってきた」と述べ、太平軍の人々が「〔キリスト教への〕回心者であると言うつもりはないが、彼らの多くは聖書の重要な真理の数々についてのかなり正確な知識を持ち合わせていることが、自分たち自身の見聞から明らかになったし、またキリスト教の書物の一部や聖書の真理、賛美歌などが繰り返し彼らの口に上った」と述べている(74)。

彼らに続いて蘇州を訪れたのがすでに何度も取りあげているエドキンスとジョンの一行で、この時に洪仁玕の無事が宣教師たちに伝えられたわけであるが、この蘇州訪問から得た感想をエドキンスは以下のように述べている。「宗教的要素がこの巨大な革命的運動に非常に強力に作用していることは確か」であって、「彼らは汎神論的な宋学に対して人格的な神を唱え、多神教の概念に対して唯一の神の概念を明確に持ち、宿命論的な仏教哲学に対して全てを導きたもう神の摂理の教えを信じている。このことは非常に明白で、彼らと一定の時間接していればそのことを印象づけられずにはおられないほどである」、「抽象的な概念としてでも、また厳格で容赦のない君主としてでもなく、愛にあふれ、彼らを優しく見守り手ずから導いてくれる父としての神が彼らとともにいる〔と彼らは感じている〕のである。旧新約聖書は今や、この運動の発生においてそうであったように、彼らの信仰の基準に据えられている。これは非常に重要な事実である。彼らが聖書を神の言葉として受け入れる限り、我々は彼らの過ちが徐々に正されていくことに希望を置くことができるのだ(75)」。

ホルムズにせよエドキンスにせよ、太平天国の宗教の中に「正統的」キリスト教とは相容れない「誤り」が依然として存在することは認めていた。先の報告の中でエドキンスは太平天国の宗教のあり方、すなわち礼拝や祈りの形式や内容などは「八年前からほとんど変わっていない」とも述べている。しかし、一八五八年の年末にウェイドやワイリーが感じていた太平天国における宗教的要素の影響力の低下は一八六〇年の段階では感じられず、むしろ逆に彼らの信仰心が当時の太平天国の勢いを支える最も重要な要素として再び認識されるようになったのである。
エドキンスはこのような太平天国の宗教的情熱の高まりに対する積極的な評価に加え、洪仁玕が干王として権力の座にいることにも非常に大きな期待を寄せており、彼が「宗教的な面でこの運動に有益な影響を及ぼすであろう」とか、「敬虔で愛すべき〔天王の〕親戚である洪仁玕が、数年間の宣教師の教えを受けたのち〔天王のもとに〕帰還したということが、我々が望むように、天王とその部下たちにキリスト教についての明瞭で聖書的な見解を与えるというのは、十分起こり得る有望な事態である」と述べている(76)。この感想を述べた時点では、エドキンスはまだ洪仁玕との再会を果たしていないのであるが、その後再び蘇州を訪れて洪仁玕と直接話をする中で、洪仁玕が南京到着後に宗教上の問題についていくつか行動を起こしていたことが明らかとなっている。洪仁玕との問答には、次のようにある。

第十九問　現在の太平天国の信奉者たちの宗教的な状況はどのようなものか？

〔答〕　かなり悪化している。干王は南京に到着してすぐにそのことに気づいた。広西出身者の間にすら、この運動の初期に見られたほどの宗教的熱意はもはやない。干王は自分の部下たちに祈禱文を印刷して配布した(77)。

ここからは、南京に到着した洪仁玕の目にも宗教的熱意の後退が明らかであったことが分かる。洪仁玕は一連の問答の別の箇所でも兵士たちに広く配布するための祈禱文を準備していたと述べており、しかもその末尾に付された説明書きの部分から判断して、この祈禱文は抄本の『資政新篇』に入っており、後に『干王宝製』に移された祈禱文と考えて良いように思われる(78)。この祈禱文では天王が神に遣わされて中国に生まれ、「昇天して魂が天父（神）に会い」、天父の恩威で南京まで兵を率いてきた、とする部分はあるものの、宣教師たちが強く反発してきたような、肉体を持つ神のイメージであるとか、楊秀清の天父下凡などの上帝教独特の教義は回避され、むしろ三位一体の神を詳細に解き明かし、天父たる神と天兄たるイエスにのみ祈り求める姿勢が貫かれている(79)。また、第四章でも述べたように、やはり抄本の『資政新篇』に入っており後に『干王宝製』に修正を経て収録された「克敵誘惑論」は、もともとは布告として書かれたものであり、おそらく実際に発布されたと思われるものである。この布告もやはりキリスト教の教義である「原罪」の教えやキリストによる贖罪などを説き、祈りによって誘惑に打ち勝つよう人々を激励するものであった。このように、神から遣わされた天王という洪秀全の位置づけは保ちながらも、洪仁玕が太平天国の宗教を「正統的」キリスト教の枠を超えない形に変えていこうと努力していたことがうかがえるのである。洪仁玕はそれをまず布告や祈禱文という形で兵士や人々の間に普及させようとしたのであった。

一方で洪仁玕は洪秀全とも直接議論し、その宗教的な「誤り」を正そうとしていたようである。やはり宣教師との問答の中で洪仁玕は、例えば礼拝の時に供え物を置くことや、祈禱の後に祈禱文を燃やすことなど、形式的な部分については、洪秀全もそれが無意味なものであることに思い至っている、と述べている。またキリストに「神性」を認めるか、という問題でも、洪秀全は完全な認識をしていない、あるいは最近まで意識したことがなかったと洪仁玕は述べており、この点でも洪仁玕がキリスト＝神とするキリスト教の教義を洪秀全に伝えようとしていたことがうかがえる。一方、楊秀清の語った幻〔すなわち天父下凡〕や楊秀清を聖霊とみなす教義についても洪仁玕は面と向かって異を唱えたが、これについては洪秀全は聞き入れようとはしなかったという。おそらく洪仁玕と洪秀全の間で議論されたこれらの様々な教義上の問題についての洪仁玕の見解が、最初期の『資政新篇』に集約されていったと考えられる。いずれにせよ、洪仁玕が南京に現れ洪秀全と宗教論議を交わしたことは、太平天国の停滞する空気を変えるという点では一定の影響力を持ったように思われるのである。

（二）『資政新篇』以後の宗教改革への努力

前章でも見てきたとおり、『資政新篇』の刊行に向けての改変の過程で、神は無形の存在、すなわち「霊」であるとするキリスト教の根幹的な教義やこれに連動する三位一体の教義は洪秀全から強く拒否され、抄本に見られた色濃いキリスト教色は後退していくが、それでも刊本の『資政新篇』にもキリスト教の影響は強く残っていた。実は、同じ事は『資政新篇』以外の洪仁玕の著作にも言える。『資政新篇』とほぼ同時期に書かれた『天父天兄天王太平天国己未九年会試題』、また一八六一年刊行とされる『欽定英傑帰真』や『欽定軍次実録』『欽定十階条例』などを注意深く読んでゆくと、洪仁玕は「地上〔中国〕の主」としての洪秀全の権威と「正統的キリスト教信仰」とを両立させようとする努力をやめてはいなかったように筆者には思われるのである。そこで以下ではまず、洪仁玕が『資政新篇』以後の著作の中で正統的キリスト教の教義をどのように扱っていたのかについて検討してみたい。

キリスト教の教義の中でも洪秀全から真っ先に拒否されたのは、神は霊であるとする教えや、そのことと密接に関連する三位一体など、「神〔上帝〕」の概念に関わる問題であった。この上帝観に関わる議論は、実は『欽定英傑帰真』の中でも正面から扱われている。『欽定英傑帰真』は太平天国に新たに帰依した人物と干王との問答形式の書物である(80)。序文からも分かるように、二人の対話を側で聞いていた干王の部下たちによる記録という体裁を採った書物で、この中に「偶像を見たらこれを破壊しなければならないのか」を論じた部分があるが、洪仁玕はここでそもそも上帝とはどのような存在であるかを語っている(81)。質問者の「愚弟はもとより天を敬うべきであり、〔天のことは〕高邁なことがらに属していることを存じています」という言葉に対して、洪仁玕は「そなたは高邁と言ったが、〔天は〕高く遠くにあるといっても到達できないということではない。その天〔すなわち上帝〕があらゆる所におられる、という意味は、そなたの間近におられるということだ。そなたが受け入れるならば、そなたの心の内にもいてくださる。なにが高邁なことがあろうか」と答えている(82)。ここに登場する、神が「あらゆる所におられる〔無所不在〕」という表現は、キリスト教の教義では神の全知全能と並ぶ神の特質のひとつとされる「偏在」を表すもので、聖書や布教書の中で多用される言葉であり、さらにその神が人の「心の内にい」るという表現は新約聖書の一節、「この〔真理の〕霊があなたがたと共におり、これからも、あなたがたの内にいる」を踏まえたものであると考えられる(83)。ここでの「真理の霊」は「聖霊」を指しており、キリスト教の三位一体論においては唯一の神の一部とされるものである。上帝教においては、上帝が人々の霊魂の父であるとする教えはあるが、上帝自身が霊であるというキリスト教的な神観は否定しており、上帝が人の心の内に住むという発想もない。しかし洪仁玕はまさに三位一体の「聖霊」について語っている聖書の箇所を踏まえて上帝論を展開しているのである。なお、聖書の引用について考える場合、洪仁玕がどの版本の聖書を参照していたかも重要になってくるが、『干王宝製』の中で聖書が比較的長く引用されている箇所を例に比較してみると、洪仁玕は太平天国で刊行されていたギュツラフ訳聖書を底本とした聖書ではなく、ロンドン伝道会の宣教師が中心となって翻訳した「代表訳本」聖書を参照していたことが分かる（巻末・別表3）。

一方『欽定英傑帰真』には、干王が「上帝を礼拝する方法」を非常に簡潔にまとめて述べているところもあり、そこでは「上帝を礼拝する方法とは、内には霊とまことをもって礼拝することであり、外には言行が真実なものとなるようにすることであり、事を行うに当たっては天の十戒を守り、罪を犯したならばその時々に悔い改めて天父上帝の赦しと救世主天兄キリストの罪の贖いを求め、それによって天国の幸いを得、地獄の災いを逃れることを願う。これが上帝を礼拝する方法であり、主の規則を守ることがその中心である」とされている。これは例えば『天条書』に見られるような基本的な上帝教の教えをなぞったものであるようにも見えるが、キリスト教の教えとも矛盾しない内容である。しかも、敢えて内面と外面の信仰に言及し、内面についてはやはり新約聖書の一節「神は霊である。だから、神を礼拝する者は、霊と真理をもって礼拝しなければならない」という、やはり「神は霊である」ということを直接説いている箇所を踏まえた表現をしているのである(84)。

これと同じような例は、『欽定軍次実録』に収録された洪仁玕の詩にも見ることができる。『欽定軍次実録』は洪仁玕が一八六一年二月から九月にかけて出征していた時期に発布した詩文を集めた書物であるが、その中に「讃頌詩章」と題された詩が一篇、また「宣諭衆民」と題された文章の末尾にも上帝を讃美する二篇の詩が収録されている(85)。

これらはいずれも洪仁玕と王韜によって改訂されたロンドン伝道会の賛美歌集『宗主詩篇』に収録されている詩と全体ないし部分的に一致する（巻末・別表4）。第四章で述べたとおり、この賛美歌集の一部の詩は抄本の『資政新篇』に収録されていたが、刊本では削除された。おそらくその賛美歌が洪仁玕の出征中に改めて発布され、『欽定軍次実録』に収録されたと考えられるのである。(86)

「讃頌詩章」は『宗主詩篇』では「論謳歌聖詩」と題された賛美歌で、三位一体の神を讃美せよと謳った詩である。「三位」という言葉はさすがに「主宰」に変えられているものの、そのほかの内容はほぼ原文通りである。さらに洪仁玕はこの詩を引用したあと、讃美とは通常人の才能に対してなされるものであるが「人の才能はみな天が授けるものであって、本来讃美を受けるに堪えないものである。ただ上帝の全能だけが讃美に値するのである」と述べている。『欽定軍次実録』に収録された残りの二篇の詩も上帝の「無所不知〔全知〕」「無所不能〔全能〕」「無所不在〔偏在〕」を讃美することを民に諭すために出された布告の一部であり、そのうちの一篇は、もともと『宗主詩篇』では「上帝が形のない存在〔すなわち霊〕であり「無所不在」であることを論ず」と題された詩であった。詩の文言は一部改変が加えられているが、キリスト教的な神観を示すという点に変わりはなく、やはりこの詩が敢えて選ばれている背景には、洪仁玕がこの詩の本来の主題である「上帝＝霊」の概念を暗に示そうという意図があったように思われるのである。(87)

一方、キリスト教の中心的教義のひとつであるキリストの贖罪についても、洪仁玕は『資政新篇』以外の著作でも詳しく論じている。もちろん、キリストの十字架による人類のための贖罪という教えは、上帝教の中でもそれなりに言及されてきた。(88)しかし上帝教の教えでは、キリストが背負った人類の罪とは基本的には偶像崇拝の罪であった。キリスト教において偶像崇拝はもちろん罪であるが、特にプロテスタントにおいてはより内面的な罪のほうに重きが置かれる。洪仁玕の贖罪の議論はそうした内面的な罪を取り上げているのである。抄本の『資政新篇』から削除された文章を集めたと思われる『干王宝製』では、例えば罪について述べた文章や「克敵誘惑論」の中でやはり内面的な罪について言及がなされていたが[89]、『欽定軍次実録』の「辟邪崇正論」ではさらにこのような内面的な罪とキリストの十字架が直接結びつけられている。この文章は「欲を遏《とど》め理を存す行いが、福を得、禍を避ける道である」という一文から始まる。「遏欲存理」は理学の概念を表す言葉であるが、まずこの言葉を挙げてから人の内面に存在する「私心欲心」をどのようにして克服するかを論じているのである。その中で洪仁玕は、人には皆私心欲心があるが、「もし全く私心のない人がいるとすればそれは上帝の子たる天兄キリストである。全能であるにも関わらず」、「ただ苦しみを忍んで受難したのは、信じる者がこの〔キリストの〕苦しみによって私心を忘れ欲望を克服し、魂が清められ救われるためである」と述べ、さらにキリストの言葉として「およそ朕を信じる者は、その身に十字架を負って従わねばならない。そうしてこそ朕が救うことのできる弟子となるのだ〔必身負十字架以从、方能成為朕得救之徒也〕」を挙げている。そして「至尊〔の神〕を教え、〔その〕権能を貴んでいた〔神の〕子がこのような罪刑を受けたとは、良心に照らして何と堪えがたいことか。そのように思うならば、悪念は去り、良い思いがわき出てくるのである。人はこの理と欲の二文字をはっきり理解できればこれを守り行うことができるのである」と続けている[90]。

ここに登場するキリストの言葉は新約聖書の「自分の十字架を担ってわたしに従わない者は、わたしにふさわしくない〔不任十字架而従我者、亦不宜乎我也〕[91]」や「わたしについて来たい者は、自分を捨て、自分の十字架を背負って、わたしに従いなさい〔欲為我徒、則当克己、負十字架以従〕」を踏まえたものと思われる[92]。これらのイエスの言葉は正統的キリスト教側ではどのように解釈されていたであろうか。その例として、何進善が執筆し、レッグが監修した英華書院発行の新約聖書の註解書のこれらの箇所を見てみたい。そこでは、前者については「任」とは負うことである。「十字架」はローマの死刑の道具であり……後に救い主が人の罪を贖うためにまさにこの刑を受けたのである。人の魂を救うためにこのような苦しみや辱めを甘んじて受けられたとすれば、人が救われたいと願うとき、どうして困難を畏れ、安逸をむさぼってよいわけがあろうか」、また後者の「欲為我徒、則当克己」の部分についての注釈には「己に克つとは、自分の心の欲望を克服することである。人間の私心というものは例外なく富貴と利達、安逸と長寿を欲するものであるが、イエスの弟子となろうとするならば、この私心を克服し、上帝の命令に従わなければならない」と解説されている[93]。つまり、洪仁玕が「辟邪崇正論」で示した解釈は同時代のキリスト教の牧師や宣教師の考え方と一致するものだったのである。

以上述べてきたように、洪仁玕の著作には多くの聖書に基づいた表現が使われており、正統的なキリスト教の神やキリストの概念が提示され、三位一体における聖霊の概念も垣間見えていたことが分かる。ところで、これほど多くの聖書に由来する表現が使われていることにはどのような意味があるのだろうか。聖書そのものについては、『欽定士階条例』でも士人が学ぶべき書物として取り上げられているが、ここでは「旧約」すなわち旧約聖書、「前約」すなわち新約聖書、そして「真約」という三種の経典の概念が提示されている[94]。「真約」としては『欽定士階条例』では「『天命真聖主詔旨』及び『欽定天条書』『三字経』など」が挙げられているが、夏春濤氏によれば「真約」の核心となる書物は『王長次兄親目親耳共証福音書』『天父聖旨』『天兄聖旨』『太平天日』などであって、その執筆と「旧約」と「新約」の改訂を通して、「真約」を最も重要な経典とする上帝教の三つの経典が完成されたのだという[95]。筆者もこの夏氏の分析と指摘に全面的に賛同するが、この一連の過程がもたらしたもう一つの側面としてさらに付け加えるならば、これらのことを通して、実は一旦は禁じられていた旧約聖書と新約聖書が再び上帝教の正式な経典として位置づけられたとも言えるのではないかと考える。というのも一八五四年七月、「この世の子女たちが聖旨を軽視し、新旧の聖書に拘泥しているため、特に詔を降して聖書の誤りを正」すことを意図して天父聖旨が降り、旧新約聖書は「誤りが多い」として使用が禁止されていたからである[96]。その後洪秀全によって聖書が改訂（正確には批の付加と一部の文字の変更を中心とする）されたのは洪仁玕が南京に到着した後のことであった。その直接の動機は、明確に上帝教の教えを否定し、キリスト教の教義への修正を求めた宣教師に対抗するため、という面が大きかったと思われるが、最初に洪秀全に対して上帝教の教義の修正を求めたのは洪仁玕であり、すでに見て来たようにキリスト教の教義を保持しようとする意志は洪仁玕の著作の中で一貫していた。洪秀全による一連の経典整備は、洪仁玕の主張への対抗の意味合いもあったのではないだろうか。そして結果的に本文のほとんどはそのまま保持された形で旧新約聖書も正式に経典と位置づけられることになった。このことは、かえって洪仁玕にも聖書にもとづいて正統的キリスト教に即した主張をする余地を残したとも言えるのである。

（三）　洪仁玕と上帝教

以上述べたような洪仁玕のキリスト教の教義を堅持しようとする姿勢の一方で、『資政新篇』以外の洪仁玕の著作には『資政新篇』に比べて上帝教特有の教義を是認する記述が明らかに多い点も看過することはできない。中でも洪仁玕がかなり明確にその権威を認めていたのが楊秀成と蕭朝貴による天父天兄下凡である。刊本『資政新篇』や『干王宝製』では天父天兄下凡への言及は一度もなかったが、抄本の『資政新篇』に含まれていた太平天国の記念日の制定に関する文章では、天父下凡と天兄下凡の記念日がはっきり定められていた。さらに『天父天兄天王太平天国己未九年会試題』はそもそも『天父上帝言題皇詔』に収録された天父聖旨が問題文となったもので、洪仁玕はその中で「天父上帝聖旨」が「いかに奥深いか」について論じているのである。また『欽定士階条例』では太平天国の文人が学ぶべき書物として「旧約」「前約」「真約」が挙げられていたが、先にも述べたとおり、「真約」とはまさに天父天兄下凡を記録した書物が中心となっており、たとえ洪仁玕が「旧約」「前約」聖書をより重視していたにせよ、こうした上帝教の新たな経典の枠組みそのものは受容し、「真約」の権威も認めていたのである。

もっとも洪仁玕は最初から必ずしも天父天兄下凡を否定していたわけではなかった。ハンバーグの『洪秀全の幻想』にも一八四八年に始まった楊秀清と蕭朝貴による天父天兄下凡のことはすでに記載されており、洪仁玕がこうした事象の発生と、洪秀全がそれらを上帝とキリストの降臨として認めていたことを把握していたことが分かる[97]。正統的なキリスト教の薫陶を受ける以前に洪仁玕が持っていた上帝教に関わる信仰、すなわち洪秀全が幻想体験を通じて上帝とキリストから使命を与えられ、この世に遣わされた、という確信は洪仁玕がキリスト教を受容し正式な信徒となってからも、そしてもちろん南京に合流してからも、変わることはなかった。実はそれと同じように、一八四八年に起こった天父天兄下凡という事象についても、洪仁玕はそれを少なくとも部分的には真実のものとして受け止めていたようである。というのも、蘇州でのエドキンスたちとの対話記録の中に、以下のような一節があるからである。

第一問　指導者〔洪秀全〕の見た幻想について。それはいつのことで、何回あったのか？　彼はそれらをどのように解釈しているのか？　あなた〔洪仁玕〕はそれらをどう考えるか？

〔答〕　彼の幻想は二回である。一回目は一八三七年で、彼は自分の魂が天に上げられ、天上の世界がはっきりと示されたと考えた。そして彼が言うには、あらゆる悪いもの〔悪霊や偶像、そして満州人〕を征服せよとの命令とともに神が彼に一振りの剣とひとつの印章を与え、イエスが彼に協力し天使の軍勢も彼を助けることを許した。そして一八四八年、彼がひどく苦悩していたとき、どのようにして政権の重みに耐えるかについて導きを与えるために、偉大なる神がイエスを伴って現れた。洪秀全はこれ以外の幻想を一切認めていない。彼はこの二つの幻想を神が彼に与えた啓示であると信じている。干王〔洪仁玕〕はこれらが真実の出来事であることは信じているが、その解釈のされ方には疑問を抱いている。

第二問　東王の幻想について。洪秀全はそれらをどのように考えているのか？　あなたはそれらをどう考えるか？

〔答〕　洪秀全はそれらに疑問を差し挟むことを許さず、干王がそれらに反対した際、不快感を示した。干王は

それらを信じていない。(98)

ひとつ目の質問からは、洪秀全が一八三七年の自らの昇天の体験とともに、一八四八年に天父が天兄とともに現れたことをも「幻想体験」の一部として捉えており、それを洪仁玕も真実の出来事として受け止めていたことが分かる。一八四八年は「戊辰年」に当たり、太平天国の書物においては楊秀清の天父下凡と蕭朝貴の天兄下凡が始まった年として繰り返し特記されてきた年であることを考えると、一八四八年の「幻想」は明らかに天父天兄下凡と関連があるとみてよかろう。(99) しかし一方で、次の質問の「東王の幻想」に関しては、洪仁玕ははっきりとそれを信じていないと言明している。ここからだけでは「東王の幻想」の具体的な内容は不明であるし、そもそも一八四八年の「幻想」がいつの天父天兄下凡を指すのか、すなわち、最初の時だけなのか、あるいは別のある特定の時のことなのか、あるいは複数回の下凡をまとめて指しているのか、判断はできない。ただ、この二つの質問から分かることは、洪仁玕は太平天国における天父天兄下凡の一部——おそらくはごく初期の「下凡」——については真実と認め、それ以外を真っ向から否定していたということである。

東王楊秀清に関わる上帝教の教義としては、キリスト教の教義では三位一体の神の一つとされる「聖霊 Holy Spirit」について、聖霊＝東王とする教義もある。また、「天父」上帝と「天兄」キリストに加え「天母」や「天嫂〔キリストの妻〕」の存在を説き、洪秀全を天父の第二子、さらには楊秀清も天父の子であるとする「上帝小家庭」の概念も存在した。(100) だが洪仁玕は自らの著作の中で楊秀清を上帝の子とみなしたり、聖霊とみなしたりするような表現をしたことはなく、また「天母」「天嫂」も言葉として一度も登場したことはない。また、先に挙げた洪仁玕の著作と見なしうる書物の中には確かに個別の『天父聖旨』や『天兄聖旨』からの引用文が散見されたり、丁酉年の洪秀全の受命について言及されたりしてはいるものの、従来の太平天国の書物に頻繁に見られたような、丁酉年の洪秀全の受命と戊辰年の天父天兄下凡を一連の教義として物語る語り口は見られないのである。

ところで、その洪秀全の受命、すなわち幻想体験に関しては、先のエドキンスとの対話の中で、洪仁玕はそれを真実のものとして受け止めつつ、解釈については必ずしも洪秀全と一致していないことを表明していた。解釈が異なった点というのはおそらく、洪仁玕は洪秀全が上帝に会ったのはあくまで幻想の中でのことであると捉えていたことを指すのではないかと思われる。『干王宝製』に収められた「祈禱文」にある「魂が天父にまみえた」（傍点は筆者による）というのが洪仁玕の基本的な「解釈」であったと思われる。[101]その後の著作の中では『欽定英傑帰真』に一箇所だけ、「わが真聖主は天酉（一八三七）年、天父のお召しによって天にのぼり、その口から直接わが主に太平天子たれとのご命令があった」、「わが主は直接天父から天命をさずかり、直接天父のお顔を拝したのである」と述べているところがある。[102]ここでは「魂が天に昇った」というような表現はなく、逆に「直接（親）」という言葉が三度も使われ、洪秀全も上帝も肉体を持つ存在として表現されているように見受けられる。ただ、これと非常によく似た「直接天父上主皇上帝を見」、「その口から直接太平天子たれという真命を受けた」という表現は『欽定軍次実録』にも見られ、そこでは冒頭に「魂が高天に上り」という一言が加えられている。[103]さらには洪仁玕が死を目前にして記した供述書の中でも洪秀全自身が語った言葉の記録として「予の魂は天堂に遊び、無数の天使を目にした」、「（天使たちは）予の魂を迎え、ある場所に連れて行った」と述べられている。[104]全体から見れば、洪仁玕個人としては、洪秀全が生身の肉体としてではなく、あくまで「魂」として昇天したという留保をつける姿勢を維持していたのではないかと考えられるのである。

以上見て来たように、「正統的」キリスト教徒となって南京にやってきた洪仁玕は、例えば神は肉体を持たない霊的存在であるといったキリスト教的な神観や贖罪論などのキリスト教の中心的な教義を棄てることはなかった。また、洪秀全の見た幻想は神からの啓示であり、洪秀全は神から使命を与えられた人間である、ということは肯定していたものの、幻想の解釈の仕方には一定の留保を設けていたことも見てとれる。これらの洪仁玕の宗教思想は『資政新篇』だけに見られたのではなく、それ以後に公刊された著作の中にも継続して表れていた。ただし近親者や直属の部下を除けば、洪秀全はもちろんその他の大多数の太平天国の人々にもその宗教観を受け入れさせるには至らず、太平天国内で孤立を深めていったのも事実である。一方、キリスト教の宣教師の側から見れば、たとえ留保は付けたにせよ、天父天兄下凡の権威を認めたり、旧新約聖書以外の経典を容認したりするのは許されないことであった。洪仁玕と宣教師たちとで決定的に異なっていたのがこの点であり、しかも宣教師たちがこの点において洪仁玕に同調することはなかった。その意味では宣教師が洪仁玕に抱いた失望もまた、挽回の余地のないものだったのである。

最後に、その後の太平天国と洪仁玕について、簡単に述べておこう。一八六二年以降、曾国藩率いる清軍は形勢を立て直し、太平軍に対する攻勢を強めていった。一八六二年五月には陳玉成が守っていた安徽省廬州も失陥、陳玉成自身も捕らえられ、間もなく処刑されてしまう。さらに安徽省南部の拠点であった寧国府も失い、戦況はいよいよ太平天国に不利なものへと変わっていった。一八六三年の年末には蘇州、無錫も失い、南京の包囲網が固められる中、洪仁玕は兵と物資を集めるために南京を離れている。そして周知の通り、一八六四年六月に洪秀全は病死し、その一ヶ月後には南京が陥落する。洪仁玕は浙江省湖州にいたが、その後南京を脱出した洪秀全の息子洪天貴福と合流し、太平軍の立て直しを図ったものの失敗、十月十日、江西省石城県で清軍に捕らえられ、南昌府に送られた。十月二十五日には洪天貴福も捕らえられ、やはり南昌府に送られた後、十一月十八日に処刑された。ここに太平天国は滅亡する。その直後の十一月二十三日、洪仁玕も処刑され、四十二年の生涯を閉じるのである。

（1）夏春濤『洪仁玕』、一五六―一九八頁。
（2）Edkins, Joseph, "A Visit to the Insurgent Chief at Soochow", *The North China Herald*, 7 Jul 1860.
（3）*The North China Herald*, 14 Jul 1860.

（4）*The North China Herald*, 28 Jul 1860.
（5）Letter from Legge to Tidman, 28 Jan 1860, CWM, South China, 6-2-C.
（6）Letter from Legge to Tidman, 25 Jul 1860, CWM, South China, 6-2-C.
（7）夏春濤『洪仁玕』、一七八頁。
（8）同上一八四頁。
（9）Forrest, J. R., "The Taipings at Home", *The North China Herald*, 19 Oct 1861. なおこの文章の一部はノース・チャイナ・ヘラルド紙に掲載された別のフォレストの記事と組み合わせ、もとの記事の掲載時期をはっきりさせないまま、Blakiston, T. W., *Five Months on the Yang-tsze: with a Narrative of the Exploration of its Upper Waters*, London, 1862 に収録され、さらにその一部分が Clarke, *Western Reports on Taipings* に収録されている。
（10）Letter from Muirhead to Tidman, 5 Oct 1861, CWM, Central China, 2-3-E.
（11）「鈔呈偽干王洪仁玕親書供詞」。「〔辛酉十一年〕冬月安省〔安慶〕失守、本章触怒天王、革去軍師、総裁、王爵、旋念各爵方命緩援論罪降級有差、陸復予之原爵、不復軍師、以昭炯戒」。「駁李秀成供述辞」。「辛酉冬革予軍師、王銜及正総裁之職、並革英王、章王等之不力也。旋復章王林紹璋之爵、不准王長次兄及予干与朝政、内則専任章、順王掌政、外則専任忠、侍、輔王掌兵」。
（12）この回答書の邦訳は並木頼寿編『開国と社会変容』、二〇九—二一五頁に収録されている。
（13）これは「親筆供」の一部と思われる部分で、一八六五年七月十五日から八月十九日にかけて断続的にノース・チャイナ・ヘラルド紙に英訳が連載された、The Kan Wang's Sketch of the Rebellion の最後の部分（八月十九日掲載文）に述べられていることである。台湾故宮博物院で発見された「親筆供」の原本は途中で切れており、この部分は英訳しか残されていない。なお簡又文による中国語訳が「太平天国干王洪仁玕供辞之回訳」として『逸経』第九期（一九三六年七月）、四—一〇頁に掲載され、中国史学会主編『太平天国Ⅱ』、八五三—八五五頁に転載されている。なお、実際には一八六一年十二月末の上海進撃の可否をめぐるイギリスとの交渉にすでに洪仁玕は加わっておらず、洪仁玕の政治的権力はロバーツが立ち去る前から失していたと思われる。
（14）「鈔呈偽干王洪仁玕親書供詞」。「壬戌春、因章王姦猾把持内外凡事、瞞上自専、致外省郡県糧餉少入、天王貶章王出蘇、浙催糧援京、罷其掌朝政之権、仍復予軍師之職、総掌朝政」。

(15) *The North China Herald*, 12 Jan 1861.

(16) *The North China Herald*, 7 Sep 1861.

(17) *The North China Herald*, 8 Feb 1862.

(18) Letter from Legge to Tidman, 11 Jul 1862, CWM, South China, 6-3-D. この報告書の一部が改訂を加えた上でイギリスで公表されたようである。公表された文書の一部はLegge, *James Legge*, pp. 97-99に収録されている。

(19) *The North China Herald*, 20 Dec 1862.

(20) Forrest, "The Taipings at Home". イギリスの*Watchman*という雑誌では洪仁玕は「孔子以来の比類なき人物干王（no man since the time of Confucius can be compared with this veritable Prince of Kan）」とまで持ち上げられていたという。

(21) フォレストは「移動式の望遠鏡（壊れている）、ピストルケース（ピストルはなくなっている）、コルト式銃三丁（どれも錆びていて使えない）、ガンキャップの箱、マッチ箱、もう灯すことのできないランプが二つ、Windwor社の石鹼、Woolsichの築城法の手引き書、兵法書、聖書、宣教師によって出版された価値ある著作を含む大量の中国語の本、黄紙の束、五、六個の時計、目覚まし時計、壊れた晴雨計、文書の束、インク壺、金のペン、ぼろ布」が雑多に並べられ、その反対側には「虫に食われた本の山、龍の図柄の帽子が入った帽子入れ、銀メッキの扇子、翡翠のカップと皿、金や銀の食器、イギリスのポートワインのボトル三本、ピクルスの瓶」があり、その他に「イギリス海軍の剣、龍のデザインのカップ、日本刀一振、フランスの皿、スコットランドのフリントシェア地方の彫り物など」が散らばっていたと述べている。Ibid.

(22) *The North China Herald*, 11 Aug 1860.

(23) 簡又文『太平天国典制通考』簡氏猛進書屋、一九五八年、一二四九―一二六七頁。

(24) 同上一二六三頁。

(25) 同上一二五〇、一二六五頁。

(26) *The North China Herald*, 1 Sep 1860.

(27) Letter from Legge to Tidman, 24 Aug 1860, CWM, South China, 6-2-C.

(28) Muirhead, 9 Feb 1861.

(29) Forrest, "The Taipings at Home".

(30) 太平天国歴史博物館編『太平天国文書彙編』中華書局、一九七九年、四四頁。

（31）*The North China Herald*, 22 Jan 1859.

（32）A Letter from Rev. I. Roberts（*Overland China Mail*, 15 Dec 1860）, Clarke, *Western Reports on Taiping*, p. 255.

（33）*The North China Herald*, 27 Oct 1860.

（34）*The North China Herald*, 3 Nov 1860.

（35）太平天国博物館編『太平天国文書彙編』、五二頁。

（36）本章注(13)でも言及した、「親筆供」の続き、英文翻訳のみが残っている部分に含まれている。*The North China Herald*, 19 Aug 1865.

（37）以下の記述は *The Friend of China*, 9 Feb 1861 に掲載されたジョンの報告書による。

（38）夏春濤『洪仁玕』、二五六―二五七頁。

（39）容閎によれば、一行には曾蘭生も加わっていたという。また、ジョンも報告書の中で、同行者には「広東語を話す二人の中国人信徒」がおり、広東出身の太平天国指導者と話をする時に彼らが貢献してくれたと述べている。Letter from John to Tidman, 6 Dec 1860, CWM, Central China, 2-3-B.

（40）Yung Wing, *My Life in China and America*, New York, 1909, pp. 96–112. 邦訳は百瀬弘訳註『西学東漸記』、八七―一〇四頁。なお、容閎はこの時太平天国の支配地域を自由に通行できる証明書の発行を求め、その通り与えられた。後に彼はこれを用いて太平天国の支配地域内で茶の仲買人となり、大成功を収めている。

（41）*Missionary Magazine and Chronicle*, March 1861, p. 56 及び *The North China Herald*, 29 Dec 1860 に英訳が掲載されている。前者はジョンによる翻訳、後者はブリッジマンによる翻訳である。ブリッジマン訳は、ジョン訳では省略された詔書の対象である諸王の名や役人の役職名まで訳出している。本文日本語訳はブリッジマンの英訳を底本とした。なお、ブリッジマンは解説の中で「神、イエス、洪秀全、幼天王」を表す言葉が「Yay, Tay, Tay, Chan」であったことを明らかにしており、現存する他の幼主詔書（太平天国歴史博物館編『太平天国文書彙編』等を参照のこと）から、原文は「爺、爹、爹、朕」であったことが分かる。

（42）Letter from John to Tidman, 18 Dec 1860, CWM, Central China, 2-3-B.

（43）Ibid.

（44）Letter from Legge to Tidman, 14 Jan 1861, CWM, South China, 6-3-B.

（45）Winnes, "Jahresbericht der Chinesischen Mission, auf 1860", 14 Jan 1861, BM, A-1-4, China 1860, No. 14.
（46）Winnes, "Jahresbericht der Chinesischen Mission, auf 1860".
（47）Legge, *James Legge*, pp. 93. また、洪世甫の洗礼の記事は Letter from Legge and Chalmers to Tidman, 14 Jan 1857, CWM, South China, 6-1-A.
（48）Legge, *James Legge*, p. 96.
（49）フォレストが当時洪仁玕宅で片言の英語を話す息子に会ったことを記録している。Forrest, "The Taipings at Home".
（50）Legge, *James Legge*, p. 96 には "Once Dr. Legge heard of him through Judge Adams, who, on one occasion, on leaving Nanking, was hailed by a Tai-ping official, who was Sye-po〔世甫〕" とある。また張彩廷のひ孫張祝齢は「〔洪仁玕〕既入京、送函先祖往勤政務、乃挈昆季戚友数輩偕行。旋任戸部、号三千歳」と述べている（『逸経』第八号、一六頁）。
（51）Letter from Muirhead to Tidman, 9 Feb 1861, CWM, Central China, 2-3-E. 冒頭の日付は二月九日であるが、何度か書き足されており、最後の追伸の日付は二月二十六日となっている。なお、この報告書は *Missionary Magazine and Chronicle*, vol.XXV（Jul 1861）, pp. 198-208 にも抄録されている。
（52）「南昌府提訊逆酋供」。
（53）Memorandum by the Rev. W. Muirhead, *Papers relating to the rebellion in China and trade in Yang-zhe-Kiang River*, London, 1862, p. 21-22.
（54）Letter from Edkins to Tidman, 12 Apr 1861, CWM, Central China, 2-3-C, Edkins, John, "Narrative of a Visit to Nanking", Edkins, Jane R., *Chinese Scenes and People*, London, 1863, pp. 239-307. 全四週間の行程で、三月二十四日から四月二日までの十一日間を南京で過ごし、四月八日に上海に帰着した。なお、胡適が北平図書館で発見した王韜の『蘅華館日記』の咸豊十一年二月朔日（一八六一年三月十一日）の項には「英国牧師艾君迪謹（約瑟）招余同作金陵之遊、不獲辞。金陵久為賊窟」とあり、王韜も同行し、出発日は三月十一日であったことが分かる。胡適「跋館蔵王韜手稿七冊」『国立北平図書館館刊』第八巻第三号（一九三四年五—六月）、一—四頁。
（55）Edkins, "Narrative of a Visit to Nanking", p. 266.
（56）当時政務を任されていたのは、諸王の中で唯一南京に残っていた賛王蒙得恩であったが、高齢と病気のため、実務は息子の蒙時雍が担っていた。

（57）Edkins, 12 Apr 1861. エドキンスの文章とは、『六合叢談』第一巻第十三号の「西学説 阿他挪修遺札」のことで、全体で六百字強の短文である。三位一体論を確立したアタナシウスの書簡がエジプトで発見されたことを述べたものであるが、アタナシウスに関する説明の中で、アリウスの主張とニケーア会議についても言及されている。

（58）神が無形であることを論じた文章については、洪秀全のコメントが記入された原本が大英図書館に現存している。影印は太平天国歴史博物館編『太平天国文書』、一二頁に収録されているが単色で大幅に縮小されている。なお、Spence, *God's Chinese Son* の前後の表紙裏には鮮明なカラーの影印が付されており、同書二八八—二九七頁でこの文章について論じている。

（59）Edkins, 12 Apr 1861. エドキンスは「上からの光が彼の心を照らし、彼がその光の純正さに気付いて、自らの不条理で狂信的な思いこみを捨て去ることを祈ろうではないか」とも述べている。この報告は上海帰還直後に書かれたもので、洪秀全のことですらかなり好意的に解釈されているのである。一方、先に挙げた"Narrative of a Visit to Nanking"は後からまとめられたもので（文中にロバーツはすでに南京を離れたことが言及されているので、早くとも一八六二年の春以降であろう）、「太平天国の首領を正しい聖書の教えに回心させようなどという考えには見込みはない」と断言している。

（60）Letter from John to Tidman, 22 Apr 1861, CWM, Central China, 2-3-D.

（61）Letter from Muirhead to Tidman, 23 Apr 1861, Letter from Dowson to Tidman, 3 Jun 1861 CWM, Central China, 2-3-D.

（62）Letter from Henderson to Tidman, 20 Dec 1861, Letter from Muirhead to Tidman, 9 Jan, 1862, CWM, Central China, 2-3-E.

（63）一八六一年一月にはアメリカの南メソジスト監督教会のアレンとランバスが、同年十二月にはホープ提督と共にウェスレアン・メソジスト伝道会のコックスがそれぞれ南京を訪れており、洪仁玕とも面会している。

（64）*The North China Herald*, 11 Jan 1862 には「ある熱心な宣教師が南京にしばらく居住していたが、太平天国の指導者たちに危害を加えられたり投獄されたりする危険を感じて」上海に逃れてきた、と述べられている。この時点ではロバーツはまだ南京にいるので、これはロバーツとは別の宣教師を指しているはずである。また、ロバーツも南京を離れた時に書いた記事の中で、「宣教師R氏」が一、二ヶ月ほど南京に居住して布教していたが、ちょっとした用事で南京を離れると、太平天国の指導者たちはこの人物が再び戻ってくることを拒否した、と述べている。

（65）太平天国の王たちを Coolie Kings と侮蔑的に呼ぶ呼び方は *The North China Herald* 紙では一八六一年あたりから頻繁に

見られるようになった。また、一八六二年一月十一日のノース・チャイナ・ヘラルド紙に掲載された南京にいたある人物からの投稿記事では、洪仁玕の兄が香港にいたころ某人物〔レッグを指すことは明らかであるが、原文は伏せ字になっている〕の家の「クーリー」だった、と皮肉を込めて言及されていた。ロバーツのこの表現はそれらを踏まえたものである。ちなみにロバーツは自分の使用人のことは servants と呼んでいる。

(66) 本章注(13)で言及した、「親筆供」の続き、英文翻訳のみが残っている部分に含まれている。*The North China Herald*, 19 Aug 1865.

(67) "Further Disclosures on Taipingism by Roberts The Missionary", *The North China Herald*, 8 Mar 1862.

(68) この手紙は二月八日にノース・チャイナ・ヘラルド紙に掲載されたロバーツの最初の投稿文を下敷きに書かれたもので、日付は二月七日、追伸は二月八日である。しかしこの手紙が改めて同紙に掲載されたのは三月八日のことであった。

(69) Legge, 11 Jul 1862.

(70) 茅家琦『太平天国与列強』広西人民出版社、一九九二年、一七三頁。

(71) 「賜英国全権特使額爾金詔」、太平天国歴史博物館編『太平天国文書彙編』中華書局、一九七九年、四二—四四頁。

(72) An Account by T. F. Wade (FO 17/371, No. 29), Clarke, *Western Reports on Taiping*, p. 216.

(73) Letter from Wylie to Tidman, 3 Mar 1859, CWM, Central China, 2-2-C.

(74) A Letter from Rev. J. L. Holmes (*The Commission*, Vol. 5 [Nov 1860]), Clarke, *Western Reports on Taiping*, pp. 229-230.

(75) Edkins, "A Visit to the Insurgent Chief at Soochow".

(76) Edkins, Joseph, "Further Notes on the Insurgents", *The North China Herald*, 14 Jul 1860.

(77) *The North China Herald*, 11 Aug 1860.

(78) Edkins, "Further Notes on the Insurgents". 一連の問答の第七番目に太平天国で行われていた祈禱の後に祈禱文を燃やす習慣についての質問があり、洪仁玕が将来的にはこの習慣は廃止されると述べたとある。さらに「干王が兵士たちに配布しようとしている祈禱文の終わりの部分には「各人にこの祈禱文を所持させる。これを使用した後燃やしてはならない」と書かれている」とある。これは『干王宝製』に収録されている祈禱文の末尾の「此祈禱文毎人各存一篇、念後不必焼化」と一致する。

（79）王重民『太平天国官書十種』影印本、二〇九―二一四頁。

（80）このような問答形式によって初心者を教え諭す書物の形態は、仏教書に古くから見られるものであるが、マテオ・リッチの『天主実義』によって天主教にも取り入れられ、またプロテスタントでもミルンの『張遠両友相論』がこの形態を採った。『張遠両友相論』はその後何度も改訂され、刊行され続けたプロテスタントの代表的な布教書のひとつとなっている。洪仁玕が問答形式で太平天国の制度や思想を教え諭す書物を著したのは、こうした伝統を受け継いだものと言え、しかも洪仁玕の経歴から考えて、最も直接的な影響を与えたのは『張遠両友相論』であったと思われる。

（81）洪仁玕『欽定英傑帰真』、南京太平天国歴史博物館編『太平天国印書』第五冊、二二一七―二二二八頁。

（82）原文は「弟謂高遠、雖亦高而不可攀遠而不可到。究其無所不在、是在弟之上下左右也。爾肯接之、且可在爾心耳。又何高遠之有乎」である。

（83）新約聖書の「ヨハネによる福音書」第十四章第十七節。本文で使用した日本語訳聖書は新共同訳版である（以下も同じ）。後述のとおり洪仁玕が参照していたと思われるのは「代表訳本」聖書であるが、「代表訳本」による漢訳は「世人不能接（真理之神）者、為其不見不識之也。爾識之、以与爾偕、将居爾心」である。「代表訳本」聖書については、筆者は Basel Mission Archives 蔵の『新約全書』（墨海書館、一八五三年）を参照した。

（84）『新約聖書』「ヨハネによる福音書」第四章第二十四節。代表訳本では「上帝乃神、拝之者、必以神以誠」となっている。『英傑帰真』の「内には霊とまことをもって礼拝する」と訳した部分の原文は「内則以神以誠」であり、代表訳本の表現と完全に一致している。

（85）洪仁玕『欽定軍次実録』、南京太平天国歴史博物館編『太平天国印書』第五冊、二二七一―二二七二、二二七七―二二七八頁。

（86）『宗主詩篇』はメドハーストがバタヴィアで出版した『養心神詩』の七十篇ほどの詩に新たに九十篇あまりの詩を加えて編纂されたものであったが、その後レッグとシャルマースは後から加えられた九十篇あまりを切り離し、語句の改訂を加えた上で一八六〇年に広州の恵愛医館から『宗主詩章』という題名で出版した。『軍次実録』収録の三篇の賛美歌のもととなった詩はいずれも『宗主詩章』にも入っている。これらの三篇の詩を『宗主詩篇』と『宗主詩章』のそれぞれと比べてみると、語句は『宗主詩章』のものにより近いことが分かる。つまり厳密に言えば、『軍次実録』収録の賛美歌は『宗主詩篇』をさらに改編した『宗主詩章』に依っていたのである。そのため、巻末の別表4ではこの三者を並列して提示した。

なお『宗主詩篇』および『宗主詩章』はオーストラリア国立図書館のウェブサイト上で閲覧が可能である。
(87) 別表4からも分かるように、第三、四行の「弗見弗聞微莫顕 詮〔全〕能詮〔全〕智奥而精」は洪仁玕のオリジナルである。ここは『宗主詩篇』から『宗主詩章』への改編でも大きく変わっているところであり、神を「見た」という旧約聖書の表現の解釈をめぐってキリスト教内部でも議論があったことを示す部分でもある。しかし洪仁玕はここでは神を「見る」という表現そのものを敢えて回避し、第六行にある「体物靡遺」に対応させ、『中庸』の「鬼神之為徳、其盛矣乎。視之而弗見、聴之而弗聞、体物而不可遺」の一句を踏まえて全体を書き換えたものと思われる。ただし結局書き換えられた部分で提示されたのは、神が見ることも触れることもできず、しかも「全知全能」である、という極めてキリスト教的な神の概念なのである。
(88)『天条書』に記された祈禱文のほとんどには、「托救世主天兄耶穌贖罪功労転求天父皇上帝、在天聖旨成行、在地如在天焉」というほぼ定型化された文句がつけられているし、『幼学詩』や『三字経』でもキリストの贖罪に言及されているほか、『天情道理書』にも比較的詳しくキリストの十字架について述べられている。
(89)『干王宝製』の罪について述べた文章の中の「知罪」では「天条を犯す罪」以外の罪として「有忘却隆生霊魂、与禽獣草木大不相同之恩、又忘却化生保養牽帯成人之恩、更忘却累天兄基督下凡被釘伐罪之恩、亦是背逆之罪」とある。また、「克敵誘惑論」では人の心の内に必ず存在する「私欲」という「罪根」とそれによる内面の誘惑が論じられ、天父と救世主を呼び求めてそうした誘惑を消し去るよう呼びかけられている。洪仁玕『開朝精忠軍師干王洪宝製』、一九〇三―一九〇六、一九一一頁。
(90) 洪仁玕『欽定軍次実録』、一二三〇八―一二三一〇頁。
(91)『新約聖書』「マタイによる福音書」第十章第三十八節。引用末尾の漢訳は「代表訳本」による。
(92)『新約聖書』「マタイによる福音書」第十六章第二十四節、「マルコによる福音書」第八章第三十四節、「ルカによる福音書」第九章第二十三節に共通する言葉である。引用末尾の漢訳は「代表訳本」による。
(93)『新約全書注釈』英華書院、一八五四年、第三十八、六十葉。該書はオーストラリア国立図書館のウェブサイト上で閲覧が可能である。その著者と監修者についてはWylie, *Memorials of Protestant Missionaries*, pp. 119-120を参照した。
(94) 洪仁玕『欽定士階条列』、南京太平天国歴史博物館編『太平天国印書』第五冊、一二一四八頁。
(95) 夏春濤『天国的隕落――太平天国宗教再研究』中国人民大学出版社、二〇〇六年、一五七―一六九頁。

(96) 『天父聖旨　巻三』、並木頼寿編『開国と社会変容』、一四三頁。
(97) Hamberg, *The Visions of Hung-Siu-Tshuen*, pp. 45-46.
(98) *The North China Herald*, 11 Aug 1860.
(99) 王慶成は洪仁玕がこの問答で言及した一八四八年の幻想とは『太平天日』(特に『小家庭』の概念)が「詔明〔啓示〕」されたことを指すのではないか、と指摘している(王慶成「太平天国〝上帝〟的大家庭和小家庭」、同『太平天国的歴史和思想』、三八五頁)。しかし『天情道理書』や『頒行詔書』など比較的体系立って上帝教の教義を述べた書物の中では一八四八年は一貫して天父天兄下凡の開始の年としてしか扱われておらず、『太平天日』の「詔明」に関する記述は一切ないため、なお検討が必要である。
(100) これらの教義の詳細は王慶成「聖神風、聖神電的歴史和意義」同『太平天国的歴史和思想』、三三八―三五一頁、及び、同「太平天国〝上帝〟的大家庭和小家庭」、同上三七三―四〇一頁を参照のこと。
(101) 洪仁玕『開朝精忠軍師干王洪宝製』、一九二〇頁。「故天父天兄斟酌、又差我主天王降生中国、天酉年復詔昇天、魂見天父、教以当行之事」。
(102) 洪仁玕『欽定英傑帰真』、二二三〇―二二三一頁。「況吾真聖主於天酉年蒙天父召上天親口命吾主為太平天子」、「此吾主親承天父天命、親観天父天顔」。
(103) 洪仁玕『欽定軍次実録』、二二七三頁。「真聖主天王丁酉年魂尚高天、親観天父上主皇上帝、蒙賜金鐲金剣、親口真命為太平天子」。
(104) 洪仁玕「親筆供」。「蓋予魂遊天堂、目見無数天使、……迎接予魂到一所」。

第六章　開港場知識人の台頭

第一節　一八六〇年代前半の社会変容と開港場知識人

第四章と第五章では洪仁玕に焦点を当て、その著作や南京での活動について見てきたが、最後に本章では、洪仁玕と同時期に宣教師のもとでキリスト教や様々な西洋情報に接した知識人たちのその後について見てゆくことにしたい。

（一）　王韜と太平天国

一八六〇年六月の太平軍による蘇州占領をきっかけに、上海やその近郊都市は混乱の時期を迎えた。墨海書館すなわちロンドン伝道会の上海支部にも太平天国の江南への勢力拡大は直接的な影響を及ぼしており、近郊での活動は壊滅状態となる。しかしその一方で、すでに見て来たように、太平天国との交流も始まり、また第二次アヘン戦争の終結により一八六〇年の後半には北方や長江上流域への新たな布教拠点設置の構想も持ち上がる。エドキンスとジョンは次の布教先を新たな開港場かそれとも南京にするかで迷うが、結局エドキンスは煙台に、ジョンは漢口に移ることを決めた。こうしてすでに帰国していたウィリアムソン、ワイリーに続いてエドキンスも墨海書館を去ったことで、自然科学の普及に特に熱心だった宣教師たちは全て墨海書館から離れることになった。自然科学の伝播の場としての墨海書館の役割は完全に終わりを告げたのである。

その後、墨海書館と関わりを持っていた開港場知識人たちの多くは、後で述べるように曾国藩や李鴻章ら洋務官僚の幕僚となっていくのであるが、太平天国と関わりを持つことになる人物もいた。前章で取りあげた容閎もそのひとりであったが、容閎は洪仁玕に面会し献策までしたものの、結局それ以上太平天国運動に直接関わることはなく、むしろ太平天国の支配領域での自由通行権を利用して大いに実益を得ている。そして後には墨海書館にゆかりのある知識人たちの助けで曾国藩に取り立てられており、容閎の場合、太平天国と関わりを持ったことによって負の影響を被ることはなかった。しかし一方で、太平天国に「献策」したことで窮地に陥ることになった墨海書館の関係者もいた。王韜である。

一八六二年二月、太平天国の支配地域である「蘇福省（すなわち江蘇省）」の黄畹という人物が蘇福省の民務を司る劉肇鈞に対し、上海攻略に関する上書を行った。この上書は、上海や長江流域で貿易を営む西洋人への対応も含めた非常に詳細な提言であった[1]。しかし同年四月、劉肇鈞は上海近郊の七宝王家寺の軍営で清軍と交戦して敗退し、劉の軍営に保管されていたこの上書は清軍の手に渡ってしまう。江蘇巡撫薛煥はこれを読んで「驚きの余り色を失い」、朝廷に報告を送る。そして四月二十五日に降された曾国藩への諭旨の中で、黄畹を「速やかに調べ上げて逮捕し、取り逃がすことのないように」との命令が出された[2]。その結果黄畹その人であるとして清朝から追われる身となったのが王韜だったのである。

なお、黄畹が本当に王韜と同一人物だったのかどうかについてはこれまでも様々な議論がなされてきたが、現在のところ同一人物であるという結論が大勢を占めているようである[3]。ここで細かな議論を繰り返すことはしないが、黄畹の上書では王韜が当時使っていたものと全く同じ「蘭卿」という字が用いられていることや、上書から分かる黄畹の出身地や上海にいた経歴、持病を抱えていたことなどが王韜と一致していること、また上書に見られる文体や文言も王韜のそれと共通していることなどから、筆者も黄畹は王韜であったと考える。

王韜と太平天国との関係において注目しておくべきは、上書事件の前に王韜が宣教師の随員という形で太平天国の支配地域を訪れる経験をしていたことである。黄畹の上書の相手である劉肇鈞は、蘇州攻略にも貢献した軍人で、蘇州占領後はその民政事務を預かった人物であった(4)。すでに述べてきたように、エドキンスは一八六〇年六月に蘇州を訪問し、忠王李秀成に面会しているのであるが、面会後にもてなしを受け、休息を取ったのが蘇州の高官「リウ」すなわち劉肇鈞の自宅であった。エドキンスは劉を「友好的な物腰の」人物と評し、劉の家で手厚い接待を受けたこと、すぐに上海に戻りたい旨を告げると従者をつけて船まで送ってくれたことなどを記しており、劉肇鈞に好印象を抱いていたことがうかがえる(5)。また、翌年四月に南京を訪れた時も、エドキンス一行は蘇州を経由した際にやはり劉肇鈞のもてなしを受けており、エドキンスは、劉は「気さくで聡明であり、自分の身なりや客人のもてなしの中で自分をひけらかそうという欲望が全くない人物」であったと書き残している(6)。このエドキンスの二度の旅行のいずれにも王韜は同行しており(7)、したがってこの時にすでに王韜は劉肇鈞と面識を持っていたと思われる。王韜は後に『甕牖余談』の中で太平天国のおもだった人物について評伝を書いた。侍王李世賢の評伝の中で、部下のひとりとして劉肇鈞にも言及しているが、他の人物たちと異なり、劉肇鈞についてだけは「背が低く精悍で、数丈も飛び上がることができた」、とその身体的特徴や運動能力について述べている(8)。ここでも王韜が劉肇鈞に直接会ったことがあることをうかがわせている。

王韜（黄畹）が劉肇鈞に上書したのは一八六二年二月、母や妻子とともに上海を引き上げて故郷の甫里に戻ってからのことである。上書の冒頭で王韜は「わたくしは病で一月伏せており、拝謁にうかがえず、内心気が咎めておりました。この罪は言い表せません。わたくしは閣下より推挙を承って以来、一日たりとも恐れ慎んで身をかがめずにいたことはなく、上は閣下の大きな期待に応え、下は貧しき庶民を救いたいと願い、病床で考えを練り、急ぎご恩に感じて微力を尽くそうと思います」と述べている。劉肇鈞が王韜の帰郷を把握していたこと、また劉肇鈞の側から王韜を取りたてようとしていたことが分かる。当時、太平軍が進出して来ると上海に逃げてくる者たちが多かった。敢えて上海から太平軍の支配地域となっている場所に、しかも家族を伴って「帰郷」した例は、一八六〇年前後の王韜の日記を見ていても見あたらない。やはり王韜のこの行動には、それまでの太平天国支配地域への訪問の経験や故郷の支配者の実質的トップである劉肇鈞と旧知の仲になっていたことが大きく作用していたと思われる。一八六一年の後半から一八六二年の年頭にかけて太平軍の上海進撃が現実味を帯びてゆく中、同じ上海を離れるにせよ、これから戦闘になるかもしれない清朝の支配地域に逃げるよりは、すでに太平軍の支配下にあって比較的落ち着きを見せていた故郷に戻る方が、王韜にはむしろ安全に思われたのではないだろうか。

王韜の上書の意図についてもこれまで様々な議論がされてきた。(9) ただひとつ言えるのは、王韜が劉肇鈞と面識を持ち、推挙まで受けている立場であったことを考えれば、その支配地域に暮らすからには何らの形で太平天国への帰順の意志を示す必要があったであろう、ということである。そして実際の上書の内容は清朝の官僚を震撼させるほど的を射た意見であり、その意味では真摯な太平天国への献策であった。王韜の中には、少なくともこの上書を通して何らかの地位を得る、すなわち家族を養うための収入を確保したいという願望はあったと思われる。エドキンスが南京を訪問した時の手記の中に、興味深い記述がある。蘇州のすぐ近くまで来たところで一行は「蘇州の東側で最初の太平天国の役所」のそばを通過するのであるが、エドキンスは、ここに詰めていた役人たちのリーダーには地元の人間が採用されており、「一行の中にいる中国人と知り合いであった」と述べているのである。(10) エドキンスはその同行者の名前を記していないが、おそらく王韜だったと思われる。というのも、王韜が晩年に書いた自伝の中に、当時蘇州周辺に置かれた役所の多くでは地元民がリーダー（董事）に任じられており、彼らと王韜は旧知の仲であったと記されているからである。(11) 太平天国の支配下で禄を得て暮らす道もあることを、王韜は知っていたのである。

ここでは王韜の上書の内容について詳しく論じることはしないが、その特徴を一点挙げておくなら、王韜の欧米諸国の情勢や外交に対する認識の正確さ、であろう。この上書は上海進攻の是非とその方策を提言したものであるが、当時の上海の英仏軍の情勢やその武力の優勢を挙げつつ、彼らとの正面衝突を回避し、時間をかけて上海攻略を考えるべきことを説いている。また、忠王から英仏両国の領事に送るべき書状の文面まで提示して、平和的に交渉をするよう勧めている。このような見解は当然王韜の上海での経験と見聞の中から生まれたものであるが、特に王韜の外交交渉に関する理解は同じ墨海書館の助手たちの中でも突出していたようである。先にも述べたように、李善蘭は蘇州で江蘇巡撫徐有壬の補佐をしていたが、徐有壬の意向で英仏の援軍を請うため、陥落直前のタイミングで上海に戻ってくる。実はこの時李善蘭があてにしていたのは王韜であった。「西洋人」と仲の良い王韜を通して援軍の件を申し入れようとしていたのである。これが成功すれば自分も王韜も大出世だと無邪気にはしゃぐ李善蘭に対し、王韜は「それは呉観察〔上海道台呉煦〕と一緒に公使に面会に行って話し合う」べきことで、自分のような者には何もできず、さらに徐有壬から英仏の公使に当てた公文書がなければ公使に会うこともできない、と冷静な意見を述べている(12)。また、王韜の友人のひとりで松江出身の文人郭福衡(13)も同じ頃、王韜への手紙で、王韜からエドキンスに援軍の要請をして欲しい、と書いているが、王韜はこれに対しても日記の中で「西洋の宣教師がそのような役回りを務めることなどできないだけでなく、公使であってもその国主の命令を聞かなければならないものなのだ」と評している(14)。清朝が対外関係を管轄する総理衙門を設置したのがようやく一八六一年一月のことであり、当時の中国人文人たちの外交意識はまだまだ未熟なものであった。そのような中で、王韜の見識は卓越していたと言えよう。だがそれだけに、王韜の提言は理解されにくかったと思われる。劉肇鈞も結局、王韜の上書を李秀成に見せることはなかった。

そればかりか、この上書が清軍の手に渡るという予想外の事態によって、王韜は突如窮地に立たされてしまう。そこから王韜を救い出すために尽力したのはロンドン伝道会のミュアヘッドであった。ミュアヘッドは王韜の身に危険が迫っていることを察知したのであろう、再び王韜を上海に呼び寄せようとし、さらに上海道台呉煦に王韜の安全を保証するよう要請した。[15] 呉煦は五月六日、「蘭卿〔王韜〕が自分のところに戻って来るならば、適宜職位を用意する」との一筆をミュアヘッドに与えたが、その後王韜が密かに墨海書館に戻ったことを知ると、役人を送って王韜を捕らえようとする。これを救ったのが上海領事のメドハースト（ロンドン伝道会の宣教師であったメドハーストの息子）で、彼は王韜を領事館にかくまい、呉煦からの王韜の引き渡し要求を拒み続けた。ついに清朝は総理衙門を通じてイギリス全権公使ブルースに直接引き渡しを迫ったが、ブルースは偽の一筆で王韜をおびき寄せて捕らえようとする行為は「信義に欠けた恥知らず」の振る舞いであり、しかもそれは同時にイギリス人をも騙そうとした行為である、として呉煦を非難し、メドハーストの行動は王韜を「イギリス人によって騙されるという事態に陥る前の状態に戻そうとしたもの」で「友誼の道を外れない」行為であり、こうしなければ信を重んじるイギリスの国家の名声を損なうことになった、と擁護している。一方ブルースは王韜が本当に上書したのかどうかについては「関知しない」としており、この問題をあくまで「信」や「友誼」の問題として扱うことで王韜の引き渡しを拒絶したのであった。結局王韜は、イギリス領事館の庇護のもと香港に送られ、ロンドン伝道会のつてでレッグの元に身を寄せることになるのである。

王韜が墨海書館を去り、墨海書館は直接的な布教活動を主とする機関となった。一八六二年の年頭の時点ですでに翻訳助手は全て墨海書館を離れ、残っていたのは潘詒准や黄吉甫ら直接布教活動に携わる助手と、病院で助手兼外科医をしていた黄錞ら数名だけであった。[16] かつての墨海書館に新たな知識を求めて集った開港場知識人たちの活動の場は、他へと移っていったのである。

（二）　曾国藩の幕僚たち

墨海書館を離れた開港場知識人たちの数名は、曾国藩の幕僚として再集結した。

一八六一年九月に太平軍から安慶を奪回した曾国藩は、安慶に武器や軍需品を製造、調達する機関を設置することを決めた。西洋の学問を解する人材を集めようとしていたちょうどその時期、一八六一年十一月初旬のことであったが、華翼綸が兵を江東に派遣してくれるよう陳情するため、華衡芳を伴って安慶軍営を訪れた。ここで曾国藩は華衡芳と出会い、その口から徐寿についても情報を得たものと思われる。曾国藩は華衡芳に軍営に留まるよう求め、華衡芳はこれに応じた(17)。さらに曾国藩はその月のうちに朝廷に人材推挙の上奏文を送り、徐寿と華衡芳を含む六人を指名して彼らを自分のもとに送るよう願い出たのである。翌年三月には、徐寿も安慶の曾国藩軍営に到着し、その幕僚となった。その後安慶軍営には子弾局、火薬局、槍炮局、善後局、穀米局、内軍械所、内銀銭所の五局二所が設置され、この内軍械所で汽船と火薬兵器の製造を集中的に行うこととなった。徐寿と華衡芳は内軍械所委員に任命され、汽船の試作を命じられた。当時内軍械所で汽船の製造に携わった人物にはほかに龔芸棠、徐寿の息子徐建寅、そしてやはり墨海書館に集った知識人でもあった呉嘉善がいた(18)。

内軍械所で汽船の製造を始めた当時、徐寿らの蒸気機関に関する理解はまだ非常に曖昧なものであり、船の上で汽船のエンジンを観察したことがある程度であったと言われている。徐寿は『博物新篇』の中の蒸気機関について簡略に述べた部分だけをたよりに蒸気と蒸気機関の原理を研究し、蒸気機関の模型製作に着手したという(19)。約三ヶ月後の一八六二年七月には試作品を完成させ、曾国藩に披露している。曾国藩は「西洋人の才知と技術を我が中国人も行うことができたことは喜ばしい。西洋人は我々がそれを知らないといって傲ることはできないだろう」と日記にその喜びを記している(20)。その後徐寿らはさらに小型汽船の試作に取り組んだ。

一方、一八六二年五月には李善蘭も安慶に来て曾国藩の幕下に入った。李善蘭は『幾何原本』を持参し、曾国藩に対してこの書物は「算学家には欠くことのできない書であり、今刊行しなければ完全になくなってしまうでしょう」と述べ、刊行への援助を願い出たのだという(21)。しかし安慶軍営は出版事業を行うような環境にはなく、『幾何原本』

の再刊は曾国藩が南京を陥落させ、太平天国を滅亡させるまで待たなければならなかった。曾国藩の日記からは、当時曾国藩がしばしば李善蘭と将棋を指しながら時局を語り合っていたことが分かる。李善蘭は友人の張文虎や、かつて墨海書館とも関わりのあった張斯桂を曾国藩に紹介し、その幕下に招き入れるよう推薦している。そして、この李善蘭や張斯桂の推薦で容閎もまた曾国藩の幕僚となるのである。

一八六三年の初め、容閎は旧友張斯桂が安慶から彼に宛てた手紙を受け取った(22)。張斯桂の手紙には、曾国藩が容閎のことを知って面会を熱望しており、安慶まで来訪するよう容閎を招請せよとの命を受けたと述べられていた。しかし太平天国と関係を持ったことが災いすることを恐れ、容閎は多忙を理由にこの招請を一旦謝絶している。しかし二ヶ月後、容閎は張斯桂からの二通目の手紙を受け取った。しかも今度は李善蘭からの手紙も付されており、そこには李善蘭が容閎のことを曾国藩に話したことや、容閎が外国で教育を受けたこと、かつて飢饉災害の救済事業費調達に貢献したこと、中国の富国強兵に強烈な願望を抱いていることなどを紹介したこと、そして曾国藩が容閎のためにある重要な事業を計画していることなどが述べられていたという。この手紙によって容閎は疑念を払拭し、二ヶ月後に出立すると返答した。それから数ヶ月後、またも張斯桂と李善蘭から催促の手紙を受け取り、容閎はついに官界に身を投じることを決意し、一八六三年秋、安慶軍営に到着した。

容閎は安慶に到着後、曾国藩と二回面談し、西洋式の機械工場を建設することについて話し合った。容閎はまず「特定の目的を持つものではなく、総合的基礎的な性格を持つ工場」すなわち工作機械を作るための工場を建設することを提言した。曾国藩は容閎の提案を受け入れ、彼を派遣して外国で機械を購入させることを決める。一八六四年の初め、容閎は上海を出立しアメリカで工作機械を購入、一八六五年秋に機械は上海に到着し、上海郊外の製鉄所に安置された。

容閎は帰国後、朝廷から五品候補同知を授与され、さらに江蘇布政使衙門の通訳に任命された。一八六八年には蘇松太道丁日昌を通して青少年の海外留学派遣を提案し、一八七〇年に批准を受けた。容閎は曾国藩の命を受けてこの事業の準備に着手し、ついに長年の夢であった教育事業を実現させることになるのである。

一方、徐寿らはすでに汽船の製造に着手しており、一八六四年一月には長江で小型汽船の試運転を成功させていた。太平天国の鎮圧後、曾国藩は安慶から南京に移っており、これに伴い内軍械所も南京に移転したが、この間さらに大型の汽船の建造が試みられており、一八六五年末には徐寿らの尽力のもと、後に「黄鵠」と名付けられる木造の外輪式汽船が完成している。

容閎が購入してきた機械類が置かれていた製鉄所はその後李鴻章の指揮の下で江南製造局となった。江南製造局が稼働し始めるのにともない、徐寿と華衡芳は金陵軍械所から江南製造局に移り、「総理局務」に任命された。[23]江南製造局に移ると、徐寿らはまず三十台以上の機械を製造し、大砲や銃、砲弾、爆弾などの製造を開始した。一八六七年の夏には、場所が不便でしかも機械が日に日に増加し、土地が手狭で置く場所がなくなったため、上海の城南に新しく土地を購入し、移転している。新しい用地には蒸気炉工場、機械工場、熟鉄工場、西洋銃工場などが建てられた。[24]また造船事業も本格化し、一八七三年までに六艘の汽船と軍船を完成させたという。

（三）　香港における中国人教会の発展

一方香港においては、香港社会の中で独自の活躍の場を見いだし、社会的地位を向上させてゆく知識人たちがいた。彼らの中には香港で教育を受けたキリスト教徒も多く、香港史研究においては「クリスチャン・エリート」とも呼ばれる。以下ではこうしたクリスチャン・エリートを育んだ香港の中国人教会の展開について見ておくことにする。

（1）英華書院と王韜

まず上書事件で上海から逃れてきた王韜に再び焦点を当てることから始めよう。王韜が上海領事メドハーストの計らいでジャーディン・マセソン商会の汽船に乗り込み上海を離れたのは一八六二年の十月四日、福州や廈門を経由して香港に到着したのは十月十一日のことであった[25]。王韜の件についてはミュアヘッドもレッグもロンドン伝道会本部に対しては何も報告していないが、当然両者の間で直接やりとりがあったものと思われる。王韜は香港に到着するとすぐに英華書院のレッグを訪ねた。レッグはすでに一八五〇年代の後半から中国の古典の英訳に取り組んでおり、一八六一年には四書（『論語』『大学』『中庸』『孟子』）を収めた第一巻と第二巻を出版していた。第三巻の『書経』は一八六五年に出版されたが、王韜はこの第三巻からレッグの助手として関与するようになる。第三巻の序文でレッグは、王韜が「膨大でよく選び抜かれた蔵書庫の全ての貴重な書物」をレッグに開放し、しかも熱心に「ある時は説明し、ある時は議論し」ながらレッグの仕事を助けただけでなく、「辛い作業の日々を活気づけてくれた」と謝辞を述べている[26]。レッグは全五巻を出版したが、王韜は以後、第五巻の出版が終わるまで助手として協力し続けた。一八六七年にレッグは一時帰国するが、その間も翻訳作業を進めるため、王韜を同行させている。二年近い在外生活は王韜にとってもさまざまな刺激を与え、新たな知識を得させるものとなった。その道中の見聞は後に出版された『漫遊随録』にも多く書き残されている。一八七〇年にレッグと王韜は再び香港に戻り、一八七一年には『詩経』を収めた第四巻が、翌一八七二年に『春秋』と『左伝』を収めた第五巻が出版され、レッグの古典翻訳は完成する。

もっとも、初めて香港の地を踏んだ王韜を迎え入れたのはレッグだけではなかった。英華書院の教会や印刷所で働く助手たちや信徒たちの交流の輪の中で、王韜の新たな生活は始まったのである。

一八六二年当時英華書院の教会には六十人ほどのメンバーがいた。王韜の日記からは屈昂や黄勝、梁文盛らが王韜を気にかけ、世話を焼いていた様子がうかがえる[27]。彼ら王韜が香港で出会った英華書院の関係者たちの中には、すでに王韜が知り合いになっていた人物も含まれていた。一八五三年にレッグが南京に行かせるために上海に送り出した屈昂や、やはり一八五三年にアメリカ公使とともに上海に行ったことのある黄勝、また一八五九年にトマス・ウェイドの随員として応龍田とともに上海を訪れたことのある張恵生などはいずれも上海で王韜に会ったことがあった。墨海書館と英華書院が宣教師や外交官を介した上海と香港との間の人的交流の経由地になっていたことが分かる。黄勝は当時印刷所の責任者として重責を担っており、レッグの古典の第一、二巻の校正もほぼ彼だけで行ったという(28)。なお、黄勝は一八五八年に中国人として初めて香港の高等法院の陪審員に選ばれており、香港社会においていち早く社会的地位を築いていた(29)。また屈昂は、何信や黄広徵らとともに古参の信徒として教会の長老的な立場にあったようである。英華書院の教会には、彼らのようにレッグとともに香港にやってきてそのまま二十年近くを信徒として過ごし、教会を支えてきた世代がおり、さらにその子供たちやレッグの初等学校で育った若者たちの世代も教会のメンバーや指導者として教会を支えていた。こうした教会の固定メンバーを中心に、クリスチャン・コミュニティが形成されつつあったわけであるが、彼らは経済的にも相当の力を蓄えていた。当時レッグは香港での中国人人口の増加に合わせ、新たに二つの礼拝堂の建設を計画していた。土地代や建設費などを合わせ五千ドルほどの必要経費が見込まれていたが、そのうちの千三百ドルは中国人信徒たちの献金でまかなわれたというのである(30)。王韜がレッグの助手としてもらっていた給料が月二十ドル、屈昂の退職後の手当が月六ドルであったから、これはかなりの金額である(31)。教会のメンバー以外からの寄付もあったようであるが、いずれにせよ、英華書院の教会の周辺には裕福な人々も多かったことが想像できるのである。また、ロンドン伝道会の助手であった何進善や何信も、不動産投資によってかなりの資産を作っていたという。特に何進善は晩年その裕福さでも著名になっていたようだ。ロンドン伝道会が広東省の仏山に教会堂を開いた時も、その土地や建物の費用のかなりの部分について何進善が出資していたという(32)。

（2）バーゼル伝道会と洪仁玕

一方バーゼル伝道会も香港において独自の発展を続けていた。同伝道会の布教活動の本拠地は新安県の李朗に移っていたが、香港内でも客家人教会を形成しており、洪仁玕の友人であった李正高が一八五九年に伝道師に叙任された[33]。当初はロンドン伝道会の礼拝堂を借りて日曜日の礼拝を行っていたが、一八六七年に西営盤の敷地に礼拝堂が建てられ、一八六五年には四十人ほどだった信徒の数も、一八六九年には百人を超えている[34]。また一八六二年には女子学校も開かれており、当初は十数人だった生徒数も一八六五年には四十人、一八六七年には五十人の生徒を擁するまでになった[35]。バーゼル伝道会は一八五九年に李朗に男子学校を開いており、そこで教育を受けた若者の中にはそのまま伝道職に就く者もいた。その後一八六四年には神学校も併設され、牧師の養成も行われるようになるが、女子学校の卒業生たちがこうした伝道職の若者と結婚することも多かったという。

ところで、こうしたバーゼル伝道会の香港内での発展に、間接的ながら洪仁玕も貢献していた。前章ですでに述べたように、一八六一年一月、洪仁玕は家族や友人を呼び寄せるために李正高に手紙を出し、また、友人や親戚に与えたり南京へ向かう船を仕立てたりするために数千両もの大金を託していた。おそらくその一部と思われるのであるが、洪仁玕は「レッグ、シャルマース、二人のドイツ人宣教師と数人の中国人信徒」に対し、それぞれ百ドルずつ贈ろうとしていたようである[36]。レッグはこの金が「公正なやり方で得られたものであるのか疑わしい」という理由で受け取りを拒否したが、「ドイツ人宣教師」のひとりバーゼル伝道会のレヒラーは、この洪仁玕からの百ドルの受領の可否を伝道会本部の判断にゆだねた[37]。これに対し伝道会本部は、この金銭が宣教師たちに「何か恩を負わせたり義務を負わせたりするような性格のものではないと思う」とした上で、これを受け取り、将来教会堂などの建物を拡充する時のために貯蓄しておくよう指示している[38]。その後、この洪仁玕からの「献金」は、一八六二年にバーゼル伝道会が香港に新しく開いた筲箕湾堂の建設費として活用されているのである[39]。

また洪仁玕の長男葵元も、太平天国滅亡後、バーゼル伝道会と深く関わるようになる。洪葵元は一八六一年に南京にいる父のもとに合流し、その後兵を率いる立場を与えられていた(40)。そして南京陥落の後に再び広東まで落ち延び、レヒラーの庇護を受け、李朗の男子学校に入学したという。洪葵元の同級生には、かつて洪仁玕をかくまった牛眠埔の張家の張声和もいた。洪仁玕の呼びかけに応じて南京に赴いた張彩廷の息子である。彼らはその後それぞれ伝道会内に職を得ており、張声和は伝道師として故郷の牛眠埔を含む数ヶ所の伝道所で布教活動に携わった(41)。洪葵元は一八七二年に新安県の樟坑逕の学校の教師に迎えられ、翌年には香港の女子学校の卒業生と結婚もしたが、太平天国の王の末裔という立場から内地では自分と家族の安全を心配せざるをえないため、一八七四年には香港に移って男子学校の教師になっている。将来的には伝道者になることを期待されていた(42)。なお、李正高の次男李大楷も彼らとほぼ同時期に、やはり李朗の学校に在学していたようである(43)。李大楷は父李正高の意向でベルリン中国伝道会の宣教師に養われており、同会には自前の学校がなかったため、李朗のバーゼル伝道会の学校で学んでいたのである。在学中に李大楷の帰属先をめぐってベルリン中国伝道会とバーゼル伝道会の間で確執も起こったが(44)、結局一八七一年まで李大楷はベルリン中国伝道会で学校の教師などを務めた。そしてこの年、ベルリン中国伝道会がレニッシュ伝道会に吸収合併されるのを機にバーゼル伝道会に所属を移し、長楽県の源坑や東莞県の樟村の学校で教師を務めたという。また、李大楷の弟で李正高の四男大才ものちに李朗の学校で学んでいる(45)。

このようにバーゼル伝道会は太平天国と縁の深い人々の受け皿となっていた。李正高は故郷の清遠県や洪秀全の故郷である花県にもしばしば足を運び、洪秀全や馮雲山と血縁関係のある人々に布教していたという。一八六六年にはレヒラー夫妻を清遠県に案内し、多くの上帝教徒に引き合わせている。彼らの中には「従来の中国の伝統的な教えに戻ることもできず、新しい信仰の体系を模索し続ける」者もかなりおり、バーゼル伝道会はこうした人々の中からも新たな信徒を獲得していったのである(46)。

なお、太平天国と縁のあった人々の一部は、後に移民として海外に渡っている。もともとバーゼル伝道会を含む客家伝道に携わったいくつかの伝道会は、一八五〇年代から客家の海外移民の斡旋に積極的に携わっていた。英領ガイアナからはガイアナ植民地政府がチャーターした労働者運搬船が派遣され、一八五三年以降三十回以上にわたって移民の募集が行われ、客家のキリスト教信徒が家族ぐるみでこれに応じていたという[47]。一八七八年十二月、胥箕湾堂のメンバー六十五人を含む一団が、最後のチャーター便で英領ガイアナに向かったが、その中には洪葵元とその家族も含まれていた。胥箕湾堂と言えば、洪仁玕の献金がその建設費として使われた教会である。十数年の時を経て成長を遂げたその教会のメンバーとともに、洪葵元は新天地へと旅だったのであった。洪葵元は当初プランテーションで中国人労働者の監督役を務めていたが、数年後にはジョージタウンの中国人教会の牧師になったという[48]。

また、その後バーゼル伝道会からは多くの信徒が英領北ボルネオ（現マレーシアのサバ州）に移民したが[49]、こちらには李大楷が加わっている。彼は一八七九年に父李正高の後を継ぐ形で香港の西営盤の礼拝堂の教師（catechist）となったが[50]、宣教師と折り合いが悪く、極めて強い不信感を抱くようになっていた。「伝道者として虐げられ、飢えに苦しむよりは、労働者となって衣食足りることを望み」、一八八八年に家族とともに北ボルネオのクダに移民したのである[51]。しかし彼も後にクダに教会や学校を設立するなど、移民社会でのクリスチャン・コミュニティの形成に尽力した。

第二節　開港場における新たな情報発信

以上述べたように一八六〇年代以降、開港場知識人たちをめぐる環境は大きく変化してゆくが、同時に開港場では再び翻訳事業や新聞事業などが隆盛してゆく時代に入ってゆく。以下では上海と香港を中心に、宣教師や開港場知識人たちの活動について「情報発信」という観点から述べてゆくことにしたい。

（一）　江南製造局の翻訳事業と格致書院

（1）　江南製造局翻訳館の設置

江南製造局は武器などの機器製造や造船を主力事業としていたが、その一方で西洋書の翻訳基地としても重要な役割を果たすようになる。西洋書の翻訳事業を提案したのもやはり、江南製造局の実務を中心的に担っていた徐寿であった。江南製造局翻訳館は、曾国藩の認可を得て一八六八年六月に発足した。翻訳館にはまずフライヤーが、その後ワイリー、マクゴーワン、クレイヤーも翻訳委員として招聘され、徐寿や華衡芳、徐建寅らと協力して西洋書の翻訳が大々的に行われるようになる。

四人の西洋人のうち、フライヤーは翻訳館唯一の専任の翻訳委員であった。もともとは一八六二年に香港の教会学校聖ポール書院の校長として中国に派遣された英国教会の教師で、一八六三年に北京の京師同文館の英語教師になり、さらに一八六五年から一八六八年までは上海の英国教会が運営する学校で教師を務めていた[52]。一八六八年に江南製造局の翻訳委員になると一八九六年に中国を離れるまでその職にあり、数学、機械、電気、工学、化学、医学、農学等々多岐にわたる分野で八十種以上に及ぶ書物を翻訳した[53]。

ワイリーは一八六三年に再び中国に戻り、聖書公会の代表として聖書の発行と頒布に携わっていた。自らも聖書を配りながら中国各地を旅し、一四の省に足を踏み入れたという[54]。その傍ら江南製造局での翻訳にも協力し、九種の書物の翻訳に携わった[55]。また、一八七四年からは『チャイニーズ・レコーダー』の編集長として再び雑誌の編纂にも携わっている[56]。『チャイニーズ・レコーダー』は一八六八年に創刊された英語の雑誌で、中国各地の宣教師から寄せられた報告や論文が掲載されていた。ワイリーが編集長になってからは新刊紹介も盛んに行われ、また、再び用語論争も展開されるなど活発な議論が行われた。

なお李善蘭も短い期間ではあったが江南製造局翻訳館で翻訳に従事し、フライヤーとともに『奈端数理』の第一巻を翻訳している[57]。その後京師同文館に移り、算学の総教習となった。北京でも多くの学生を育成する一方、一八八二年に亡くなる直前まで数学の研究を続けており、いくつかの論文も発表していたという[58]。

(2) 広方言館とアレン

ところでフライヤーと宣教師クレイヤーは、一八六九年に広方言館が江南製造局に統合されるとその教職も兼ねるようになっている。フライヤーはフランス語の教習、クレイヤーはドイツ語の教習であったという[59]。広方言館は一八六三年に李鴻章の上奏によって設置された外国語の教育機関である。李鴻章の上奏では、一八六二年創立の京師同文館の例にならいつつも、京師同文館設立に当たって重視された通訳の育成だけではなく、西洋の書物の翻訳もできる人材の育成を図ることが強調されていたという。この上奏は、上海移住後ほどなくして李鴻章の幕下に入っていた馮桂芬の提案に基づくものであった[60]。広方言館は一八六三年に設置され、翌一八六四年の春からは外国語の学科も開始した。当初外国語学科は英語科のみであり、その他に算学と天文学が教えられていたが、江南製造局に統合された後、ようやくフランス語やドイツ語の学科も設置されたという[61]。

一八六四年三月に広方言館の最初の英語の教習に着任したのは南メソジスト監督教会の宣教師アレンであった。当時アメリカの南北戦争の影響で本国からの資金が止まっており、経済的な問題を解決するためにアレンは教習となったのである。そのためアレンは南北戦争の早期終結を見込んで半年の契約しか結んでおらず、半年後には香港から招聘された黄勝がその任に就いた[62]。

黄勝を広方言館教習に推薦したのは、かつて共にアメリカ留学をした友人黄寛であった。すでにロンドン伝道会を辞し李鴻章の幕下にいた黄寛は、李鴻章と丁日昌に黄勝を推薦し、これを受けて李と丁が一八六四年春に黄勝宛てに招請状を送ったのである(63)。しかし黄勝はこの要請にすぐには応じず、当時すでにレッグの助手となっていた王韜に返書の代筆を頼んだ。王韜は返書の中で黄勝に代わって時事を論じる長文の提言を行うとともに、黄勝がすでに訳していた兵器の製造に関する書物を整理し、『火器略説』として提出する(64)。一方アレンは南北戦争がなかなか終結を見ないなか、任期の延長を希望するようになっていた。しかしその要望は容れられず、黄勝が招聘されることになる。その背景には王韜代筆の返書の存在に加え、一八六四年の五月頃、広方言館を管轄する江海関道に丁日昌が就任したこともあったようである。だが、上海やその近郊の人々の間には広東人に対する嫌悪感があり、「広東人」黄勝が英語の教習になることに反発した学生のなかには、アレンが去った後広方言館をやめる者もいたという(65)。黄勝もレッグに当てた手紙で、西洋人の中にも黄勝を中傷するような人物がいたことをにおわせている。こうした事情もあり、当初黄勝は広方言館には半年しかいないつもりであったようだが、丁日昌に引き留められたのか、結局一八六七年の春までその任にあった(66)。その後黄勝は香港に戻り、黄勝の後を受けて再びアレンが英語の教習となっている。

なお、アレンは広方言館が江南製造局に合併された後の一八七一年からは翻訳館での西洋書の翻訳にも携わっている。以後十年ほどの間に二十六種の書物の翻訳を手がけたという(67)。

また、アレンは編集者としての才能も発揮した宣教師であった。まず一八六八年の五月に、ノース・チャイナ・ヘラルド社が週二回発行していた中国語新聞『上海新報』の編集者となった。最初は経済的必要からやむなく副業としてはじめたのであるが、キリスト教布教の一環としてジャーナリズムを用いることは有用であると考えるようになり、同年九月には自ら「中国人信徒のための」週刊紙『教会新報』を発刊している(68)。当初は中国のプロテスタント教会の宣教師や信徒の間の情報交換が中心であったが、徐々に中国内外のニュースや自然科学情報も充実してゆき、これらが全体の半分以上を占めてゆくようになる。またミュアヘッドやウィリアムソン、エドキンスら『六合叢談』の記事執筆に一役買っていた宣教師たちの著作が連載されたことも特徴的である。[69] この『教会新報』は創刊から六年後の一八七四年には、『万国公報』と名称を変え、さらに一般的な中国人知識人層を読者に想定した月刊誌へと発展してゆく。

このほかにもアレンは、ミュアヘッドとエドキンスとともに一八七六年七月、『益知新録』という雑誌を創刊している。これは『万国公報』の副刊、そして一八七二年から一八七五年まで北京でエドキンスや、アメリカ長老教会の宣教師マーティンによって発行されていた雑誌『中西聞見録』の続刊とも見なしうる雑誌で、西洋の科学や哲学、教育などに関する記事が掲載された「キリスト教徒の視点に立った世俗的読み物」であったという。[70] この雑誌は約二年で廃刊となったが、『教会新報』にせよ『益知新録』にせよ、かつて墨海書館から出されていた『六合叢談』と非常に近いコンセプトの雑誌が時を経て再び上海で発行されていたことは興味深い。しかもエドキンスのみならず、『六合叢談』の継続に否定的であったといわれるミュアヘッドが、それから約十年後には再び西洋の学問知識の伝播を通した布教という手法を積極的に受けいれていたのである。開港場知識人や清朝政府の後押しを受けて江南製造局や広方言館などにおいて活発に西洋知識の吸収がはかられるようになるなか、改めて宣教師の側にも科学知識の伝播に対する肯定的な態度が現れてきたものと言えよう。

また、アレンやマーティンらプロテスタント宣教師が中心となって一八七七年には「益知書会（The School and Text Book Committee)」も設立されている。初等教育用の科学知識を教える中国語の教科書シリーズを作ることを目的とした組織で、編集長はフライヤーであった。参加していた宣教師には、ウィリアムソンやバーゼル伝道会のレヒラー、アメリカ長老教会の宣教師で後に中国語聖書の新しい翻訳「和合本」聖書を完成させるマティーアも含まれていた。一八七九年から一八九〇年までの間に四十二種類の教科書と四十種類の掛け図などが出版されたという。[71]

（3）格致書院とフライヤー

なお、やはり上述の『中西聞見録』の廃刊を受け、一八七六年二月に上海で創刊された雑誌に『格致彙編』がある。フライヤーが編集作業と経理、発行の事務などの全てをとりしきっていた雑誌で、当時宣教師たちによって編纂されていた新聞や雑誌と同じように科学知識の伝播を主眼としたものであった。しかし『益知新録』などとは違って『格致彙編』にはキリスト教に関する文章は全く掲載されておらず、純粋な「科学雑誌」と呼ぶべきものであったという。徐寿もこの雑誌には大いに協力しており、徐寿個人の論文やフライヤーとの共訳の論文などが掲載されたほか、駐独公使館の参賛となってヨーロッパの海軍の視察をするようになっていた徐建寅も海外から多くの原稿を寄せたという。またフライヤーだけでなく、エドキンスを含む多くの宣教師や各地で教師をしていた西洋人による翻訳論文や書き下ろし論文も掲載された。フライヤーの不在などを理由に何度も停刊しており、発行されていたのは一八七六年から一八七八年、一八八〇年から一八八二年、一八九〇年から一八九二年までののべ六年間のみであるが、読者の評判はよく、たびたび再版されたという(72)。

この『格致彙編』の発行元でもあり、やはりフライヤーが中心になって立ち上げた組織が格致書院である(73)。一八七四年三月、上海領事メドハーストの提案で科学に関する図書館と博物館、そして教育機関を兼ねた施設の開設が計画された。そしてまず、メドハースト、フライヤー、ワイリー、フォーブスの四人の外国人と、輪船招商局の総裁の唐廷枢からなる理事会が組織される。唐廷枢は第三章でも言及したとおり、モリソン記念学校及び英華書院で学んだことのある人物で、香港で通訳をした後、一八六三年に上海でジャーディン・マセソン商会の買辦となり、一八七三年に輪船招商局の総裁となっていた(74)。理事会にはその後すぐに徐寿を含む二人の中国人が加わり、フライヤーと徐寿が中心となって内外から書院開設のための寄付金を募った。中国側では李鴻章をはじめとする多くの官僚からの寄付が集まったという。そして土地の購入と建物の建造、図書や展示物の収集が進められ、一八七六年六月に博物館と図書室が開館した。なお、一八七八年に開かれた理事会の記録によれば格致書院の中国人理事は六人に増えており、その中には墨海書館内の仁済医院の医師黄錞や唐廷枢の兄唐廷植も含まれていた[75]。

しかし格致書院そのものは資金難に見舞われたこともあって運営不振が続いていた。一八七九年には格致書院の本来の構想の一角をなす科学知識を教授する学校の開設も計画されたのであるが、学生はあまり集まらず、さらには外国から専任教員を招聘するかどうかをめぐって、実質的な運営を担っていた徐寿と、フライヤーを含むその他の理事の間に対立が生じたようである。結局資金不足もあって専任教員は招聘されず、この間、格致書院の校長の任には華衡芳が無給で就いていたという。その後徐寿は一八八四年に病気で亡くなり、翌年夏には理事会が再び運営の全権限を掌握して再出発がはかられることになる。新たに「司庫〔金庫係〕」に任命された二人の理事のうちのひとりは唐廷植であった。格致書院が本格的に機能し始めるのはその後のことである。

このように、一八六〇年後半から一八七〇年代にかけての洋務運動の盛り上がりの中で、より大規模に西洋の自然科学を中心とする学問知識が中国に紹介されるようになった。その担い手の中には多くの宣教師や、一八五〇年代に墨海書館に集った開港場知識人たちも含まれていた。そして、中でも中心的な役割を担っていたウィリアムソンやミュアヘッド、アレンといった宣教師たちが、後に広学会を設立し、戊戌変法や光緒新政に多大な影響を与えてゆくことになるのである。

(二) 香港における華字紙の発行

一方情報発信という意味では、香港は中国新聞史上、最も早い時期から華字紙を生み出してきた場所である。香港で発行された華字紙の編集に携わった中国人たちの中には、先に述べてきた香港のキリスト教界と深い関わりを持つ人物が多かった。

（1）『香港船頭貨価紙』と伍兄弟

一八五七年十一月創刊の『香港船頭貨価紙』については第四章でも言及したが、これが一枚両面印刷のいわゆる新聞形式の華字紙としては最も早い時期に発行された新聞であった。香港の代表的な英字紙デイリー・プレス紙の中国語版で、商業記事を主とし、週三日発行されていた。その後一八六四年前後に『香港中外新報』と改名し、一八七三年からは日刊になる(76)。一八五七年の発行当時、誰が編集に当たっていたのかははっきりしないが、黄勝がその任に当たっていたのではないかとする論者もいる(77)。出版に関する経験と知識の豊富さはもちろん、ちょうど中国人として初の陪審員に選ばれる時期とも重なっており、すでに香港で相当の地位と知名度を獲得していた黄勝であるから、華字紙の発行を提言したり実行したりする実力は十分あったと思われるが、現段階では史料的に確認することはできない。ただ、少なくとも『香港中外新報』と改名するのとほぼ同時期の一八六四年前後にこの華字紙の編集長になったのは、伍光という人物であったようだ(78)。伍光には兄の伍発と弟の伍才がおり、兄弟三人とも教会学校で教育を受けていた。なお、伍才は後に改名して伍廷芳と名乗っており、一八八〇年代以降李鴻章の幕僚として法律や外交の分野で活躍、民国期にも外交部長などを歴任したことで有名である。

伍兄弟の父はシンガポールで商売をしており、そこでキリスト教徒となりマレー人女性と結婚、一八四〇年代の後半に広東に戻ったのだという。兄二人は広州のアメリカ長老教会の宣教師ハッパーが運営する学校で学んだが、伍発は途中で退学し、一八五二年の夏から香港で治安判事裁判所の通訳になっている。伍光のほうは卒業するまで広州に留まっており、その後香港に渡って一八六一年に港務局（Harbour Master's Office）の通訳となった(79)。そして一八六四年ごろ「デイリー・プレス紙の中国語版」の編集責任者となったのだという。一方伍廷芳は一八五六年に聖ポール書院に入学し、在学中に洗礼も受けた。一八六一年には治安判事裁判所の書記兼通訳訓練生として官職に就き、翌年には簡易裁判所（Summary Jurisdiction Court）の中国語書記兼鑑定人に、一八六六年からは治安判事裁判所の中国語通訳に任じられている。遅くとも一八七三年頃には兄の伍光に協力して『香港中外新聞』の運営にも携わっていたようである。

(2)『華字日報』と陳藹廷

この伍廷芳の聖ポール書院の同級生に陳藹廷という人物がいる。彼は香港のもうひとつの代表的な英字紙チャイナ・メール紙の中国語版である『香港華字日報』の創始者・編集者として著名な人物である。卓南生氏の考証によれば『香港華字日報』は一八七二年四月に創刊された。その前身とも言える『中外新聞七日報』はチャイナ・メール紙の毎土曜号に収録された中国語新聞であるが、こちらは一八七一年三月の創刊で、やはり陳藹廷が責任者であったという。[80] 陳藹廷も聖ポール書院在学中に洗礼を受けたキリスト教徒であった。卒業後、一八六四年に治安判事裁判所の通訳となり、一八六六年に書記に昇進、一八七〇年までその職にあったが、[81] 一八七一年にチャイナ・メール社に招聘される。同紙の副編集長になると同時に中国語版である『中外新聞七日報』の発行に携わったようである。卓南生氏によれば、陳藹廷は『中外新聞七日報』において一貫して「中国人が編集し、中国人のために発言する」華字紙の必要性を強調し続けており、『中外新聞七日報』創刊からわずか四ヶ月後の一八七一年七月には『中外新聞七日報』に「創設香港華字日報説略」を発表し、間もなく英字紙から独立して『香港華字日報』が創刊されることを宣言している。なお陳藹廷は王韜とも親交があり、『中外新聞七日報』には王韜の『普法戦紀』が連載され、また王韜の論評が掲載されることもあったという。また、一八六〇年代の中頃に香港で『近事編録』という新聞も発行されていたが、その編集長は王韜であったと言われている。[82] 王韜自身もすでに新聞業に携わる経験を持っていたのである。

(3)『循環日報』と王韜

陳藹廷の宣言通り『香港華字日報』は翌一八七二年に創刊されたが、独立した華字紙聞になったとは言え、『香港華字日報』はチャイナ・メール紙の「中国語版」であったことに変わりはなく、完全に中国人によって運営される新聞ではなかった。陳藹廷はさらに完全に独立した新聞の発行を目指し、王韜らとともに「中華印務総局」という会社を設立する。中華印務総局は『循環日報』の発行元であり、王韜がその中心人物であったとの印象が強いが、少なくともその創立と『循環日報』の発行に至る過程では陳藹廷がむしろ中心的な役割を果たしていた。例えば、中華印務総局が英華書院から印刷機器一式を購入したことは有名であるが、一八七三年の一月にロンドン伝道会との間で契約を結んだ際にはまだ中華印務総局は正式に成立しておらず、陳藹廷個人が購入者として契約をしている。

ロンドン伝道会の報告書によればレッグと後任の宣教師アイテル[83]は、機器一式を一万ドルで売ることを希望しており、陳藹廷もそれには同意した。しかし当初陳藹廷は購入した機器を外に運び出すのではなく、印刷所の建物を借用することを希望しており、これに対し、宣教師たちは条件として、日曜日は仕事をしないこと、「非キリスト教的、あるいは反キリスト教的な文章を掲載しないこと」を求めたという。陳藹廷はこれを拒否し、印刷所の用地の買い入れを申し入れたが、こちらは宣教師の側が拒否、結局機器は運び出されることになった[84]。この経緯からも、陳藹廷ら中華印務総局のメンバーがあらゆる意味での西洋人からの干渉を避けようとしていたことが分かる。

ところで、従来の研究においては黄勝が王韜とともに資金を調達し、機器を購入したとするものも多いが、実際には黄勝は中華印務総局の立ち上げには関与していなかったと思われる。というのも、この売買契約の交渉の過程で陳藹廷に売却する活字の所有者をめぐる問題が発生し、最終的な契約では活字の所有者は黄勝であるとして、機器代一万ドルとは別に陳藹廷から黄勝に対して活字代千七百ドルが支払われているからである。この時点では黄勝は中華印務総局から支払いを受ける側であった。そしてこの問題をめぐって黄勝とアイテルは険悪な関係に陥ったようで、最終的には黄勝はこの契約の直前にロンドン伝道会との関係を絶った。しかもこの契約が結ばれた時には、黄勝は総理衙門が英華書院に発注した活字を届けるため、北京に行ってしまっていた。一八七三年の四月末に黄勝は一旦香港に戻るが、その後間もなく容閎が提案した官費によるアメリカ留学事業の第二回派遣留学生とともにアメリカに渡って留学事務所の書記官となっており、翌年の『循環日報』の創刊に関与した形跡はないのである。(85) 実は、中華印務総局に当初から加わっており、契約の際も立会人として契約書に署名していた印刷の責任者は、長らくロンドン伝道会で印刷業務に携わっていた黄広徴であった。(86)

一方、『循環日報』創刊から時を置かずに陳藹廷は経営責任者の立場から身を引いている。その理由ははっきり分からないが、『香港華字日報』の編集者でもあったことを考えると、親会社であるチャイナ・メール社が、ライバル紙とも言うべき『循環日報』の経営に陳藹廷が携わることを許さなくなったのではないかとも考えられる。実際、『循環日報』の創刊後、『香港華字日報』との間で宣伝競争が繰り広げられていたとの指摘もある。(87) その後陳藹廷は一八七八年にはジャーナリズムそのものから手を引き、清朝からの招聘に応じて上海に赴いた後キューバ総領事となり、外交の世界に身を投じることになる。

『循環日報』そのものについては、編集長である王韜についての研究も含め、すでに多くの研究がなされてきた。(88) 本章では『循環日報』の内容の細部にまで立ち入って議論することはしないが、これまで見てきたことからも分かるように、『香港中外新報』の運営に携わっていた伍廷芳や『香港華字日報』の編集長陳藹廷、そして『循環日報』の王韜はそれぞれ個人的な接点やつながりがあり、特に陳藹廷と王韜は『香港華字日報』の前身である『中外新聞七日報』においても、『循環日報』の創刊においても緊密に協力し合っていた。そして注目しておきたいのは、少なくともこの二人の間では、ライバル紙の編集長同士という間柄を超えて華字紙聞の意義や新聞理念について共通した認識を持っていたことである。

例えば陳藹廷は先にも挙げた「創設香港華字日報説略」の中で、『香港華字日報』は「悪を憎み、善を賞揚し、公衆の意見をくみ取り、長く残る正しい道理を伝える」ことを目指し、それによって「風俗を変え、世の人をいましめ」ようとするものであると述べている[89]。一方『循環日報』も、社告「倡設日報小引」において同紙の編集方針について「一に勧善懲悪をその最終目的とし、その中に国内国外のニュースがあれば、必ずその真相を求め、いい加減な伝聞を掲載することはしない」としていた[90]。いずれも、新聞報道によって人々を教化するという意識が大きかったことが分かる。そしてこうした理念は、洪仁玕が『資政新篇』の中で、新聞を用いて人々に「法律をあきらかにすること、善悪を区別すること」などを教え、そのような教化によって人々に「互いに戒め合い励まし合って、日ましに才徳がまし、風俗が厚くなる」ようにさせるのだ、としていたこととも通じる理念であった[91]。最も早い時期に近代的新聞の発行を提唱した人物と、それから十数年の時を経て実際に新聞発行に踏み切った実行者たちとが、相通じ合う新聞理念を抱いていたことは興味深い。彼らがいずれも香港という新聞発行の先進地に身を置いていたことと無関係ではないだろう。

また「創設香港華字日報説略」は、西洋事情に関わるトピックを翻訳して紹介することにも意欲を示し、そうした記事の翻訳や執筆、「および関係ある原稿の選出、主題の確定、文章全てが中国人によって主宰および手配され、西洋人は関与しない」ことも表明していたという[92]。当時上海でも多くの華字紙や雑誌が発行され、西洋事情の紹介も盛んに行われていたが、これらがあくまで西洋人の手によるものであったのに対し、陳藹廷は「中国人によって主宰されること」を極めて強く意識していたのである。一方『循環日報』でも、やはり西洋情報の報道を重視し、また西洋の物事や学問、技術を受容し研究することを提唱していたが、さらに「西洋人がキリスト教を物指として他国の民族文化や伝統を軽視する誤謬を論述する」ような一歩踏み込んだ記事も掲載されたという[93]。経営面においても「中国人による」運営が成立している新聞であったからこそのことであると考えられるが、これは王韜の『弢園文録外編』などにも見られる論調であり、王韜を代表とする『循環日報』の特徴であった。『循環日報』は康有為や梁啓超らにも

影響を及ぼし、『時務報』などの政論新聞紙の発刊に受け継がれたとも言われている。(94)

なお、王韜は一八七六年には『循環日報』の編集長の座を他に譲り、その後一八八四年にはついに上海への帰還を果たした。そして翌年、フライヤーや唐廷枢らの招きで格致書院の院長となる。徐寿が死去し、新たな体制での書院の運営が図られてゆく中での大抜擢であった。王韜とフライヤーが一八八六年に新たに始めた制度に、年四回、高級官僚たちに問題の作成を依頼して試験を実施する「四季考課」があった。採点も出題した官僚自らが行って順位を付け、さらに王韜が全ての答案に評語を付けた上で成績優秀者には奨金を与えた。この「四季考課」は大反響を呼び、さらに年二回南洋大臣と北洋大臣から出題される「特課」も設置されるようになる。毎年優秀な答案は評語とともに『格致書院課芸』として刊行され、こちらも好評を博していたようである。この試験は王韜が亡くなる前年の一八九六年までほぼ途切れることなく続けられており、この間が格致書院の「黄金時代」になったという。(95)

（三）『教会新報』『万国公報』と知識人信徒

先に宣教師アレンについて述べる中で一八六八年創刊の『教会新報』を取り上げた。科学知識の伝播という観点から注目されることの多い雑誌であるが、もう一つの特徴として中国各地の教会の信徒からの投稿も多数掲載されていたという点も忘れてはならない。王韜のようにある程度まとまった量の日記や随筆が残っているのは例外中の例外で、これ以前の中国人の信徒については宣教師が残した報告書に残された断片的な情報があるだけであった状況を考えれば、こうした信徒たちの生の声が発信されるようになったことの意義は大きい。『教会新報』やその続刊『万国公報』には上海、広州、香港、それに厦門や漢口、北京などさまざまな地域からの投稿記事が見られるが、以下では本書にすでに登場している人物たちを中心に当時の信徒たちの状況を彼ら自身の声から探ってみたい。

(1) 情報交換の場としての『教会新報』

『教会新報』は上海で発行されていたこともあり、上海の教会からの投稿が比較的多かった。バプテスト派、メソジスト派などさまざまな教会からの声が寄せられているが、その中には本書でこれまで中心的に扱ってきたロンドン伝道会の関係者の名前も多数見ることができる。例えば、ロンドン伝道会の上海城内の教会である「三碑楼福音会堂」について紹介した第三号（一八六八年九月）の記事では、牧師の潘詒准のほかに、執事として黄吉甫の名前も挙げられ、彼が三碑楼の教会や墨海書館内の仁済医館の教会で説教をしていたことが記されている(96)。また第四十一号（一八六九年六月）には黄吉甫の弟の黄錞と思われる人物も登場しており、「牛痘局・黄春圃」の名で上海城内に天然痘の予防ワクチン接種所が開設されたことを報じている(97)。このほか、信徒ではないがかつて墨海書館と関わりのあった張斯桂が寄稿した文章や、蔣敦復の文集からの抜粋なども掲載されている(98)。

一方広東・香港方面では、例えば第四十八号（一八六九年八月）に登場する「主が教会を感化し興隆されんことを祈る」と題した記事がある。無署名なのでおそらく編集者アレンが執筆したものと思われるが、この中で簡単な中国プロテスタント史の回顧が行われており、広東で「はじめて聖書講釈者、伝道者になった」人物として梁発の名が挙げられ、この時代はまだキリスト教がよく知られておらず、障害も多かったため、「最初の伝道者」は非常に困難を覚えていた、と記されている。伝道者としての梁発の功績が簡略ながらこの時代にまで伝えられていたことがうかがえるという意味で興味深い(99)。また、やはり信徒からの寄稿もあり、ロンドン伝道会の伝道者でオーストラリアでの布教経験もある梁柱臣は自らの経歴や広州・仏山でのロンドン伝道会の布教活動、教会堂建設などについて複数回にわたって寄稿している(100)。

また『教会新報』にはアヘン吸引を戒める文章や、吸引をやめるための方法を紹介する文章もかなりの頻度で掲載されているのであるが、その中に銭文漪と郭福衡、そして潘詒准が執筆したものが一編ずつ含まれている。第四十三号（一八六九年七月）掲載の銭文漪の記事は、四年前に病気の苦痛を和らげるためにアヘンを吸い、以来中毒症状が出てしまったものが、上海に新しくできたアヘン禁煙のための治療所で処方された薬で絶つことができた、というものである。[101] 第六十八号（一八七〇年一月）の郭福衡の記事のほうは、長年にわたってアヘンを吸引しており、やめたいと思ってもやめられずにいたのが、上海でたまたま再会した同郷の友人である銭文漪が、自分と「同病」であったはずなのに「一日中遊んだが、アヘンを吸おうとしなかったので不思議に思い」、理由を尋ねるとアヘン禁煙の新しい薬を処方されたと教えてくれた、自分も試してみたところ効果てきめんであった、といった内容である。[102] 郭は「若くして〔生員となり〕わずかな名声を得てから、地位や位を手にするたびにすぐアヘンを飲んでいた」とも述べており、第三章でも指摘したように、文人としての生活にはアヘンがつきものであったことが分かる。一方、第二百五十三号（一八七四年九月）の潘詒准の文章ではアヘンは「中土の大毒」であり「聖教の大敵」であると厳しく批判されている。こちらもアヘン禁煙のための処方箋を詳しく紹介したものである。[103] 彼らの記事を含め『教会新報』上のアヘンをめぐる議論を見ると、中国人信徒たちの間でも完全なアヘン禁煙はかなり困難であったことが分かる一方、キリスト教的な立場からの明確なアヘン吸引批判が信徒たちの中に浸透し、吸引者も積極的にアヘンを断ち切ろうとする努力をするようになっていたことが見えてくるのである。

（2） 中国人信徒による聖書釈義

一方、『教会新報』や『万国公報』にはキリスト教の教義にまつわる問答や討論、それに聖書の一節を取り上げその解説をするような文章など、キリスト教そのものに関わるテーマについての投稿も数多く見られる。特に『教会新報』の初期には、信徒間の討論だけでなく、非信徒からのキリスト教への疑問に対する信徒からの応答、という形の討論も見られた。また聖書釈義の文章についてはコンテストを開催するなどして編集部も積極的にこれを奨励しており、『万国公報』となってからも引き続きこうした文章は掲載され続ける。このほか、キリスト教の教えや戒めを詩にしたり、宣教師の帰国ないし死去に際しても詩が送られたりと、詩文も頻繁に掲載された。こうした状況からは、紙上で議論を戦わせるに足るだけの素養を備え、詩文にも秀でた知識人信徒が中国各地で増加していたことを見てとることができる。ここでは彼らの議論の全てを論じることはできないが、本書にすでに登場している人物たちも執筆している聖書釈義にテーマを絞り、その一端を眺めておきたい。

『教会新報』の聖書釈義文の中でもかなり早い時期に掲載されたもののひとつが、潘詒准による「聖経講義」である(104)。新約聖書の短い一節を取りあげ、その内容について旧新約聖書を引用しながら詳しく解説したもので、具体的には三位一体の神の一部である聖霊について論じる内容であった。末尾にはアレンの寸評が付いており、「この講義は聖書の精髄、奥義を明快に述べたもので、文章は明晰、文人もこれを悟り、婦女子や子どももその真の善を理解することができる。伝道者はこれを語れば一堂に集う者すべてを教え、これを文書に著せば天下を諭すことができる」と絶賛している。そして、この潘詒准の「聖経講義」が契機となり、聖書の釈義文は『教会新報』編集部が注目するテーマのひとつになっていったようである。というのも、その後しばらくすると編集部が聖書釈義文のコンテストを開催するからである。先の潘詒准の「聖経講義」への寸評の中でアレンは各省の信徒たちにこうした釈義の文章があれば寄稿して欲しいとも呼びかけていた。しかしその後あまり投稿はなかったようで、聖書釈義の文章はしばらく『教会新報』に掲載されなかった。そのためコンテストの形で文章の募集が始まったものと思われる。具体的には、編集部があらかじめ聖書の一節を指定し、その箇所について論じた文章を公募、審査のうえ優秀者には賞金を出すとともにその文章を『教会新報』上に掲載する、というものであった。

コンテストの題目は新約聖書の「マタイによる福音書」にあるイエスの言葉「あなたがたはわたしを何者だと言うのか」で(105)、編集部の予想を超える多数の応募があり、予定より一週遅れて第九十九号（一八七〇年八月）に上位二十人の名前が発表され、以後五位までの文章が複数回に分けて掲載された。ここで第二位に入ったのが銭文漪のものと思われる文章である。(106)「蓮渓逸史」によるこの文章は先の潘詒准の文章とよく似たスタイルで、旧新約聖書のさまざまな箇所を引用し、それに依拠しながらイエスは何者であるかを論じている。これは第一位になった文章にも共通するスタイルで、徹頭徹尾聖書に基づいた聖書解釈とでもいうべきものである。実は銭文漪はこの直後に「銭蓮渓」の名で、やはり聖書釈義文の「祈禱不綴論」と「読聖経管窺三則」という二篇の短文を発表しているが、ここでは聖書の直接の引用はないものの、やはり聖書に基づくキリスト教の教義の枠組みを逸脱することなく議論が完結されている。(107)このコンテストの順位を最終的に決めたのはアレンとミュアヘッドなのであるが、彼ら宣教師からの評価が高かったのは、こうした聖書に基づく聖書解釈であった。

一方第三位の文章になるとやや様子が異なり、イエスの言葉の中の「我〔わたし〕」の字だけを取り出し、もとの聖書箇所からは離れた「我」の字義をめぐる議論を展開している。内容的にはキリスト教の原罪論にもつながる「自我」の問題を論じているのであるが、朱熹や程顥など宋学の先人の言葉が引用されているのが特徴である。さらに第四位、第五位の文章になるとさらに儒学の色合いが濃くなり、前者は中国歴代の聖人や賢人の学問の要点が全て新旧約聖書に集約されていることが、後者は仁と孝によって「我」を捨てるという孔子以来の諸賢が説いてきた教えがイエスの教えと完全に合致していることが、それぞれ最終的な結論になっている。すなわち、これらの議論はいずれも儒学の古典に基づいた聖書解釈になっているのである。

このコンテストの順位については、アレンの補佐役として『教会新報』の編纂に携わっていた持平叟が先に暫定順位をつけていたのであるが、そこでは上記第三位と第四位がそれぞれ一位と二位で、蓮渓逸史が三位となっていた。(108)持平叟は編者のひとりでもあったことから、読者の投稿に対する回答を含む数多くの評論を『教会新報』上に残している。そうした評論を見ると、基本的には聖書に依拠しつつも読み手の理解を助けるために儒学の古典も引用するという姿勢であり、また、宣教師からの古典の解釈に関する質問にも彼が回答するなど、本来古典への造詣が深い人物であったことが分かる[109]。中国人知識人の目から見れば、儒学との関係性の中でキリスト教を論じることは自然なことであったとも言えよう[110]。もっとも、持平叟の審査基準には儒学の要素の有無というよりは、文章そのものの完成度に重きが置かれていたようである[111]。またアレンたち宣教師も儒学とキリスト教の共通性を論じること自体は否定しておらず、むしろ一連の経緯の中でその重要性への認識を深めていったように思われる。というのも約一年後に再び開催された聖書釈義のコンテストでは、最初からキリスト教と儒学の教えは相通じるものであるという結論を前提にテーマが設定されているからである[112]。

(3)　王韜の「聖経題文」

二回目を最後にコンテストは開催されなくなったが、聖書釈義の文章はその後も断続的に掲載され、『万国公報』にも引き継がれてゆく。そして『万国公報』には、王韜が書いたと思われる聖書釈義文も一篇含まれているのである。この文章が掲載されたのは第四百三十二号（一八七七年三月）で、「聖経題文」という表題の下には「香港寄来」とあり、署名は「甫里逸民」である[113]。「甫里逸民」は王韜がこの前年に香港で刊行した『弢園尺牘』の第一巻でも使用している王韜の号の一つである。文中でレッグと親しかったことや、「西国」を訪れた経験に言及していることからも、作者が王韜であることは間違いないだろう。当時王韜はすでに『循環日報』の編集長を務め、著書も刊行し始めるなど、自分の主張を世に問う窓口を確保していた。またすでに宣教師に雇用されてはおらず、少なくともこの時の王韜を指して「仕事を得るため」という「物質的な」問題にかられて無理矢理キリスト教に「屈服」していたとは言えない[114]。つまりは完全に自由な立場で発言できる状況の中で、王韜は敢えて信徒の立場で自らの信仰や聖書解釈を発表したことになるのである。王韜のキリスト教信仰については第三章でも議論してきたことであるので、ここで少し詳しく王韜の文章の内容を見ておこう。

この文章ではまず、中国には孔子の教えがあり、しかもその教えはイエスのそれより遙かに勝るという一般の中国人によく見られる意見に対し、これは「自大自満」の偏った見方であって、孔子の教えの要である「〔『大学』の〕正心、誠意、修身、斉家」を実は中国の儒者は実行できていないと批判する。そして「ただ我がイエスが世に降り、民を救って人に尽くされ、天を合して皆がひとりの主のもとに帰り、ひとりの真の永遠の神を崇めるようにされたので、遠い世界の各地から集まっても互いが兄弟のようになり、天下はひとつの家族となり、中国も外国もみな同じ人間であって、地球の南北・東西どこにいようとみなが誠の心を持つようになるのである。天倫、人倫が尽くされ、しかもこの世にあっては心身を敏感に研ぎ澄まし、倫紀や格致の学を修めることに務めている。もとより『大学』の言葉に合致しているのである」と述べている。

また、イエスの教えは悪くはないが、孔子には及ばず、特に「孝」に関する教えが足りない、という意見に対しては「聖書を読んだことがなく、その意味を理解していない」と批判し、旧約聖書のモーセの十戒や新約聖書を引用しながらキリスト教が「孝を教えているのは明らかである」ことを説明している。さらにこの「孝」に関して、聖書の言葉を論拠にキリスト教は不孝を説く教えであるとする批判があることに言及し、その論拠とされた聖書の一節「弟子の一人がイエスに、「主よ、まず、父を葬りに行かせてください」と言った。イエスは言われた。「わたしに従いなさい。死んでいる者たちに、自分たちの死者を葬らせなさい」」について解釈するのがこの文章の主題になっている。(115)王韜はまずイエスがこの言葉を発した状況を聖書に即して説明し、その意図は「教え〔「道」〕に専念する」ことを求める点にあったとする。そして香港やヨーロッパの墓地を例に西洋人も死者を葬ることを決して軽視していないことを明らかにしつつ、イエスの本意は物事の軽重を見極めることを教える点にあると述べ、「およそ聖書を読む者は、全篇を通して読んでその大意がどこにあるかを見極め、書かれているものごとの詳細を掘り起こすことでその意味をあきらかにしなければならない」と戒めている。そして最後に「我ら主を信じる者は心をひとつに、揺るぎなく誠実でいなければならない。少しも偽りがあってはならず、世俗の事に心騒がされてはならない。終生〔主に〕信頼して志を曲げなければどうにかそのようにできるのである。これが私の厚く望むところである」と呼びかけてこの議論を閉じている。

この文章も根底には儒学の教えとキリスト教の教えは相通じるものであるという理念があり、『教会新報』や『万国公報』でも多々見られたような知識人信徒特有の儒学へのこだわりが表れた文章であると言える。王韜にとっては二十年近く前に『中西通書』の序を書いた時から一貫する主張でもあった。王韜の文章が掲載された少し後から、『万国公報』上でも中国人信徒を巻きこんで God の訳語をめぐる用語論争が繰り広げられ、そこでも改めて儒学とキリスト教の関係性が議論の対象になってゆく。王韜が入信した頃に比べれば、一八七〇年代後半のこの時期、生員レベルの知識人信徒の数はかなり増えており、儒学とキリスト教をめぐる葛藤や問題意識はより多くの信徒に共有されるものになっていたと言えよう。

一方、王韜の「聖経題文」における聖書箇所の具体的な解釈は聖書に即した見解に基づいており、極めて正統的であるうえ、全篇にわたって信仰心あふれる文面になっていることにも気づかされる。これだけを見れば、『教会新報』や『万国公報』に多数登場する中国人信徒と一見何も変わらない、敬虔な信徒である。しかし王韜個人に即して考えるならば、彼の他の著作との整合性という問題を無視することはできなくなる。その最も分かりやすい例は、王韜の政論集『弢園文録外編』にしばしば見られる「大同論」との間に見られる落差であろう。例えば王韜は「変法上」において「数百年の後、道は必ず大同」、なぜなら「天はすでに地球の南北・東西を合して一つの天に帰している。が、天下のさまざまな教えも、必ずその異同は次第に同化して一つの源に帰するにちがいないからである」と述べている。(116) この「道」は儒学の「三綱五倫」を指しており、(117) こちらでは完全に儒学を絶対とする立場から発言しているように見えるのである。これが書かれたのは上記「聖経題文」が書かれてから数年以内であると思われるが[118]、この二篇の文章の趣の違いをどのように考えれば良いだろうか。

筆者はこの問題を考える上で重要なのは「天」という言葉であると考える。康有為の大同論との比較という観点から王韜の大同論に検討を加えた竹内弘行氏は、王韜の大同論の代表作として「原道」を取りあげ、王韜がその大同論の典拠とした経典が康有為をはじめとする他の多くの大同論者が用いた『礼記』「礼運篇」ではなく、『中庸』であったことに注目し、それゆえに王韜の大同論が「天」や「聖人」の到来を極めて重視するという特徴を持つと指摘している[119]。筆者はこの王韜の「天」へのこだわりという特徴は、彼がキリスト教徒であったことと密接に結びついているのではないかと考える。というのも、王韜を含む知識人信徒、特にロンドン伝道会など God ＝上帝と捉えていた宣教師のもとでキリスト教を受け入れた信徒たちにとって、「天」は「上帝」に通じ、そのままキリスト教の神にも通じる言葉であったからである。つまり王韜にとって、「天」という言葉は儒学の立場からも、キリスト教の立場からも、至高の存在を意味するものとして用いることができる言葉なのである。こうした観点から改めて見てみるならば、「変法上」の「天はすでに地球の南北・東西を合して一つの天に帰しているが、天下のさまざまな教えも、必ずその異同は次第に同化して一つの源に帰する」という表現は儒学のロジックによる大同論であり、「聖経題文」の、イエスが「天を合わせて皆がひとりの主のもとに帰り、ひとりの真の永遠の神を崇めるようにされ」、「遠い世界の各地から集まっても互いが兄弟のようになり、天下はひとつの家族となり、中国も外国もみな同じ人間であって、地球の南北・東西どこにいようとみなが誠の心を持つ[120]」という世界観は、それをキリスト教のロジックで言い換えたものと見なすことも可能である。つまり、儒学とキリスト教は王韜の大同論においては表裏一体の関係をなしているように思われるのである。

もっとも、王韜の思想全般について議論するためには、彼の書いた文章をさらに幅広く詳細に読み込んだうえで検討を加えてゆく必要がある。また『教会新報』や『万国公報』に見られる同時代の知識人信徒の儒学とキリスト教をめぐる議論との関連性も検討する必要があろう。本書においてはこうした点について研究を深めるには至らなかったが、今後の課題としておきたい。

第三節　香港クリスチャン・エリートの台頭

以上、一八六〇年代から一八七〇年代にかけて台頭してきた開港場知識人たちについて、洋務運動や華字新聞の発行、中国人教会の発展等を通して見てきた。最後に本節では、植民地という特殊な社会の中で独自の発展を見せた香港のキリスト教界におけるクリスチャン・エリートの台頭について見ておきたい。

（一）　香港の官立学校改革と教会学校

キリスト教徒に限らず広く香港の中国人社会全体でエリートを台頭させる要因となったのは、一八六〇年代初頭に始まった香港の官立学校改革であった。この改革を主導したのはロンドン伝道会のレッグで、その意図はキリスト教布教の一環として英国教会の指導下に進められてきた官立学校の教育を宗教教育から切り離し、「世俗的」な学校へと転換させることにあった。政府が任命する監督官のもとでプロの教師によって、中国人の子弟、特にすでに内地で教育を受けた経験があるような優秀な人材を集めて英語と中国語の教育を行う、というのがレッグの主張であった(121)。香港総督ロビンソンの支持を得て、レッグのこの構想は一八六二年の中央書院の創立として結実する。この中央書院から、多くの中国人エリートが輩出されることになるのである。

レッグが上記のような考え方に至った背景には、レッグ自身が英華書院の神学校や予備学校の不振を経験してきたことがあると考えられるが、その一方でレッグがいわゆる「教会学校」の存在にも依然価値を認めていたことも確かである。一八五八年にレッグが一時帰国したことで通学制の学校は一旦閉じられていたが、一八六三年に新たに二つの教会堂が開かれた際、再び学校も開かれている。[122] この学校の教師二人はともに信徒であり、ひとりは教会運営にも携わる助手であったという。この学校は官立学校とは異なり、キリスト教に基づく教育を行う学校であったはずである。また、一八四六年以来レッグやシャルマースの夫人たちによって女子学校も継続されていた。一八五九年からはレッグの娘がこの女子学校の運営を補佐するようになっており、ロンドン伝道会の印刷助手であった関元昌の妻黎氏も教員を務めていたという。[123] レッグやロンドン伝道会にとって、キリスト教布教の一環としての教育の重要性は減じていたわけではなかった。

また、英国教会が運営していた聖ポール書院も香港の教会学校のひとつであったが、中央書院ができる以前は政府からの厚い支援を受けており、准官立とも言うべき学校であった。もともとは英華書院と同じく牧師の養成を目的とする学校であったが、信徒になる生徒は少なくなかったものの、やはり牧師の育成には至らず、むしろ警察や裁判所などの政府機関や商業界に優秀な通訳の人材を提供してきた。この聖ポール書院で助手をしていた羅深源という人物については本書でもすでに何度か言及してきた。もともとは福漢会のメンバーで、後に英国教会の助手となり、スミス主教とともに太平天国とコンタクトを取るため一八五三年に上海を訪れた。その後オーストラリアに渡って華僑への布教に従事していたが、一八六二年の始め頃には香港に戻り、再び聖ポール書院で働いていた。王韜は羅深源が上海に行ったときに羅と知り合っており、香港に来た後わざわざ聖ポール書院に羅深源を訪ね再会を果たしている。羅深源は「聖教〔を奉じる者〕の中でも、もの柔らかで謹直な人物である」と王韜が特に敬意を表したほど敬虔な人物であったようで、一八六三年十二月には英国教会の主教にその熱心さを認められて「会吏」に任命され、[124] 中国人への布教を取り仕切るようになった。一八六五年に中国人のための教会として聖ステファン教会ができると、その運営にも尽力したという。ただし聖ポール書院のほうは、世俗教育を標榜する中央書院が新たな官立学校の頂点として開設されると急速に衰退し、一八六六年には政府援助も停止され、一八六九年には閉校となった[125]。

（二）　中国人非官職議員の誕生

レッグの官立学校改革によって誕生した中央書院で学んだ学生の中には、本書でも取りあげてきた最初期の教会を支えてきた中国人信徒たちの息子たちも含まれていた。ロンドン伝道会の牧師何進善の息子何啓やバーゼル伝道会の牧師李正高の三男大森、かつて広州でアメリカン・ボードの助手をしていた曾蘭生の息子篤恭などである[126]。李大森は一八七一年に中央書院の最優秀生徒として選ばれたこともある優秀な学生であったようだ。卒業後は粤海関や香港の治安判事裁判所の書記や通訳を務め、一八八二年にハワイ政府の中国語通訳に抜擢されてハワイに渡った。後にハワイがアメリカ領になり、清政府の領事館が置かれると領事の通訳官になっている[127]。曾篤恭のほうは、在学中に父蘭生が容閎の提唱により実現したアメリカ留学計画の通訳に任ぜられ、第一期生とともに渡米することになったことを受け、兄の曾溥とともにこの留学計画における官費留学生の一員となり、一八七二年に父とともに渡米している[128]。篤恭はその後イェール大学に進学したが一八七七年に退学して帰国し、上海でノース・チャイナ・デイリー・ニュース紙とその中国語版『字林滬報』の編集に携わったという[129]。また、何啓は一八七〇年に中央書院に入学したが、翌年父何進善が亡くなり、受け継いだ遺産を用いて彼も一八七二年からイギリスに留学している[130]。なお何啓は中央書院在学中に後に『新政真詮』を共に執筆することになる胡礼垣と出会っている。胡礼垣は太平天国の戦乱を避けて一八五〇年代に香港にやってきた広東の商人の息子で、幼い頃は科挙のための勉強を積んでいた。一八六二年、十四歳の時に中央書院に入学し、一八七〇年まで在学、卒業後は中央書院の中国語教員を務め、その後一時期『循環日報』で翻訳の仕事をしていたという[131]。

一方、中央書院の出身者ではないが、何啓と同じく何進善の遺産によって留学を果たしたもうひとりの人物として、前節でも取りあげた伍廷芳がいる。中央書院創立以前の准官立学校である聖ポール書院の出身で、洗礼を受けた信徒でもあった伍廷芳は、一八六四年に何進善の娘で何啓の姉に当たる何妙齢と結婚していた[132]。一八七〇年前後には治安判事裁判所の通訳の任にあったが、何進善が亡くなると何妙齢もその遺産の一部を受け継いだため、その援助によって一八七四年からイギリスに留学することになったのである。イギリスで法律を学んで弁護士の資格を得た伍廷芳は、一八七六年春に香港に戻り、香港で初の中国人弁護士となった。一八七七年に李鴻章に招かれて天津に赴き、その法律顧問となったが、翌年には父の服喪のために香港に戻り、弁護士に復帰している。そして一八七八年のうちに中国人として初めて「太平紳士（Justices of the Peace）」に選ばれ、さらに一八八〇年にはやはり中国人として初めて、香港政府の立法評議会の非官職議員に選ばれた。非官職議員は富商や銀行家、医師、弁護士、建築士などの名士の中から香港総督の選定によって任命される議員で、中国人人口が急激に増加するなか、中国人の代表者も立法評議会に加えようとの気運が高まり、ついに最初の中国人議員として伍廷芳が選ばれたのである。しかし二年後には伍廷芳はその職を辞し、再び李鴻章のもとに赴いて北洋洋務局委員となる。以後、法律顧問として外国との条約交渉に参与したほか、開平鉄路公司〔後の中国鉄路公司〕の総裁として鉄道事業の運営にも携わった。一八九七年以降は外交官としても活躍することになる[133]。なお、李鴻章の幕下には一八七五年にアメリカ留学計画関連の仕事を終えて帰国した曾蘭生もおり、以後通訳として二十年間にわたって李鴻章の対外交渉を支えたという[134]。伍廷芳と曾蘭生はともにシンガポール出身で、教会学校で教育を受けたキリスト教徒であり、海外での留学経験を持っていた点でも共通する。こうした特殊な経歴を持つ人材が、洋務運動期の外交の実務の一端を担っていたのである。

一方、伍廷芳が一八八二年に立法評議会の議員を辞した後、一八八四年に改めて香港総督が任命した中国人非官職議員は黄勝であった。黄勝は先にも述べたとおり、一八五八年に中国人初の陪審員に選ばれるなど、早くから香港において社会的地位を得ていた。一八七二年に富裕な買辦や商人を中心とする中国人社会のリーダーたちの働きかけによって、中国式の医療の提供および孤児の収容や身寄りのない死者の埋葬などを行う福利機構として東華医院が設立されるが、黄勝はその初代の理事のひとりでもあった[135]。その後黄勝は、先にも述べたとおり、一八七三年に出発した第二回の派遣留学生とともに渡米して留学事務所の書記官をつとめ、さらに一八七八年には清朝の最初の駐米公使陳蘭彬の上奏によりワシントンの公使館の通訳に任命され、翌年再び渡米している[136]。ワシントンでの勤務中、駐米副公使となっていた容閎から留学事務所の監督官に推薦されるが[137]、陳蘭彬の反対で実現しなかった。代わりに留学事務所の監督官になったのは、やはり陳蘭彬に随行して渡米していた呉嘉善で、彼は着任後間もないうちに、留学生たちが「西洋の風習」、つまりはキリスト教に染まっているとして留学事業の廃止を唱え始めており、従来から容閎としばしば対立していた陳蘭彬も同調した。結局一八八一年にこの留学事業は打ち切られ、留学生たちは一斉に帰国させられることになる。容閎も、一八八一年六月に第二代駐米公使が任命されるのと同時に副公使の官職が廃止されたのを受け、その任務を終えた。報告のために一旦中国を訪れたが、一八八三年には妻子の待つアメリカに戻っている[138]。黄勝も通訳在任中、留学生たちにキリスト教への入信を勧めていると糾弾されたこともあったといい、留学事業の打ち切りという結果は、容閎のみならず、黄勝にとっても挫折を感じさせるものであったようだ。黄勝もほどなくして香港に戻っており、一八八三年にイギリス国籍を取得、以後洋務運動からは身を引いた。そしてイギリス国籍を取得したその翌年、立法評議会の非官職議員に任命されたのである。黄勝は一八九〇年まで非官職議員を務めたのち退任し、後任には何進善の息子の何啓が就いた。

何啓はイギリスで医師の資格を取るとともに、法律を学んで弁護士の資格も取り、一八八二年にイギリス人の妻アリスとともに香港に戻っていた。医師、弁護士として活躍し、一八八七年にはその三年前に亡くなった妻アリスを記念した「雅麗氏医院」を創設、さらに同年十月には医院の中に香港大学の前身ともなる医学校「香港西医書院」も創設した。また一八八六年から香港政府の公衆衛生委員会のメンバーにもなっている。一八九〇年に立法評議会の非官職議員になると、一九一四年に亡くなるまでその職にあった。また何啓は一八八七年から一八九八年にかけて中国の政治改革の必要性について議論する英語の論文をいくつか執筆しており、これらは友人の胡礼垣による翻訳と加筆を経て、『新政真詮』として一八九九年に出版された[139]。

立法評議会の非官職議員はその後何啓らの働きかけにより一八九六年に二人増員され、そのうちひとりは中国人議員とすることが定められた。そこで新しく非官職議員に任命されたのは黄勝の娘婿、韋玉であった[140]。

このように香港の最初期の立法評議会の中国人非官職議員たちはいずれもクリスチャン・コミュニティに連なる人々の中から選ばれていた。非官職議員が中国人にも開放され始めたこの時期、彼らこそが香港政府から最も信頼を受けやすく、中国人社会との橋渡しを期待される存在だったのである。また、香港のクリスチャン・エリートの多くは洋務運動とも関わりを持った。すでに述べてきた伍廷芳や黄勝もそうであるが、例えば関元昌や李正高の子供たちも「洋務」に長けた人材として清朝末期から民国初期にかけてさまざまな官職についている[141]。

（三）　孫文と香港のクリスチャン・コミュニティ

先にも言及した何啓が設立した雅麗氏病院は、ロンドン伝道会が所有する敷地に建てられたものであった。ロンドン伝道会の教会ではそれまでの教会堂が手狭になっており、新しい会堂が必要になっていた。一八八六年に信徒の婦人から土地の寄付があったため、半分を病院に、半分を教会堂に当てることになり、そこに雅麗氏病院が建てられたのである。教会堂は一八八八年に完成し「道済会堂」と名づけられた。当時の牧師は、一八八五年に礼賢会（レニッシュ伝道会）から招聘された王煜初であった。もともと福漢会のメンバーで後にレニッシュ伝道会の牧師となった王元深の長男である[142]。

この道済会堂の建設に協力した信徒の中には関元昌もいた。英華書院で印刷事業に携わった後、香港と広州で歯科技術を学び、一八七〇年代前半には広州で開業したが、子供たちが成長したのち香港に戻ったという。香港でも広州でも教会の長老に推挙されていた。また妻の黎氏は雅麗氏医院が開業した際、看護師をしていたという(143)。

そして雅麗氏医院内に創設された香港西医書院で第一期生として医学を学び、最初の医師資格を得た学生のひとりが孫文であった(144)。孫文は一八六六年に広東省香山県で生まれ、十二歳の時に兄を頼ってハワイに行き、教会学校で学ぶ中でキリスト教の薫陶を受けた。一八八三年に一旦故郷に戻るが、村内の廟を偶像だとして破壊し、祖父の怒りを買って香港に行く。一八八四年、同郷の友人陸皓東と一緒にアメリカン・ボードの医師ハージャーから洗礼を受け、キリスト教徒となった。拔萃男書院（Diocesan Boys' School）および中央書院で学んだのち、一八八六年から広州の博済医院で医学を学びはじめ、翌一八八七年に香港西医書院が開校するとこちらに移った。香港にいる間はロンドン伝道会の教会（すなわち後の道済会堂）の礼拝に参加しており、教会のメンバーで長老でもあった区鳳墀から中国語の補習を受けていたこともあったという。また西医書院の同級生には関元昌の五男景良もおり、孫文は関家とは家族ぐるみの付き合いがあった(145)。

このように孫文も、香港で学び、キリスト教徒となったことでクリスチャン・コミュニティとの接点を持った。何啓と孫文は香港西医書院で師弟関係にあったが、その何啓をはじめ、道済会堂の牧師王煜初や長老区鳳墀、孫文の同級生の関景良など、孫文の革命運動の積極的参加者ではないが、理解者となり支持者となった人々も多い。また容閎のいとこで容閎が提唱した留学事業の留学生でもあった容閎(146)や、イギリスに留学した黄勝の息子黄詠商などのように興中会に参加し、直接革命運動に関わる者もいた。黄詠商は何啓によって孫文に紹介されたのだという。興中会の創立メンバーであり、興中会本部となった「乾亨行」の所有者でもあった(147)。また孫文の最初の革命の仲間として有名な陳少白も、父や広州の南部バプテスト連盟の教会の伝道者であった叔父の影響でキリスト教徒となった人物であり、しかも区鳳墀の紹介で孫文に出会ったのだという。(148) 香港のクリスチャン・コミュニティは洋務運動を支える人材の供給源であったのと同時に、新たな革命運動の始まりを支える基盤のひとつともなったのである。

(1) 黄畹の上書は愛如生数字化技術研究中心『太平天国檔(USB盤)拇指数据庫』愛如生数字化技術研究中心、二〇〇九年所収のものを参照した。これは一九二八年創刊の故宮博物院『掌故叢編』(第十一輯以降『文献叢編』)シリーズに収められた太平天国関連文献(『太平天国文件』及び『太平天国文献』)のいくつかを収録したものである。

(2) 「同治元年三月己酉〔二十七日〕上諭」、『東華続録』同治七、王先謙編『十二朝東華録』文海出版社、一九六三年所収、一〇五頁。

(3) 黄畹をめぐる議論については張海林『王韜評伝』、九三—九五頁にまとめられている。黄畹=王韜とする代表的な論文としては、羅爾綱「黄畹考」、同『太平天国史記載訂謬集』三聯書店、一九五五年、一一一—一三九頁が挙げられる。

(4) 羅爾綱「劉肇鈞伝」、同『太平天国史』、二二七九—二二八〇頁。

(5) *The North China Herald*, 7 Jul 1860. リウの原文表記は Lieu である。

(6) Edkins, "Narrative of a Visit to Nanking", p. 247.

(7) それぞれの旅行の詳しい内容を記した部分は残されていないものの、王韜が蘇州や南京に行ったことを示す日記の断片は残されている。方行『王韜日記』、一八六頁、及び胡適「跋館蔵王韜手稿七冊」、一—四頁。

(8) 王韜『瀛壖雑誌 甕牖余談』、二〇九頁。

(9) 例えば羅爾綱は、王韜は太平天国への忠誠を装い、欧米の手先として太平天国に上海を占領させないために画策したとする(同「黄畹考」、一三六—一三九頁)。あるいは張海林のように、忠誠を誓う相手を変えて、太平天国での出世を望んだとするものもある(同『王韜評伝』、八三—八七頁)。

(10) Edkins, "Narrative of a Visit to Nanking", p. 245.

(11) 王韜「弢園老民自伝」、同『弢園文新編』三聯書店、一九九八年、三六八頁。

(12) 方行ほか整理『王韜日記』、一七三頁。

(13) 郭福衡は、王韜が自伝の中で李善蘭、蔣敦復、管嗣復と並べて墨海書館で知り合った友として挙げている人物である。しかし現存する王韜の日記から見る限り、少なくとも一八五二年七月の時点では上海にはすでにおらず、一八六〇年になって初めて互いに松江と上海の間を行き来し、旧交を温めた様子が記述されているだけである。

(14) 方行ほか整理『王韜日記』、一七七頁。

(15) 以下の記述は「英領差卜魯斯為滬英領未旨交出黄畹縁由照会」（〔英〕卜魯斯「英国関於黄畹交渉照会」、愛如生数字化技術研究中心『太平天国檔（USB盤）拇指数据庫』所収）による。

(16) Letter from Muirhead, 9 Jan 1862. なお、ミュアヘッドのリストでは助手の人数は六人で、姓しか記されておらず、潘詒准（Pwan）以外はいずれも説教師（Exhortor）である。Wangという姓の者はひとりだけで、病院の説教師であったという。王爾敏『近代上海科技先駆之仁済医院与格致書院』、四八頁によれば、黄吉甫は病院での布教活動に尽力したとされており、このWangは黄吉甫を指すと思われる。王韜の日記から黄錞も一貫して墨海書館にいたことが分かっているが（方行ほか整理『王韜日記』、一九五頁）、上記リストには病院の助手については触れられていない。病院は医薬伝道会の管理下にあり、黄錞は身分上ロンドン伝道会ではなく医薬伝道会の所属になっていたことが推測される。

(17) 曾国藩『日記（一）（曾国藩全集）』岳麓書社、一九八七年、六七〇頁、「徐寿年譜」、汪広仁編『中国近代科学先駆徐寿父子研究』、五五九頁。

(18) 『皇朝国史儒林華徐四君子列伝』、汪広仁編『中国近代科学先駆徐寿父子研究』、一一二頁。

(19) 「〝黄鵠〟——西洋人眼光中的中国自造第一艘輪船」、汪広仁編『中国近代科学先駆徐寿父子研究』、三〇八—三一一頁。

(20) 曾国藩『日記（二）』、七六六頁。

(21) 『幾何原本』、曾国藩序、同治四年刊。

(22) 以下の記述は、百瀬弘訳註『西学東漸記』、一二四—一七〇頁による。

(23) 汪広仁編『中国近代科学先駆徐寿父子研究』、一三〇頁。

(24) 曾国藩同治七年九月初二日「奏陳新造輪船及上海機器局籌辧情形摺」、曾国藩『奏稿（十）』、六〇九一頁。

(25) 方行ほか整理『王韜日記』、一九五—一九六頁。

(26) Legge, James, *The Chinese Classics, Vol. III*, Hong Kong, 1865, p. viii.

(27) 方行ほか整理『王韜日記』、一九六—二一〇頁。なおここに登場する梁文盛は、王韜の日記で「梁文盛先生伝述福音」と述べられているが、第三章で言及したオーストラリア帰りの助手梁柱臣とは同姓の別人で、一八五〇年代から香港で助手として働いていた人物である。Letter from Eitel to Turner, 9 May 1872, CWM, South China, 7-2-D.

(28) Legge, James, *The Chinese Classics, Vol. I*, Hong Kong, 1861, p. xi.

(29) Letter from Legge to Tidman, 19 June 1858, CWM, South China, 6-1-B.

(30) Letter from Legge to Tidman, 25 Sep 1862, CWM, South China, 6-3-D.

(31) Legge, *James Legge*, p. 43, Letter from Legge to Tidman, 24 Feb 1864, CWM, South China, 6-4-B. なお王韜は一八六三年一月にはミュアヘッドや黄錞の助力で妻と娘二人を香港に迎えており、一家四人での生活であった。方行ほか整理『王韜日記』、二〇一頁。

(32) Smith, *Chinese Christians*, pp. 129-131 . Legge, "Sketch of the Life of Ho Tsun-Sheen". 何進善には、宣教師には知らせずに別名を使って投資していた資産もあったらしく、一八七一年に亡くなったあと明らかになった資産の全容は十五万メキシコドル相当にのぼったという。

(33) 「黎韓二牧年譜与本会百年大事表合編」、『香港崇真会立会一百四十周年紀年特刊』、九一頁、Lutz, *Hakka Chinese*, p. 129.

(34) 施拉徳（Wilhelm Schlattar）著、戴智民（Richard Deutch）・周天和訳『真光照客家——巴色差会早期来華宣教簡史 1839-1915』基督教香港崇真会、二〇〇八年、六七—六八頁。本書は曾福全氏よりご提供いただいた。ここに感謝申し上げる。

(35) 同上六五—六六頁。

(36) Legge, *James Legge*, p. 95. レッグのところに百ドルを持ってきたのは洪仁玕の兄洪世甫であったという。なお、この「ドル」は当時国際取引で広く用いられていたメキシコドル（ないしスペインドル）を指すと思われる。例えば香港や上海での土地の売買、宣教師報告に見られるスタッフへの給与などもすべて「ドル」が単位である。中国の銀両との兌換率は定かではないが、一八六二年三月八日のノース・チャイナ・ヘラルド紙掲載のロバーツの手紙で、忠王から送られてきた銀百両を「百三十六ドル」としていることは参考になろう。

(37) Letter from Lechler to Insp., 24 May 1861, BM, A-1-4, China 1861, No. 7. レヒラーは「レッグ博士はロンドン伝道会の〔活動の〕ために百ドル、我々はバーゼル伝道会の〔活動の〕ために百ドルもらいましたが、レッグ博士は受け取りませんでした。我々はあなた〔バーゼル伝道会本部〕にその判断を委ねたいと思います」と述べている。

(38) Letter from Insp. to Lechler, 15 Oct 1861, BM, A-2-1, p. 157.

(39) Letter from Lechler to Insp., 12 Oct 1862, BM, A-1-4, China 1862, No. 11. レヒラーは洪仁玕から送られてきた「百二十五

ドル」を箐箕湾堂の建設費として使いたい、と本部に打診している。一八六一年五月以降、改めて洪仁玕から金銭が届けられたという記録はないため、筆者はこれは一八六一年初めに受けとり、貯蓄していたものであると判断し、金額の違いについては銀両の兌換率が変わったのではないかと推測する。この打診は、翌年、本部の承諾を得た。Letter from Insp. to Lechler, 12 Feb 1863, BM, A-2-1, p. 167.

(40)　羅爾綱『李秀成自述原稿注（増補本）』、三六二頁、簡又文「太平天国洪氏遺裔訪問記」、同『太平天国雑記 第一輯』商務印書館、一九三五年、二二五―二二六、二三二―二三三頁。洪仁玕には三人の息子がいたという。洪葵元は一八六四年三月、危機が迫る南京で李秀成が招集した兵糧確保に関する会議にも出席している。南京陥落後、父洪仁玕と再会、洪仁玕が捕らえられる直前まで行動をともにしていたが、その後逃げ延び、一説には福建で馬を失ってからは徒歩で広東省までたどり着いたという。

(41)　劉粤声『香港基督教会史』、三四一頁。張声和はその後一八九七年に牧師に叙任された。一九二八年まで存命で、太平天国研究の第一人者である簡又文に直接洪葵元の消息を伝えた。

(42)　Letter from Lechler to Insp., 1 Feb 1872, BM, A-1-8, Hong Kong 1872, No. 2, Letter from Bellon to Insp., 2 Jan 1874, BM, A-1-8, Lilong 1873, No. 157., Letter from Loercher to Insp., 14 Feb 1875, BM, A-1-9, Hong Kong 1874, No. 25. バーゼル伝道会の報告書では葵元のことはFung Khui-syuと表記されている。洪仁玕や李秀成の自供では「葵元」であるが、洪氏の族譜では洪仁玕の長子は「葵秀」であるという（羅爾綱『太平天国史』中華書局、一九九一年、一九九四頁）。南京にいる間は少なくとも「葵元」を名乗り（洪秀全の名前に使われている「秀」の使用を避けたことも考えられる）、太平天国滅亡後は「葵秀」に戻したものと思われる。

(43)　以下の記述は李大楷『感主恩経歴史』、第十一―十七葉による。

(44)　李大楷は子供の頃から外国人の使用人（侍仔）をしていた。はじめはある貿易商人の使用人をしていたが、インドに行くことになったのを父李正高に反対され、連れ戻される。李朗の学校への入学を希望したが、食費を納めないと入学できない制度であった（後に改正される）ためかなわず、ベルリン中国伝道会の宣教師の使用人になった。李大楷を引き受けたハンスパッハ医師は将来彼を助手とするため、李朗の学校に入学させたが、二年後、李大楷が「将来有望であることを見て取った」バーゼル伝道会の宣教師が彼の引き取りをハンスパッハに要望し、争いになったという。もっともこの背景には、当時ハンスパッハが教会や拠点を持たない「遊歴伝道者」としてバーゼル伝道会の布教地域内で布教活動を行っており、互いの活動区域を明確に分けることを求めたバーゼル伝道会と対立するようになっていたこともあったようである。施拉徳『真光照客家』によれば、両者の対立が起きたのは一八六六年であった。施拉徳『真光照客家』、七九、一五一頁。

(45) Lutz, *Hakka Chinese*, p. 142. 李大才の字は承恩（BM 史料中では Schin en）である。

(46) 施拉徳『真光照客家』、六九頁、Lutz, *Hakka Chinese*, p. 135. 一八六九年にレヒラーは再び清遠県を訪れ、かつて洪秀全から洗礼を受けた者たちを含む十六人に洗礼を施した。

(47) 以下の記述は Chinese in Guyana: Their Roots ウェブサイト（http://www.rootsweb.ancestry.com/~guycigtr/ チャーター船の便名、乗船人数、乗船者リスト等を掲載）、及び Letter from Lechler to Insp., 25 Feb 1885, BM, A-1-18, Hong Kong 1884, No. 47 及び Trev Sue-A-Quan, "The experiences of early Hakka immigrants in Guyana—An account of four families", Celebrating the 150th Anniversary of the Arrival of Chinese to Guyana（1853 to 2003）ウェブサイト（http://www.sdnp.org.gy/chinese/）による。移民開始直後は男性単身者のみが移民したが、ガイアナ植民地政府は妻子を帯同しての移民を要請し、一八六〇年、レニッシュ伝道会の宣教師ロブシャイドの斡旋で初めて女性を含む客家の信徒たちの集団がガイアナに送り出されたという。

(48) のちに葵元は病気になり、その痛みから逃れるためにアヘンを吸うようになったため牧師をやめた。また、再び家族とともにトリニダード島に移民したとも言われている。Letter from Lechler to Insp. 16 Sep 1892, BM, A-1-26, Hin nen 1892, No. 160, Trev Sue-A-Quan, "The experiences of early Hakka immigrants in Guyana".

(49) やはり北ボルネオ会社から香港およびバーゼル伝道会当局に移民募集の要請があり、それに応えて一八八二年以降、三回にわたって信徒たちの移民が行われた。洪佩玲整理「巴色会差伝史（一）」、馬来西亜基督教巴色会ウェブサイト（http://www.bccm.org.my/）より。

(50) 張道寗「基督教香港崇真会――救恩堂簡史」、『香港崇真会立会一百四十周年紀念特刊』、一七九頁。李正高は一八七九年に牧師に叙任され、李大楷に西営盤礼拝堂をゆだねた後は筲箕湾堂を管理したが、一八八一年には退任し、一八八五年に亡くなった（同一七八頁）。

(51) 李大楷『感主恩経歴史』、第十六―十七葉、洪佩玲整理「巴色会差伝史（一）」。李大楷は『感主恩経歴史』の中で特にベンダーとの折り合いが悪かったと述べている。しかし「当時巴色会牧師専制之権甚重」、「巴色会牧師最惧者、乃伝道師有銭、有銭則有盤費回家、不甘受其虐也」と述べるなど、伝道会そのものへの不信感も強く、自分がたとえ早く死んでも、子供たちを伝道職に就けてはならないと妻に厳命していたほどであった。移民に当たっては弟の李大森、李大才や妹の李恩嬌もその費用を出し合ったという。クダで生活基盤を築くと、一九〇一年には自らの土地を提供し、教会堂と学校を建てた。

(52) 王揚宗『傅蘭雅与近代中国的科学啓蒙』科学出版社、二〇〇〇年、九―一三、一六―一七、二四―二八頁。Bennett, Adrian A., *John Fryer, the Introduction of Western Science and Technology into Nineteenth-Century China*, East Asian Research Center Harvard University, 1967, pp. 5-13. フライヤーは中国に来てから宣教師になることを希望したがかなわなかったという。

(53) 王揚宗『傅蘭雅与近代中国的科学啓蒙』巻末目録より。後述する『格致彙編』に掲載された訳書も含めると、フライヤーが生涯に翻訳した書物は百二十種を超える。

(54) Thomas, James, "Biographical Sketch of Alexander Wylie", Wylie, Alexander, *Chinese Researches*, Shanghai, 1897, pp. 4-5.

(55) Bennett, *John Fryer*, pp. 106-107.

(56) Cordier, M. H. Henri, "The Life and Labours of Alexander Wylie", Wylie, *Chinese Researches*, p. 16.

(57) この時すでに南京で曾国藩の支持と資金援助を得て『幾何原本』十五巻と『則古昔齋算学』二十四巻が再刊されており、李鴻章の資金援助を得て『重学』八巻と『円錐曲線説』三巻の合刊本も再刊されていた。

(58) 王渝生『中国近代科学的李善蘭』、五二、六四―六七頁。

(59) 蘇精『清季同文館及其師生』、一〇二―一〇三頁。

(60) 同上八九頁。

(61) なお、広方言館とほぼ同時期に広州にも「広東同文館」が設置されることとなり、一八六四年六月に開館している。ここで中国語の教習に着任したのは、呉嘉善であった。同上二四四―二四五頁。

(62) 同上一〇二―一〇三頁、及びBennett, Adrian A., *Missionary Journalist in China, Young J. Allen and his Magazines, 1860-1883*, the University of Georgia Press, 1983, pp. 26-27.

(63) 蘇精「黄寛与黄勝」、七三頁。

(64) 同上。王韜が代筆した書信「代上蘇撫李宮保書」「代上丁雨生観察書」「代上丁観察書」は王韜『弢園尺牘』中華書局、一九五九年、七八―九二頁に所収。

(65) Bennett, *Missionary Journalist in China*, p. 27.

(66) Letter from Legge to Tidman, 14 Feb 1865, CWM, South China, 6-4-C. 蘇精『清季同文館及其師生』、一〇二頁。レッグへの手紙には、黄勝は一八六五年の春には息子を連れてイギリスに渡るつもりであったが、広方言館の職を離れることができなかった、可能ならばその次の年の春には渡英したいと考えている、と記されていた。しかし一八六六年の夏の時点でまだ黄勝は広方言館にいたことが分かっており（張徳彝『航海述奇』、同治五年八月三十日）、結局渡英の計画は実現しなかったものと思われる。

(67) Bennett, *Missionary Journalist in China*, p. 75.

(68) Ibid., pp. 58-63.

(69) ミュアヘッドの著作としては『耶穌伝道論』や『来就耶穌』の一部、ロンドン伝道会史についての英書の翻訳などが連載された。ウィリアムソンは一八五七年に一旦帰国したが、スコットランド聖書協会の代表として一八六三年に再び中国に戻り、煙台を拠点に聖書の配布活動を行っていた。ウィリアムソンは『教会新報』において「格物探原」を連載しているが、これは『六合叢談』の「真道実証」の内容とも重複するもので、やはり自然神学の観点からキリスト教を説いている。エドキンスは、中国の古典と旧約聖書を比較し東西諸国の「源が実はひとつ」であることを論じた「稽古集解」、宣教師バーンズ（William Burns）の伝記の翻訳や「格致新学提綱」「地説」などを連載している。

(70) Bennett, *Missionary Journalist in China*, pp. 66-68.

(71) 王揚宗『傅蘭雅与近代中国的科学啓蒙』、一〇〇―一〇一頁。

(72) 同上八九―九一頁。Bennett, *John Fryer*, pp. 50-51.

(73) 格致書院についての以下の記述は、王爾敏『近代上海科技先駆之仁済医院与格致書院』、七〇―九四頁、及び王揚宗『傅蘭雅与近代中国的科学啓蒙』、七一―八四頁による。

(74) Smith, *Chinese Christians*, p. 49.

(75) 唐廷植は一八七一年に天津のジャーディン・マセソン商会の買辦となり、弟の唐廷枢が輪船招商局の総裁になると、ジャーディン・マセソン商会の上海の買辦の職を引き継いだ。

(76) 卓南生『中国近代新聞成立史』、一四六―一四七頁。

(77) 同上一五六―一五八頁、Vittinghoff, Natascha 著、姜嘉栄訳「遁窟廃民：香港報業先鋒――王韜」、林啓彦編『王韜与近代世界』、三二四―三二五頁。Smith, *Chinese Christians*, pp. 134. なお、後述の伍廷芳が発起人であるとする論者も多いが、一八五七年の時点では伍廷芳は聖ポール書院に入学して二年目、年齢は十五歳であり、彼が発起人であったとは考えにくい。このことはここに挙げたいずれの研究においても指摘されている。

(78) Smith, *Chinese Christians*, p. 132. 次段の伍兄弟についての記載もこの箇所による。Smith の記述は主に米国長老教会の史料に基づくものであるという。

(79) *Blue Book Hong Kong*, 1852-1854, 1858, 1861 より。一八五五年から一八五七年の *Blue Book* が確認できなかったため、伍発がいつ通訳の職を辞したかは不明であるが、少なくとも一八五八年以降の *Blue Book* にはその名を確認することはできず、Smith の研究でも伍発のその後の消息は不明である。

(80) 『香港華字日報』とその前身『中外新聞七日報』については卓南生『中国近代新聞成立史』、一九六—二一八頁を参照した。

(81) *Hong Kong Blue Book*, 1864, 1870.

(82) 『近事編録』そのものは管見の限り現存しておらず、研究もほとんどされていないため現時点でははっきりしたことは分からない。

(83) レッグは一八七〇年に一時帰国から香港に戻った後、古典の翻訳を完成させ、一八七三年の初めに帰国することになっていた。アイテルはもともとバーゼル伝道会の宣教師であったが、一八六五年からロンドン伝道会の所属となり、広東省で布教活動にあたっていた。レッグ帰国に伴い、一八七八年一月から香港支部の責任者となった。

(84) Letter from Eitel to Mullens, 28 Jan 1873, CWM, South China, 7-3-A.

(85) Letter from Eitel to Mullens, 2 Jan 1873, CWM, South China, 7-3-A, Letter from Eitel to Mullens, 9 May 1873, CWM, South China, 7-3-B. 蘇精「黄寛与黄勝」、七三頁。ただし、卓南生氏の指摘によれば、『循環日報』創刊の約一ヶ月半後からは中華印務総局の経営責任者の名前が陳藹廷から黄勝に変わっているという。筆者は『循環日報』の原本は未確認であるが、もしそうであるとすれば、黄勝は発刊後に関与するようになったものと思われる。卓南生『中国近代新聞成立史』、二三五頁。

(86) Letter from Eitel to Turner, 9 Jan 1873（Eitel, 9 May 1873 に添付）, Letter from Eitel to Mullens, 5 Feb 1873, CWM, South China, 7-3-A（契約書コピーが添付されている）.

(87) Vittinghoff「遁窟廃民：香港報業先鋒——王韜」、三二一頁。

(88) 『循環日報』を主題とした論述としては、上記 Vittinghoff の「遁窟廃民：香港報業先鋒——王韜」及び李谷城「王韜与香港近代報業」（いずれも林啓彦編『王韜与近代世界』所収、三一三—三七六頁）、老冠祥「王韜与『循環日報』」、胡文龍『中国新聞評論発展研究』中国人民大学出版社、二〇〇二年、二二一―三五頁などがある。
(89) 卓南生『中国近代新聞成立史』、二二〇頁。
(90) 同上二四一頁。
(91) 洪仁玕『資政新篇』「法法類」、並木頼寿編『開国と社会変容』、一九三頁。
(92) 卓南生『中国近代新聞成立史』、二二一頁。
(93) 同上二五四―二五五頁。
(94) 李谷城「王韜与香港近代報業」、三四九―三五二頁。
(95) 王爾敏『近代上海科技先駆之仁済医院与格致書院』、一一八―一四七頁、王揚宗『傅蘭雅与近代中国的科学啓蒙』、八四―八八頁。
(96) 林楽知編『教会新報（一）』、二五―二六頁。黄吉甫は一八七三年に病気で死去してしまうが、潘詒准がその追悼文を執筆している（『教会新報（六）』、二六六九―二六七〇頁）。なお、『教会新報』の号数は影印版では明記されていないが、時折本文中で言及される号数などをもとに筆者が算定した。創刊は一八六八年九月五日、毎週土曜日発行の週刊紙で、旧暦新年と西暦七月に一回ずつ休刊し、毎年五十号が発行された。号数は『万国公報』にも引き継がれ、『万国公報』の創刊号は通算第三〇一号となっている。
(97) 同上三八〇―三八一頁。牛痘ワクチンは一八五〇年代後半にはすでに仁済医館に導入されており、黄錞が王韜にワクチンの技法を紹介している場面が王韜の日記に登場している。方行ほか整理『王韜日記』、八〇頁。
(98) 張斯桂の文章は第四十八号（一八六九年八月）と第九十号（一八七〇年六月）に掲載されている（林楽知編『教会新報（一）』、四五〇―四五一頁、『教会新報（二）』、八六九頁）。第四十八号のほうは武昌の城内の水はけの悪さを解消するために蒸気機関を用いた水車を開発することを提言する内容で、張斯桂自ら教会新報社を訪れ原稿をアレンに示したのだという。一方の蔣敦復の文章は一八六七年に蔣が死去した後に刊行された彼の文集から引用したもののようである（林楽知編『教会新報（三）』、一一六九頁）。第百二十一号（一八七一年一月）から第百七十九号（一八七二年四月）にかけて断続的に十一本の文章が掲載された。そのほとんどは人物伝である。
(99) 林楽知編『教会新報（一）』、四四六頁。梁発は辛亥革命前後の時期に改めて脚光を浴びてゆくことになる。その過程や梁発像の形成に南中国のキリスト教界が与えた影響については、土肥歩「中国キリスト教史から見た辛亥革命――梁発の「発見」と太平天国史叙述の再形成」、日本孫文研究会編『グローバルヒストリーの中の辛亥革命』汲古書院、二〇一三年、二五一―二七三頁を参照されたい。

(100) 林楽知編『教会新報（一）』、三〇四―三〇五、三一四―三一五頁、『教会新報（三）』、一三五二―一三五三、一三八〇頁、『教会新報（六）』、三二七〇―三二七二頁。

(101) 林楽知編『教会新報（一）』、四〇一―四〇二頁。

(102) 林楽知編『教会新報（二）』、六五二頁。

(103) 林楽知編『教会新報（六）』、二七〇二―二七〇五頁。

(104) 『教会新報』第六十四号（一八六九年十二月）、潘恂如「聖経講義」、林楽知編『教会新報（二）』、六〇六―六〇七頁。これ以前の聖書釈義文は二編あるが、潘詒准のものよりはやや簡明な内容の解説文に近いものである。同『教会新報（一）』、一四五頁、同『教会新報（二）』、六〇五―六〇六頁。

(105) 『新約聖書』「マタイによる福音書」第十五章第十六節（新共同訳版による。以下同）。コンテストの告知が出されたのは第九十二号（一八七〇年六月）（『教会新報（二）』、八八三頁）であった。なお、このコンテストについては、直近の『教会新報』研究である姚興富『耶儒対話与融合――『教会新報』（1868-1874）研究』宗教文化出版社、二〇〇五年の中でも詳しく論じられている（同書五五―六七頁）。この研究は儒学とキリスト教の融合という観点から、この雑誌に掲載された中国人信徒の文章を中心に精緻な分析を加えたものである。

(106) 作者は「蓮渓逸史」という号でしか記されていないが、「江蘇松江」の人であること、字の「蓮渓」での投稿が他にも複数あることから銭文漪と考えてよいだろう。コンテストの結果発表と第一位の文章は林楽知編『教会新報（二）』、九五九―九六三頁、「蓮渓逸史」の文章は同『教会新報（三）』、九七八―九七九頁、第三位は同九八七―九八九頁、第四位は同一〇七八―一〇八〇頁、第五位は同一〇八八―一〇九〇頁にそれぞれ掲載された。

(107) 林楽知編『教会新報（三）』、九九八―一〇〇〇頁。

(108) 同上一〇八〇―一〇八一頁。

(109) 持平叟の文章では、非教徒の儒学者がキリスト教の礼拝風景を見かけ、祈禱の姿勢に疑問をなげかけた「失礼論」（第六十五号、『教会新報（二）』、六一九頁）への回答である『失礼弁』（第六十九、七十号、『教会新報（二）』、六五八―六六一、六六九―六七二頁）が参考になる。儒教の古典を解説した文章は第百六十三号と第百六十八号（『教会新報（四）』、一五九三、一六三八頁）に見られる。

(110) 第四、五位の文章は「金陵教友」の「半瞽庸人」湯星垣の求めに応じて紙上に掲載されたのであるが、湯はこの二本の掲載を求める書信の中で「愚見以為聖経註発聖経題者、外国人及教中老友必喜読之、用儒書註発聖書題者、中国人及教外名士尤喜読之」、「左右四五両名文二篇極宜刊入新報、此非庸人一人之私言也。各知己諸名人之公言也」と述べている。「請美国林牧師続登聖経題文書」、林楽知編『教会新報（三）』、一〇七七頁。

(111) アレンは順位発表後の総評で評価基準について「凡写聖書題目、専以敬愛其道為首、深切考究為次、文理通順為再次」と述べている。『教会新報（三）』、九九〇頁。

(112) この時のテーマは新約聖書の「テサロニケの信徒への手紙」第五章第二十一節「すべてを吟味して、良いものを大事にしなさい」であった。アレンは、中国も外国も「真」を貴ぶが、キリスト教の「真」とは儒教の「誠」と同じであり、それがすなわち「善（良いもの）」であると解説し、さらに「吾教聖経与儒教中庸理正一貫」であるとして、信徒のみならず非信徒にも広く応募を呼びかけている（第百四十一号、『教会新報（三）』、一三六八―一三六九頁）。第一位になったのは四書五経と聖書の両面から議論を展開した文章であった（第百五十七号、『教会新報（四）』、一五二〇―一五二五頁）。

(113) 林楽知編『万国公報（六）』華文書局、一九六八年、三六二〇―三六二二頁。号数及び発行年月は筆者の算定による。

(114) 張海林『王韜評伝』、六七頁。

(115) 『新約聖書』「マタイによる福音書」第八章第二十一―二十二節。

(116) 王韜「変法上」。邦訳は村田雄二郎編『万国公法の時代――洋務・変法運動（原典中国近代思想史2）』岩波書店、二〇一〇年、一三一頁による。原文は「吾向者嘗謂数百年後道必大同、蓋天既合地球之南朔東西而帰于一天、亦必化天下諸教之異同而帰于一源」。王韜著、陳恒・万銀児評注『弢園文録外編――一个卓立特行者的心路歴程』中州古籍出版社、一九九八年、五一頁。

(117) 先の引用の直前に「三綱五倫、生人之初已具、能尽乎人之分所当為、乃可無憾。聖賢之学、需自此基」とある。

(118) 「変法上」にはこれが書かれた時期の状況として「わが国はいまや……北方では石炭・鉄鉱の試掘が始まっている」とあるが、これは一八七八年の開平鉱務局設立を指しているという（村田雄二郎編『万国公法の時代』、一三三、一三四頁）。これがこの文章の中ではもっとも新しい事象であり、少なくともこれより後の執筆であることが分かる。なお『弢園文録外編』は一八八三年の刊行である。

(119) 竹内弘行『康有為と近代大同思想の研究』汲古書院、二〇〇八年、一一〇―一二一頁。王韜が「原道」で引用しているのは『中庸』の「天下車同軌、書同文、行同倫」、「天之所覆、地之所載、日月所照、霜露所墜、舟車所至、人力所通、凡有血気者莫不尊親」という一節である。なお王韜は後者に続く「故曰配天」を「此之謂大同」に置き換えて続けている。

(120) 「惟我耶穌降世、以救民尽人、以合天俾衆咸帰一主、群奉一真有永生之上帝、凡茲同会四海之遠視若昆弟、天下一家中外一人、南朔東西莫不誠欵」。

(121) Sweeting, Anthony, *Education in Hong Kong pre-1841 to 1941*, Hong Kong University Press, 1990, pp. 186–187.

(122) Letter from Legge, 24 Feb 1864.

(123) 劉粤声『香港基督教会史』、一九七頁。関肇碩・容應萸『香港開埠与関家』、一二頁。

(124) 「会史」は英国教会（聖公会）特有の、牧師よりは下位の神職の呼称と思われる。劉紹麟『香港華人教会之開基』、一六八―一六九頁を参照のこと。

(125) 同上一六一―一六四頁。

(126) 曾蘭生は一八五三年にアメリカン・ボードの助手を辞した後、上海で買辦を務め、その後一八六六年からは福州船政学堂で英文教習と通訳をしていた。

(127) Smith, *Chinese Christians*, p. 153. 『李氏族譜』（本書第二章注(24)を参照のこと）。Smith は英語名の A-Cheung（すなわち大森の幼名である「(亜)昌」の音訳）のみを記載するが、香港薄扶林のキリスト教墓地に残る彼の墓碑銘により、この人物が大森と同一人物であることが分かる。墓碑銘については曾福全氏にご教示いただいた。ここに感謝申し上げる。

(128) 曾蘭生の息子たちについては蘇精『上帝的人馬』、九八―九九頁、Smith, *Chinese Christians*, p. 73, Rhoads, "In the Shadows of Yung Wing", pp. 33-40, 54-55 及び Rhoads, "In the Shadows of Yung Wing" — an update and correction (29th March 2005)" を参照した。篤恭と溥はそれぞれ Spencer, Elijah という英語名を持っている。名前の漢字表記は官費留学生のひとり容尚謙が残した留学生リストによる。Yung Shang Him（容尚謙）, "The Chinese Educational Mission and its Influence", *T'ien Hsia Monthly*, Vol. IX, No. 3, Shanghai, Oct 1939, pp. 247, 249.

(129) 兄の曾溥は一八七七年にイェール大学を卒業した後さらにドイツのフライブルグで一年半学んでから帰国し、銅山の開発に従事したという。なお曾篤恭の妻は何啓の妹の Ho Man-kwai である。

(130) 何啓の生涯については許政雄『清末民権思想的発展与岐異——以何啓、胡礼垣為例』文史哲出版社、一九九二年、三―六頁を参照した。また、何啓の渡英についてはアイテルが、一八七八年四月三日に香港からイギリスに直行する船に乗って出発する予定である、と報告している。Letter from Eitel to Mullens, 2 Apr 1873, CWM, South China, 7-3-B.

(131) 何烈等著『曾国藩 郭嵩燾 王韜 薛福成 鄭観応 胡礼垣(中国歴代思想家(十八)更新版)』台湾商務印書館、一九九九年、二九七—二九八頁。

(132) Smith, *Chinese Christians*, p. 233, note 48.

(133) 張雲樵『伍廷芳与清末政治改革』聯経出版事業公司、一九八七年、四七—二一九頁、丁新豹「歴史的転折——植民体系的建立和演進」、王賡武編『香港史新編』上冊、三聯書店(香港)、一九九七年、八一—八六頁。

(134) 蘇精『上帝的人馬』、九九頁。

(135) 黄勝は子供を私費で海外に留学させた最初の中国人であるとも言われている。一八六七年に黄勝は、かつてブリッジマンの養子であったマーカンタイル銀行の買辦の韋光、そしてやはり買辦であったHo A-seckとともに、それぞれの息子をイギリスに留学させた。息子たちは一八七二年にそろって帰国し、その後まもなく韋光の息子韋玉は黄勝の娘と結婚したという。韋玉は一八七八年に韋光が亡くなると、跡を継いでマーカンタイル銀行の買辦になっている。Smith, *Chinese Christians*, pp. 67–68.

(136) 以下の黄勝の三度目の渡米及び容閎の留学事業に関する記述は、蘇精「黄寛与黄勝」、七三—七四頁、百瀬弘訳註『西学東漸記』、一七〇—一二三頁(百瀬氏の訳註の記述を含む)による。

陳蘭彬は容閎が提唱した官費のアメリカ留学事業において在米留学事務所の初代監督官をしていた人物である。一八七二年に第一回の派遣留学生とともに渡米し、副監督の容閎とともに留学生たちの管理にあたった。陳蘭彬は一八七四年に一旦帰国し、翌一八七五年の年末に容閎とともに駐米公使に任命された。ただしその後外交官規則が整備され、容閎は身分的には副公使となっている。陳蘭彬はアメリカへの移民問題をめぐって北京や広州で交渉を行った後渡米しており、ワシントンに着任したのは一八七九年のことであった。黄勝はこの時陳蘭彬とともに渡米したのである。

(137) もとは陳蘭彬が監督官であったが、彼の帰国および駐米公使任命により空きとなったこのポストは、後任選びが難航した。一連の交代劇については容閎の *My Life in China and America* にも記載があるが、正確さに欠けるとして百瀬氏は訳註に詳細な事実関係を記している。百瀬弘訳註『西学東漸記』、二〇七—二一二頁。

(138) 容閎は一八七五年にアメリカ人女性と結婚した。百瀬弘訳註『西学東漸記』、二七五頁。

(139) 許政雄『清末民権思想的発展与岐異——以何啓、胡礼垣為例』文史哲出版社、一九九二年、四—六頁。

(140) 丁新豹「歴史的転折——植民体系的建立和演進」、八三頁。Smith, *Chinese Christians*, pp. 135-136.

(141) 関元昌の成人した息子九人は、四人が医学校を卒業し、三人が海軍や税関に入り、また二人はエンジニアとして民国政府を支えたという。関肇碩・容應萸『香港開埠与関家』、一三—一四頁。李正高の四男大才は一八七一年から一八七八年にかけてバーゼルに留学しており、ドイツ語に長けていた。長く牧師を務めたが一八九七年に病気を理由にバーゼル伝道会を辞し、山東省の膠州湾ドイツ租借地総督の顧問を務めた。施拉徳『真光照客家』、一五五—一五六頁、『李氏族譜』（二四世祖を大才とするもので、第二章注(24)で言及した二四世祖を大森とするものとは別物である。李正高（二三世祖）までの内容はほぼ同じだが、大才の事績を詳述する。同族譜も李康仁氏に閲覧させていただいた。ここに感謝申し上げる）。また、次項に登場する王煜初の四男王寵恵（号は亮疇）は民国期に司法部長や外交部長を務めた人物である。劉粤声『香港基督教会史』、三一四—三一五頁。

(142) 劉粤声『香港基督教会史』、三〇—三一、二五四—二五五、三一二—三一三頁。

(143) 関肇碩・容應萸『香港開埠与関家』、一〇、一二、一八—一九頁、劉粤声『香港基督教会史』、三一七—三一九頁。

(144) 孫文の経歴、キリスト教との関わりについては劉粤声『香港基督教会史』、二九四—三〇四頁を参照した。なお、香港西医書院にはこの他にも関元昌の七男景星、九男景鑾や王煜初の息子の寵慶、寵益らも学んでいる。関肇碩・容應萸『香港開埠与関家』、一九—二〇頁。

(145) 関肇碩・容應萸『香港開埠与関家』、二一—二二、五四頁。

(146) 容開は別名耀垣、号は星橋で、第三回の官費留学生であった。妻は関元昌の三女月英である。また関元昌の七男景星は、孫文と香港で革命を語り合った最初の仲間「四大寇」のひとり楊鶴齢の妹を妻としているなど、関家の革命派の人々との結びつきは強かった。関肇碩・容應萸『香港開埠与関家』、二二、五三—五五頁。なお同書では容開は容星橋と表記されている。また同書には付録として、自立軍の蜂起と孫文、容閎、容開の関係を論じた、容應萸「自立軍起義前後的容閎与康梁」も収められている（同八四—一〇二頁）。

(147) 蘇精「黄寛与黄勝」、七四頁。馮自由『革命逸史初集』商務印書館、一九三九年、六頁。

(148) 李亜丁「陳少白」、『華人基督教史人物辞典 Biographical Dictionary of CHINESE Christianity』ウェブ辞典 http://www.bdcconline.net/zh-hant/stories/by-person/c/chen-shaobai.php より。

終章　開港場と近代——中国への入口、西洋への窓口

以上、本書の第一章から第六章において、洪仁玕を軸として中国における初期プロテスタント布教の歴史と、主に宣教師によって伝達された西洋知識の受容のあり方、「開港場知識人」の誕生と台頭について述べてきた。終章では、序章で設定した三つの課題に沿って議論し、本書の結びとしたい。

第一節　プロテスタント布教とその受容

筆者が掲げた課題の第一点は、「中国における初期プロテスタント史（一八〇七年—一八六〇年前後）の再構成」であった。本書でこれまで述べてきたことに即して要点をまとめておけば、以下のようになろう。

モリソン以来アヘン戦争に至るまでの期間に、中国布教にはミルン、メドハースト、ブリッジマン、ギュツラフ、シュック、ロバーツらが従事してきたが、宣教師の数はそれ以降の時期に比べれば圧倒的に少数であり、また彼らの海外布教への情熱の根底には十八世紀以来の宗教復興運動という共通のルーツが色濃く残っていたこともあって、国籍や教派、伝道会の違いを超えて互いに協力する場面が多かった。特にモリソン・ミルン訳聖書の最初の改訂作業にはロンドン伝道会のメドハースト、アメリカン・ボードのブリッジマン、個人宣教師のギュツラフがともに携わっていたことは象徴的である。また、この時期は中国内地での布教は難しく、信徒になる中国人は非常に少なかったうえ、

信徒になった者の多くは東南アジアの布教拠点にいるときに洗礼を受けた者であった。この東南アジアの布教拠点には西洋式の教育を行う学校も建てられ、アヘン戦争後に開港場に移転していったのであるが、東南アジア各地においても、また、開港場に移ってからも、これらの学校で「開港場知識人」となる人材が育成されていたことも注目に値する。

その後アヘン戦争を経て中国内地に貿易港が開かれ、イギリス植民地として香港が誕生すると、プロテスタント布教はこうした開港場を拠点に新たな展開を見せてゆく。宣教師の増員や布教拠点の増加などにより、それまで以上に教派や伝道会単位で独自の布教活動を展開する場面が増えていった。それでもモリソン・ミルン訳聖書の再度の改訳をめぐっては教派や伝道会を超えた協力体制が敷かれたが、そこでわき起こった用語論争はかえって宣教師たちの間に深刻な分裂をもたらすことになった。この用語論争に関連して注目すべきは、第一章でも指摘したとおり、この論争が「上帝」という中国古来の神の概念を聖書のGodの訳語として受けいれるかどうか、すなわち上古の時代の中国はキリスト教におけるGodと「同じ」唯一神を崇拝していた、という言説を承認するかどうか、という問題を含んでいたことである。論争の末に「上帝」容認の側に立った宣教師たちは、積極的に中国の古典を引用しながら古代の「上帝」崇拝と関連づけてキリスト教の神を宣揚していった。キリスト教を中国の伝統的な思想や文化と融和させようとしたのは、中国人信徒というよりはまず、宣教師の側だったのである。もっとも、いずれの立場をとるにせよ、用語論争は宣教師たちに真剣に中国の伝統的な思想や歴史に向き合い、理解を深めてゆくことを迫った。「上帝」容認か否かを問わず宣教師の中から多くの優れた「漢学者」が生まれたのにはこうした背景もあったと思われる。特にレッグの古典翻訳事業は、宣教師たちが一方的にキリスト教や西洋文明を中国にもたらすだけではなく、中国の文明をも理解し、さらにそれをヨーロッパ世界に紹介する必要性を感じ取ったことの表れとして見ることができよう。つまり開港場は、宣教師をはじめとする西洋人にとって、中国をより深く理解してゆくための、いわば「中国への入口」としての役割も持つことになるのである。

また、宣教師が中国人知識人の数学のレベルの高さを認識したことは、一八五〇年代以降、墨海書館で西洋の学術書の翻訳が活発化する直接的な引き金となった。もちろん宣教師たちは西洋の学問、特に自然科学分野における優越性を信じており、それらをキリスト教布教の補助的役割を果たすものとして中国に紹介しようとした。しかし、より専門性の高い書物が墨海書館で翻訳されるようになった背景には、そうした知識を理解し、かつ積極的に吸収しようとする中国人知識人の存在があった。翻訳助手たちは決して宣教師の文章を潤色するだけの存在ではなく、その内容を理解できる執筆「協力者」だったのである。一八六〇年代の初頭に墨海書館における学術書の翻訳事業は終わりを告げるが、第六章でも述べたとおり、一八六〇年代の後半から始まる洋務運動の中で、あるいは宣教師たちの間で、再び学術書の翻訳や科学知識の紹介が活発に行われるようになる。その担い手たちの中には墨海書館で翻訳助手をしたり、あるいは西洋知識に触れる経験を持ったりした中国人知識人もおり、また墨海書館で学術書翻訳に尽力した宣教師も含まれていた。墨海書館での学術書翻訳と、洋務運動期に入ってからの学術書翻訳とは強い連続性を持っていたのである。

一方、プロテスタント布教の拡大に伴い、伝道会の助手として教会活動や布教活動を支える中国人信徒も増加した。伝道者として、あるいは布教書の執筆や印刷に携わる助手として、彼らは伝道会にとってなくてはならない存在となる。彼らについては次節の「開港場知識人」の議論の中でも言及するが、ここではプロテスタント布教と太平天国運動との関わりという観点から、中国人信徒が果たした役割について少し述べておきたい。

太平天国との関連という意味では、中国人で最初の伝道者であり『勧世良言』の著者である梁発の存在が大きい。この梁発に関してはまず、一八三〇年代前半に広州付近で活発に展開された彼の布教活動の特殊性を指摘しておかねばならないだろう。宣教師の直接の教えを受けることなく梁発から洗礼を受けた信徒が何人も誕生し、また梁発のオリジナルの布教書『勧世良言』が、モリソンの校閲と資金提供は受けているものの、梁発の裁量で印刷、配布されるなど、この時期の梁発の布教活動はかなり独立的であった。このような梁発による自立的な「中国人による中国人への」布教活動を通して『勧世良言』を含む多くの布教書が広州近辺で科挙の受験者に配布され、結果的に『勧世良言』が洪秀全の手に渡ることになり、後の太平天国運動へとつながってゆくことになるのである。

一方、太平天国運動本体と最も密接に関わりを持ったと考えられるのは、ギュツラフによって設立された福漢会である。福漢会のメンバーは宣教師から訓練は受けるものの、宣教師から厳格に管理や指導を受けていたわけではなく、彼らだけで中国内地に出かけていって布教活動をした。洪秀全と洪仁玕は一八四七年に広州でロバーツからキリスト教を学ぶが、彼らが広州に出かけることになったのも、花県にやってきた中国人伝道者の紹介があったからで、まさに「福漢会式」の布教方式の広がりが花県に達したからであったと言える。また、ロバーツの助手で福漢会メンバーだった周道行が、洪秀全の広州での生活費や、彼が広州を去って広西に向かう際の旅費の工面をしていたことからも分かるように、この時の洪秀全のキリスト教との接触において彼が個人的な人間関係を築いたのは宣教師のロバーツではなく、助手の周道行であった。また福漢会のメンバーは馮雲山の組織した上帝会にも少なからず加わっていたが、これもメンバーたちが比較的自由に行動できたからこそと言えよう。洪秀全、そして太平天国とキリスト教との接点を考える場合、やはりここでも「中国人による中国人への」布教のあり方の存在が大きかったことがうかがえるのである。

第二節　開港場知識人と中国の近代化

筆者の第二の課題は「開港場知識人」の誕生と台頭の跡づけ、であった。本書では牧師からジャーナリスト、そして外交官まで、さまざまな立場の開港場知識人をとりあげてきたが、まず、ここで筆者なりに彼らの類型化を試みておきたいと思う。その際の指標となるのが、彼らがどのような教育を受けてきたのか、という点と、キリスト教に対してどのような態度をとったか、という二点である。いずれも彼らの西洋知識に対する態度や見方に大きく影響を与えていると思われるからである。

まず教育に関していえば、古典の習得に重きを置く伝統的な中国式の教育を受けたのか、あるいは西洋式の教育を受けたのか、という違いがある。前者の中国式の教育を受けた知識人で、キリスト教をも受容した人々というタイプに含まれるのが洪仁玕である。このほか梁発や何進善、李正高らもそうであったし、上海のロンドン伝道会の最初の牧師となった潘詒准、そして王韜や銭文漪もそうであった。ただし何進善は伝統的な教育を受けた後に西洋式の教育も受けており、英語や古典ギリシャ語、ヘブライ語も習得するなど、やや特殊な経験を持っているが、いずれにせよ、彼らのほとんどは宣教師の助手として教会活動や印刷事業など布教活動に直接関わる分野で働くという経験をしている。

彼らに特徴的なのは、儒教的な価値観を保持したうえでキリスト教をも受けいれていることである。例えば梁発は、教育を受けたのは四年間だけで科挙試験を受験することすらなかった、当時の知識人の基準からすれば決して学問程度が高かったとは言えない人物であるが、それでも『勧世良言』の中で儒教の教えについては、「儒教が説く仁、義、礼、知の本然の性の教えは非常にすばらしく、極めて良いものであり、この世を救う聖書のまことの教えとも合致している。ただ儒教は本然の性を知っているだけで、霊魂のことを分かっていないので、何としても天の理、大切なことと枝葉のことの意味を完全に会得することができないのである」と述べている(1)。すなわち、儒教道徳の根本は肯定しつつ、より本質的なもの、より優れた道徳として、キリスト教の教えを位置づけたのであった。このようなキリスト教の位置づけ方は、洪仁玕の『資政新篇』に見られる姿勢――為政者による上からの徳化や教化を重んじる儒教的な価値観に根ざしつつ、その為政者がよって立つべき教えとしてキリスト教を提示する――や、また王韜が『中西通書』の序文や「聖経題文」で展開した、儒学の根本的な教えを真の意味で体現しているのはキリスト教である、というような議論にも通じている。そして知識人信徒の増加に伴い、こうした議論は『教会新報』や『万国公法』においても引き継がれていくのである。

一方、道徳上の価値観とともに中国の知識人が重んじてきたのは、その教えについて述べた書物それ自体の文化的レベル、すなわち文章レベルの高さであった。稚拙な文体の書物は、まずその時点で知識人には受けいれられないものであった。しかしこの点についても、例えば王韜のような生員の資格を持つ文人が文語体聖書の完成に一役買い、さらに信徒となって賛美歌や布教書の改訂にも携わったことで、キリスト教の経典やその他の文書の文章レベルもかなりの程度引き上げられた。そして『教会新報』の時代になると、本書で例に挙げた潘詒准や銭文漪の文章のような純粋に聖書に基づく教義解釈が、知識人信徒自身による高度な文語体で提示されていくようになる。こうした儒教的価値観とキリスト教信仰の両方を併せ持つ知識人たちによって、キリスト教は儒教的価値観に生きる人々にも受けいれ得る、あるいは受けいれるべきものとして提起されていったのである。

同時に彼らは西洋知識の吸収にもつとめており、例えば何進善は聖書の原語を習得し、西洋の神学者の作にも匹敵するとレッグが賞讃したほどの聖書註解書を書いており、また黄𨱔や関元昌のように西洋医学、歯学を修めた者、あるいは王韜や洪仁玕のように海外事情や科学技術、制度などにも興味を持ち、知識の吸収につとめた者もいた。

彼らのようないわば「第一世代」とも言うべき中国人信徒たちの中には、少なくとも本書で見てきた限り、直接洋務運動に関わったり、香港でエリートになったりする者はほとんどいなかったようである。洪仁玕と王韜は後に宣教師の助手をやめ、社会変革を志向して新たな行動を起こしたが、それぞれの境遇は大きく異なるものの、いずれも太平天国との接点という政治的な原因により、清朝に与することはなかった。

一方、彼らとは対照的にキリスト教とは一線を画しながらも、宣教師と交流し積極的に西洋知識を取り入れた知識人たちもいた。主に墨海書館で翻訳助手をした知識人たちで、李善蘭や蔣敦復、管嗣復らが代表的であるが、彼らよりは短期の滞在であったが翻訳事業に関わった張福僖や張斯桂、さらには、助手の経験はないものの宣教師とのつきあいも深く、墨海書館で刊行された翻訳書から直接的に多くを学んでいた徐寿や華衡芳も、やはりこの範疇に含まれるであろう。また彼らや王韜の友人たちの中には、彼らを通して宣教師と交流したり、西洋知識に触れたりする人々もいた。例えば徐有壬や呉嘉善などは李善蘭の友人として墨海書館を訪れたこともあった知識人であるし、また、馮桂芬も管嗣復を通して間接的に墨海書館発の西洋情報に接していた知識人であった。

彼らのほとんどはその後の洋務運動の中で曾国藩や李鴻章ら洋務官僚と呼ばれる官僚たちの幕僚となり、洋務運動の実務を担う人材として重用された。彼らが西洋の学術や海外事情について知識を得ることについて、先のキリスト教徒となった知識人たちと同じか、あるいはそれ以上に熱心であったことは疑いのないことである。また宣教師と個人的な友好関係を築いていた者も多かった。しかし、彼らは宣教師の思惑とは裏腹にキリスト教とは距離をおき続けた。もっとも全体から見ればキリスト教を受容した中国人知識人たちの方が少数派であり、むしろキリスト教に敵対する態度をとるほうが中国人、とりわけ知識人の間では一般的であった。キリスト教を受容した中国人であっても、信徒として生きるうえで、儒教的価値観やそれに根ざした文化や習慣のなかで葛藤を覚えることは珍しいことではなかった。逆に言えば、儒教とキリスト教とは本来文化的な隔たりが大きく、儒教的価値観に生きる中国人にとっては、その価値観とキリスト教を並立させるという発想自体、キリスト教を受容しない限り出てこないものであったと思われるのである。

さて、以上見てきたような儒教的価値観を根底に持つ開港場知識人がいた一方で、伝統的な教育の代わりに西洋式の教育を受けて育った知識人たちもいた。彼らに教育を提供したのは、古くはマラッカ英華書院やモリソン記念学校、そして香港英華書院、聖ポール書院などの教会学校、また香港の中央書院などであったが、こうした学校で学んだ後にさらに海外に留学した黄勝や容閎、伍廷芳、何啓などのような人々もいる。彼らの中でもキリスト教徒になる者、ならない者どちらもあったわけであるが、彼らの場合、キリスト教徒にならなかった者がキリスト教に特段攻撃的だったわけではなく、例えば母校の教会学校やその母体である伝道会に寄付をする非信徒卒業生も少なくなかったようである。逆に西洋式の教育を受けキリスト教徒になった人々の中で、伝道者になった人というのもあまり多くはなかったようだ。もちろん彼らは基本的に英語と中国語の両方を身につけており、さまざまな業界で重宝される人材だったため、魅力ある職業の選択肢が多かったということもあろう。しかし少なくとも儒教的価値観のもとで育まれた知識人たちに比べれば、彼らには文化としての儒教とキリスト教の対立の実感は薄かったのではないだろうか。キリスト教を受容しないからといって、ことさらにキリスト教を排撃する必要もなかったが、受容したからといって、必ずしもその信仰を守り、伝えねばならないという強い意志を求められたわけではなかったのである。結果的に彼らは官界、商業界、ジャーナリズムなどの多くの分野で、そしてさまざまな立場で、活躍の場を得ることになった。

そして彼らの活躍の場は、官界であれ商業界であれ、香港に限られていたわけではない。香港の官界は、政府の役人として書記や通訳をつとめるのが、商業界であれば海外企業の買辦になるのが、その第一歩であったが、本書で足どりを追うことができた人々について言えば、香港の官界や、上海なども含めた開港場の商業界で活躍していた人物の中から、曾国藩や李鴻章の幕府に入る者も現れている。ごく代表的なところでは容閎や唐廷枢、伍廷芳などがそれである。伍廷芳の場合はさらにイギリスに留学し、法律を専門に学んでいたことも、李鴻章に迎え入れられた大きな要因のひとつであった。

一方香港の商業界の中国人エリートやクリスチャン・エリートの中からは香港の中国人社会の代表として認知されていく人々もいた。中国人のための大型福利機構である東華医院や、婦女子の救済機構である保良局の理事という地位は、中国人社会の代表者としての肩書きでもあった。また、一八八〇年には初めて中国人の中から立法評議会の非官職議員が選ばれ、香港の統治に中国人居民の声を反映させる窓口が開かれたが、最初の三人——伍廷芳、黄勝、何啓——はいずれも商業界のエリートではなく、海外での留学経験を持つキリスト教徒であった。

さらに香港では、西洋式の教育を受けた中国人知識人の主導で多くの華字新聞が発刊されたことも特徴的である。香港は英字紙も多数発刊された場所であり、中国最初の華字月刊紙『遐邇貫珍』の発行地でもあった。こうした背景のもと、黄勝や伍光など一八五〇年代、六〇年代に華字新聞事業に携わる経験を持った中国人もいたが、「中国人による中国人のための」華字日刊紙の発行に最も尽力したのは陳藹廷であろう。王韜も『循環日報』の編集長として中国語を媒体とするジャーナリズムの発展に大きく貢献したが、王韜がジャーナリズムに目覚めたのも、香港及びヨーロッパで新聞事情を目の当たりにしたからであったと思われる。また『循環日報』発刊に当たっては陳藹廷が主導的な立場にあったことも本論で見てきたとおりであり、『循環日報』もまた香港の新聞事業の発展の延長線上にあるものであった。そして、同じく香港で新聞なるものとその力量を目の当たりにした洪仁玕が『資政新篇』で展開した新聞論は、これらの香港で中国人の手によって創刊された新聞の理念とも共通するものだったのである。

以上、本書でとりあげてきた開港場知識人について、類型化を試みつつそれぞれの活躍の場について述べてきた。彼らは基本的には、筆者が宣教師との接点を糸口にたどり着いた知識人からさらにその人物と接点を持つ別の知識人をたどる、という作業の中で徐々に現れてきた人々である。彼らをつないだ接点とは、文人としての交流であったり、キリスト教信仰や教会であったり、家族や親族のつながりであったり、あるいは同窓、同僚、師弟などの関係であったりした。ひとりひとりの境遇は非常に多岐にわたるが、開港場での西洋知識との出会いという経験が彼らの共通項である。彼らにとって開港場とは、当時の中国社会においては極めて稀少な「西洋への窓口」であったと言えよう。そしてこうした人々の中から、洋務運動の実務者として、あるいはジャーナリストとして、彼らが得た知識を直接中国社会の変革につなげようと志す者たちが少なからず出現したのである。

第三節　洪仁玕と太平天国の位置づけをめぐって

このように開港場知識人の多くは香港社会や清朝の洋務運動の中で台頭したわけであるが、本書で中心的に扱ってきた人物である洪仁玕は、清朝に与することはできない立場にあり、例外的に太平天国という場で「台頭」した人物である。キリスト教徒として、そして開港場知識人として洪仁玕をとらえなおした場合、中国の近代化の流れの中でこの人物をどのように位置づけることができるだろうか。最後に、筆者の第三点目の課題であるこの問題について考えておく。

まず、キリスト教徒としての洪仁玕についてであるが、洪仁玕のキリスト教に対する態度を振り返ってみると、最初にハンバーグに出会った時点で洪仁玕はすでにキリスト教の洗礼を受けることを希望しており、その後洗礼を受けないまま牛眠埔で布教活動を開始するなど、かなり早い段階からキリスト教に対して積極的だったことが分かる。これは例えば、洪仁玕と同じように洪秀全が創始した「上帝教」の信徒になっていた李正高が、当初その上帝教の教えに執着してなかなかキリスト教を受容しようとしなかったのとはずいぶん異なる反応である。この差異を生んだものが具体的に何であったのかは、少なくとも今に残されている史料からは窺い知ることはできないが、少なくとも、上帝教の最初の信者であったにも関わらず、そして洪秀全個人とは強い信頼関係があり、結果的にそれが洪仁玕を南京に向かわせることになったにも関わらず、実は洪仁玕は上帝教の教えそれ自体にはあまり深く傾倒していたわけではなかったように思われる。むしろ洪仁玕は洗礼を受けた後、キリスト教の伝道者として熱心に働き、多くの宣教師から絶賛されるまでになった。そして伝道者としての経験の中で、彼と同時期に開港場に生きた中国人知識人たちと同じように、さまざまな西洋知識に触れたのである。
その後、洪仁玕は太平天国に合流し、『資政新篇』を著すのであるが、第四章でも見てきたように、この改革方案は非常にキリスト教色の強いものであった。これは洪仁玕が宣教師を介して西洋情報を受容したこと、その宣教師はキリスト教布教を目的としてこれらの情報を紹介したのであって、そもそもキリスト教と強く結びつけられた形で伝えられたこと、そして洪仁玕の側もキリスト教の伝道職についていた人物であって、彼自身のキリスト教信仰に基づいてこれらを受け止めたこと、等々の原因に由来するものであろう。すなわち、キリスト教と西洋の諸情報とを強く結びつけたまま、それを改革の理想として描き出したのが『資政新篇』という書物だったのである。

これは墨海書館に集ったキリスト教とは一線を画した知識人たちが、宣教師を介して得た情報の中から、学問や技術、あるいは海外事情を知るための情報だけを抽出しながら受容していった姿勢とは根本的に異なるものであった。彼らのこのような姿勢は、主に軍事的側面から中国の遅れを悟り、軍事的な技術に特化して西洋知識を取り入れようとした清朝の洋務官僚の意図とちょうど合致するものであり、だからこそ彼らは洋務官僚の幕僚として登用されていったのである。逆に言えば、儒学の教えに匹敵する価値をキリスト教に認めない伝統的士大夫層によって支配されている清朝においては、洪仁玕が提唱したようなキリスト教色の濃い改革方案が受けいれられる余地はなかった。むしろ、まがりなりにも「キリスト教」の影響下に成立した太平天国だったからこそ、そしてその指導者と血縁関係のある洪仁玕が著者であったからこそ、『資政新篇』は紆余曲折を経たとはいえ、世に出ることができたと考えるべきであろう。少なくとも南京に合流する前の洪仁玕は、太平天国はいくつかの重大な宗教的過ちを抱えてはいたが、それらを是正することができれば、中国をキリスト教を信奉する国に変え、欧米のキリスト教国のように優れた制度や技術を持つ強国にすることができると考えていた。つまり洪仁玕は「中国のキリスト教化」を企図していたのである。これはプロテスタントの宣教師たちの中国布教への期待にも沿うものであったし、太平天国がそうした可能性を持つと思わせるに足るだけのキリスト教との強い関係性を持っていたことも確かである。すなわち、太平天国―洪仁玕―キリスト教という三者のつながりの上に、『資政新篇』というキリスト教に根ざした「近代化」の試みは誕生したのである。

しかし現実には太平天国の宗教はキリスト教にだけ立脚していたわけではなく、洪秀全の幻想体験や広東・広西地域の土着の宗教などの混合体として、洪仁玕の想像を遙かに超えた独自の宗教的枠組みをすでに作りだしていた。「中国のキリスト教化」がそれほど単純に実現できるものではないことを、洪仁玕は南京合流後に目の当たりにしたはずである。実際、洪仁玕は『資政新篇』以降の著作においても三位一体の神の概念や贖罪の教義など、キリスト教の根幹となる教義を守ろうとはしていたが、一方で神から特別に使命を受けた中国の君主としての洪秀全の権威を認め、天父天兄下凡の権威も真っ向から否定することはなかった。この時点ですでに、宣教師の目には洪仁玕は期待されたような「宗教改革者」「中国のルター」ではなくなっており、むしろ「変節者」と見なされかねない状況ですらあった。しかし、だからといって洪秀全の側から見て洪仁玕が満足のゆく「上帝教徒」だったわけでもなく、神の概念や楊秀清の権威をめぐって洪仁玕が完全に彼に同調することはなかった。つまり洪秀全から見ても洪仁玕は「異端者」であったはずである。では、洪仁玕が目指したものとは結局何だったのだろうか。それは「太平天国的」な、あるいは「中国的」なキリスト教を新たに設定すること、すなわち「キリスト教の中国化」だったのではないだろうか、と筆者には思われる。洪仁玕が太平天国の宗教に関する主張や提言の中で示しているのは、洪仁玕にとっての「キリスト教」の枠を逸脱しない範囲に踏みとどまりつつ、「太平天国の正統性」という彼にとって捨て去ることのできないもう一つの価値観を共存させようとする姿勢だったとも言えるのである。

そして同じような傾向は、「聖経題文」のようなキリスト教徒としての姿勢を前面に出した文章から見る限り、実は後の王韜の思想の中にも見られたものである。王韜の場合、守るべきもう一つの価値観は儒教的価値観であった。

すなわち、キリスト教の教えを保ちつつ、そこに儒学の教えの普遍性という価値観を共存させようとしていたわけである。もっとも洪秀全や洪仁玕も儒学の薫陶を受けた知識人であり、彼らの宗教観の中にも少なからず儒学の教えとの融合は見て取れる。さらに言えば、二十世紀以降の中国において活発化してゆくキリスト教の土着化（「本土化」）をめぐる議論においても儒学との融合は重要なテーマとなってゆく。その意味では儒学的な価値観との対峙というのは、中国におけるキリスト教にとって根本的な、そして極めて重要な意味合いを持つ問題でもある。今後も洪仁玕や王韜の思想を詳細に検討してゆくことを通して、「キリスト教の中国化」の問題についてさらに議論を深めてゆきたいと考えている。

洪仁玕が世を去った後、つかの間の平和を取り戻した清朝は、同治中興と洋務運動の時代を迎えた。清朝にとって忌むべき反乱者であった太平天国は、基本的に負のイメージをもって記憶されてゆくことになる。そうした時期に、敢えて洪仁玕について語った二人の人物の洪仁玕評を紹介し、本書の結びとしたい。ひとつめはレッグによるものである。古典翻訳の仕事を終え帰国が間近に迫った一八七二年十一月五日、レッグは香港の大会堂で香港の歴史についての講演を行った。自らの体験を織り交ぜながら語られたその講演の中に、二人だけ中国人が登場する。ひとりは一八五六年に香港中を揺るがせた毒入りパン事件を起こした犯人で、刑務所でレッグが見た彼のまじめな姿が語られている。そしてもうひとりが、第二次アヘン戦争によってイギリス軍に占領された広州で、レッグとともに教会堂を再開した洪仁玕であった。レッグは以下のように述べている。

〔広州の教会堂で〕私の説教に続いて、太平王の親戚だった人物が説教をしました。後に南京で干王として有名になった人物です。可哀想に！　彼は香港のロンドン伝道会に数年間属していた人物で、私が知る中で最も親しみやすい多才な中国人であり、私には尊敬と哀惜の念なくして思い出すことのできない人物です。もし彼が私の忠告を聞いて、説教師として静かに香港にとどまっていたなら、首を切り落とされることもなく今日まで生きなが

らえていたことでしょうに。(2)

南京に行った後の洪仁玕に対しては失望をあらわにしたこともあったレッグである。しかし、三十年近い年月を中国への入口たる香港で過ごし、宣教師として、また学者として多くの中国人と接してきた彼が、その去り際に最も印象深く、しかも「尊敬と哀惜の念」をもって思い出したのは、やはり洪仁玕だったのである。

一方、これとほぼ同時期に洪仁玕について書き記しているのが、王韜の『甕牖余談』である。全八巻のうち最後の三巻が「逆賊」である太平天国の戦記や人物伝になっており、この中に洪仁玕の伝記「紀干賊事」もあるのだが、そこで王韜は洪仁玕をこう評している。

干賊〔洪仁玕〕の一生をたどってみるに、彼はただちょっとものを知っていただけの凡庸でばかげた男である。賊中にあっても文字を弄してうぬぼれていたに過ぎず、土地を奪い、城《まち》を覆した凶暴な連中に比べれば、その罪は軽減してやってもよいくらいである。……もし影をひそめて行方をくらまし、荒れ果てた僻遠の島に隠れていたなら、今日に至るまで生きながらえることもできたはずなのである。(3)

もちろん文字通りに解すれば洪仁玕は取るに足らない人物であったとされているに過ぎない。しかし少なくとも洪仁玕が「ちょっとものを知って」おり、「文字を弄する」才があったことは認めているのである。王韜は個人的に洪仁玕を知っていた人物であり、そして洪仁玕と同じような問題意識を持って社会変革のために「文字を弄し」続けた人物である。そしてこれを書いている時、まさに自らも「荒れ果てた僻遠の島」である香港に身を避けていた。そうした人物の言葉としてこれらの言葉を眺めてみるならば、そこに先のレッグの思いにも共通する洪仁玕への一片の憐れみと同情を感じとることもできよう。何より、王韜はこの「荒れ果てた僻遠の」地が持つ西洋への窓口としての価値をよく理解していた。もし香港に留まっていたなら、洪仁玕もやはり自らと同じように「近代化」への思索をさらに深めていたかもしれないことを、王韜は分かっていたのかもしれない。

洪仁玕が目にし、また体験した「洋」社会は、太平天国後の時代においても中国の近代化の試みを支える知識人を続々と生み出してゆく。そして、やがて新たな革命へと続く運動を醸成する場ともなっていったのである。

（1）梁発『勧世良言』巻三「真経聖理」。邦訳は並木頼寿編『開国と社会変容』、一一三頁。
（2）Legge, "The Colony of Hong Kong", p. 172
（3）王韜『瀛壖雑志　甕牖余談』、一九三頁。『甕牖余談』の初版は一八七五年である。

参考文献

史料／資料集

伝道会史料

Archives of "Basel Missionsgesellschaft"（Basel Mission Archives/mission 21, Basel）

Council for World Mission, Archives of the London Missionary Society, China, General/Central China/South China（the Library of the School of Oriental and African Studies, London University: マイクロフィッシュを香港大学が所蔵）

Papers of the American Board of Commissioners for Foreign Missions, unit 3-4（Missions to Asia, 1827-1919），（the Houghton Library, Harvard University：マイクロフィルムを同志社大学が所蔵）

Correspondence of Roberts, Issachar J., Southern Baptist Historical Library and Archives（Nashville, TN）

新聞・雑誌・年鑑

The China Mail, Hong Kong, 1845-

Chinese Repository, Canton, 1832-1851（複印版、丸善株式会社、一九四一年）

The Daily Press, Hong Kong, 1857-

Friend of China and Hong Kong Gazette, Hong Kong, 1842-1859

The North China Herald, Shanghai, 1850-

The Overland Register and Price Current, Hong Kong, 1844-

Missionary Magazine and Chronicle, London Missionary Society, 1837-（the Library of the School of Oriental and African Studies, London University）

Report of the American Board of Commissioners for Foreign Missions, Boston, 1812-

Hong Kong Blue Book, Hong Kong Government Printer, 1844-

太平天国関連

菊池秀明編『太平天国史料集』第六集、私家版、二〇〇七年

並木頼寿編『開国と社会変容——清朝体制・太平天国・反キリスト教（新編原典中国近代思想史1）』岩波書店、二〇一〇年

西順三編『アヘン戦争から太平天国まで（原典中国近代思想史 第一冊）』岩波書店、一九七六年

愛如生数字化技術研究中心『太平天国檔（USB盤）拇指数据庫』愛如生数字化技術研究中心、二〇〇九年

『籌辦夷務始末（咸豊期）』（全八冊）中華書局、一九七九年

洪仁玕自供「親筆自述」、「本部院提訊逆酋供」、「南昌府提訊逆酋供」、「席営提訊逆酋供」、国立故宮博物院（台北）所蔵

南京太平天国歴史博物館編『太平天国印書（原刻本）』（全五冊）、江蘇人民出版社、一九六一年

上海社会科学院歴史研究所編『上海小刀会起義史料彙編』上海人民出版社、一九六一年

上海社会科学院歴史研究所編訳『太平軍在上海《北華捷報》選訳』上海人民出版社、一九八三年

王慶成編『影印　太平天国文献十二種』中華書局、二〇〇四年

王重民輯『太平天国官書十種（広東叢書第三集）』一九四八年（影印本、江蘇廣陵古籍刻印社、一九九二年）

蕭一山『中華叢書　太平天国叢書第一集』（全二冊）、中華叢書委員会、一九五六年

中国史学会編『太平天国（中国近代史資料叢刊Ⅱ）』（全八冊）、神州国光社、一九五九年

Blakiston, Thomas W., *Five Months on the Yang-tsze: with a narrative of the exploration of its upper waters, and notices of the present rebellions in China*, London: J. Murray, 1862

Clarke, Prescott and J. S. Gregory, *Western Reports on Taiping*, Canberra: Australian National University Press, 1982

Gordon, Charles George, *General Gordon's Private Diary of his Exploits in China*, London: Low, Marston, Searle, & Rivington, 1885

Hamberg, Theodore, *The visions of Hung-Siu-Tshuen, and origin of the Kwang-Si insurrection*, Hong Kong: Printed at the China Mail Office, 1854（reprint: Yenching University Library, 1935）

ハンバーグ著、青木富太郎訳『洪秀全の幻想』生活社、一九四一年

簡又文訳『太平天国起義記』燕京大学図書館印、一九三五年

Lin Li, *Ti-Ping Tien-Kwoh: The history of The Tai-Ping Revolution*, London: Day & Son, 1866

増井経夫・今村与志雄訳『太平天国——李秀成の幕下にありて』平凡社、一九六四年

王維周・王元化訳『太平天国革命親歴記』上海人民出版社、一九九七年

王崇武・黎世清編訳、Ti-Ping Tien-Kwoh、外文出版社、二〇〇二年

Further papers relating to the rebellion in China, London, 1863
Moule, Archdeacon, *Personal recollections of the T'ai-p'ing rebellion*, 1861-63, Shanghai: Printed at the "Celestial empire" Office, 1888
Papers relating to the rebellion in China and trade in Yang-zhe-Kiang River, London: Harrison, 1862

宣教師出版物（新聞・雑誌・数学書・自然科学書・地理書・キリスト教書）

『遐邇貫珍』英華書院、一八五三―五六年（松浦章・内田慶市・沈国威編著『遐邇貫珍の研究』関西大学出版部、二〇〇四年）
『六合叢談』墨海書館、一八五六―五八年（沈国威編著『『六合叢談』(1857-58) の学際的研究』白帝社、一九九九年）
『教会新報』林華書院、一八六八―七四年（林楽知編『教会新報（清末民初報刊叢書之三）』（全六冊）、華文書局、一九六八年）
『万国公報』林華書院、一八七四年―一九〇六年（林楽知編『万国公報（清末民初報刊叢書之四）』（全四〇冊）、華文書局、一九六八年）
愛漢者（Gützlaff）編『察世俗毎月統記伝』マラッカ、一八一五―二一年
愛漢者編『東西洋考毎月統紀伝』広州・シンガポール、一八三三―三八年（黄時鑑整理『東西洋考毎月統紀伝』中華書局、一九九七年）
（Gützlaff）『古今万国綱鑑』シンガポール、一八三八年
（Gützlaff）『万国史伝』香港?、一八四七年?
艾約瑟（Edkins）編『中西通書』墨海書館、一八五二―六五年（一八六三年は天津、一八六四、六五年は北京で出版）
艾約瑟口訳、李善蘭筆述『重学』一八五九年初刊
艾約瑟口訳、張福僖筆述『光学』、刊年不詳
博愛者（Medhurst）編『特選撮要毎月紀伝』バタヴィア、一八一五―二六年
（Medhurst）『養心神詩』バタヴィア、刊年不詳（『宗主詩篇』墨海書館、一八五六年、『宗主詩章』恵愛医館、一八六〇年）
高理文（Bridgman）『美理哥合省国志略』シンガポール、一八三八年（『亜墨理格合衆国志略』香港、一八四四年、『大美聯邦志略』上海、一八六一年）
合信（Hobson）『全体新論』恵愛医館、一八五一年
合信『博物新編』恵愛医館、一八五五年
合信・管茂材撰『西医略論』仁済医館、一八五七年
合信・管茂材撰『内科新説』仁済医館、一八五八年
合信・管茂材撰『婦嬰新説』仁済医館、一八五八年
偉烈亜力（Wylie）口訳、李善蘭筆受『幾何原本』一八五七年初刊

慕維廉（Muirhead）『地理全志』墨海書館、一八五三—五四年
褘理哲（Way, Richard Quarterman）『地球説略』寧波、一八五六年

宣教師筆記、伝記

Bridgman, Eliza J. Gillett, ed., *The pioneer of American missions in China: the life and labors of Elijah Coleman Bridgman*, New York: Anson D. F. Randolph, 1864
Edkins, Jane R., *Chinese Scenes and People*, London: Nisbet, 1863
Edkins, Joseph, *Religion in China, Containing a Brief Account of the Three Religious of the Chinese*, 2nd ed., London: Trübner, 1878
Gützlaff, Karl, *Journal of three voyages along the coast of China in1831, 1832, and 1833*, London: Frederick Westley and A H Davis, 1834（reprint: Desert Island Books, 2002）
Legge, Helen Edith, *James Legge: Missionary and Scholar*, London: Religious Tract Society, 1905
Lockhart, William, *the Medical Missionary in China*, London, 1861
Martin, William A. P., *A cycle of Cathay: or, China, south and north, with personal reminiscences*, Edinburgh, 1896
丁韙良『花甲憶記——一位美国伝教士眼中的晩清帝国』広西師範大学出版社、二〇〇四年
Medhurst, Walter Henry, *China: its State and Prospect, with especial reference to the spread of the Gospel*, London, 1838
Morrison, Eliza, ed., *Memoirs of the life and labours of Robert Morrison*, London, 1839
Richard, Timothy, *Forty-five years in China*, New York, 1916
李提摩太著、李憲堂・侯林莉訳『親歴晩清四十五年——李提摩太在華回憶録』天津人民出版社、二〇〇五年
Smith, George, *A narrative of an exploratory visit to each of the consular cities of China, and to the islands of Hong Kong and Chusan, in behalf of the Church Missionary Society, in the years 1844, 1845, 1846*, London, 1847
施美夫著、温時幸訳『五口通商城市游記』北京図書館出版社、二〇〇七年
Thompson, R. Wardlaw, *Griffith John: The Story of Fifty Years in China*, London, 1907
Williams, Frederick Wells, *The life and letters of Samuel Wells Williams, LL. D.: missionary, Diplomatist, Sinologue*, Wilmington, 1889
衛斐列『衛三畏生平及書信——一位美国来華伝教士的心路歴程』広西師範大学出版社、二〇〇四年
Wylie, Alexander, *Memories of Protestant Missionaries to the Chinese*, Shanghai Presbyterian Press, 1867
偉烈亜力著、倪文君訳『一八六七年以前来華基督教伝教士列伝及著作目録』広西師範大学出版社、二〇一一年

———, *Notes on Chinese Literature*, London, 1922（1867）
———, *Chinese Researches*, Shanghai, 1897

その他

『聖書　新共同訳』日本聖書協会、一九八七年。
村田雄二郎編『万国公法の時代——洋務・変法運動（新編原典中国近代思想史2）』岩波書店、二〇一〇年
琉球王府評定所編纂『伯徳令其他往復文』上下冊（影印本を琉球大学が所蔵）
戴肇辰編修『光緒広州府志』清光緒五（一八七九）年（『中国地方志集成』、上海書店出版社、二〇〇三年）
馮桂芬『校邠廬抗議』弢園老民校印、光緒丁酉（一八九七年）（上海書店出版社、二〇〇二年）
蔣敦復『嘯古堂文集』上海道署、同治七（一八六八年）
蔣敦復『芬陀利室詞集』（《続修四庫全書》編纂委員会編『続修四庫全書』第一七二六冊所収、上海古籍出版社、一九九五年）
蔣敦復『嘯古堂詩集』淞隠廬、光緒乙酉（一八八五年）
李正高口述、李大楷著『感主恩経歴史』一九二一年（抄本、個人蔵）
『李氏族譜』（二四世祖が異なるもの二種。抄本、個人蔵）
梁廷枏『海国四説』道光二六（一八四六年）（駱驛等校点、中華書局、一九九三年）
王韜『蘅花館日記』（『続集四庫全書』（第五七六冊所収、一九九五年、方行・湯志鈞整理『王韜日記』中華書局、一九八七年）
王韜『蘅花館雑録』（台湾 中央研究院歴史語言研究所傅斯年図書館蔵）
王韜『瀛壖雑志』一八七五年（陳戍国点校『瀛壖雑志　甕牖余談』岳麓書社、一九八八年）
王韜『甕牖余談』一八七五年（同上）
王韜『弢園尺牘』中華書局、一九五九年（一八九三年第四次刊行『弢園尺牘』一八八九年『弢園尺牘続鈔』の抄録）
王韜『弢園文録外編』一八八八年（上海書店出版社、二〇〇二年）
王韜『弢園文新編（中国近代学術名著）』三聯書店（香港）、一九九八年
王先謙編『十二朝東華録』（文海出版社、一九六三年）
魏源『海国図志』百巻、咸豊二（一八五二年）（岳麓書社、一九九八年）
徐継畬『瀛環志略』道光二八（一八四八年）（台湾商務印書館、一九八六年）
曾国藩『曾国藩全集』岳麓書社、一九八五—九〇年

張徳彝『航海述奇』（鐘叔河編『走向世界叢書1』第二版、岳麓書社、二〇〇八年）
Hamberg, Theodore, *Report Regarding the Chinese Union at Hong Kong*, Hong Kong, 1851
Perry, M. C., *Narrative of the Expedition to the China Seas and Japan, 1852-1854*, Washington, 1856 (reprint: New York, 2000)
Yung Wing, *My Life in China and America*, New York, 1909
百瀬弘訳注『西学東漸記——容閎自伝』平凡社、一九六九年

研究書／論文

太平天国研究

市古宙三『近代中国の政治と社会』東京大学出版会、一九七一年
市古宙三『洪秀全の幻想』汲古書院、一九八九年
菊池秀明『広西移民社会と太平天国』風響社、一九九八年
菊池秀明『太平天国にみる異文化受容（世界史リブレット65）』山川出版社、二〇〇三年
菊池秀明『清代中国南部の社会変容と太平天国』汲古書院、二〇〇八年
菊池秀明『金田から南京へ——太平天国初期史研究』汲古書院、二〇一三年
小島晋治『太平天国革命の歴史と思想』研文出版、一九七八年
小島晋治『太平天国運動と現代中国』研文出版、一九九三年
増井経夫『中国の二つの悲劇——アヘン戦争と太平天国』研文出版、一九七八年
鄧嗣禹『勧世良言与太平天国革命之関係』台湾学生書局、一九六五年
郭毅生編『太平天国歴史地図集』中国地図出版社、一九八九年
郭廷以『太平天国史事日誌』台湾商務印書館、一九六三年
簡又文『太平天国雑記　第一輯』商務印書館、一九三五年
簡又文『太平天国典制通考』（全三冊）、簡氏猛進書屋、一九五八年
簡又文『太平天国全史』（全三冊）、簡氏猛進書屋、一九六二年
簡又文『清史　洪秀全載記（増訂本）』簡氏猛進書屋、一九六七年
姜秉正『中国早期現代化的藍図——論洪仁玕新政』西北大学出版社、一九九三年

酈純『洪仁玕』上海人民出版社、一九七八年
羅爾綱『太平天国史記載訂謬集』三聯書店、一九五五年
羅爾綱『太平天国史料考釈集』三聯書店、一九五六年
羅爾綱『太平天国史』（全四冊）、中華書局、一九九一年
羅爾綱『増補本李秀成自述原稿注』中国社会科学出版社、一九九五年
茅家琦『太平天国対外関係史』人民出版社、一九八四年
茅家琦『太平天国与列強』広西人民出版社、一九九二年
茅家琦校補『郭著《太平天国史事日誌》校補』台湾商務印書館、二〇〇一年
王慶成『太平天国的歴史和思想』中華書局、一九八五年
王慶成『太平天国的文献和歴史』社会科学文献出版社、一九九三年
王慶成「太平天国与上海　一八六〇年六―八月――李秀成、洪仁玕的外交活動」『近代史研究』七九期、一九九四年一月
王慶成『稀見　清世史料并考釈』武漢出版社、一九九八年
夏春涛『太平天国宗教』南京大学出版社、一九九二年
夏春涛『洪仁玕――従塾師・基督徒到王爺』湖北教育出版社、一九九九年
夏春涛『天国的隕落――太平天国宗教再研究』中国人民出版社、二〇〇六年
周偉馳『太平天国与啓示録』中国社会科学出版社、二〇一三年。
Allen, B. M., *Gordon in China*, London, 1933
　伯納特・M・艾倫著、孫梁編訳『戈登在中国』上海古籍出版社、一九九五年
Boardman, Eugene P., *Christian influence upon the ideology of the Taiping Rebellion, 1851-1864*, University of Wisconsin Press, 1952
Michael, Franz, *the Taiping Rebellion History*, University of Washington Press, 1976
Morse, Hosea Ballou, *In the Days of Taipings, being the recollections of Ting Kienchang, otherwise Meisun, sometime scoutmaster and captain in the ever-victorious army and interpreter-in-chief to General Ward and General Gordon*, Salem Mass., 1927
Platt, Stephen R., *Autumn in the Heavenly Kingdom: China, the West, and the epic story of the Taiping Civil War*, Alfred A. Knopf, 2012
　史帯芬・普拉特著、黄中憲訳『太平天国之秋』衛城出版、二〇一三年
Reilly, Thomas H., *the Taiping Heavenly Kingdom*, University of Washington Press, 2004

Spence, Jonathan D., *God's Chinese Son: the Taiping Heavenly Kingdom of Hong Xiuquan*, Norton & Company, 1996
ジョナサン・D・スペンス著、佐藤公彦訳『神の子洪秀全――その太平天国の建設と滅亡』慶應義塾大学出版会、二〇一一年
――――, *The Taiping Vision of a Christian China 1836-1864*, Markham Press Fund, 1998
Teng, S. Y., *the Taiping Rebellion and the Western Powers*, Oxford University Press, 1971
Wakeman, Frederic, *Strangers at the gate: social disorder in South China, 1839-1861*, University of California Press, 1966
魏斐徳著、王小荷訳『大門口的陌生人――一八三九―一八六一華南的社会動乱』中国社会科学出版社、一九八八年

キリスト教史

『キリスト教大事典』教文館、一九六三年
金成恩『宣教と翻訳――漢字圏・キリスト教・日韓の近代』東京大学出版会、二〇一三年
W・E・グリフィス著、渡辺省三訳『われに百の命あらば――中国・アメリカ・日本の教育にささげたS・R・ブラウンの生涯』キリスト新聞社、一九八五年
里井彦七郎『近代中国における民衆運動とその思想』東京大学出版会、一九七二年
佐藤公彦『清末のキリスト教と国際関係』汲古書院、二〇一〇年
志賀正年『中文訳聖書の基礎的研究（限定版）』、天理時報社、一九七三年
ジャック・ジャルネ著、鎌田博夫訳『中国とキリスト教』法政大学出版局、一九九六年
杉本良男編『福音と文明化の人類学的研究（国立民族学博物館調査報告31）』国立民族博物館、二〇〇二年
照屋善彦著、山口栄鉄・新川右好訳『英宣教医ベッテルハイム――琉球伝道の九年間』人文書院、二〇〇四年
都田恒太郎『ロバート・モリソンとその周辺』教文館、一九七四年
都田恒太郎『ギュツラフとその周辺』教文館、一九七八年
中村敏『世界宣教の歴史――エルサレムから地の果てまで』いのちのことば社、二〇〇六年
浜林正夫『イギリス宗教史』大月書店、一九八七年
ハンス・キュングほか著、森田安一ほか訳『中国宗教とキリスト教の対話』刀水書房、二〇〇五年
半田元夫他『宗教改革以後（世界宗教思想叢書二）』山川出版社、一九七七年
深澤秀男『中国の近代化とキリスト教』新教出版社、二〇〇〇年
柳父章『ゴッドと上帝――歴史の中の翻訳者』筑摩書房、一九八六年

山本澄子『中国キリスト教史研究（増補改訂版）』山川出版社、二〇〇六年
吉田寅『中国キリスト教伝道文書の研究――『天道溯原』の研究・附訳註』汲古書院、一九九一年
吉田寅『中国プロテスタント伝道史研究』汲古書院、一九九七年
歴史科学評議会編集『歴史評論』七六五号（特集「キリスト教と近代中国地域社会史」）、二〇一四年一月
渡辺祐子、博士論文「近代中国におけるプロテスタント伝道――「反発」と「受容」の諸相」東京外国語大学、二〇〇六年（ウェブサイト「東京外国語大学学術成果コレクション」http://repository.tufs.ac.jp/ にて公開）
晨田進ほか『基督教与近代嶺南文化』上海人民出版社、二〇〇二年
顧長声『伝教士与近代中国』上海人民出版社、一九八一年
海恩波著、簡又文訳『伝教偉人――馬礼遜』基督教文芸出版社、二〇〇〇年
基督教香港崇真会求恩堂『基督教香港崇真会求恩堂立会一百週年紀年特刊　1867-1967』一九六七年
基督教香港崇真会『香港崇真会立会一百四十周年紀年特刊　1847-1987』一九八七年
李家駒「論《勧世良言》的版本」、『大陸雑誌』八二巻六期、一九九一年六月
李志剛『基督教早期在華伝教史』台湾商務印書館、一九八五年
李志剛『香港基督教会史研究』道声出版社、一九八七年
李志剛『基督教与近代中国文化論文集』宇宙光出版社、一九八九年
李志剛『香港教会掌故』三聯書店（香港）、一九九七年
黎子鵬『経典的転生――晩清《天路歴程》漢訳研究』基督教中国社会文化研究社、二〇一二年
梁家麟『福臨中華――中国近代教会史講』天道書楼、一九八八年
劉紹麟『香港華人教会之開基』中国神学研究院、二〇〇三年
劉粤声編『香港基督教会史』香港基督教聯会、一九四一年
劉志偉『許舒博士所蔵土地及商業文書（一）張聲和家族文書』華南研究出版社、一九九九年
麦沾思著　胡簪雲訳『梁発伝　附勧世良言』基督教輔僑出版社出版、一九五五年
麦沾思著、朱心然訳『梁発――中国最早的宣教師』基督教文芸出版社、一九九八年
史静寰・王立新『基督教教育与中国知識分子（基督教教育与中国社会叢書第二輯）』福建教育出版社、二〇〇〇年
史莱達（Herman Schlyter）著、韋撃（Göran Wiking）・周天和訳『韓山明――瑞典第一位前往中国的宣教士』基督教香港崇真会、二〇〇八年

施拉徳（Wilhelm Schlatter）著、載智民（Richard Dentsch）・周天和訳『真光照客家——巴色差会早期来華宣教簡史 1839-1915』基督教香港崇真会、二〇〇八年
蘇精『馬礼遜与中文印刷出版』台湾学生書局、二〇〇〇年
蘇精『中国、開門！——馬礼遜及相関人物研究』基督教中国宗教文化研究社、二〇〇五年
蘇精『上帝的人馬——十九世紀在華伝教士的作為』基督教中国宗教文化研究社、二〇〇六年
湯泳詩『一個華南客家教会的研究——従巴色会至香港崇真会』宗文社、二〇〇二年
陶飛亜『辺縁的歴史——基督教与近代中国』上海古籍出版社、二〇〇五年
王立新『美国伝教士与晩清中国現代化』天津人民出版社、一九九七年
王元深『聖道東来考』、香港、一八九九年
謝洪賚『名牧遺徽』中国基督教青年会全国協会書報部、一九一六年
姚興富『耶儒対話与融合——《教会新報》（1868-1874）研究』宗教文化出版社、二〇〇五年
趙春晨・雷雨田・何大進『基督教与近代嶺南文化』上海人民出版社、二〇〇二年
Barnett, Suzanne Wilson and J. K. Fairbank, ed., *Christianity in China: Early Protestant Missionary Writings*, Harvard University Press, 1985
Bays, Daniel H., *Christianity in China: from the eighteenth century to the present*, Stanford University Press, 1996
Bennett, Adrian A, *Missionary Journalist in China*, the University of Georgia Press, 1983
Coughlin, Margaret M, "Strangers in the House: J. Lewis Shuck and Issachar Roberts, First American Baptist Missionaries to China", Ph. D. dissertation, University of Virginia, 1972
Gallimore, Arthur Raymond, *Beginning in South China: a story of the first missionary efforts of the Southern Baptist Convention, 1835-1945*, unpublished, 1945
Gulick, Edward V., *Peter Parker and the Opening of China*, Harvard University Press, 1973
Ha, Louis Keloon, "The foundation of the Catholic mission in Hong Kong, 1841-1894", Ph. D. dissertation, University of Hong Kong, 1998
Harrison, Brian, *Waiting for China: the Anglo-Chinese College at Malacca, 1818-1843*, Hong Kong University Press, 1979
Klein, Thoralf, *Die Baseler Mission in Guangdong（Südchina）1859-1931*, Munchen, 2002
Lazich, Michael C., *E. C. Bridgman（1801-1861）, America's first missionary to China*, The Edwin Mellen Press, 2000
Lovett, Richard, *the History of the London Missionary Society 1795-1895*, London, 1899

Lutz, Jessie G. and Rolland Ray Lutz, *Hakka Chinese Confront Protestant Christianity, 1850-1900*, M. E. Sharpe, 1998
Lutz, Jessie G., *Opening China, Karl F. A. Gützlaff and Sino-Western Relations, 1827-1852*, Eerdmans, 2008
Rubinstein, Murray A., *the Origins of the Anglo-American Missionary Enterprise in China, 1807-1840*, the Scarecrow Press, 1996
Schlyter, Herman, *Karl Gützlaff als Missionar in China*, Lund, 1946
Uhalley, Stephen Jr. and Xiaoxin Wu ed., *China and Christianity Burdened Past, Hopeful Future*, M. E. Sharpe, 2000
Wong Man Kong, *James Legge: a Pioneer at Crossroads of East and West*, Hong Kong Educational Publishing Co., 1996

香港史

王賡武編『香港史新編』上冊、三聯書店（香港）、一九九七年
余繩武ほか編『十九世紀的香港』中華書局、一九九四年
冼玉儀・劉潤和編『益善行道——東華三院一三五周年紀念專題論文集』三聯書店（香港）、二〇〇六年
Carroll, John M., *A Concise History of Hong Kong*, Rowman & Littlefield Publishers, 2007
Cheng, T. C., "Chinese Unofficial Members of the Legislative Councils in Hong Kong Up to 1941", *Journal of Hong Kong Branch of the Royal Asiatic Society*, Vol. 9（1969）
Eitel, Ernst J, "Materials for a History of Education in Hong Kong", *the China Review*, Vol.XIX No. 5（1891）
———, *Europe in China : The History of Hong Kong from the beginning to the year 1882*, London, 1895
Endacott, George B, *Government and People in Hong Kong*, 1841-1962, Hong Kong University Press, 1964
———, *A History of Hong Kong*, Oxford University Press, 1964
Faure, David, ed., *a Documentary History of Hong Kong Society*, Hong Kong University Press, 1997
Hayes, James, *the Hong Kong Region, 1850-1911*, Hamden, 1977
Jarman, R. L. ed., *Hong Kong Annual Administration Reports 1841-1941*, Archive Editions, 1996
Legge, James, "The Colony of Hong Kong" from a lecture by the Rev. James Legge, Nov. 5, 1872, *The China Review*, Vol. 1（July, 1872-June, 1873）
Lo Hsiang-Lin, *the Role of Hong Kong in the Cultural Interchange between East and West*, Tokyo, 1963
Ng Lun Ngai-ha, "the Role of Hong Kong Educated Chinese in the Shaping of Modern China", *Modern Asian Studies*, Vol. 17-1（1983）
Sinn, Elizabeth, *Power and Charity, the Early History of the Tung Wa Hospital, Hong Kong*, Oxford University Press, 1989

———, *Between East and West : Aspects of Social and Political Development in Hong Kong*, University of Hong Kong, 1990

Smith, Carl T., *Schools and Scholars: English Language Education in the China Mission in the First Half of the Nineteenth Century And It's [sic.] Results*, unpublished, 1965

———, *Chinese Christians : Elites, Middlemen, and the Church in Hong Kong*, Hong Kong University Press, 1985

———, *A Sense of History. Studies in the Social and Urban History of Hong Kong*, Hong Kong Educational Publishing Co., 1995

Sweeting, Anthony, *Education in Hong Kong Pre-1841 to 1941*, Hong Kong University Press, 1990

Tsai Jung-Fang, *Hong Kong in Chinese History: Community and Social unrest in the British Colony, 1842-1913*, New York, 1993

開港場知識人

岡本隆司『馬建忠の中国近代』京都大学学術出版会、二〇〇七年

佐藤慎一『近代中国の知識人と文明』東京大学出版会、一九九六年

手代木有児『清末中国の西洋体験と文明観』汲古書院、二〇一三年

陳学霖「黄勝——香港華人提唱洋務事業之先駆」、『崇基学報』三巻二期、一九六四年五月

関肇碩・容應萸『香港開埠与関家』広角鏡出版社有限公司、一九九七年

馮自由『革命逸史』初集、台湾商務印書館、一九五三年

何列ほか著『曾国藩 郭嵩燾 王韜 薛福成 鄭観応 胡礼垣（中国歴代思想家（十八）更新版）』台湾商務印書館、一九九九年

胡適「跋館蔵王韜手稿七冊」、『国立北平図書館館刊』八巻三号、一九三四年五—六月

李志剛『容閎与近代中国』正中書局、一九八一年

梁餘生、修士論文『徐継畬（1795-1873）及其《瀛環志略》』香港大学、一九九二年

劉健強『曾国藩幕府』中国広播電視出版社、二〇〇四年

林啓彦・黄文江編『王韜与近代世界』香港教育図書公司、二〇〇〇年

銭鋼・胡勁草『大清留美幼童記』中華書局（香港）、二〇〇三年

蘇精「黄寛与黄勝」、『伝記文学』四六巻二期、一九八五年二月

蘇精『清季同文館及其師生』上海印刷廠（台北）、一九八五年

樵雲張『伍廷芳与清末政治改革』聯経出版事業公司、一九八七年

王爾敏『近代上海科技先駆之仁済医院与格致書院』宇宙光全人関懐、二〇〇六年

汪広仁編『中国近代科学先駆徐寿父子研究』清華大学出版社、一九九八年

汪広仁ほか『海国擷珠的徐寿父子』科学出版社、二〇〇〇年

王立群『中国早期口岸知識分子形成的文化特徴――王韜研究』北京大学出版社、二〇〇九年

王揚宗『傅蘭雅与近代中国的科学啓蒙』科学出版社、二〇〇〇年

王渝生『中国近代科学的先駆――李善蘭』科学出版社、二〇〇〇年

伍廷光編『伍廷芳』、一九二二年（沈雲龍編『近代中国史料叢刊』第六六輯所収、文海出版社、一九七一年）

呉文莱編『容閎与中国近代化』珠海出版社、一九九九年

忻平『王韜評伝』華東師範大学出版社、一九九〇年

熊月之『西学東漸与晩清社会』上海人民出版社、一九九四年

許政雄『清末民権思想的発展与岐異――以何啓、胡礼垣為例（文史哲学集251）』文史哲出版社、一九九二年

薛玉琴『近代思想前駆者的悲劇角色　馬建忠研究』中国社会科学出版社、二〇〇六年

楊逸等著、陳正青等標点『上海灘与上海人　海上墨林　広方言館全案　粉墨叢談』上海古籍出版社、一九八九年

葉斌「上海墨海書館的運作及其衰落」、『学術月刊』上海人民出版社、一九九九年一一期

張海林『王韜評伝』南京大学出版社、一九九三年

朱東安『曾国藩集団与晩清政局』華文出版社、二〇〇三年

Bennett, Adrian A., *John Fryer, the Introduction of Western Science and Technology into Nineteenth-Century China*, East Asian Research Center Harvard University, 1967

————, *Missionary Journalist in China, Young J. Allen and his Magazines, 1860–1883*, the University of Georgia Press, 1983

Choa, G. H., *the Life and Times of Sir Kai Ho Kai: a Prominent Figure in Nineteenth-Century Hong Kong*, the Chinese University Press, 1981

Cohen, Paul A., *Between Tradition and modernity: Wang T'ao and Reform in Late Ch'ing China*, Harvard University Press, 1974

Rhoads, Edward J. H., "In the Shadow of Yung Wing: Zeng Laishun and the Chinese Educational Mission to the United States", *Pacific Historical Review*, Vol. 74, No. 1, Feb 2005

————, "In the Shadow of Yung Wing" — an update and correction, 29 Mar 2005（unpublished）

Yung Shang Him, "The Chinese Educational Mission and its Influence", *Tien Hsia Monthly*, Vol. IX, No. 3 Oct 1939

新聞史

卓南生『中国近代新聞成立史 1815-1874』ぺりかん社、一九九〇年
方漢奇編『中国新聞事業通史』第一巻、中国人民大学出版社、一九九六年
胡文龍『中国新聞評論発展研究』中国人民大学出版社、二〇〇二年
李谷城『香港報業百年滄桑』明報出版社、二〇〇〇年
林友蘭『香港報業発展史』世界書局、一九七七年
King, Frank H. H. and Prescott Clarke, ed. *A research guide to China-coast newspapers, 1822-1911*, Harvard University Press, 1965

その他

愛知大学国際中国学研究センター『激動する世界と中国——現代中国学の構築に向けて』愛知大学国際中国学研究センター、二〇〇四年
石井正『知的財産の歴史と現代』社団法人発明協会、二〇〇五年
伊藤千弘「トマス・ウェイド略年譜」、古代文字資料館『ＫＯＴＯＮＯＨＡ』六三号、二〇〇八年二月（同館ウェブサイト http://www.for.aichi-pu.ac.jp/museum にて公開）
神奈川大学中国語学科編『中国民衆史への視座（新シノロジー・歴史篇 神奈川大学中国語学科創設十周年記念論集）』東方書店、一九九八年
可児弘明『近代中国の苦力と猪花』岩波書店、一九七九年
木畑洋一編『大英帝国と帝国意識』ミネルヴァ書房、一九九八年
P・A・コーエン著、佐藤慎一訳『知の帝国主義——オリエンタリズムと中国像』平凡社、一九八八年
孫江『近代中国の宗教・結社と権力』汲古書院、二〇一二年
林田芳雄『華南社会文化史の研究（京都女子大学研究叢刊21）』京都女子大学、一九九三年
春名徹『にっぽん音吉漂流記』晶文社、一九七九年
竹内弘行『康有為と近代大同思想の研究』汲古書院、二〇〇八年
東田雅博『大英帝国のアジアイメージ』ミネルヴァ書房、一九九六年
東田雅博『図像の中の中国と日本——ヴィクトリア朝オリエント幻想』山川出版社、一九九八年
礪波護・岸本美緒・杉山正明編『中国歴史研究入門』名古屋大学出版会、二〇〇六年
並木頼寿『東アジアに「近代」を問う』研文出版、二〇一〇年

日本孫文研究会編『グローバルヒストリーの中の辛亥革命』汲古書院、二〇一二年
百瀬弘『明清社会経済史研究』研文出版、一九八〇年
狭間直樹編『西洋近代文明と中華世界』京都大学学術出版会、二〇〇一年
林啓彦ほか『鴉片戦争的再認識』中文大学出版社、二〇〇三年
馬廉頗『晩清帝国視野下的英国——以嘉慶道光両朝為中心』人民出版社、二〇〇三年
茅海建『天朝的崩壊』三聯書店、一九九五年
商衍鎏『清代科挙考試述録』三聯書店、一九五八年
鐘叔河『走向世界叢書叙論集——従東方到西方』岳麓書社、二〇〇二年
鄒振環『晩清西方地理学在中国』上海古籍出版社、二〇〇〇年
Elman, Benjamin A., *On Their Own Terms: Science in China, 1550-1900*, Harvard University Press, 2005
Fairbank, John King, *Late Ch'ing, 1800-1911, The Cambridge history of China Vol.10*, Cambridge University Press, 1978
Legge, James, *The Chinese Classics: with a translation, critical and exegetical notes, prolegomena, and copious indexes, Vol. I-V*, Hong Kong, 1861-1872
Morse, Hosea Ballou, *The trade and administration of the Chinese Empire, London*, 1908
———, *The International Relations of the Chinese Empire*, Shanghai, 1910

ウェブサイト

馬来西亜基督教巴色会 http://www.bccm.org.my/
Biographical Dictionary of CHINESE Christianity（華人基督教史人物辞典）http://www.bdcconline.net/zh-hant/
Celebrating the 150th Anniversary of the Arrival of Chinese to Guyana（1853 to 2003）http://www.sdnp.org.gy/chinese/
Chinese in Guyana: Their Roots http://www.rootsweb.ancestry.com/~guycigtr/
National Library of Australia http://www.nla.gov.au/
※本文献表に記載のウェブサイトの最新閲覧日は二〇一四年八月一日である

あとがき

筆者が「中国」と「近代」に興味を持ったのは、高校時代である。世界史の授業で、それまで地域ごとに語られていた歴史が「近代」に入った途端、文字どおり「世界」史へと急展開したように見えた。それと同時に、壮大なスケールで語られてきた中華世界は、激動の時代に入って行く。この転換点は何だったのか、という漠然とした疑問が、今に至る筆者の出発点になったように思う。他方で、大学から大学院と進むうちに「近代」における「(プロテスタント)キリスト教」の影響、というのも筆者の関心事となっていった。ごく個人的な話だが、筆者は十四歳の時、当時通っていた教会の牧師をしていたドイツ人宣教師からプロテスタントの洗礼を受けた。両親もクリスチャンで、その宣教師自身とてもドイツ人とは思えない流暢な日本語を話す方だったこともあり、特に外国人から外国の宗教を教わったとは思わなかったし、今も思っていない。だが、キリスト教や宣教師という存在がきわめて身近にあったことは、「近代」への興味が募る中で、日本や中国を「世界史」に巻き込んだその時代に、それらの地域にもたらされ、多大な影響力をふるったプロテスタント・キリスト教へと、ごく自然に目を向けさせることになった。「近代」とともにアジアに伝播し、筆者のもとまで届いたプロテスタントを敢えて客観的に捉えなおし、かつ歴史の中に正当に位置づけたい、という思いもいつの頃からか抱くようになった。このような茫漠とした思いの数々を根底に含みつつ、具体的な課題と研究を積み上げたのが本書である。

本書は二〇一〇年四月に東京大学大学院総合文化研究科地域文化研究に提出し、同年九月に学位を取得した博士論文「十九世紀南中国におけるプロテスタント布教の発展と「開港場知識人」の誕生――洪仁玕と『資政新篇』の位置づけをめぐって」がもととなっている。

本書を構成する既発表論文は下記のとおりである。ただし第四章の論文を除き、ほかはいずれも原形をとどめないほどに解体され、大幅な加筆を経て再構成されている。

第一章「中国における初期プロテスタント布教の歴史——宣教師の「異教徒」との出会いを通して」『アジア文化研究』三五号、二〇〇九年。

第二章「洪仁玕とキリスト教——香港滞在期の洪仁玕」『中国研究月報』六四一号、二〇〇一年。

第三章および第六章「早期港滬伝教士活動与基督教連繋——以英華書院和墨海書館為例」、梁元生ほか編『双龍吐艶——滬港之文化交流与互動』滬港発展聯合研究所、二〇〇五年。「曾国藩幕僚中的新型知識人」、王継平ほか編『曾国藩与近代中国』岳麓書社、二〇〇七年。「王韜与中西之道——浅論王韜的大同論」、中国社会科学院近代史研究所政治史研究室ほか編『政治精英与近代中国』中国社会科学出版社、二〇一三年。

第四章「『資政新篇』的西学知識与基督教之影響」、黄東蘭編『再生産的近代知識（新史学 第四巻）』中華書局、二〇一〇年。

第五章「洪仁玕的宗教改革思想」、王継平編『曾国藩研究』第六輯、湘潭大学出版社、二〇一二年。

これらの論文を執筆し、また本書をまとめる過程では、日本学術振興会特別研究員奨励費（平成十八—十九年度DC2、および平成二十—二十二年度PD）、および平成二十五年度から継続中の科学研究費助成事業若手研究B（「太平天国とキリスト教の関わりからみる中国初期プロテスタント史の研究」）の助成を受けたほか、平成二十三—二十五年度科学研究費助成事業基盤研究B（「戦争・災害より見た近代東アジアの民衆宗教に関する比較史的研究」、研究代表者・武内房司氏）、および平成二十五年度から継続中の科学研究費助成事業基盤研究B（「キリスト教信者コミュニティーからみた近代中国沿海諸地域の横断的研究」、研究代表者・蒲豊彦氏）からのご援助を受けている。また、本書の刊行にあたっては平成二十六年度日本学術振興会科学研究費補助金（研究成果公開促進費）の交付を受けた。

これまでの研究を進めるにあたって、筆者は本当に多くの先生方にお世話になった。中国の近代史を勉強したいと漠然と思いつつ入学した東京大学で、最初に出会ったのが並木頼寿先生であった。学籍番号で割り振られた「基礎演習」の担当が並木先生だった、という幸いな偶然である。以来、学部後期課程、修士、博士と長きにわたりご指導いただいた。特に学部の卒業論文では一言一句丁寧に添削してくださり、最後は原稿を自宅宛にファックスで返送してくださった。優に身の丈を超える長大な感熱紙の束を前に感激したものである。大学院に進んでも、筆者は研究の方向性を定めるまでにずいぶんと時間がかかり、また、それが定まってからものんびりマイペースで回り道の多い歩みであったが、先生は始終温かく見守り、折に触れて的確なアドバイスをくださった。二〇〇九年七月下旬、数ヶ月ぶりに研究室でお会いし、ようやく博士論文を書き終える見通しがついたことを報告すると、喜んでくださいつつも、やや真剣な面持ちで年内にも提出するよう促された。この時の先生のご様子を見て、初めて、私はのんびりしすぎてしまったかもしれない、と思った。先生のあまりに急な訃報に接したのは、それからわずか十日ほど後のことであった。完成した博士論文や本書をお見せすることができなかったのは消えることのない心残りである。

それでも、その後やはり卒業論文の頃から一貫して副査として論文指導をいただいてきた村田雄二郎先生に博士論文の主査をお引き受けいただけたのは幸いであった。また特に、本書の刊行もこの四年間、さまざまな紆余曲折を経なければならなかったが、その間幾度も村田先生からは温かい叱咤激励とアドバイスをいただいた。東京大学出版会をご紹介いただいたのも村田先生であり、本書がこうして世に出ることができたのはひとえに先生のご援助のおかげである。あらためて厚く御礼申し上げたい。

さらに博士論文の審査員として、学内からは谷垣真理子先生、遠藤泰生先生、吉澤誠一郎先生、学外からは国際基督教大学の菊池秀明先生および亜細亜大学の容應萸先生に加わっていただき、それぞれ貴重なコメントとご批判をいただいた。本書でその全てにお応えすることはできなかったが、今後に続く課題とさせていただきたい。また特に、菊池先生には太平天国研究の先達として長きにわたって親しくご指導いただき、広西チワン族自治区の桂平市をはじめとする太平天国ゆかりの地にもお連れいただいた。彼らの根拠地を訪れ、その足跡をたどった経験は本書の執筆を支える力の一端となった。心より御礼申し上げる。

またこれまでの研究の過程では、授業やゼミに加えいくつもの読書会や研究会、シンポジウムを通して研鑽を積ませていただいてきた。特に学習院大学の武内房司先生が主宰されている中国の民衆宗教にかかわる読書会(「李世瑜読書会」)には、大学院進学当時からお世話になり、大いに鍛えていただいた。宗教を語ることがともすれば敬遠されがちな日本という土壌の中で、宗教と社会の関わりにきちんと向き合うことの意義を考える場をいただいている。このほか、全ての方々のお名前を挙げることはできないが、日本で、また中国や香港で、豊かな学びの機会を与えてくださった先生方と先輩方、また同学諸氏に、この場を借りて御礼申し上げたい。

史料の面でも、筆者は多くの方々から貴重な文献をご提供いただいた。特に小島晋治先生、香港の李志剛牧師、曾福全氏、李康仁氏に感謝したい。また、本書は欧米のミッション史料を中心に、多くの未公刊史料に依拠している。マイクロ化されたミッション史料を豊富にそろえる香港大学や香港バプテスト大学、また史料の原本を所蔵するロンドン大学やオックスフォード大学、台湾中央研究院歴史語言研究所傅斯年図書館、南部バプテスト連盟の本部などを訪れ、数々の貴重な史料を得ることができた。そして特に、バーゼル伝道会の史料については、スイスのBasel Mission Archivesで数回にわたって調査を行い、Dr. Guy Thomasをはじめとするスタッフの方々に大変お世話になった。本書のカバーに趣を添える二枚の絵も、同アーカイブのコレクションである。また、この手書きのドイツ語史料の解読と翻訳にあたっては西洋教育史の研究者でもある父福田弘の力添えを得た。父の助けがなければ、これらの作業はより困難を極めていたに違いない。もちろん、ドイツ語史料を含め、全ての史料の翻訳および本書における議論の内容の全責任は筆者にある。縁あって本書を手にとってくださった方々の忌憚のないご叱正をいただければ幸いである。

本書の刊行にあたっては東京大学出版会の山本徹氏に大変お世話になった。筆者の非力でなかなか刊行への道筋を付けることができない時にも忍耐強く待ち、励ましてくださった。筆者のこれまでのささやかな研究の成果をこのような形にしてくださったことに、心より御礼申し上げたい。

冒頭でも述べたように、筆者の歴史との出会いは高校時代にさかのぼる。その出会いを与えてくださった片岡博先生をはじめ、受験勉強を意味あるものに変えてくださった茨城県立竹園高等学校の先生方にも、あらためて謝意を表したい。

最後に、研究の道に進んだことを喜び、いつも応援してくれている両親、そして、ともに学び、研究に携わる同志として筆者の研究への思いを理解し、支えつつ、よき伴侶として人生をともに歩んでくれている夫倉田徹に、深い感謝の意を表したい。

二〇一四年七月二十四日

倉田明子

著者紹介
1976年　埼玉県生まれ
1999年　東京大学教養学部教養学科卒業
2008年　東京大学大学院総合文化研究科地域文化研究博士課程単位取得退学
現　在　立教大学非常勤講師，千葉商科大学非常勤講師，東京大学大学院総合文化研究科学術研究員，博士（学術）

主要著書・論文

「日本占領期香港におけるカトリックの救済活動」（武内房司編『戦争・災害と近代東アジアの民衆宗教』明石書店，2014年）

「洪秀全と洪仁玕」（『文明と伝統社会（講座 東アジアの知識人 1）』有志舍，2013年）

「『資政新篇』的西学知識与基督教之影響」（黄東蘭編『再生産的近代知識（新史学 第4巻）』中華書局，2010年）

中国近代開港場とキリスト教
洪仁玕がみた「洋」社会

2014年8月28日　初　版

［検印廃止］

著　者　倉田明子《くらたあきこ》

発行所　一般財団法人　東京大学出版会
代表者　渡辺　浩
153-0041 東京都目黒区駒場4-5-29
http://www.utp.or.jp/
電話 03-6407-1069　Fax 03-6407-1991
振替 00160-6-59964

印刷所　株式会社平文社
製本所　誠製本株式会社

ISBN 978-4-13-026150-0　Printed in Japan

索　引

あ　行

アイテル(Ernst J. Eitel, 艾徳爾)　293
アビール(David Abeel, 雅裨理)　26, 38
アヘン戦争　1, 33, 53, 54, 59, 203, 328
美理哥合省国志略(大美連邦志略)　31, 156, 202, 210
アメリカン・ボード(American Board of Commissioners for Foreign Missions)　22, 26, 30, 37, 52, 80, 81, 311, 327
廈門　1, 38, 40, 57, 96, 296
アレン(Young J. Allen, 林楽知)　265, 286-288, 290, 296, 297, 299-301
安慶　112, 224, 277
韋玉　310, 324
イギリス東インド会社　23, 29
韋光　31, 37, 38, 69, 324
韋昌輝　175
移民
——, 英領ガイアナ　284
——, 英領北ボルネオ　284
——, オーストラリア　100, 150, 297, 306
——, サンフランシスコ　100, 150
医薬伝道会(Medical Missionary Society)　31, 35, 40, 65
ウィリアムス(Samuel Wells Williams, 衛三畏)　26, 39, 81
ウィリアムソン(Alexander Williamson, 韋廉臣)　153, 155, 156, 159, 209, 271, 287, 290, 318
ウィルソン(Robert Wilson)　242
ヴィンネス(Philip Winnes, 韋永福)　91, 239
ウェイ(Richard Quarterman Way, 褘理哲)　200
ウェイド(Thomas Francis Wade, 威妥瑪)　130, 170, 247, 281
ウェスレアン・メソジスト伝道会(Wesleyan Methodist Missionary Society)　107
ウォン・ショウイー (Wong Show-yih)　44
英華書院(Anglo-Chinese College)
——, マラッカ　24, 40, 41, 333
——, 香港・印刷所　102, 144, 293
——, 香港・教会　41, 101, 280
——, 香港・神学校　41, 106, 150, 305
——, 香港・予備学校　41, 104, 106, 151, 305, 334
瀛環志略　31, 204
英国教会(英国聖公会 , Anglican Church)　62, 285, 306
李纘猷　89
益知書会(School and Text Book Committee)　288
益知新録　288
粤東施蘸聖会　37, 52
エドキンス(Joseph Edkins, 艾約瑟)　45, 98, 135, 138, 140, 143, 148, 152, 155, 159, 177, 180, 220, 238, 242, 248, 273, 287
エルギン卿(James Bruce, 8th Earl of Elgin)　108, 111, 138, 203, 220, 233, 246
煙台　238, 271
袁徳輝　34, 66
王煜初　310
王元深　62, 310
王昌桂　128
王韜恵(王亮疇)　325
王韜(黄畹)　7, 127, 136, 139, 146, 153, 160, 185, 192, 209, 242, 272, 280, 287, 292, 301, 306, 331, 332, 335, 338, 340
甕牖余談　147, 273, 340
応龍田(応雨耕)　130, 147, 170, 281
音吉(Otto)　45, 67
オランダ伝道会(Netherlands Missionary Society)　27
オリファント(David W. C. Olyphant)　31, 38

か　行

開港場　2, 4, 7, 56, 77, 284, 327, 328, 335, 336
開港場知識人　8, 9, 11-13, 127, 145, 152, 160, 164, 271, 272, 276, 284, 290, 328, 330, 335, 336

海国四説　31, 207
海国図志　34
回心　22, 32, 45
開朝精忠軍師干王洪宝製　→干王宝製
海寧州　134
格致彙編　289
格致書院　289, 296
郭福衡(郭友松)　139, 275, 298
何啓　7, 307, 309, 311, 334
花県　78, 83, 283, 330
華衡芳　158, 277, 279, 285, 290, 333
禾谷嶺村　89, 92
遐邇貫珍　144, 198, 208, 335
夏春濤　10, 219, 222, 236, 255
何信　41, 101, 106, 281
何進善(何福堂)　41, 42, 101, 103, 149, 254, 281, 307, 331
カトリック　5, 205
カッシング(Caleb Cushing)　38
何妙齢　308
カルバートソン(Michael Simpson Culbertson, 克陛存)　57
雅麗氏医院　309
簡易裁判所(Summary Jurisdiction Court)　291
韓応陛　153
干王宝製　188, 249, 252, 254, 256, 259
関学栄　42
関景良　311
関元昌　41, 310, 332
漢口　110, 238, 241, 243, 247, 271, 296
関日　28, 41
管嗣復(管小異)　143, 156, 159, 163, 206, 333
感主恩経歴史　77, 83, 92, 97, 99
勧世良言　29, 55, 78, 81-84, 102, 329
簡又文　79, 92, 230
官禄㘵　78, 88
幾何原本　134, 147, 153, 155, 198, 277
菊池秀明　10
魏源　34
牛眠埔　92, 239, 283, 336
ギュツラフ(Karl Gützlaff, 郭実獵・郭士立)　22, 26, 30, 34, 36, 45, 56, 58, 80, 87, 200, 327, 330
ギュツラフ夫人(Mary Wanstall Gützlaff)　31, 35
教会新報　287, 296, 303, 305, 332
キリスト教　2, 21, 84, 91, 93, 130, 139, 182, 207, 211, 229, 246, 298, 328, 330
ギルスピー (William Gillespie)　42, 54
近事編録　292
欽定英傑帰真　185, 251, 259
欽定軍次実録　251-254, 259
欽定敬避字様　179
欽定士階条例　251, 255
クウォーターマン(John Winn Quarterman, 卦徳明)　153
屈煕　80
屈昂　28, 42, 80, 95, 96, 133, 280
区鳳墀　311
クリスチャン・エリート　8, 279, 305, 310, 334
クレイヤー (Carl Kreyer, 金楷理)　285, 286
恵愛医院　42, 102, 106
京師同文館　285, 286
桂平県　84, 87
ゲナール(Ferdinand Genähr, 葉納清)　60
原罪　182, 190, 250, 300
黄詠商　311
広学会　3, 290
江覚仁(Kong Yin)　62, 89
黄寛　105, 286
洪葵元(洪葵秀)　283, 284
黄吉甫(Wong-kih-foo)　138, 276, 297
黄広徴(黄木)　41, 101, 281, 294
広州　1, 23, 28, 36, 38, 42, 60, 78, 84, 102, 105, 203, 221, 291, 296, 297, 311, 329
杭州　135, 161
洪秀全(天王)　77-79, 82, 95, 175, 224, 225, 233, 242, 250, 260, 330, 338
洪秀全の幻想(The Visions of Hung-Siu-Tshuen, and Origin of the Kwang-si Insurrection)　77, 78, 82-85, 94, 256
洪秀全来歴　77, 78
黄錞(黄春甫)　138, 276, 290, 297, 332
黄勝　101, 133, 144, 150, 280, 286, 291, 293, 308, 334, 335
洪仁玕(干王)　9, 77, 83, 88, 94, 96, 103, 132, 163, 175, 219, 244, 260, 282, 295, 330-332, 336
洪世甫　239, 244
興中会　311
洪天貴福(幼天王)　236, 237, 260
江南製造局　279, 285

江南製造局翻訳館　285
広方言館　286
高明県　28
康有為　295, 303
光論　155
コー・モウホー（Ko-mow-ho）　25, 49
呉嘉善　159, 277, 309, 333
顧金圃　162
呉煦　276
伍光　291, 335
古今万国綱鑑　31
伍才（伍廷芳）　7, 291, 308, 334, 335
湖州　135, 260
コックス（Josiah Cox, 覚士）　107, 265
伍発　291
コフリン（Margaret M. Coughlin）　32, 85
呉文秀（Ng A-sow）　42, 95, 102
胡礼垣　307, 310
昆山　136, 248

さ　行

沙頭角　91
佐藤公彦　3
佐藤慎一　7
三位一体　182, 184, 193, 198, 249, 251, 253, 255, 258, 299, 338
ジェームズ（James G. Bridgman）　38
ジェーン（Jane A-sha）　42
紫荊山　84, 86
四洲志　34
資政新篇　10, 176, 249, 251, 295, 337
持平叟　300
ジャーディン，ウィリアム（William Jardin）　27, 31
ジャーディン・マセソン商会　27, 33, 280, 289
シャルマース（John Chalmers, 湛約翰）　101, 104, 109, 144, 221
上海　1, 39, 40, 43, 56, 95, 106, 128, 152, 157, 177, 220, 239, 278, 280, 297, 334
上海新報　287
ジュー・ロ（Chü A-luk）　150
周偉馳　10
重学　134, 147, 155
宗教自由詔書　237, 238
宗教復興運動　21
舟山島　35, 43
周道行　84, 330
周弢甫　157, 162, 163
儒学　142, 197, 300, 303, 304, 332, 337, 339
シュック（Louis Shuck, 叔未士）　23, 31, 36, 53, 74, 327
循環日報　293, 294, 307, 335
蔣敦復（蔣剣人）　148, 152, 297, 333
照影法　159
松江　43, 137, 161, 275
蕭朝貴（西王）　86, 212, 236, 256
上帝　57, 181, 251, 304, 328
上帝教　11, 77, 86, 92, 181, 187, 256, 258, 283, 336
小刀会　96
贖罪　94, 141, 188, 198, 250, 253, 259, 338
植物学　155
徐継畬　31
徐建寅　277, 285, 289
徐寿　158, 277, 279, 285, 289, 296, 333
徐有壬　157, 159, 162, 275, 333
ジョン（Griffith John, 楊格非）　138, 154, 177, 235, 243, 248
字林滬報　307
新安県　60, 62, 89, 91, 282
シンガポール　26, 30, 31, 39, 80, 291
沈国威　146
新政真詮　310
真約（聖書）　255, 256
スティーブンス（Edwin Stevens, 史第芬）　80
ストロナック（John Stronach, 施敦力約翰）　57, 96
スミス・ジョージ（Smith George, 四美・施美符）　62, 95, 137, 306
西医略論　156
西営盤　282, 284
清遠県　83, 283
聖書日課初学使用　29, 79, 80
聖書翻訳　24, 39, 54
聖ポール書院（St. Paul College）　62, 151, 285, 291, 292, 306, 308, 334
石達開　175
全体新論　145
銭文漪（銭蓮渓）　137, 139, 147, 298, 300, 331
曾寄圃　157
筲箕湾堂　282, 284
曾国藩　7, 157, 260, 276, 277, 285, 333

宗主詩章　267
宗主詩篇　133, 192, 253, 267
曾篤恭(Spencer)　307
曾溥(Elijah)　307
宋仏倹(Sung Futt Keem)　42
曾蘭生(Laisun)　39, 263, 307, 308
蘇州　43. 128, 156, 159, 161, 162, 177, 248, 260, 273
総理衙門　275, 276, 293
孫文　311

た　行

大英国史　148
代数学　155
第二次アヘン戦争　105, 109, 137, 203
代微積拾級　155, 160
代表訳本聖書(Delegate version)　57, 129, 252
太平天国　9, 77, 93, 98, 108, 110, 176, 219, 272, 329, 337
太平天日　77, 113, 255
卓南生　292
多妻主義(多妻制)　229, 231, 234, 239
覃瀚元　112
談天　155, 161
治安判事裁判所　37, 101, 151, 152, 291, 292, 307, 308
チャイナ・メール紙(The China Mail)　101, 149, 245, 292
チャイニーズ・レコーダー（The Chinese Recorder)　285
チャイニーズ・レポジトリー　26, 29, 33, 79
チュー（Choo Tih-lang)　56
中央書院　305, 307, 311, 334
中外新聞七日報　292, 294
中華印務総局　293
中国益知会　30
中西聞見録　288
中西通書　140, 185, 303, 332
張恵生　281
張彩廷　92, 239, 283
張斯桂　155, 158, 278, 297
潮州(潮州人)　36, 39, 60, 91
張祝齢　92
張振鴻　92
張声和　92, 283
張福僖　134, 155, 333
張復興　62
張文虎　134, 155, 278
チョン(A-cheung)　102
地理学百科事典　34
地理全志　145, 148, 155, 202, 204
陳〔福漢会主席〕　60
陳藹廷　292-295, 335
陳玉成(英王)　175, 260
鎮江　35, 43, 44, 136
陳少白　311
陳蘭彬　309
ツァン・ユンチェ（Tseang Yung che)　44
ディーン(William Dean, 憐為仁)　36
丁日昌　279, 287
デイリー・プレス紙(Daily Press)　291
ティンツァイ(Tien Tsai)　39
テーラー, ハドソン(Hudson Taylor, 戴徳生) 62
手代木有児　7
天津　223, 238, 243, 308
天津条約　110, 111, 138, 222, 238
デント(Thomas Dent)　31, 38
天道溯源　207
天徳王　90
デント商会　33, 157, 158
天父下凡　86, 93, 97, 249, 250, 258
天父天兄下凡　84, 187, 236, 256, 260, 338
天父天兄天王太平天国己未九年会試題　251, 256
鄧尉　143, 156, 160
弢園文録外編　295, 303
東華医院　309, 334
東莞県　92, 283
東西洋行毎月統紀伝　27, 30
道済会堂　310
唐廷庚　151
唐廷植　151, 152, 290, 318
唐廷枢　7, 151, 152, 289, 296, 334
鄧廷楨　80

な　行

内科新説　156
内軍械所　277, 279
内地会(China Inland Mission)　62
南京　43, 93, 108, 128, 175, 233, 260, 279
南京条約　33, 35
南昌　111, 260

南部バプテスト連盟(Southern Baptist Convention, The Foreign Mission Board)　37, 68, 220, 311
寧波　1, 35, 153
ネーピア　29
ノイマン(Robert Neumann)　61
ノース・チャイナ・デイリー・ニュース紙(The North China Daily News)　307
ノース・チャイナ・ヘラルド紙(The North China Herald)　93, 98, 177, 180, 221, 224, 226, 233, 244, 287

は 行

パーカー(Peter Parker, 伯駕)　31, 38, 42
ハージャー(Charles Robert Hager, 喜嘉理)　311
ハーシュバーグ(Henry J. Hirshberg)　43, 102
バーゼル伝道会(Basel Missionary Society, 巴色会)　22, 60, 89, 239, 282, 307
博物新論　158, 277
バタヴィア　26, 27, 54, 129
抜萃男書院(Diocesan Boy's School)　311
ハッパー(Andrew P. Happer, 哈巴安徳)　121, 291
バプテスト・ボード(Baptist Board of Foreign Missions in the United States)　23, 31, 36
林田芳雄　79
潘詒准(潘恂如)　136, 154, 276, 297-299, 331
バンコク　27, 31, 36
万国公報　288, 296, 301, 332
万国史伝　204, 207
万国地理全集　31
ハンスパッハ(August Hanspach, 韓仕伯)　315
ハンバーグ(Theodore Hamberg, 韓山明, 韓山文)　60, 89, 94, 204, 336
非官職議員〔香港立法評議会〕　308-310, 335
馮雲山(南王)　83, 84, 87, 95, 212, 283, 330
馮桂芬　7, 159, 163, 206, 286, 333
ヒリヤー(Charles B. Hillier)　145, 149
ヒン(A-Hëen)　25, 48
ブーン(William J. Boone, 文恵廉)　57
婦嬰新説　156
フォー(A-Fo, Tsae A-ko)　25, 47
フォレスト(R. J. Forrest)　224, 228, 232
布吉　91, 94, 100
福漢会(Chinese Union)　36, 59, 84, 87, 330
福建(福建人)　60, 80, 95
仏山　60, 101, 281, 297
普法戦紀　292
フライヤー(John Fryer, 傅蘭雅)　285, 288, 289, 296
ブラウン(Samuel R. Brown, 布朗)　31, 38
ブリッジマン(Elijah C. Bridgman, 裨治文・高理文)　22, 26, 28, 30, 33, 37, 47, 51, 56, 80, 98, 138, 156, 200, 327
プロテスタント　→キリスト教
フン・セン(Fung Sen)　89
平湖　137, 138
米国長老教会(Presbyterian Church in the United States of America)　57, 153, 207, 288, 291
米国バプテスト同盟(American Baptist Missionary Union)　206
北京条約　223, 238
ベッテルハイム(Bernard J. Bettelheim, 伯徳令)　137
ペナン　24, 26, 54
ベルリン中国伝道会(Berlin Missionary Association for China)　61, 283
ベンダー(Heinrich Bender, 辺得志)　316
貿易監督官　29, 35, 59
ホー・ロウ(Ho A-low)　150
ホープ提督(General Sir James Hope Grant)　223, 241
ボール(Dyer Ball, 波乃耶)　38
墨海書館　44, 95, 128, 133, 144, 243, 271, 297, 329, 333, 337
ホブソン(Benjamin Hobson, 合信)　40, 42, 71, 102, 106, 145, 156
甫里　128, 273
ホルムズ(J. Landrum Holmes, 花雅各)　220, 222, 248
香港　1, 8, 36, 40, 59, 100, 148, 208, 221, 239, 279, 290, 297, 305, 334
香港華字日報　292
香港西医書院　309, 311
香港船頭貨価紙　209, 291
香港中外新報　291

ま 行

マーシャル(Humphrey Marshall)　95, 133

マーティン(William A. P. Martin, 丁韙良)　207, 288
マカオ　23, 34, 80
マクゴーワン(Daniel Jerome MacGowan, 瑪高温)　206, 285
マティーア(Calvin W. Mateer, 狄考文)　288
マラッカ　24, 26, 30, 41, 54, 80
漫遊随録　128, 280
南メソジスト監督教会(Methodist Episcopal Church, South)　265, 286
ミュアヘッド(William Muirhead, 慕維廉)　45, 136, 140, 145, 148, 153, 161, 202, 224, 231, 239, 275, 287, 290, 300
ミルン(William Milne, 米憐)　24, 28, 54, 80, 200, 327
ミルン，チャールズ(William Charles Milne, 美魏茶)　40, 57, 146
ムー(Moo)　84
無錫　158, 260
メドハースト(Walter Henry Medhurst, 麦都思)　26, 30, 43, 54, 56, 93, 98, 128, 134, 136, 145, 153, 327
メドハースト〔外交官〕(Walter Henry Medhurst, 麦華陀)　276, 280, 289
蒙時雍(幼賛王)　225
モリソン(Robert Morrison, 馬礼遜)　21, 23, 26, 46, 55
モリソン，ジョン(John R. Morrison, 馬儒翰)　30, 35, 29, 46, 55, 56, 80
モリソン記念学校　31, 38, 101, 151, 333
モリソン号事件　35
モリソン教育協会(Morrison Educational Society)　31, 38, 47, 145

や　行

ヤン・ランヤン(Yang Lanyan)　39, 52
ユン(A-Yun)　25, 73
容開(容星僑)　311
容閎　7, 31, 106, 157, 236, 272, 278, 294, 309, 334
用語論争(Term Question)　57, 183, 285, 303, 328
楊秀清(東王)　86, 93, 97, 175, 187, 250, 256, 258, 338
養心神詩　98, 130, 133, 192
洋務運動　7, 290, 308–310, 329, 333
吉田寅　4
ヨン・サムタ(Yong Sam-tak)　48

ら　行

ライス・クリスチャン　61, 85
羅森　146
羅深源　62, 95, 133, 306
リー・キムリン(Le Kim-lin)　42, 101, 102
陸皓東　311
李敬芳　83
李鴻章　7, 279, 286, 289, 291, 308, 333
李志剛　5
李秀成(忠王)　175, 177, 220, 222, 233
李正高　83, 89, 92, 96, 99, 239, 282, 307, 331, 336
李善蘭(李壬叔)　134, 147, 155, 159, 162, 275, 277, 286, 333
李大楷(李祥光)　283, 284, 315
李大才(李承恩)　283, 325
李大森(A-Cheung)　307
リュウ・テンサン(Rhew Theen sang)　44
琉球　27, 137, 147
劉肇鈞　272
梁桂臣　297
梁進徳　30, 31, 34, 37, 42, 47, 51, 156, 172
梁柱臣(Leung A-fo, Liang A-foe)　150, 297
梁廷枏　31, 207
梁発　25, 28, 41, 42, 55, 78, 102, 297, 329, 331
梁文盛　280
李朗　62, 89, 282
林紹璋(章王)　224
輪船招商局　289
林則徐　31, 33
ルッツ(Jessie G. Lutz)　87
黎氏〔関元昌夫人〕　306, 311
レッグ(James Legge, 理雅各)　40, 95, 103, 133, 145, 149, 177, 221, 227, 231, 238, 245, 254, 280, 293, 305, 328, 339
レッグ，ヘレン(Helen Legge)　103
レニッシュ伝道会(Rhenish Missionary Society, 礼賢会)　22, 60, 283
レヒラー(Rudolph Lechler, 黎力基)　60, 91, 94, 99, 282, 288
六合叢談　144, 152, 161, 208, 242, 288
ロックハート(William Lockhart, 雒魏林)　35, 43, 95, 106, 138
路得　153
ロバーツ(Issachar J. Roberts, 羅孝全)　23,

31, 36, 52, 60, 61, 84, 88, 95, 225, 226, 233, 240, 244, 327, 330
ロブシャイド(Wilhelm Lobscheid, 羅存徳)　316
ロンドン宗教小冊子協会　79
ロンドン伝道会(London Missionary Society)　21, 28, 35, 40, 43, 53, 57, 95, 100, 127, 136, 150, 152, 197, 200, 235, 271, 275, 280, 293, 297, 306, 310, 327

わ 行

ワイリー(Alexander Wylie, 偉烈亜力)　45, 134, 138, 140, 144, 155, 161, 198, 247, 285, 289
和合本聖書　58, 288
渡辺祐子　3
ワン・アイ(Wang-ai)　85
ワン・ヒム(Wang-khien, Wang-him)　85

別表 1 1844-64 年 墨海書館出版目録

出版時期	書刊名	著者	頁数	印刷冊数	印刷総頁数
1844 年 4-9 月	天理要論	W. H. Medhurst	136	1,000	136,000
	小冊子 "Manual"［聖教要理］	［W. H. Medhurst］	16	1,000	16,000
	三字経	W. H. Medhurst	34	1,000	34,000
	十条戒著明	W. H. Medhurst	180	300	54,000
	Chinese Dialogues, Questions, and Familiar Sentences	W. H. Medhurst	260	500	130,000
					370,000
1845 年 4-9 月	郷訓五十二則 第三十九 - 五十号	William Milne	96	1,000	96,000
	郷訓五十二則 最後の十号分	William Milne	80	2,000	160,000
	郷訓五十二則 第十八号	William Milne	8	1,000	8,000
	神天之十条戒註明	W. H. Medhurst	36	5,000	180,000
	雑篇	W. H. Medhurst	58	1,000	58,000
	祈禱式文	W. H. Medhurst	24	2,000	48,000
	祈禱式文（上海方言）	W. H. Medhurst	64	350	16,400 (22,400)
	三字経	W. H. Medhurst	40	2,000	80,000
	新増聖書節註	W. H. Medhurst	10	2,000	20,000
	Chinese Dialogues, Questions, and Familiar Sentences	W. H. Medhurst	176	600	95,600
	Ancient China	W. H. Medhurst	56	600	33,600
					795,600 (801,600)
1845 年 10 月-46 年 3 月	真理通道	W. H. Medhurst	300	3,000	900,000
	耶穌教略	W. H. Medhurst	36	5,000	180,000
	救世主言行全伝	K. Gützlaff	34	2,000	68,000
	新増聖書節註	W. H. Medhurst	10	5,000	50,000
	鴉片速改七戒文	Ira Tracy	10	3,000	30,000
	講上帝差兒子救世界上人（上海方言）	W. H. Medhurst	10	1,000	10,000
	English Chinese Dictionary pp. 272-432	W. H. Medhurst	160	600	96,000
	Ancient China pp. 56-216	W. H. Medhurst	160	600	96,000
					1,430,000
1846 年 10 月-47 年 3 月	聖経之史 部分	K. Gützlaff	70	3,000	210,000
	講上帝差兒子救世界上人（上海方言）	W. H. Medhurst	16	3,000	48,000
	講上帝差子救世（文言）	W. H. Medhurst	12	3,000	36,000
	以弗所書, 歌羅西書, 哥林多書釈解	W. H. Medhurst	124	2,000	248,000
	張遠両友相論	William Milne	84	3,000	252,000
	論悔罪信耶穌	W. H. Medhurst	20	2,400	48,000
	論勿拝偶像	W. H. Medhurst	18	10,000	18,000

	新増聖書節註	W. H. Medhurst	10	1,200	12,000
	English Chinese Dictionary pp.600-854	W. H. Medhurst		600	152,400
	A Dissertation on the Theology of the Chinese, pp. 1-88	W. H. Medhurst		500	44,000
					1,070,200 (1,068,400)
1847年4-9月	約翰伝福音書　(上海方言)	W. H. Medhurst	182	3,000	545,000 (546,000)
	三字経	W. H. Medhurst	35	6,000	210,000
	講自家個好処靠弗着	W. H. Medhurst	12	6,000	72,000
	講上帝告訴人知識	W. H. Medhurst	16	6,000	96,000
	論悔罪信耶穌	W. H. Medhurst	20	1,000	20,000
	天帝宗旨論	W. H. Medhurst	24	3,000	72,000
	雑篇	W. H. Medhurst	8	700	5,600
	A Dissertation on the Theology of the Chinese, pp. 89-284	W. H. Medhurst	195	500	97,500
	Chinese Dialogues, Questions, and Familiar Sentences, pp. 854-974	W. H. Medhurst	120	600	72,000
					1,190,100 (1,191,000)
1847年10月-48年3月	馬太伝福音書（上海方言）	W. H. Medhurst	264	3,000	792,000
	天帝宗旨論	W. H. Medhurst	50	9,000	450,000
	十条戒論	W. H. Medhurst	70	9,000	630,000
	福音要言	John Stronach	19	6,000	114,000
	張遠両友相論	William Milne	83	10,000	830,000
	上帝聖教公会門	William Milne	70	3,000	210,000
	上帝聖教公会門 小型本	William Milne	38	1,500	57,000
	善終志伝	John Stronach	14	9,000	126,000
	論悔罪信耶穌	W. H. Medhurst	20	3,400	68,000
	Hospital Reports	W. Lockhart	17	300	5,100
	English Chinese Dictionary,-p. 1058	W. H. Medhurst	56	600	33,600
	Inquiry on the proper mode of Translating the word God in the Chinese Scriptures	W. H. Medhurst	170	400	68,000
					3,383,700
1848年10月-49年3月	張遠両友相論	William Milne	83	10,000	
	上帝聖教公会門	William Milne	70	3,000	
	上帝聖教公会門 小型本	William Milne	38	1,500	
	善終志伝	John Stronach	14	9,000	
	論悔罪信耶穌	W. H. Medhurst	20	3,400	
					(1,291,000)

1849年4-9月	論悔罪信耶穌	W. H. Medhurst	32	10,000	
	論勿拝偶像	W. H. Medhurst	32	10,000	
	天帝宗旨論	W. H. Medhurst	72	10,000	
					(1,360,000)
1850年4-9月	福音要言	John Stronach	19	10,000	
	天地人論	W. H. Medhurst	9	10,000	
	祈禱式文釈句	W. H. Medhurst	24	10,000	
	福音広訓	William C. Milne	29	5,000	
	三字経	W. H. Medhurst	17	5,000	
	論十条戒	W. H. Medhurst	1	10,000	
					(800,000)
1850年10月-51年9月	新約聖経 大字本（四福音書及使徒行伝）		178	5,000	890,000
	耶穌教略	W. H. Medhurst	32	10,000	32,000
	三字経	W. H. Medhurst	18	10,000	180,000
	真道入門	William C. Milne	17	10,000	170,000
	安息日期	S. Carpenter	1	3,000	3,000
	新約聖経 小字本（後半）		61	5,500	335,500
	張遠両友相論	William Milne	42	2,000	84,000
					(1,694,500)
1851年10月-52年3月	三字経 修訂版	William Milne	18	10,000	180,000
	真道入門	William C. Milne	18	10,000	180,000
	新増聖書節註	W. H. Medhurst	1	10,000	10,000
	新約聖経 小字本		145	5,500	797,500
	耶穌教略	W. H. Medhurst	33	10,000	330,000
	旅人入勝	R. H. Cobbold	14	2,000	28,000
	格物窮理問答	W. Muirhead	12	500	6,000
	張遠両友相論	William Milne	42	2,000	84,000
	張遠両友相論 修訂版	William Milne	25	10,000	250,000
	善終志伝	John Stronach	7	10,000	70,000
	論悔罪信耶穌	W. H. Medhurst	8	10,000	80,000
	学校広告		1	5,000	5,000
	華洋和合通書	J. Edikins	30	5,000	150,000
					2,170,500
1852年10月-53年3月	新約聖経 小字本		144	3,000	864,000
	新約聖経 大字本		349	4,000	2,792,000
	新約聖経修訂本 大字本		349	5,000	3,490,000
	福音要言	John Stronach	9	10,000	180,000
	中西通書	J. Edikins	40	10,000	800,000
	地理全志	W. Muirhead	194	2,000	776,000
	咸豐二年十一月初一日日蝕単	J. Edikins	1	1,000	1,000

	Chinese Dialogues, Questions, and Familiar Sentences	W. H. Medhurst	190	300	57,000
					8,960,000
1853年4-9月	真理摘要	R. H. Cobbold		10,000	
	郷訓	W. H. Medhurst		10,000	
	貧者約瑟明道論	W. H. Medhurst			
	亜大門臨死畏刑論	W. H. Medhurst			
1853年10月	代表訳本聖経［Delegate's Version］・新約聖経大字修訂本　及び官話本（各5,000部）　印刷準備中				
1854年4月	新約聖経（前期からの継続）				
	地理全志（第一巻）	W. Muirhead			
	数学啓蒙	A. Wylie			
1854年10月	旧約聖経（～約伯記）			5,000	
	新約聖経 大字本（～羅馬書）			5,000	
	新約聖経 官話（～馬太福音書）			5,000	
	新約聖経 大開本（～約翰福音書）			115,000	
1854年10月-55年3月	旧約聖経			5,000	
	新約聖経 大字本			5,000	
	新約聖経 官話			5,000	
	新約聖経 大開本			115,000	
	警悪箴言	William C. Milne		10,000	
	野客問難記	W. H. Medhurst		10,000	
	孝事天父論	J. Edikins		10,000	
	中西通書	J. Edikins		6,000	
	地理全志	W. Muirhead			
1856年4-10月	新約聖経 官話　（～提摩太書）		168	55,000	
	旧約聖経　（～撒母耳記上 途中）		180	48,000	
	旅人入勝	R. H. Cobbold	67	5,000	
	中西通書	J. Edikins	44	10,000	
	進小門走窄路解論	William Milne	7	5,000	
	救世主祇耶穌一人	W. H. Medhurst	1	5,000	
	天佛論衡？［Christianity and Buddhism composed］	［W. Muirhead］	7	5,000	
	宗主詩篇	W. H. Medhurst	77	5,000	
	天理十三条	W. Muirhead	9	2,000	
	勧世文	R. H. Cobbold	7	8,000	
	福音広訓 官話	William C. Milne	73	3,000	
	小学正宗？［Simple Colloquies］	［R. H. Cobbold］	30	8,000	
	求雨勧世文	W. Muirhead	1	5,000	
	絶棄偶像勧世文	W. Muirhead	1	2,000	

	羅馬書釈解	W. H. Medhurst	28	4,000
	真理摘要	R. H. Cobbold	81	5,000
				(20,172,000)
1856年10月-57年3月	真理摘要	R. H. Cobbold	17	5,000
	新約聖経 官話			55,000
	羅馬書釈解	W. H. Medhurst	59	4,000
	孝事天父論	J. Edikins	14	5,000
	三徳論	J. Edikins		5,000
	中西通書	J. Edikins	40	10,000
	六合叢談 第一－三号	A. Wylie	49	15,500
	旧約聖経 （～以斯拉記）			40,000
	代数学	A. Wylie		
	代微積拾級	A. Wylie		
	談天	A. Wylie		
	続幾何原本	A. Wylie		
1857年1-5月	旧約聖経（歴代志上第三章～約伯記第二十七章）			40,000
	新約聖経 代表訳本（～路加第四章）			40,000
	新約聖経 官話（約翰福音書第四章～使徒行伝）			50,000
	羅馬書釈解	W. H. Medhurst		4,000
	哥林多書釈解	W. H. Medhurst		4,000
	中西通書	J. Edikins		10,000
	三字経	W. H. Medhurst		5,000
	小冊子［Tract on Faith, Hope and Charity］			5,000
	葆霊魂以昇天国論	W. H. Medhurst		4,000
	六合叢談 第一号	A. Wylie		5,200
	六合叢談 第二号	A. Wylie		5,200
	六合叢談 第三号	A. Wylie		5,200
	六合叢談 第四号	A. Wylie		5,200
	六合叢談 第五号	A. Wylie		5,200
1857年4-9月	旧約聖経 （歴代志下第二十八章～箴言第十九章）		92	40,000
	新約聖経（～以弗所書第四章）		108	40,000
	哥林多書釈解（～第三章）	W. H. Medhurst	10	4,000
	吾主耶穌基督新遺詔書 満洲話	A. Wylie	10	1,000
	葆霊魂以昇天国論	W. H. Medhurst	6	4,000
	行道信主以免後日之刑論	W. H. Medhurst	4	4,000
	人当自省以食晩餐論	W. H. Medhurst	4	4,000
	福音要言	John Stronach	10	5,000
	三字経	R. Lowrie	18	5,000
	指迷編	R. H. Cobbold	16	5,000

	釈教正謬	J. Edikins	32	3,000	
	小冊子		1	2,000	
	六合叢談 第四号	A. Wylie	17	5,200	
	六合叢談 第五号	A. Wylie	14	5,200	
	六合叢談 第六号	A. Wylie	15	4,000	
	六合叢談 第七号	A. Wylie	18	4,000	
	六合叢談 第八号	A. Wylie	14	4,000	
	六合叢談 第九号	A. Wylie	16	3,000	
	代数学	A. Wylie	71	500	
					(8,856,700)
	官話語法		276		
1857 年 10 月-58 年 3 月	旧約聖経			40,000	
	新約聖経			40,000	
	指迷編	R. H. Cobbold			
	釈教正謬	J. Edikins			
	福音要言	John Stronach			
	耶穌教略	W. H. Medhurst			
	両友相論　修訂版	William Milne			
	中西通書	J. Edikins			
	六合叢談	A. Wylie			
1858 年 10 月-59 年 9 月	新約聖経 小型本（路加福音書途中～）		156	44,000	6,864,000
	新約聖経 画本（路加福音書途中～）		146	56,000	8,176,000
	耶穌教略	J. Edikins	32	3,000	96,000
	賛主詩歌	W. Muirhead	39	500	19,500
	小冊子［Tract on the Life of Christ］		9	1,000	9,000
	虔敬真理？［Sheet Tract on Truth］	［W. Muirhead］	1	1,500	1,500
	至聖指南	W. Muirhead	12	1,000	12,000
	続釈正謬	J. Edikins	13	3,000	39,000
	聖歌	W. Muirhead	1	2,500	2,500
	中西通書	J. Edikins	32	5,000	160,000
	代数学	A. Wylie	99	500	49,500
	談天	A. Wylie	352	1,000	352,000
	代微積拾級	A. Wylie	302	320	96,640
					15,880,640 (15,877,640)
	Chinese and English Medical Vocabulary		77	800	61,600
1859 年 10 月-60 年 9 月	新約聖経			100,000	

1861年1-12月	キリスト教文書	1,310,280
	教科書	236,880
1862年10月 -63年3月	キリスト教文書	1,212,000
	教科書	106,139
1863年1-12月	キリスト教文書	750,000
	教科書	200,000
1864年1-12月	キリスト教文書	5,470,800
	教科書	268,385

※ ロンドン伝道会の報告書に基づき筆者が作成．報告書は英訳された書名のみを記す．中国語の書名は Wylie, *Memorials of Protestant Missionaries to the Chinese* より推定した．各書物のページ数は報告書と Wylie 書で異なるものもあるが，本表は報告書記載によった．数値は計算の誤りも含めて全て報告書にあるまま記載し，（ ）内に正確な数値（印刷総頁数の記載のないものはその数値）を示した．

別表 2　『資政新篇』「法法類」中のアメリカに関する記述と当時の地理書中の記述との比較

書名	内容
『資政新篇』「法法類」（第九葉）	花旗邦，即米利堅，礼儀富足，以其為最，其力雖強，而不侵凌隣邦。有金銀山，而招別邦人来採，**別邦人有能者冊立為官**，是其義也。**邦長五年一任，限以俸禄，任満即養尊処優，各省再挙。有事各省総目公議，呈明決断，取士立官補欠，及議大事，即限月日，置一大櫃在中廷，令凡官民有仁智者，写票公挙，置於櫃内，以多人挙者，為賢能也，以多議是者為公也。****其邦之跛盲聾啞，鰥寡孤独，各有書院，教習各技，更有鰥寡孤独之親友，甘心争為善事者，願当衆立約保養，国中無有乞丐之民**，此是其礼儀，其富足也。
『古今万国綱鑑』巻二十「亜墨理駕列国之史」（第九十三葉）	……乾隆四十三年嗣後通中国，其甲板称花旗矣。其商船隻不勝数巡駛遍天下，堆金積玉，財帛盈箱也。**国主被民選或三年，或六年，承接大統也。各省設公会，且此公会之尊貴人，赴国之大統会院，商量妥議国事。**如此鑑空衡平，辨例毫不差矣。……
『地理全志』巻之四「亜墨利加全志」（第十三葉）	……**又推一総統領，督管合部政事。均以四年為任満，亦有一年二年一易者，賢則留之，復任之八年不准再留。如首領任満，則推副者為正，副或不協人望，則別行推揮郷邑之長。各以所推書姓名投匭中，畢則啓匭，視所推独多者立之。或官吏或庶民不拘資格。退位之総統依然庶民。**其総統領推択之法，与推択各部首領仝。……事必会議而後定決，支放言行，毎年均出示于衆，如例所禁，総領亦不敢犯之。……
『美理哥合省国志略』巻之十三「国政一 国領」（第三十五-三十六葉）	……**京都内有一統領為主，一副領為佐，正副統領，亦由各人選択。**毎省択二人，至京合為議事閣，又選幾人合為選議処。統領毎年収各省餉項，除支貯庫，不得濫用外，毎年定例酬金二万五千大元。**首領無俸禄故云酬金，以下各官皆云廉俸也。**若非三十五歳以上，及不在本地生者，皆不能当此職。**例以四年為一任，期満另選，如無賢於他者，公挙復任。若四年未満，或已仙遊，或自解任，則以副統領当之。副統領不願，則推議事閣之首者。若伊亦不願，則以選議処之首獲理。設終無人願当此職，則吏部尚書寄書於各省首領，遍示於民迅択焉。**……至議事閣，与選議処，皆以毎年十二月内之初礼拝一日，同到京之公所，**斉集会議。**……**因国中農務工作，兵丁貿易，賞罰刑法，来往賓使，修築基橋等例，皆此時議定。**……
『遐邇貫珍』1854年第2号「花旗国政治制度」（第一-二葉）	……諸郡各以本郡自創之例，自治其区，而総憲及創例官憲皆出庶民公為推挙，**其挙法通郡人人皆聚而署名，乃推較所得署名，以最多者為準。**……**其統臨諸郡，有国主一人焉，復有其副以佐之，従政者則有選挙輔賛両院，**……**其両院所謂選挙院者，如古制郷里選之法，**……凡挙必以本郡人，不得以他郡人与其列，占籍為郡民者，恒以七年為準，否則不与選。……**国主在位四年期満，遜位仍儕庶民，復推選新者，倘於期内薨逝，或告退休息，則其副代為之，**然必誕育自本国。……
『美理哥合省国志略』巻之十八「済貧」（第四十九-五十葉）	且貧乏之人，各処難免，惟究其原，多因盗賊水火之災，風雷饑饉之患，或貨船溺於長江，或身体傷於疾病，以及閒遊賭博，鴉片宿娼，此即貧之原也。若欲有以塞其源，必先設法以杜其弊，如人既入艱辛貧乏之境，**合省則有統領及王公大臣，紳衿耆老等，議以済之**，是故於未貧之先，預存或貧之慮，既貧之後，常防愈貧之憂，此済貧之議，誠杜漸防微之至矣。……**倘或不意無備，忽墮貧苦，則諭其同姓先済之，然律例又不能強，即不肯済，不過国人哂之而已。或同宗親友等不能済，不肯済，則本県捐廉以済之，亦有将貧人帯回家作工者。倘無人肯帯，則本県設済貧院以居之，各分以事業，所得之項，全数入県官。倘生子女，本県即延師教之，府省亦然，至省垣村族，不許有一丐食者，流離於閭閻市井之中。**然非先立一済貧之法，又安能禁人之丐食乎。此合省済貧一法，誠尽善尽美矣。凡有国者，可不倣效之乎。

『美理哥合省国志略』 巻之二十四「仁会」（第六十一葉）	……**又聾盲啞者，原属無用，今国内立仁会，設館以訓習焉。如聾啞者，亦以手調音而教之，盲者即有凸字書，使他以手揣摩而読。至幼而失怙恃者，亦有院養育，如中華之育嬰堂焉。**……
『瀛環志略』巻九「北亜墨利加米利堅合衆国」（第九葉）	「毎国正統領一，副統領佐之。 副統領有一員者，有数員者。以四年為任満。亦有一年二年一易者。集部衆議之。衆皆曰賢，則再留四年。八年之後不准再留。否則推其副者為正。副或不協人望，則別行推択郷邑之長各以所推書姓名投匭中。畢則啓匭視所推独多者立之。或官吏或庶民不拘資格。退位之統領依然与斉民歯無所異也。各国正統領之中，又推一総統領。専主会盟戦找之事。各国皆聴命。其推択之法，与推択各国統領同。亦以四年為任満。再任則八年。……（廿八葉後）毎二年。於四万七千百人之中，選才識出衆者一人。居於京城参議国政。総統領所居京城衆国設有公会，各選賢士二人，居於公会，参決太政。如会盟戦守，通商税餉之類，以六年為秩満。毎国設刑官六人，主讞獄，亦以推選充補。有偏私不公者，群議廃之。……（廿九葉後）貿遷工作者皆白人。其人馴良温厚無驚悍之気。謀生最篤，商舶通行四海。衆国皆奉西教。好講学業，処処設書院。……

別表 3　『干王宝製』における聖書の引用部分（「マタイによる福音書」第 5 章第 1-12 節）の比較

書名	内容
『干王宝制』 ［『太平天国印書（原刻本）』第 4 冊，pp. 1915-16］	天兄基督救世主見衆，則登山而座。門徒就之，啓口詔之曰：“虚心者福矣，以天国乃其国也。憂悶者福矣，以其将得慰也。温良者福矣，以其将得土也。飢渇慕義者福矣，以其将得飽矣。矜恤者福矣，以其将見矜恤也。清心者福矣，以其将見上帝也。和平者福矣，以其称為上帝子類也。為義而見窘者福矣，以天国乃其国也。為我而受人詬誶，害累悪言誹謗者福矣，以在天爾得賞者大也。当欣然受之。蓋人窘逐先知自昔已然。”
『新遺詔聖書』（南京，1853 年） ［オーストラリア国立図書館蔵］	耶穌見衆，則登山，座時，門生就之，遂開口教之曰：“虚心者有福矣，因天国為其所得也。憂悶者有福矣，因将安慰也。温良者有福矣，因嗣接地也矣。飢渇慕義者有福矣，因将得飽也。慈悲者有福矣，因沾慈悲也。心潔者有福矣，因将見上帝也。勧和者有福也，因必称之上帝子類也。為行義見捕害者有福矣，因天国為其所得也。爾為吾被人罵詈擾累謊然，向爾講諸悪言者有福矣，因在天堂爾賞厚也。可以歓喜踊躍，蓋先爾聖人受害亦然。”
『新約全書』（墨海書館，1853 年） ［Basel Mission Archives］	耶穌見衆，登山而座。門徒既集，啓口教之曰：“虚心者福矣，以天国乃其国也。哀慟者福矣，以其将受慰也。温柔者福矣，以其将得土也。飢渇慕義者福矣，以其将得飽也。矜恤者福矣，以其将見矜恤也。清心者福矣，以其将見上帝也。和平者福矣，以其称為上帝子也。為義而見窘逐者福矣，以天国乃其国也。為我而受人詬誶窘逐，悪言誹謗者福矣，当欣喜歓楽，以在天爾得賞者大也。蓋人窘逐先知，自昔已然。”

別表 4　『欽定軍次実録』にみえる賛美歌の比較

『欽定軍事実録』		『宗主詩章』		『宗主詩篇』	
「賛頌詩章」		**第三十九詩 論謳歌聖詩**		**第百四十五篇 論謳歌聖詩**	
一声低唱一声昂	嫋嫋余音達昊蒼	一声低唱一声昂	嫋嫋余音達昊蒼	一声低唱一声昂	嫋嫋余音達昊蒼
詩頌数聯憂尽散	栄帰主宰楽無疆	詩誦数聯憂尽散	栄帰三位楽無疆	詩誦数聯憂尽散	栄帰三位楽無疆
悲歌定獲鴻慈憫	雅韻能邀大徳匡	悲歌定獲鴻慈憫	雅韻能邀大徳匡	悲歌定獲鴻慈憫	雅韻能邀大徳匡
彼此交孚神默契	口心相和意宣揚	彼此交孚神默契	口心相和意宣揚	彼此交孚神默契	口心相和意宣揚
皇皇上帝常臨格	済済宗親桂恐惶	皇皇上帝常臨格	済済賓朋貴恐惶	皇皇上帝常臨格	済済賓朋貴恐惶
放浪狂謳須切戒	歓欣疑是在天堂	酒後狂謳須切戒	歓欣疑是在天堂	酒後狂謳須切戒	齋来頌主若天堂
「宣諭衆民」					
		第五詩 論上帝為万福之源 第 1-2 行		**第二十篇 第 1-2 行**	
至尊福祉自無疆	備錫鴻庥任酌量	至尊福祉自無疆	備賜鴻庥任酌量	至尊福祉自無疆	備賜鴻恩莫可量
		第十四詩 論上帝鴻恩 第 3-4 行		**第四十一篇 第 3-4 行**	
道大難容天地塞	恩深莫測古今揚	道大難容天地塞	恩深莫測古今揚	道大難容天地塞	恩深莫測古今揚
風雷寒暑遵時令	動植飛潜凛昊蒼				
無数権栄充宇宙	愚頑空負好韶光				
		第三詩 論上帝無形無所不在		**第十篇 論上帝無形無所不在**	
至尊色相妙難名	古往今来費品評	至尊色相渺難名	往古今来費品評	至尊色相莫能名	往古来今費品評
弗見弗聞微莫顕	詮能詮智奥而精	近嶺聞声驚欲死	何人見帝得仍生	西乃聞声驚欲死	先知見帝惧難生
随方有在監臨赫	体物靡遺著現明	随方有在監臨赫	体物無遺洞察明	随方有在監臨赫	体物無遺洞察明
上帝権威盈宇宙	掌中概覧地天情	上主権威盈宇宙	掌中概覧地天情	上主威権盈宇宙	掌中概覧地天情

［開港場人物関係図(1840-60年代)］

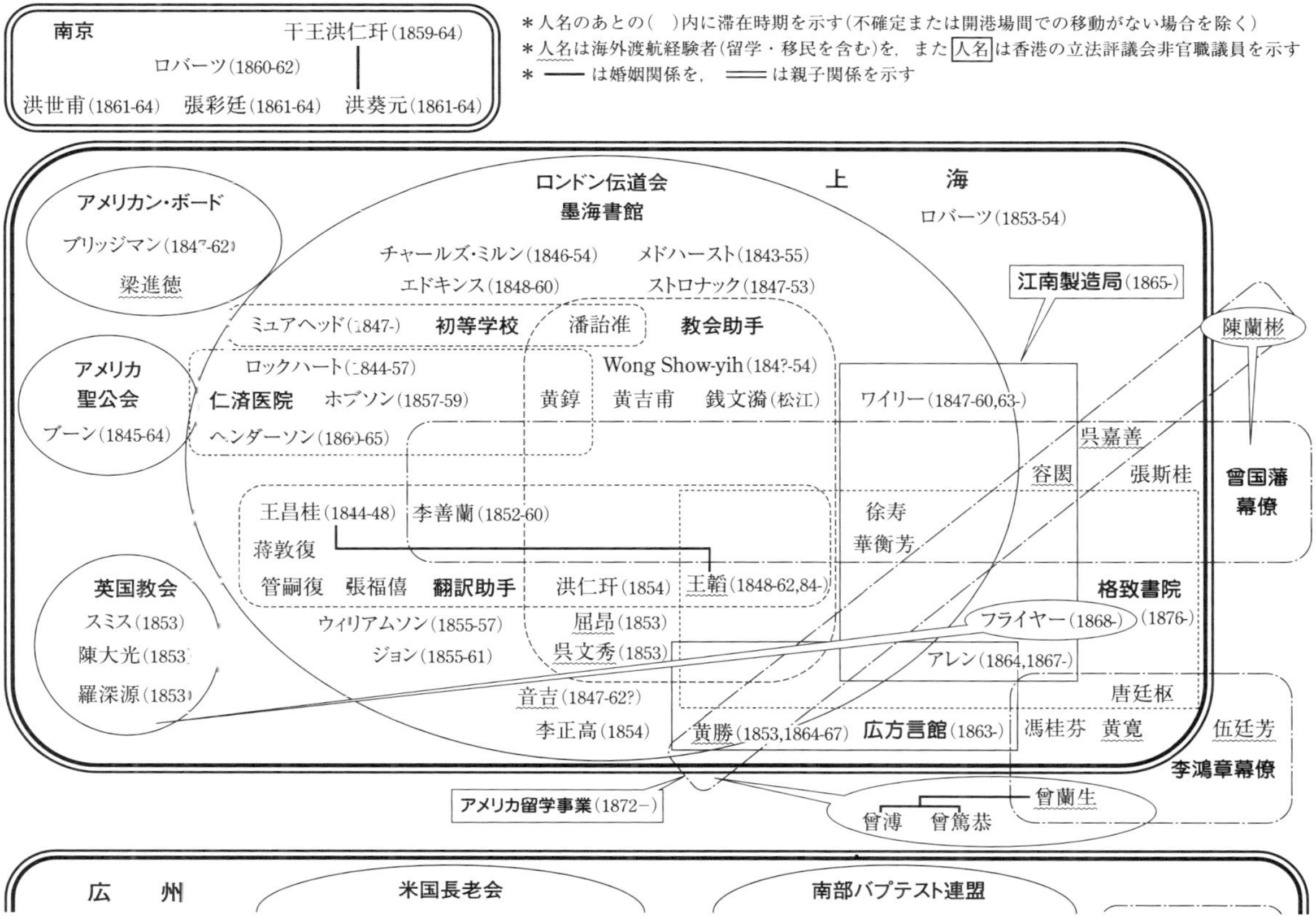
＊人名のあとの(　)内に滞在時期を示す(不確定または開港場間での移動がない場合を除く)
＊人名は海外渡航経験者(留学・移民を含む)を，また人名は香港の立法評議会非官職議員を示す
＊ ―― は婚姻関係を，＝＝ は親子関係を示す
南京
干王洪仁玕(1859-64)
ロバーツ(1860-62)
洪世甫(1861-64)
張彩廷(1861-64)
洪葵元(1861-64)
上海
ロバーツ(1853-54)
ロンドン伝道会
墨海書館
チャールズ・ミルン(1846-54)
メドハースト(1843-55)
エドキンス(1848-60)
ストロナック(1847-53)
アメリカン・ボード
ブリッジマン(1847-62)
梁進徳
ミュアヘッド(1847-)
初等学校
潘詒准
教会助手
ロックハート(1844-57)
Wong Show-yih(184?-54)
アメリカ
聖公会
ブーン(1845-64)
仁済医院
ホブソン(1857-59)
ヘンダーソン(1860-65)
黄鋍
黄吉甫
銭文漪(松江)
江南製造局(1865-)
ワイリー(1847-60,63-)
陳蘭彬
呉嘉善
容閎
張斯桂
曾国藩
幕僚
王昌桂(1844-48)
李善蘭(1852-60)
蔣敦復
管嗣復
張福僖
翻訳助手
洪仁玕(1854)
王韜(1848-62,84-)
徐寿
華衡芳
英国教会
スミス(1853)
陳大光(1853)
羅深源(1853)
ウィリアムソン(1855-57)
ジョン(1855-61)
屈昂(1853)
呉文秀(1853)
格致書院
フライヤー(1868-)
(1876-)
アレン(1864,1867-)
音吉(1847-62?)
李正高(1854)
唐廷枢
黄勝(1853,1864-67)
広方言館(1863-)
馮桂芬
黄寛
伍廷芳
李鴻章幕僚
アメリカ留学事業(1872−)
曾蘭生
曾溥
曾篤恭
広州
米国長老会
南部バプテスト連盟

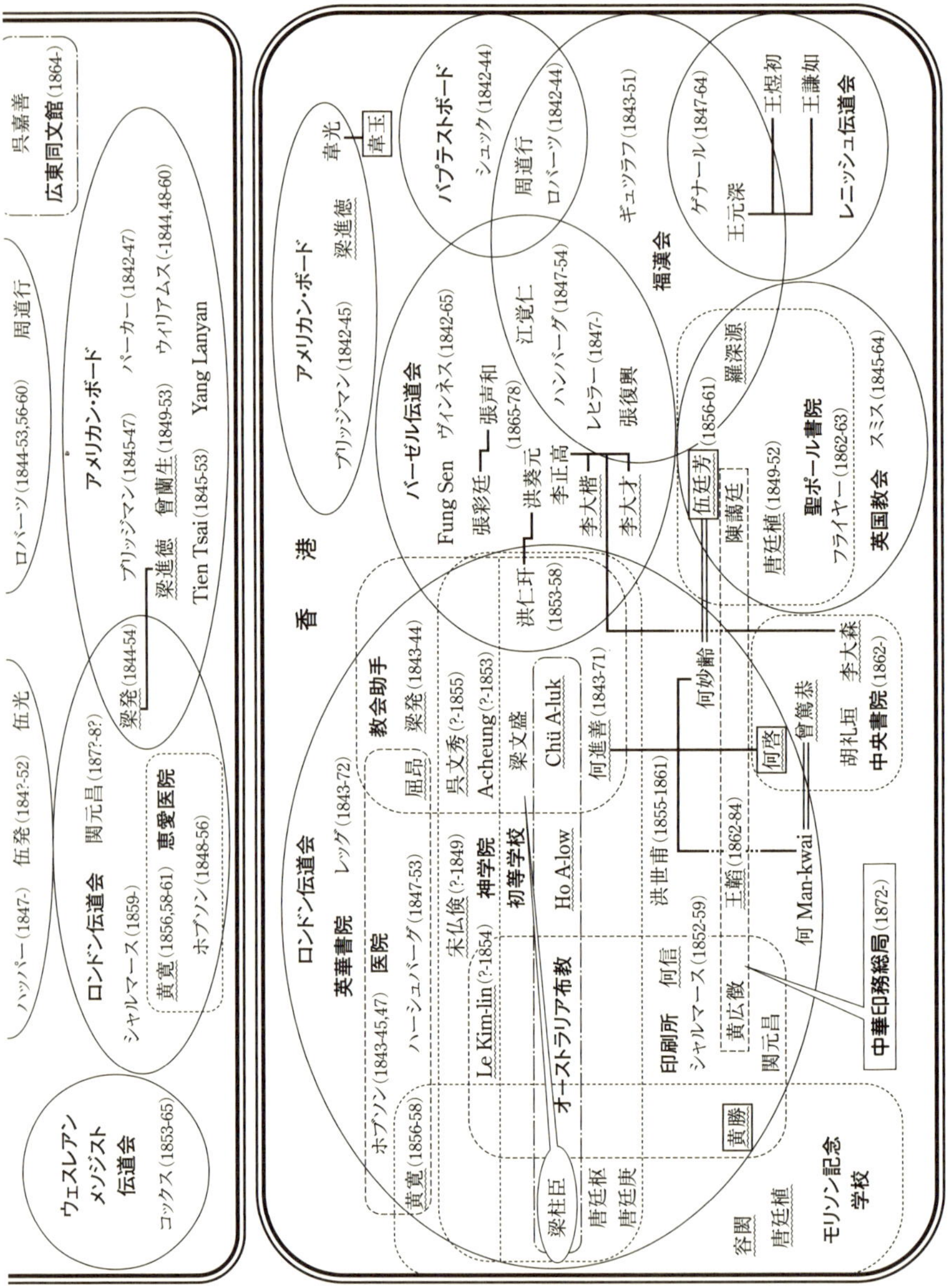

広東同文館（1864-）
呉嘉善
ロバーツ（1844-53,56-60）
周道行
ハッパー（1847-）
伍発（184?-52）
伍光
アメリカン・ボード
ブリッジマン（1845-47）
パーカー（1842-47）
梁進徳
曾蘭生（1849-53）
ウィリアムス（-1844,48-60）
Tien Tsai（1845-53）
Yang Lanyan
ロンドン伝道会
シャルマース（1859-）
関元昌（187?-8?）
梁発（1844-54）
恵愛医院
黄寛（1856,58-61）
ホブソン（1848-56）
ウェスレアン
メソジスト
伝道会
コックス（1853-65）
香港
アメリカン・ボード
ブリッジマン（1842-45）
梁進徳
韋光
韋玉
バプテストボード
シュック（1842-44）
周道行
ロバーツ（1842-44）
ギュツラフ（1843-51）
福漢会
ゲナール（1847-64）
王元深
王煜初
王謙如
レニッシュ伝道会
バーゼル伝道会
Fung Sen
ヴィンネス（1842-65）
張彩廷
張声和
（1865-78）
洪葵元
李正高
李大楷
李大才
江覚仁
ハンバーグ（1847-54）
レヒラー（1847-）
張復興
羅深源
伍廷芳（1856-61）
陳藹廷
聖ポール書院
唐廷植（1849-52）
フライヤー（1862-63）
スミス（1845-64）
英国教会
ロンドン伝道会
英華書院
レッグ（1843-72）
医院
ホブソン（1843-45,47）
ハーシュバーグ（1847-53）
教会助手
屈昂
梁発（1843-44）
呉文秀（?-1855）
A-cheung（?-1853）
宋仏倹（?-1849）
神学院
Le Kim-lin（?-1854）
初等学校
梁文盛
Chü A-luk
Ho A-low
洪仁玕（1853-58）
何進善（1843-71）
オーストラリア布教
梁柱臣
唐廷枢
唐廷庚
黄寛（1856-58）
印刷所
何信
シャルマース（1852-59）
洪世甫（1855-1861）
王韜（1862-84）
黄広徴
関元昌
黄勝
何妙齢
何啓
曾篤恭
李大森
胡礼垣
中央書院（1862-）
何 Man-kwai
中華印務総局（1872-）
容閎
唐廷植
モリソン記念学校